Manual da Redação

FOLHA DE S.PAULO

Manual da Redação

AS NORMAS DE ESCRITA E CONDUTA DO PRINCIPAL JORNAL DO PAÍS

PUBLIFOLHA

FOLHA DE S.PAULO

Presidente **Luiz Frias**
Diretor editorial **Otavio Frias Filho**
Superintendentes **Antonio Manuel Teixeira Mendes e Judith Brito**
Editor-executivo **Sérgio Dávila**

MANUAL DA REDAÇÃO

COMISSÃO DO MANUAL
Uirá Machado (coordenação)
Paula Cesarino Costa
Suzana Singer
Vera Guimarães Martins

COLABORADORES
Ana Estela de Sousa Pinto (História da **Folha**)
Bruno Romani (Tecnologia)
Claudia Collucci (Saúde)
Fabio Takahashi (Educação)
Gustavo Patu (Economia)
Gustavo Romano (Três Poderes)
Karina Pastore (Saúde)
Marcelo Leite (Ciência e Ambiente)
Mario Kanno (Infográficos)
Reinaldo José Lopes (Religião)
Silvana de Freitas (Poder Executivo e Poder Legislativo)
Simon Louise Ducroquet (Infográficos)
Thaís Nicoleti (Língua Portuguesa)
Wilson Silveira (Poder Executivo e Poder Legislativo)

CONSULTORES
Alexandre Schwartsman (Economia)
Cássio Leite Vieira (Matemática)
Jeduca – Associação de Jornalistas da Educação (Educação)
Luís Francisco Carvalho Filho (Judiciário)
Marcelo Coelho (Estilo)
Patri Políticas Públicas (Executivo e Legislativo)
Reginaldo Prandi (Religiões)
Roberto Imbuzeiro (Matemática)
Ronaldo Lemos (Tecnologia)
Sérgio Rodrigues (Estilo)
Taís Gasparian (Judiciário)

REVISÃO GERAL
Alessandra Balles, Rogério Ortega, Thaís Nicoleti e Vaguinaldo Marinheiro

PESQUISA/REDAÇÃO
Adriano Brito, Banco de Dados Folha, Diogo Bercito, Gitânio Fortes, Laura Mattos, Lucas Neves, Marco Aurélio Canônico, Maurício Puls e Ricardo Mioto

AGRADECIMENTOS
Alessandro Janoni, Alexandre Saadeh, Almir Teubl Sanches, Arlene Clemesha, Carlos Eduardo Lins da Silva, Danielle Brant, Eugênio Bucci, Julio Abramczyk, Rose Barros, Rosental Calmon Alves, Salvador Nogueira e Samy Adghirni

PUBLIFOLHA
Coordenação do projeto **Publifolha**
Editora-assistente **Rita Palmeira**
Produtora gráfica **Iris Polachini**
Preparação **Cacilda Guerra**
Revisão **Isabel Cury, Carlos Inada e Carmen T. S. Costa**
Índice analítico **Alvaro Machado**
Revisão do índice **Guilherme Magalhães**
Projeto gráfico e capa **Luciana Facchini**
Ilustrações **João Montanaro**
Editoração eletrônica **Jussara Fino**

Dados Internacionais de Catalogação na Publicação (CIP)
(Câmara Brasileira do Livro, SP, Brasil)

Manual da Redação: Folha de S.Paulo. – 21. ed. –
São Paulo: Publifolha, 2018.

Vários colaboradores.
Bibliografia.
ISBN 978-85-94111-01-2

1. Folha de S.Paulo 2. Jornalismo – São Paulo (Estado) – Manuais de estilo.

18-12606 CDD-079.8161

Índices para catálogo sistemático:

1. Folha de S. Paulo: Jornal: Normas de estilo 079.8161
2. Folha de S. Paulo: Jornal: Normas de redação 079.8161

Este livro segue as regras do Acordo Ortográfico da Língua Portuguesa (1990), em vigor desde 1º de janeiro de 2009.

PUBLIFOLHA
Divisão de Publicações do Grupo Folha
Al. Barão de Limeira, 401, 6º andar
CEP 01202-900, São Paulo, SP
www.publifolha.com.br

SUMÁRIO

PARTE 4 – ANEXOS TEMÁTICOS

INTRODUÇÃO

Este "Manual da Redação" contém as normas e recomendações que orientam o trabalho dos jornalistas da **Folha de S.Paulo**. Embora incorpore muito do que havia nas quatro versões anteriores –publicadas em 1984, 1987, 1992 e 2001–, a nova edição difere das antigas em aspectos essenciais.

O texto de 1984 teve funções pioneiras. De modo inédito, condensava uma concepção de jornal e tornava pública uma pauta extensa de princípios e compromissos, oferecendo aos leitores a possibilidade de fiscalizar sua execução. Tais características foram mantidas nas edições subsequentes, que atualizaram e aprimoraram o documento original.

O novo "Manual", além de seguir essa tradição, traz novidades significativas na forma e no conteúdo. Sua elaboração, que levou 25 meses, guiou-se pela flexibilização progressiva de parte das normas e considerou as transformações impostas pela internet.

Nas edições anteriores, as diretrizes éticas da conduta jornalística e as orientações práticas sobre procedimentos se encontravam reunidas em um único tópico. Agora os temas estão separados em dois diferentes capítulos (*Conduta* e *Prática*), de modo a garantir maior destaque para cada um deles e contemplar as questões suscitadas pela produção de notícias no ambiente digital. Além disso, pela primeira vez há uma seção dedicada ao comportamento do jornalista nas redes sociais.

Também é novidade o capítulo *Estilo*. Antes, recomendações para obter um bom acabamento nos textos eram escassas e apareciam de forma dispersa em diferentes trechos do livro. A nova edição dá mais visibilidade e organização a esse tópico, separando-o da padronização do jornal e das regras gramaticais.

Outros capítulos novos são *Ciência e ambiente*, *Educação*, *Tecnologia* e *Poder Executivo*, que se somam aos anexos *Economia*, *Matemática e estatística*, *Religiões*, *Saúde*, *Poder Legislativo* e *Poder Judiciário*.

Na origem de um manual da Redação está a necessidade de dirimir dúvidas frequentes, indicar procedimentos aconselháveis e consolidar práticas. Nenhuma dessas funções perdeu importância; ao contrário, todas se tornaram ainda mais relevantes na cacofonia do meio digital. Quando informação, entretenimento, publicidade e notícias falsas se emaranham, é preciso reafirmar os valores do jornalismo profissional.

Na primeira parte do "Manual", encontra-se a versão mais recente do Projeto Editorial da **Folha**, de 2017, precedida por uma lista de 12 princípios, consolidada com o propósito de facilitar a assimilação pelo leitor.

Adotado como guia de referência não só por jornalistas e estudantes, mas também por profissionais de outras áreas, o "Manual da Redação" da **Folha** é, há vários anos, um best-seller no mercado editorial brasileiro.

Todo o conteúdo deste livro passou por revisão de especialistas e foi discutido e aprovado pela Direção de Redação da **Folha**.

COMO CONSULTAR O MANUAL

Este "Manual" está dividido em quatro partes.

Parte 1 – Folha
Traz o texto do Projeto Editorial da Folha, os princípios de seu jornalismo e informações históricas do jornal e do grupo de empresas a que ele pertence.

Parte 2 – Atuação jornalística
Reúne as normas de conduta almejadas para os profissionais da **Folha** e os procedimentos que devem nortear todas as fases da produção jornalística.

Parte 3 – Texto
Agrega referências de estilo para aprimorar a escrita, resumo de regras gramaticais para evitar os erros mais comuns e os padrões formais adotados pela Folha para assegurar sua identidade.

Parte 4 – Anexos temáticos
Contém informações básicas sobre as dez áreas mais presentes no noticiário.

ENTENDA A SINALIZAÇÃO GRÁFICA

- **Trecho destacado em negrito**

Chama a atenção para aspectos ou recomendações especialmente importantes.

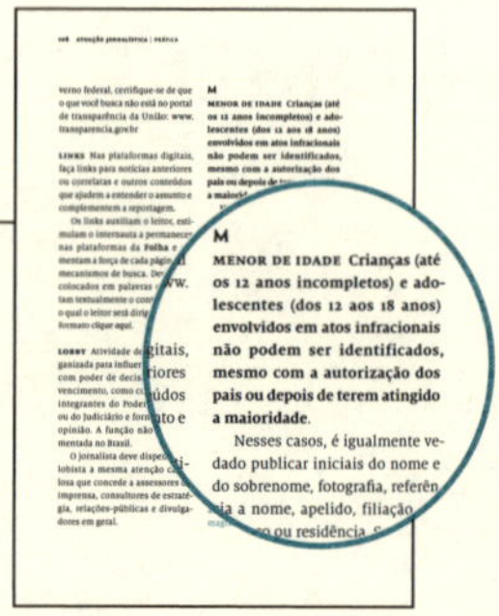

- ***Palavra ou expressões grafadas em negrito + itálico***

Sinaliza que a palavra ou expressão está no índice analítico (págs. 431-486), que indica outras ocorrências importantes dessa mesma palavra ou expressão no "Manual". Pode aparecer dentro de um texto ou em remissões diretas (por exemplo: *Leia o verbete **tal** na pág. tal*).

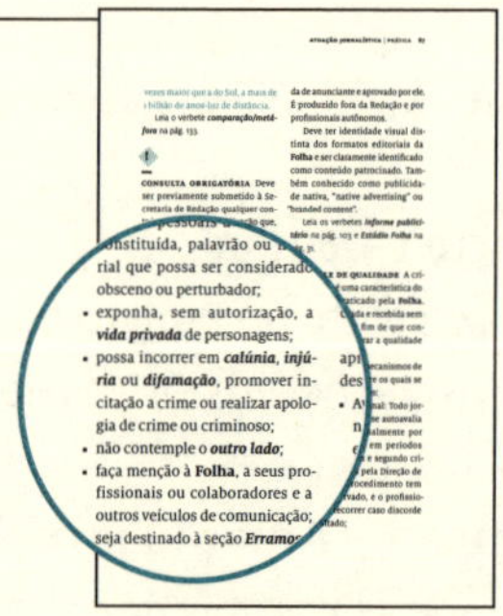

- Termo ou trecho em azul

Aponta algo considerado correto ou recomendado.

- Palavra ou trecho em vermelho

Aponta algo considerado errado ou não recomendado.

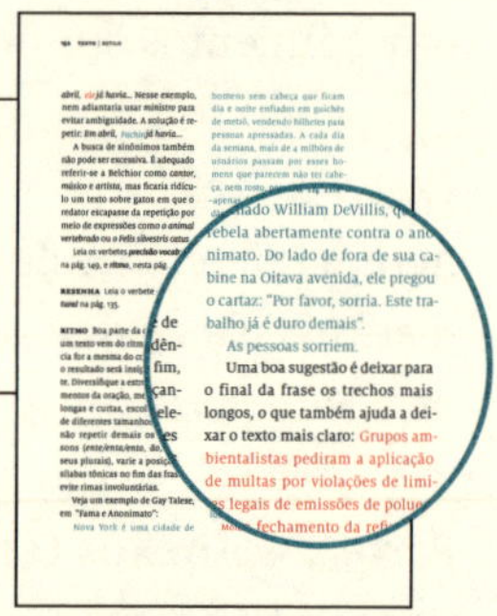

O símbolo alerta para casos e situações que merecem especial atenção.

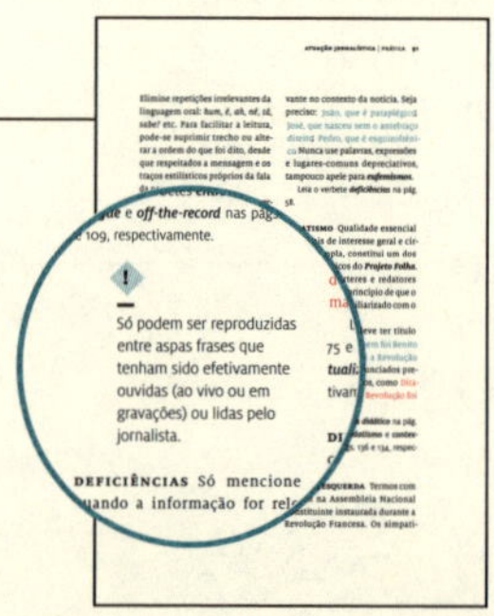

1

Folha

PRINCÍPIOS EDITORIAIS

Sob o pressuposto de que a difusão de informações confiáveis e opiniões qualificadas estimula o exercício da cidadania e contribui para o desenvolvimento das ideias e da sociedade, a **Folha** declara compromisso com os seguintes princípios:

1. Confirmar a veracidade de toda notícia antes de publicá-la;

2. Praticar um jornalismo que ofereça resumo criterioso e atualizado do que acontece de mais relevante em São Paulo, no Brasil e no mundo, com ênfase na obtenção de informações exclusivas;

3. Priorizar temas que, por afetarem a vida da coletividade ou de parcelas expressivas da população, sejam considerados de interesse público;

4. Promover os valores do conhecimento, da solução pacífica dos conflitos, da livre-iniciativa, da equalização de oportunidades, da democracia representativa, dos direitos humanos e da evolução dos costumes;

5. Abordar os assuntos com disposição crítica e sem tabus, no intuito de iluminar problemas, apontar falhas e contradições, questionar as autoridades públicas e os poderes privados, sem prejuízo de buscar conteúdos proveitosos ou inspiradores;

6. Cultivar a pluralidade, seja ao divulgar um amplo espectro de opiniões, seja ao focalizar mais de um ângulo da notícia, sobretudo quando

houver antagonismo entre as partes nela envolvidas; registrar com visibilidade compatível pontos de vista diversos implicados em toda questão controvertida ou inconclusa;

7. Obrigar-se a ponderar os argumentos da parte acusada e, publicando uma acusação, garantir espaço ao contraditório;

8. Manter atitude apartidária, desatrelada de governos, oposições, doutrinas, conglomerados econômicos e grupos de pressão;

9. Preservar o vigor financeiro da empresa como esteio da independência editorial e garantir que a produção jornalística tenha autonomia em relação a interesses de anunciantes; assegurar, na publicação, características que permitam discernir entre conteúdo jornalístico e publicitário;

10. Estabelecer distinção visível entre material noticioso, mesmo que permeado de interpretação analítica, e opinativo;

11. Rechaçar censura e outras agressões à liberdade de expressão, reconhecendo, no caso de abuso comprovado dessa liberdade, a responsabilização posterior dos autores, nos termos da lei;

12. Identificar e corrigir com destaque erros de informação cometidos; publicar manifestações de crítica ao próprio jornal; manter mecanismos transparentes de autocontrole e correção.

PROJETO EDITORIAL

Desde o início dos anos 1980, a **Folha** divulga documentos que são considerados versões atualizadas de seu Projeto Editorial nos quais analisa o ambiente em que atua e renova suas diretrizes jornalísticas.

No texto a seguir, destaca a relevância do jornalismo profissional para manter nítida a distinção entre notícia e falsidade, argumenta que veículos pautados pelo diálogo pluralista fazem contraponto à intolerância que assola as redes sociais e reconhece uma demanda mal atendida por informações proveitosas e inspiradoras, sem prejuízo da prioridade dada a enfoques críticos e à busca do conteúdo exclusivo.

SUA EXCELÊNCIA, O CONSUMIDOR DE NOTÍCIAS

Desde a difusão da prensa de tipos móveis, a partir do século 15, num processo que deu origem à massificação da leitura, nunca se consumiu tanta informação como hoje.

A escalada do acesso à internet nos últimos 20 anos levou conexão a mais de 3 bilhões de pessoas e fez crescer numa dimensão inédita tanto a demanda por notícias como sua disseminação.

Produtores de conteúdo de qualidade e registro histórico como a **Folha** têm o desafio de fazer prevalecer os valores do jornalismo profissional na cacofonia própria do meio digital, em que informação e entretenimento, realidade e rumor, notícias e "notícias falsas" tendem a se confundir e quase tudo se expressa com igual estridência, reproduzido de forma desligada do contexto original.

Entende-se por jornalismo profissional aquele que segue regras técnicas e padrões de conduta que garantem relatos fidedignos de fatos relevantes.

Embora a objetividade descritiva seja inalcançável como valor absoluto, procedimentos consagrados de apuração e redação ampliam o distanciamento crítico e tornam as descrições dos eventos tão exatas quanto possível. Procurando manter-se equidistante das diferentes forças em atuação num dado cenário e disposto a ouvi-las e expressá-las, o jornalista profissional confirma a veracidade dos fatos, aponta conexões entre eles e estabelece uma hierarquia noticiosa.

O desafio posto ao jornalismo profissional torna-se ainda maior devido ao abalo no modelo de negócios que há décadas sustenta as empresas de comunicação, assentado na circulação paga e, sobretudo, na publicidade.

São essas as bases que viabilizam a produção dispendiosa de conteúdo de credibilidade, o principal ativo do material comercializado.

De um lado, a experiência demonstra que existe público expressivo disposto a pagar por assinaturas digitais de veículos jornalísticos, e a ampliação de um contingente populacional cada vez mais educado, conectado e exigente em matéria de conhecimentos sugere um caminho promissor a ser percorrido.

Por outro lado, parcela crescente da verba publicitária é tragada pelo duopólio que controla, em escala mundial, o mecanismo de busca e as redes sociais da internet.

Parece improvável que o jornalismo profissional praticado de modo independente se torne atrativo para esses conglomerados, que exploram operações comerciais muito mais vultosas e têm dado mostras de docilidade política diante de governos que não toleram crítica.

As diversas formas de jornalismo artesanal, praticadas com espírito militante, dedicadas a determinado tema ou circunscritas a uma comunidade, mostram-se úteis para suprir lacunas no conjunto da mídia, mas são limitadas em alcance e escopo pela parcialidade do ponto de vista e precariedade da base material –aspectos que também tendem a afetar um jornalismo financiado por distintas modalidades de mecenato.

É crucial que as empresas de comunicação encontrem estratégias que lhes permitam continuar a sustentar-se com autonomia no mercado.

Para chegar a resultado positivo, essa equação deve ter entre suas variáveis não só o atendimento mais eficiente e focalizado das demandas desse leitorado emergente mas também o ajustamento de custos, que o setor forçosamente vem praticando.

Tamanhas mudanças ocorrem numa era de intensa efervescência noticiosa, com acontecimentos de relevância jornalística sucedendo-se em velocidade inédita; num momento em que, para citar a versão anterior do Projeto Editorial da **Folha**, publicada em 1997, as cartas da ideologia voltam a ser embaralhadas.

Naquele período, que se desdobrava sob plena hegemonia dos Estados Unidos após a queda do Muro de Berlim, o mundo vivia uma convergência em torno da economia de mercado, da democracia representativa e da globalização liberal, com o aumento acelerado da circulação de bens, pessoas e costumes.

Hoje, a China e os Estados Unidos contrapõem-se, ainda que suas economias estejam entrelaçadas.

Enormes contingentes demográficos nos países em desenvolvimento se emanciparam da pobreza, mas, conforme as nações desenvolvidas emergem de uma brutal recessão (2008-2012), as sociedades se mostram divididas entre um setor que se beneficia do progresso e outro menos integrado, ao alcance de discursos políticos estribados num nacionalismo beligerante e conservador. A exacerbação do terrorismo apenas acentua o que há de xenofóbico nessas tendências.

É cedo para dizer se essa inquietante inversão de perspectivas será duradoura.

No âmbito brasileiro, depois do período de estabilização político-econômica associada ao presidente Fernando Henrique Cardoso (PSDB), o governo Luiz Inácio Lula da Silva (PT) conciliou responsabilidade na gestão da economia com programas redistributivos, beneficiando-se de reformas realizadas anos antes e de um ciclo internacional favorável a exportadores de commodities.

O intento de prolongar a bonança artificialmente, alimentado ainda sob Lula e levado a extremos na gestão de Dilma Rousseff (PT), acarretou uma das maiores recessões da nossa história e redundou numa controvertida, embora constitucional, deposição da presidente.

Depois da mudança de ventos, catalisada por manifestações públicas de dimensões inéditas, um governo de transição sob Michel Temer (MDB) aplica uma receita de reformas liberalizantes e disciplina do gasto público.

As decepções acumuladas se cristalizaram num apoio popular veemente à Operação Lava Jato, conduzida no âmbito da Justiça Federal, em que o Ministério Público Federal e a Polícia Federal, secundados pela imprensa, desvendaram escândalo de corrupção de proporções inauditas.

Tendo se iniciado pela Petrobras e comprometendo sobretudo o PT e o MDB, as investigações revelaram um esquema que envolvia ainda o PSDB, entre outros partidos, além de diversas empresas privadas –em particular, as empreiteiras.

Dissemina-se, na esteira desses eventos, a sensação de que poucas vezes a polarização política foi tão áspera, amplificada pela câmara de ressonância que são as redes sociais, cuja lógica conduz a maniqueísmos exaltados.

Essa conjuntura submete aspectos programáticos deste jornal –pluralismo, independência crítica, apartidarismo– a fiscalização e controvérsia mais intensas do que nunca. Também oferece, contudo, grande oportunidade para veículos como a **Folha**.

Em momentos como este, torna-se ainda mais importante a vigilância independente sobre governos e empresas privadas, reafirmando-se a imagem clássica da imprensa livre como cão de guarda da sociedade e um dos esteios da democracia.

PAUTA PROPOSITIVA E TEXTO CONCLUSIVO

O que define um jornal não é mais o suporte impresso nem a periodicidade diária, mas o propósito de condensar o que ocorre de relevante para um público interessado em informação, opinião e análise.

Essa atitude integra o que se convencionou chamar de curadoria em relação à multiplicidade de eventos, de modo a otimizar a experiência do leitor e valorizar seu tempo, cada vez mais escasso e disputado por diversas fontes de conteúdo, noticioso ou não.

É essencial, para tanto, conhecer bem a composição demográfica, os hábitos e as demandas de seu leitorado.

Verdade que sempre houve um recorte que conduzia a atenção a uma parcela restrita dos acontecimentos; é um mito a noção de que alguma vez tudo foi acompanhado pelo jornalismo.

A proposta agora é que se abra um leque menos extensivo de assuntos, mas que, em contrapartida, cada um deles seja abordado de modo mais inteiriço e interpretativo.

É preciso coragem e domínio técnico para apostar em temas promissores e determinação para selecioná-los e persistir em sua cobertura.

O jornalismo praticado pela **Folha** concentra-se em temas de informação geral e de interesse público, traduzidos em conteúdo útil e compreensível para o maior número de pessoas.

Sem abrir mão de apresentar um bom resumo informativo do último ciclo noticioso –com ênfase no panorama de cada manhã, submetido a atualizações ao longo do dia–, o jornal deve buscar a notícia que tenha relevância, alcance, originalidade, dimensão histórica ou institucional e que desperte curiosidade legítima.

A prioridade máxima do trabalho jornalístico continua sendo divulgar a informação exclusiva: o fato relevante, inédito e bem apurado que um veículo revela.

Além do valor intrínseco de trazer à luz informação que não era de conhecimento público, o furo estimula a função investigativa do jornalismo e ressalta a influência do veículo que o publicou.

O ideal é capturar um fato inédito em sua condição de símbolo ou sintoma de alguma tendência em gestação ou de algum processo social pouco visível.

Há ainda outras maneiras de publicar informação exclusiva. Às vezes, um acontecimento já conhecido comporta um tratamento original, um ângulo imprevisto, uma visada diferente.

Para identificar esse aspecto, é preciso vontade de repelir hábitos consolidados e buscar novos modos de contextualizar fatos com os quais o público já tenha familiaridade.

Parcela significativa da pauta deve apontar problemas, questionar autoridades, investigar irregularidades no âmbito público ou privado e organizar a cobertura de processos judiciais relevantes.

Deve fazê-lo, contudo, de modo criterioso e prudente, evitando incidir em prejulgamento e exposição indevida de pessoas e empresas. É obrigatório veicular a versão dos fatos conforme a parte acusada, sobretudo antes da sentença definitiva, e noticiar absolvições que sobrevierem.

O primado do jornalismo crítico, porém, não se dá em detrimento da publicação de conteúdos inspiradores ou com efeito prático na vida do leitor, que cada vez mais busca maneiras de melhorar sua vida pessoal, profissional e familiar. A pauta, por isso, precisa dedicar parte de seus esforços a identificar notícias de impacto positivo, com aspectos estimulantes ou de oportunidade imediata.

Se está hoje dispensado de oferecer uma série de roteiros e listagens que se tornaram comuns na internet, o chamado jornalismo de serviço mantém como instrumentos valiosos em seu repertório o teste e a discussão de vantagens e desvantagens do que será consumido pelo público.

O conteúdo noticioso que resultar dessa pauta seletiva e propositiva deve ir além do meramente factual, incorporando uma dimensão interpretativa que, sem distorcer a realidade, estabeleça relações entre os acontecimentos, seus antecedentes e prováveis implicações.

Deve, sempre que possível, avançar numa direção conclusiva, identificando problemas e ponderando os prós e contras das soluções cabíveis.

Mesmo com as cautelas recomendadas e adotadas, um jornal comete erros e imprecisões; pode, em certas circunstâncias, prejudicar indevidamente a imagem pública de pessoas e organizações.

É preciso reforçar o sistema interno de freios e contrapesos –a obrigação de publicar contestações fundamentadas, a atividade do ombudsman (profissional dedicado a representar direitos do leitor, das fontes e dos personagens do noticiário) e a veiculação metódica de retificações de equívocos constatados.

A **Folha** tem, além das características já listadas, sólida tradição de jornalismo estatístico, fixada pelas pesquisas do Datafolha, e visual, expressa numa infografia de qualidade e num videojornalismo criativo. É preciso expandir e incrementar essas ferramentas valiosas para a apresentação do material noticioso.

As bases de dados se adensam e se multiplicam, constituindo amplo terreno a ser garimpado. Quanto às imagens (foto, vídeo, infográfico), devem ser informativas e plásticas, selecionadas com rigor e publicadas com destaque –elas são, cada vez mais, uma porta de acesso à **Folha**.

A NOTÍCIA VAI ATÉ O LEITOR

A circulação da **Folha** abrange leitores da versão impressa e da digital, em suas diversas plataformas.

A versão impressa, que reúne o que de mais relevante ou exclusivo o jornal apurou a cada 24 horas, continua a responder pela maior parte da receita publicitária.

A audiência online, por sua vez, mede-se em dezenas de milhões de visitantes por mês, dada a possibilidade de acesso individual gratuito a um número determinado de textos jornalísticos.

O consumidor típico procura informação, mas uma parcela crescente dos potenciais leitores espera que a informação vá a seu encontro.

A **Folha** precisa seguir adaptando-se às inovações tecnológicas e às necessidades do leitorado, levando seu conteúdo aonde ele estiver.

Assim como a área industrial é decisiva para a entrega do produto impresso, a tecnologia da informação tornou-se crucial para a agilidade e a veiculação da versão online.

Na esfera digital, o jornalista não se envolve só na produção de conteúdo; também participa da publicação e da distribuição do material produzido e tem responsabilidade na obtenção de audiência.

Um veículo como a **Folha**, no entanto, não deve melhorar seus índices recorrendo à vulgarização e ao sensacionalismo. É valioso ser lido e seguido, mas é imperativo preservar os padrões de qualidade e ressaltar a unidade de propósitos e estilo nas diferentes versões em que circula.

Distribuição não quer dizer divulgação gratuita. Fazer jornalismo que cultiva compromissos com a boa consecução técnica é uma operação onerosa.

A **Folha** considera que a garantia da qualidade jornalística está na remuneração adequada do trabalho investido, que os direitos autorais precisam ser preservados e que a pirataria deve ser combatida.

Acredita que uma publicidade livre e diversificada é essencial para manter a independência do jornalismo. Julga legítima a comercialização de conteúdos patrocinados, financiados por anunciantes ou parceiros, desde que a natureza publicitária do produto seja transparente para o leitor e não haja envolvimento da Redação na sua confecção.

Considera válidas, também, parcerias que viabilizem a produção de conteúdo editorial de qualidade, assegurada a independência jornalística de sua elaboração.

A PRAÇA E O CONDOMÍNIO

O jornalismo da **Folha** se desenvolve num registro crítico, apartidário e pluralista. Sua singularidade na imprensa brasileira se traduz na abrangência com que interpela e problematiza os poderes instituídos na esfera pública e privada, estendendo sua voz inquisitiva às mais diversas direções, inclusive à própria mídia.

Praticar o pluralismo não significa abrir mão da apuração factual, mas entender que, muitas vezes, existe uma dimensão sujeita a controvérsias, a ser contemplada em termos de dosagem, perspectiva e proporção.

A diversidade se manifesta também no amplo espectro ideológico do corpo de colunistas, que abriga as correntes de opinião mais representativas da sociedade e faz da **Folha** um desaguadouro natural de ideias e posições em conflito.

O fato de contar com um espectro denso e variado de opiniões assinadas não exime o jornal de emitir a sua própria sobre os temas mais relevantes, mas as posições que assume não tutelam a cobertura noticiosa.

Tais características tornam-se ainda mais preciosas num ambiente saturado de um maniqueísmo tosco. Expondo o público leitor ao contraditório, podem servir de antídoto ao irracionalismo que se mostra refratário não apenas às formas tradicionais de intermediação política mas também a todo tipo de ponderação, equilíbrio e nuança.

As redes sociais, que poderiam ser um ambiente sobretudo de convívio e intercâmbio, são programadas de tal modo que estimulam a reiteração estéril de hábitos e opiniões preexistentes. Os algoritmos que garantem índices elevados de audiência para as multinacionais do oligopólio são os mesmos que alimentam o sectarismo e a propagação de inverdades.

Em contraste com esse condomínio fechado das convicções autorreferentes, caberá ao conjunto dos veículos semelhantes à **Folha** enfatizar sua condição de praça pública, em que se contrapõem os pontos de vista mais variados e onde o diálogo em torno das diferenças é permanente.

A **Folha** acredita que, assim, coloca um acervo precioso nas mãos do público. Desempenhar-se bem num mercado sempre mais exigente e competitivo implica uma reeducação constante, que pressupõe o acesso à informação exata, à análise qualificada e à diversidade de angulações.

Ao mesmo tempo, a expansão das oportunidades a um número cada vez maior de pessoas e a própria manutenção da democracia como forma de convivência civilizada dependem de um espaço público aberto, vigoroso e sustentado pelo debate racional das opções.

Um jornalismo tal como o esboçado neste documento há de ser alavanca decisiva no atendimento dessas demandas de nossa época. É preciso imaginação e tenacidade para mantê-lo viável.

Este texto foi publicado originalmente na **Folha**, *em 30/3/2017.*

HISTÓRIA E ESTRUTURA

A **Folha** circulou pela primeira vez em 19 de fevereiro de 1921, com o título Folha da Noite. O vespertino foi criado, sob a liderança de Olival Costa e Pedro Cunha, por um grupo de jornalistas que até então atuava em O Estado de S. Paulo. Dirigia-se a leitores urbanos de classe média, que o novo jornal conquistou graças ao estilo mais leve e informativo que o dos concorrentes. Com o sucesso da iniciativa, o grupo lançou outro título, a Folha da Manhã, em 1º de julho de 1925. As duas publicações eram permeáveis à influência de imigrantes e outras camadas sociais ascendentes.

Em 1930, numa guinada editorial, a empresa se posicionou contra a revolução empreendida por Getúlio Vargas, e sua sede foi invadida e depredada por partidários do líder gaúcho. As Folhas terminaram vendidas a Octaviano Alves de Lima, fazendeiro e comerciante que tencionava aproximá-las da agricultura exportadora de São Paulo. Frustrado, porém, com a experiência na imprensa, ele se afastou dos jornais. A exemplo da maioria das publicações paulistas da época, as Folhas mantiveram nesse período uma linha política avessa ao governo varguista, logo convertido na ditadura do Estado Novo (1937-1945).

Em 1945, os jornais mudaram de mãos pela terceira vez. Foram comprados pelo fazendeiro Alcides Ribeiro Meirelles, pelo advogado José Nabantino Ramos e pelo administrador Clóvis Queiroga. Nos bastidores do negócio, articulado sob os auspícios do próprio Getúlio Vargas, estava o industrial de origem italiana Francisco Matarazzo, interessado em contra-atacar seu arquirrival Assis Chateaubriand, dono dos Diários Associados. Ao governo central convinha incentivar veículos que concorressem com O Estado de S. Paulo, adversário irredutível do varguismo.

Impedido de assumir um veículo de informação por ser estrangeiro, Matarazzo foi representado por Queiroga, seu colaborador. José Nabantino foi indicado pelo interventor no estado de São Paulo, Fernando Costa, a pedido de Getúlio. À frente da Redação, Nabantino concebeu uma estratégia para anular a influência de Matarazzo: passou a debitar da conta do industrial o prejuízo acumulado pela empresa com a política, por ele determinada, de preços baixos (cujo objetivo era combater os jornais de Chateaubriand). Quando as perdas infligidas às Folhas superaram o investimento feito por Matarazzo, Nabantino conseguiu afastá-lo do empreendimento.

Aficionado de técnicas gerenciais, o advogado introduziu regras editoriais e de estilo na Redação, inaugurou programas de qualidade e de recrutamento de jornalistas e, em 1949, criou mais um periódico, a Folha da Tarde. Os três jornais se consolidaram em um só, matutino, publicado pela primeira vez em 1º de janeiro de 1960: a **Folha de S.Paulo**. Apesar da boa circulação do jornal, que disputava com o Diário de São Paulo a vice-liderança na imprensa paulista, a empresa enfrentava dificuldades financeiras e, dois anos depois, foi comprada por Octavio Frias de Oliveira e Carlos Caldeira Filho.

Com experiência nos setores financeiro e imobiliário, Frias saneou as contas da **Folha**, e os sócios diversificaram os negócios. Investiram em distribuição, transformaram o parque gráfico no mais moderno do país e adquiriram os jornais Notícias Populares e Última Hora, além de parte da TV Excelsior. Passaram a administrar a rádio Gazeta e os periódicos A Gazeta e A Gazeta Esportiva, veículos da Fundação Cásper Líbero, presidida por Octavio Frias na transição dos anos 1960 para os 1970. Lançaram ainda o Cidade de Santos e relançaram, em 1967, a Folha da Tarde.

Sensível aos prenúncios de abertura política, a **Folha**, por iniciativa de Frias, franqueou suas páginas a articulistas de todos os matizes ideológicos a partir de meados da década de 1970, ainda em plena ditadura militar. Criou em 1976 a seção Tendências / Debates, atraindo intelectuais, e passou a reportar violações de direitos humanos. Dois anos depois, definiu as diretrizes do que seria o Projeto Folha, defendendo o aperfeiçoamento técnico e o apartidarismo.

Passou a apoiar a convocação de uma assembleia constituinte e o restabelecimento das eleições diretas para a Presidência da República, antes mesmo que esse movimento tomasse as ruas. A **Folha** tornou-se conhecida como "o jornal das Diretas", e a campanha a consolidou como uma das principais forças formadoras da opinião pública no período.

Em 1984, com Otavio Frias Filho na Direção de Redação, o jornal implantou seu Projeto Editorial, que sintetizava as experiências do período anterior ao preconizar um jornalismo crítico, pluralista e apartidário –pilares que se mantêm até hoje. No mesmo ano, como parte do Projeto Folha, publicou o "Manual da Redação", o primeiro no país disponível ao público. Também instituiu concursos para contratação, passou a fazer controle de erros, implantou sistemas de avaliação interna e cursos de formação.

A partir de 1986, consolidou-se como o jornal de prestígio mais vendido do Brasil. Tornou-se, em 1989, o primeiro veículo de comunicação do país a ter um ombudsman, jornalista encarregado de receber, investigar e encaminhar queixas de leitores e analisar a qualidade do jornal.

A **Folha** enfrentou pressões corporativas ao sustentar que a obrigatoriedade do diploma de jornalismo (em vigor de 1969 a 2009) feria a Constituição de 1988. O Datafolha, criado em 1983, consolidou-se como um dos principais institutos de pesquisa de opinião e de mercado. Em julho de 1995, a empresa lançou a FolhaWeb, primeiro site de notícias em tempo real. Um ano depois, criou o portal de internet UOL, por iniciativa de Luiz Frias, que assumira em 1992 a presidência da Empresa Folha da Manhã S.A.

Escorada na saúde financeira do grupo empresarial, a **Folha** foi o primeiro veículo no Brasil a adotar novo modelo de negócios para o jornalismo digital –o paywall poroso, em que o acesso ao noticiário online é gratuito até certo limite de textos. Também lançou o primeiro aplicativo para smartphone, criou sites internacionais, com noticiário traduzido para o espanhol e o inglês, e vem desenvolvendo trabalho de videojornalismo na internet por meio da TV Folha.

Em março de 1999, lançou o jornal Agora, voltado sobretudo ao segmento mais popular do público paulistano. Também lançou, em maio do ano seguinte, o jornal Valor Econômico, em parceria com o Grupo Globo, que assumiria, em setembro de 2016, o controle desse periódico.

A **Folha** vem sustentando uma linha de fiscalização crítica em relação a todos os governos. Define-se como veículo de inspiração liberal, reformista e aberto à pluralidade de tendências. Seu sucesso editorial foi o alicerce para empreendimentos em diferentes áreas. Controlado apenas pela família Frias desde 1991, o Grupo Folha reúne hoje cinco empresas, que atuam em produção de conteúdo, logística, meios de pagamento, armazenamento de dados, ensino à distância e no setor gráfico.

Conheça a seguir os principais departamentos, funções profissionais e práticas editoriais da **Folha** e do Grupo Folha:

A

AGÊNCIA FOLHA Unidade da Redação que produz conteúdo jornalístico sobre temas nacionais (exceto sobre São Paulo e Brasília). É responsável pela rede de correspondentes e freelancers no país.

AGORA SÃO PAULO Jornal que pertence à Empresa Folha da Manhã S.A. Começou a circular no dia 22 de março de 1999, em substituição à Folha da Tarde. É líder em circulação no segmento de jornais populares de São Paulo. Na **Folha**, escreva somente Agora.

APERFEIÇOAMENTO PROFISSIONAL A **Folha** incentiva e subsidia iniciativas de aperfeiçoamento profissional de seus jornalistas, como cursos de especialização, bolsas de estudo, intercâmbios e pós-graduação. Essa política inclui também a concessão de períodos sabáticos e a realização de seminários internos.

ASSESSORIA JURÍDICA A Empresa Folha da Manhã S.A. oferece serviço de assistência jurídica aos profissionais que dela necessitem em decorrência de sua atuação na **Folha**. Além disso, consultores jurídicos ajudam a esclarecer questões legais relacionadas a conteúdos jornalísticos que a Redação queira publicar.

B

BANCO DE DADOS FOLHA Responsável pelos acervos de imagens e textos do Grupo Folha, com registros da história do Brasil e do mundo desde 1921, data de fundação da **Folha**. Administra as coleções históricas dos jornais Folha da Manhã, Folha da Noite, Folha da Tarde, **Folha de S.Paulo**, Notícias Populares e Agora São Paulo. Responde pelo site do Prêmio Folha e pelo Acervo Folha, coleção digital completa dos exemplares da **Folha** desde 1921, com mais de 2 milhões de páginas disponíveis para consulta online (acervo.folha.com.br).

BLOGUEIRO Designa quem escreve em uma página na internet, com periodicidade indefinida.

Leia o verbete ***colunista/blogueiro*** na pág. 85.

BOLSAS DE TRABALHO A **Folha** oferece a seus jornalistas a oportunidade de trabalhar como correspondentes-bolsistas no exterior, por tempo determinado. Na abertura de vaga em uma nova cidade, cabe à Direção de Redação indicar o primeiro profissional a ocupá-la. Os demais são escolhidos mediante concurso interno.

C

CARGOS DE CONFIANÇA São cargos de confiança os de diretor de Redação, editor-executivo, secretário de Redação, diretor de sucursal, editor, repórter especial e correspondente internacional, bem como os de adjuntos e assistentes associados a quaisquer desses cargos. Espera-se de quem esteja em cargo de confiança afinidade com os princípios do jornal e com as políticas da Direção de Redação.

CENTRO TECNOLÓGICO GRÁFICO-FOLHA Complexo industrial gráfico da Empresa Folha da Manhã S.A. Identificado pela sigla CTG-F, fica no bairro de Tamboré, município de Santana de Parnaíba (40 km a oeste da cidade de São Paulo). Inaugurado no dia 4 de dezembro de 1995, imprime diariamente a **Folha** e o Agora.

COLABORADOR Pessoa que tem seu trabalho publicado mediante pagamento, mas sem vínculo empregatício com a **Folha**. O jornal solicita textos a colaboradores e pode publicar artigos enviados espontaneamente à Redação.

COLUNISTA Designa quem escreve com regularidade em espaço fixo nas plataformas da **Folha**.

Leia o verbete ***colunista/blogueiro*** na pág. 85.

CONSELHO EDITORIAL Colegiado com funções consultivas cujos integrantes são jornalistas e não jornalistas. Seus membros são convidados pelos acionistas da Empresa Folha da Manhã S.A.

CONTRATAÇÃO As contratações para funções jornalísticas na **Folha** se dão por concurso aberto ao público, exceto em casos de autorização prévia da Secretaria de Redação. A seleção é feita com base em currículo, prova escrita e entrevista, em processo centralizado pela Editoria de Treinamento. Entre os critérios para escolha estão boa formação técnica e cultural e capacidade de escrever com clareza, exatidão, concisão e rapidez.

D

DATAFOLHA Instituto de pesquisas que faz parte do Grupo Folha. Realiza levantamentos estatísticos e pesquisas eleitorais, de opinião e de mercado. Atende ao grupo e também a clientes externos. Já produziu mais de 8.000 pesquisas, com 12 milhões de entrevistas. O Datafolha não faz pesquisas eleitorais e avaliações de administrações públicas para governos, partidos, candidatos e políticos. Essa conduta, aliada à confiabilidade técnica e à transparência metodológica, reforça a imparcialidade, a isenção e a credibilidade de suas informações.

DESIGNER GRÁFICO Profissional que estrutura visualmente a informação. Também pode produzir ilustrações e desenvolver a navegabilidade nas plataformas digitais. O *diagramador* distribui e organiza elementos nas páginas (textos, infográficos, fotos) e desenvolve projetos gráficos para todas as plataformas; o *infografista* cria e executa infográficos (quadros, gráficos, tabelas, mapas, esquemas); o *webdesigner* faz programação e desenvolve layouts, projetos especiais e multimídia especificamente para as plataformas digitais.

DIREÇÃO DE REDAÇÃO É formada pelo diretor de Redação, pelo editor-executivo e pelos secretários de Redação. Cabe a ela planejar e comandar a execução do Projeto Editorial. A seu critério, pode alterar e, em situações excepcionais, suspender a vigência de verbetes deste "Manual".

DIRETOR DE REDAÇÃO Determina, em instância final, as linhas editoriais, tanto na cobertura noticiosa como nos textos que expressam a opinião do jornal. Suas decisões editoriais não estão sujeitas à revisão por outras áreas da empresa.

E

EDITOR Responsável por uma editoria, comanda o planejamento jornalístico e administrativo de sua unidade, bem como a execução do Projeto Editorial da **Folha** em sua área. É cargo de confiança.

EDITOR-ADJUNTO/EDITOR-ASSISTENTE O *editor-adjunto* substitui o editor na ausência deste, e o *assistente* substitui o adjunto. Compartilham o planejamento e o comando da execução do Projeto Editorial em sua área. São cargos de confiança.

EDITOR-EXECUTIVO Profissional que comanda a Redação. É o principal responsável, perante a empresa, por todas as questões editoriais e administrativas da área. Responde ao diretor de Redação. Supervisiona a interface com outras áreas da empresa.

EDITORIA/NÚCLEO Unidades organizacionais da Redação, responsáveis pela produção e pela edição de material noticioso em um determinado campo temático.

EDITORIA DE EMERGÊNCIA Coberturas especiais, de grande porte ou importância, podem requerer a formação de uma equipe transitória, liderada por um editor de emergência e formada por profissionais convocados de diversas áreas.

EMPRESA FOLHA DA MANHÃ S.A. Edita a **Folha.**

Veja gráfico na pág. 38.

ESTÚDIO FOLHA Núcleo de negócios independente da Redação, que se reporta à superintendência da empresa, o Estúdio Folha oferece conteúdo patrocinado, conhecido também como "branded content" ou ***publicidade nativa***. É produzido sob medida para marcas, em diferentes plataformas e formatos –reportagem impressa, digital, vídeo, livro, revista ou guias–, com características gráficas diferentes das do jornal. Todo o conteúdo, identificado com a assinatura do Estúdio Folha e o nome da marca, é discutido com os patrocinadores e aprovado com eles. É considerado material publicitário.

EXPEDIENTE Seção que fornece informações sobre a **Folha**, entre as quais estão as seguintes:

- Nomes dos membros da Diretoria da Empresa Folha da Manhã S.A. e do Conselho Editorial;
- Diretrizes para o leitor se comunicar com o jornal;
- Dados sobre a Empresa Folha da Manhã S.A., preços de produtos e promoções.

Nas plataformas digitais, essas informações estão nas seções Sobre a Folha e Expediente.

F

FOLHAGRÁFICA Presta serviços gráficos de impressão para empresas, editoras e agências de publicidade. Tem capacidade de imprimir mais de 300 mil exemplares por hora. Pertence à Empresa Folha da Manhã S.A.

FOLHAPRESS Agência de notícias pertencente à Empresa Folha da Manhã S.A. Comercializa e distribui fotos, textos, colunas, vídeos, ilustrações e infografias a partir do conteúdo editorial da **Folha** e do Agora, bem como de parceiros. Mantém em seu site mais de 700 mil fotos indexadas.

FUNCIONAMENTO DA REDAÇÃO A **Folha** funciona 24 horas por dia, sete dias por semana, fazendo o revezamento de profissionais.

G

GERÊNCIA ADMINISTRATIVA Setor responsável por controlar o orçamento geral da Redação e coordenar a política de recursos humanos da área. Organiza as viagens feitas por jornalistas e faz a gestão de contratos e pagamentos de colaboradores e de fornecedores de serviços noticiosos de terceiros.

GRUPO FOLHA Conjunto de empresas do qual a **Folha** faz parte.

Veja gráfico na pág. 38.

I

ILUSTRAÇÃO A **Folha** valoriza a abordagem, informativa ou opinativa, em forma de ilustração, que pode estar presente no jornal nas seguintes formas:

- *Caricatura* – desenho em que se exageram traços do personagem;
- *Charge* – desenho humorístico que comenta ou critica algum acontecimento atual, geralmente em um único quadro;

- *Cartum* – anedota gráfica atemporal sobre comportamento humano;
- *Quadrinho* – história contada geralmente em três ou quatro cenas;
- *Desenho/colagem/pintura* – imagem, abstrata ou não, que acompanha artigos e colunas.

L

LIVRARIA DA FOLHA Comercializa, na internet, livros de todas as editoras brasileiras, além de outros produtos como DVDs, CDs e games, num total de mais de 130 mil títulos. Voltada também para a divulgação de conteúdo, oferece informação sobre cada título e publica reportagens, entrevistas e material multimídia sobre livros, autores e o mercado editorial. Integra a Empresa Folha da Manhã S.A.

O

OMBUDSMAN Representante dos interesses do leitor, das fontes e dos personagens do noticiário na estrutura do jornal. A **Folha** foi, em 1989, o primeiro jornal brasileiro a adotar esse tipo de ouvidoria e até 2017 era a única publicação de alcance nacional a ter um ombudsman.

De origem sueca, a palavra designa um ouvidor, mas não costuma ser traduzida em português. Registra-se seu primeiro uso em 1713, quando o rei Carlos 12 nomeou um agente para representá-lo em suas ausências. A figura se difundiu pela Escandinávia, com a missão de ouvir reclamações.

O termo migrou para a imprensa nos EUA. Os jornais Louisville Courier Journal e Louisville Times foram os primeiros a adotar um ombudsman, em 1967. Antes, em 1922, o jornal japonês Asahi Shimbun criou um comitê para investigar reclamações dos leitores.

Na **Folha**, o ombudsman é escolhido pela Direção de Redação e tem mandato de um ano, que pode ser renovado três vezes. Independente, ele escolhe livremente sobre o que vai escrever, não submete as colunas a ninguém, não pode ser demitido e tem período de estabilidade depois de deixar o cargo.

Leia o verbete ***controle de qualidade*** na pág. 87.

P

PERFIL DO LEITOR Pesquisa realizada periodicamente pelo ***Datafolha***. Caracteriza em detalhes os diversos tipos de leitor da **Folha** e recolhe as avaliações sobre o jornal.

PLURAL INDÚSTRIA GRÁFICA Parceria do Grupo Folha com a Quad/Graphics, empresa americana do setor gráfico. Inaugurada em 1996, é a maior gráfica com rotativas offset da América Latina.

PREMIAÇÃO A **Folha** estimula seus jornalistas por meio de premiações, das quais a principal é o Prêmio Folha, atribuído anualmente. A escolha é feita por um grupo nomeado pela Direção de Redação que inclui o ombudsman, colunistas e profissionais de outras áreas da empresa.

PROGRAMA DE QUALIDADE Núcleo de apoio à Redação. Tem o objetivo de ajudar o jornal a cumprir suas metas de excelência editorial. Inclui consultoria de língua portuguesa, comunicação interna, seminários internos, subsídios a cursos de idiomas e de pós-graduação e outras atividades que visem ao aperfeiçoamento profissional dos jornalistas.

Leia o verbete ***controle de qualidade*** na pág. 87.

PROJETO EDITORIAL A **Folha** orienta sua conduta por um Projeto Editorial que vem se desenvolvendo desde meados da década de 1970. Sucessivos documentos têm atualizado esse projeto. O objetivo essencial é afirmar um jornalismo crítico, pluralista e apartidário, além de elaborar uma análise conjuntural da atividade jornalística e identificar prioridades e desafios. O texto integral da versão de 2017 do projeto pode ser encontrado na pág. 15 deste "Manual".

PROJETO FOLHA Conjunto de diretrizes editoriais e técnicas implantado a partir da década de 1970. Inclui Projeto Editorial, "Manual da Redação", Programa de Qualidade, ombudsman, contratação por concurso aberto ao público, sistemas de avaliação interna e cursos de formação jornalística, entre outras iniciativas.

PUBLICIDADE A receita da **Folha** provém principalmente da venda de exemplares e de assinaturas do jornal (impresso e digital) ao leitor e da publicidade. A Redação e a área Comercial são setores autônomos, sem relação de subordinação entre eles. A **Folha** nunca publica matéria paga. Quando veicula informe publicitário, deixa clara para o leitor essa condição.

PUBLIFOLHA Editora da Empresa Folha da Manhã S.A., publica obras em áreas como turismo, gastronomia, moda e referência geral. Criada em 1995, conta com os selos Publifolhinha, de livros infantojuvenis, e Três Estrelas, de obras de não ficção. A Publifolha, com mais de 1.600 títulos publicados, vendeu 13,5 milhões de exemplares até dezembro de 2017.

Leia o verbete ***Três Estrelas*** na pág. 36.

PUBLISHER Designa o proprietário de órgão de imprensa ou seu representante.

R

REDATOR Aos poucos tem-se diluído a distinção entre repórteres e redatores. Com a redução das Redações e o avanço tecnológico, a tendência é que tanto repórteres como editores absorvam as funções que costumavam ser de um redator, como finalização da edição, releitura de reportagens e elaboração de títulos, legendas e textos de apoio.

REPÓRTER Jornalista que capta informações, apura, checa, contextualiza e redige. Deve ser capaz de descrever fatos e de interpretar dados com exatidão e clareza. Na **Folha**, o repórter precisa ter texto final. Cabe a ele sugerir pautas, infográficos, fotos, títulos e legendas, além de adequar seu texto ao tamanho determinado pela edição.

REPÓRTER DE IMAGEM Jornalista cuja função principal é filmar e fotografar.

REPÓRTER ESPECIAL Integra o grupo de repórteres experientes diretamente subordinados à Direção de Redação. É cargo de confiança.

S

SECRETARIA DE REDAÇÃO (SR) Núcleo que coordena o trabalho da Redação, ao qual respondem diretamente todos os editores e repórteres especiais. É formado pelos secretários de Redação e pelos secretários-assistentes de Redação. A SR responde ao editor-executivo e ao diretor de Redação.

Os integrantes da SR dirigem toda a produção e a edição do material noticioso e são responsáveis pelas vitrines do jornal nas diferentes plataformas, como a primeira página, a home e as postagens em redes sociais.

SEMINÁRIOS O jornal promove a discussão de temas da atualidade com patrocínio de empresas ou organizações do terceiro setor. Os patrocinadores podem sugerir tópicos e participantes para o evento, mas a decisão cabe à **Folha**. Quando o seminário resulta em caderno especial, o conteúdo editorial é produzido pela Redação, sem interferência do patrocinador.

SPDL São Paulo Distribuição e Logística. Fundada em 2002, a empresa é controlada pelos grupos Folha e Estado (50% cada). É responsável pela distribuição, na Grande São Paulo, dos jornais dos dois grupos através de uma rede de franquias. A SPDL, que atende a mais de 900 municípios, presta também serviços de entrega para editoras.

SUCURSAL A **Folha** dispõe de sucursal em Brasília, que produz conteúdo para todas as unidades do jornal. O diretor de sucursal responde diretamente à Direção de Redação.

T

TRANSFOLHA Empresa do Grupo Folha que transporta e distribui produtos para operação de comércio eletrônico, B2B, jornais, periódicos e livros. Atua em mais de 1.300 municípios, distribuindo mensalmente, em média, 3,2 milhões de exemplares de jornais, 58 mil revistas e 1,2 milhão de produtos comprados via internet.

TREINAMENTO Programa da **Folha** dirigido a estudantes e a profissionais com pouca ou nenhuma experiência jornalística, selecionados por concurso aberto ao público. As principais qualidades esperadas dos candidatos são boa formação cultural, domínio da escrita, iniciativa e senso crítico.

Durante o programa, os trainees se familiarizam com o "Manual da Redação" e põem em prática os princípios do Projeto Editorial do jornal: seleção criteriosa de temas, abordagem analítica dos fatos, reportagens equilibradas, críticas aprofundadas e redação de textos didáticos e contextualizados.

TRÊS ESTRELAS Selo editorial criado em 2012 e dedicado a livros de não ficção, nas áreas de jornalismo, ciências humanas e história, entre outras.

TV FOLHA Parte do Núcleo de Imagem, é responsável pela produção de diferentes tipos de conteúdo audiovisual, como reportagens, transmissões e debates ao vivo, além de especiais com animação e podcasts. Foi criada em 2011, com o objetivo de produzir reportagens audiovisuais na internet.

U

UOL (UNIVERSO ONLINE) Provedor de conteúdo e de acesso à internet criado em 1996 pelos grupos Folha e Abril, este depois foi substituído por outros investidores. Também oferece serviços como PagSeguro e Boa Compra (meios de pagamento), UOL Diveo (maior operação de datacenter do país) e UOL Educação (ensino a distância), entre outros. É a maior empresa brasileira de conteúdo e serviços pela internet.

V

VISITA À FOLHA O jornal estimula e acolhe visitas de autoridades, políticos, empresários, representantes de associações civis, além de pessoas destacadas em sua área de atuação. Essa atitude traduz a disposição da Direção de Redação de manter um diálogo com os diversos atores que influem no noticiário, avaliar sugestões de pauta e ouvir críticas à cobertura. Até para deixar o visitante à vontade, o teor da conversa não é publicado. É praxe registrar a visita na coluna Painel.

GRUPO FOLHA

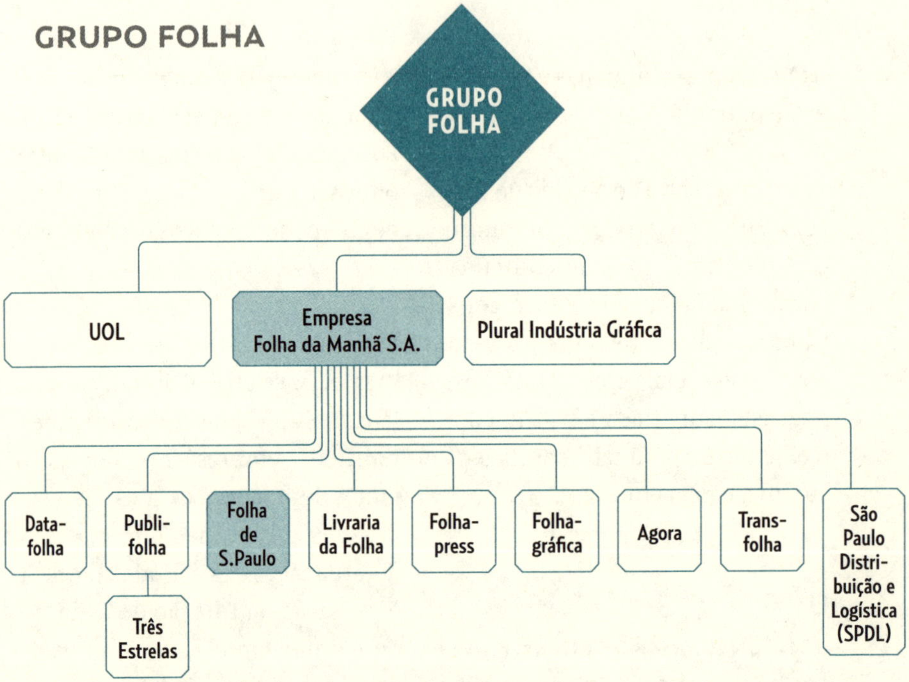

EMPRESA FOLHA DA MANHÃ S.A.

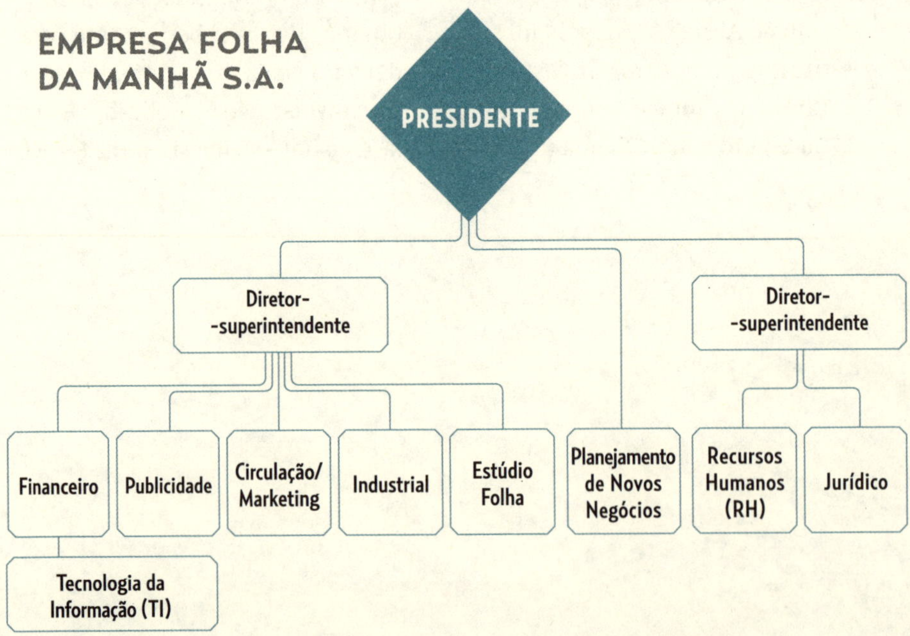

FOLHA DE S.PAULO

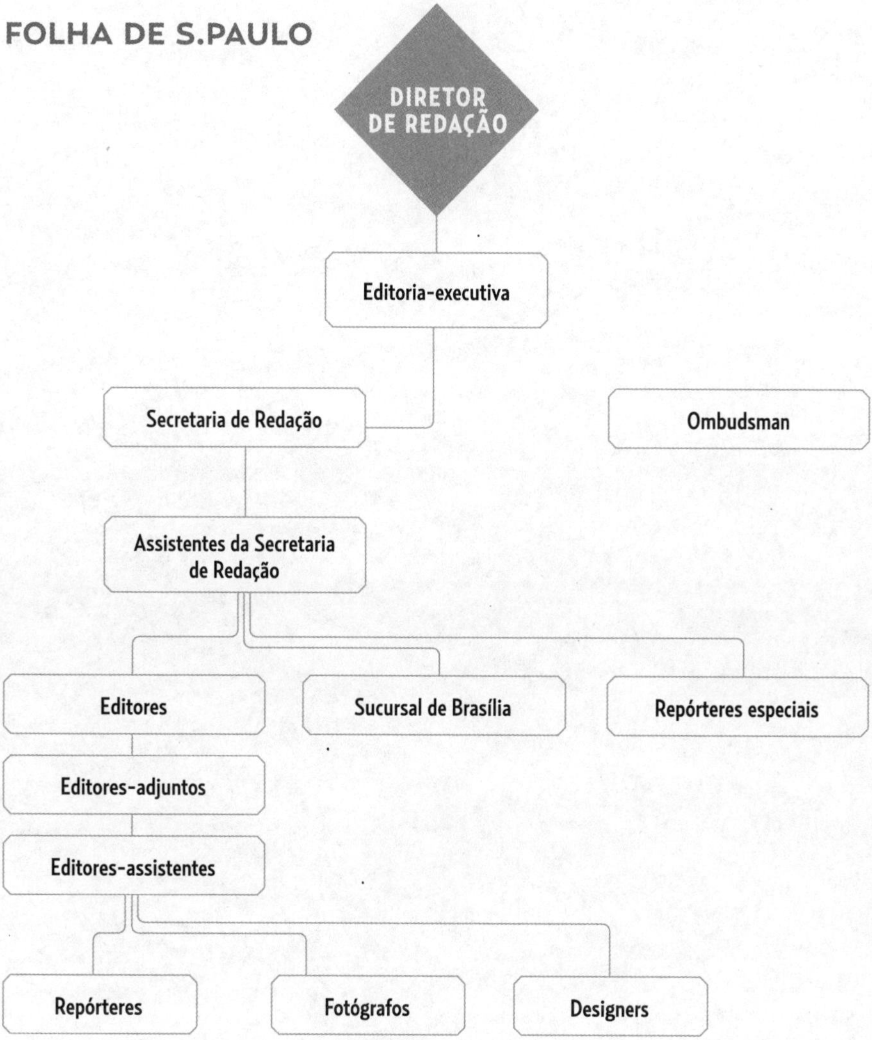

2

Atuação jornalística

CONDUTA

O maior patrimônio do jornalismo é a credibilidade. Um patrimônio construído não só pela aplicação rigorosa da boa técnica, cujas diretrizes são descritas no capítulo *Prática*, mas também pela atuação íntegra, na essência e na aparência, de cada um de seus profissionais.

Conquistar a confiança do leitor constitui tarefa árdua; perdê-la é fácil.

É direito do leitor cobrar da **Folha** um jornalismo de qualidade, que seja objetivo e preciso, que se mantenha independente e crítico e que garanta espaço ao contraditório e a pontos de vista divergentes. É legítimo que se levantem questionamentos toda vez que o comportamento do jornal ou de seus profissionais pareça proteger interesses outros que não os dos leitores.

Executivos, editores, repórteres, fotógrafos, cinegrafistas, infografistas e colunistas devem ter consciência de que a atuação do jornal e de seus integrantes está, mais do que nunca, submetida ao escrutínio público permanente.

Conflitos de interesses, militância política e ideológica, falta de transparência na apuração, relações pouco profissionais com fontes, uso de expressões incorretas ou imprecisas e abordagens equivocadas, lenientes ou sensacionalistas solapam a confiança no veículo.

Por sua própria natureza, a atividade jornalística frequentemente implica decisões sujeitas a controvérsia. Quanto se aproximar da fonte? Como lidar com o interesse de quem passa uma informação? Publicar ou não uma imagem chocante? Revelar ou não aspectos da vida privada de personalidade pública?

Não existem fórmulas para resolver cada um desses dilemas, mas este guia de conduta, pautado por princípios éticos e pela experiência sedimentada, pode ajudar a encontrar as melhores soluções para cada caso.

ATUAÇÃO PROFISSIONAL

A **Folha** não admite que seus profissionais pratiquem ato ilegal, antiético ou desonesto para obter informações. **Não adote nenhum procedimento que não possa ser revelado ao leitor** na publicação da reportagem.

- **Identifique-se como jornalista sempre**. A omissão é admitida em condições excepcionais: quando houver risco à ***segurança*** do profissional ou quando a notícia, considerada de notório ***interesse público***, não puder ser obtida de outra maneira. Em situações desse tipo, sempre consulte a Direção de Redação e, na publicação, explique ao leitor como foi feita a reportagem. Quando sua identidade for questionada durante a apuração, não minta –salvo em caso de risco à própria segurança.

- Nos casos de avaliação de serviços, porém, o anonimato profissional é recomendável. Ao avaliar um restaurante, por exemplo, é conveniente ficar anônimo para não obter atendimento especial.

- **Em condições excepcionalíssimas e após aprovação da Direção de Redação, autores de reportagens consideradas de notório interesse público podem recorrer a métodos inusuais para investigar uma prática ou situação condenável**.

  Por exemplo: embarcar em voo de carreira com estilete na bolsa para testar a fiscalização ou requisitar RG em vários estados para avaliar o sistema brasileiro de identificação. Na publicação, descreva o procedimento adotado.

- Não configura ato ilegal gravar ou filmar sem conhecimento dos interlocutores e divulgar conversas de que o repórter tenha participado. No entanto, respeite a vontade do interlocutor que pedir para não ser gravado ou fotografado.

  Por outro lado, salvo nos casos de investigação autorizada judicialmente, gravar conversas entre terceiros é crime.

Informação obtida a partir de gravação não autorizada só deve ser publicada se houver interesse público evidente e após consulta à Direção de Redação.

- Se a fonte da reportagem for um documento sigiloso, esclareça o que for possível sobre sua origem, para que o leitor possa formar juízo acerca do grau de confiabilidade da informação.

- O jornalista não deve reproduzir material informativo de assessorias de imprensa ou departamentos de comunicação, por mais confiáveis e profissionais que pareçam. Trate os dados como informação a ser checada e retrabalhada.

- Recomenda-se que, no exercício da profissão, o jornalista da **Folha** se comporte e se vista de modo a não destoar do ambiente de atuação e das fontes com as quais se encontra.

RELAÇÃO COM FONTES

Toda fonte de informação deve ser tratada com polidez e transparência. Como regra, o jornalista deve utilizar os pronomes de tratamento *senhor* e *senhora*. Na interlocução com ex-autoridade, é praxe tratá-la pelo cargo mais alto que tiver ocupado.

- Cultivar sua rede de contatos é tarefa fundamental, mas evite a proximidade excessiva com ***fontes*** ou personagens do noticiário. Informe sempre aos superiores se tiver ou vier a desenvolver relacionamento que extrapole os limites profissionais e possa interferir no seu trabalho ou aparentar conflito de interesses.

! — O jornalista não pode oferecer valores ou favores pessoais em troca de informação. Tampouco pode aceitar valores ou favores pessoais para publicar ou omitir uma notícia.

- Deixe claro ao interlocutor que ele está sendo entrevistado e explique qual é o objetivo da reportagem. Na conversa, é importante que fiquem esclarecidas quais declarações devem ser consideradas ***off-the-record*** e quais podem ser atribuídas à fonte.

- Faça anotações e, sempre que possível, grave a conversa: o registro aumenta a segurança não só do repórter mas também do próprio entrevistado quanto à reprodução exata do que foi dito e pode ser usado como prova em caso de processo judicial.

- A **Folha** não submete textos jornalísticos a fontes para leitura antes da publicação. Exceções devem ser decididas pela Secretaria de Redação. Leia o verbete ***artigos*** na pág. 82.

- O repórter não deve assumir compromissos sobre a publicação de determinado conteúdo nem prometer destaque ou data de veiculação. São decisões que fogem de sua alçada.

- **É vedado vazar documentos ou comunicados internos do jornal, conteúdo de reportagens e dados confidenciais,** como resultados de pesquisas Datafolha.

- O ***sigilo da fonte*** é garantido pelo artigo 5º, inciso XIV, da Constituição, mas **a responsabilidade judicial sobre uma informação anônima é de quem a publica** –o processo pode ter como alvo apenas o jornal, apenas o jornalista ou ambos. A **Folha** admite a quebra do anonimato em casos extremos, como a transmissão deliberada de informação falsa por parte da fonte ou o descumprimento de acordo cujo resultado comprometa a imagem do jornalista ou do jornal. A decisão é tomada pelo profissional em conjunto com a Direção de Redação.

É DIREITO DA FONTE E DO PERSONAGEM DA NOTÍCIA

- Ser tratado com respeito e cortesia;
- Gravar a conversa com o jornalista;
- Ser ouvido por outro profissional caso exista obstáculo intransponível na relação com determinado jornalista;
- Permanecer anônimo quando prestar informações ***off-the-record***;
- Dispor de prazo razoável para responder a questionamentos da reportagem, salvo se a publicação exigir urgência;
- Ter sua versão dos fatos publicada junto da acusação (***outro lado***) ou, em caráter excepcional, tão logo seja possível;
- Conversar com superiores hierárquicos do repórter;
- Solicitar a publicação de erratas;
- Recorrer ao ombudsman.

CONFLITO DE INTERESSES

É responsabilidade do profissional atentar para situações que causem potencial conflito de interesses no trabalho cotidiano. Os mais comuns estão descritos a seguir. Na dúvida, consulte seu editor.

▸ O jornalista deve obrigatoriamente alegar impedimento e recusar pautas sobre pessoas e organizações com as quais mantenha relação que possa limitar ou pôr em dúvida sua autonomia ou isenção. **Informe seu superior hierárquico sobre laços econômicos, políticos, familiares e pessoais que possam se enquadrar nesses casos**. Colunistas devem avisar seus editores.

▸ Em qualquer área de cobertura, **o profissional não deve**:
- Participar de conselho de empresas ou instituições sobre as quais escreve com regularidade;
- Escrever sobre empresa na qual tenha investimento significativo ou interesse pessoal;
- Escrever sobre prêmio de cuja banca participe.

O jornalista pode ser autorizado a integrar júris de concursos em sua área, mas não poderá escrever reportagens, críticas ou análises sobre o assunto. A interdição vale também para colunistas e blogueiros. Exceções devem ser discutidas com a Secretaria de Redação.

! É inadmissível o uso de informação privilegiada ("inside information") para obter vantagens pessoais.

MILITÂNCIA

A militância de cunho político-partidário ou que comprometa a autonomia do profissional na área de cobertura a que se dedica é incompatível com o exercício do jornalismo na **Folha**.

Incluem-se entre as práticas militantes ações como assinar petições, participar ativamente de atos públicos e fazer doações eleitorais.

É natural que o jornalista tenha suas opiniões e preferências, mas o ativismo pode torná-lo vulnerável a paixões e acusações justificadas de parcialidade. O profissional não deve desempenhar sua função ostentando símbolos de partidos, empresas, agremiações esportivas, campanhas sociais ou outros indicativos que possam conotar parcialidade.

PRESENTES E PRIVILÉGIOS

O jornalista deve rejeitar qualquer benefício que possa comprometer ou pôr em dúvida sua independência profissional e prejudicar a imagem da **Folha**.

- É proibido solicitar convites para eventos ou cortesias e descontos para viagens, serviços e produtos. A regra se aplica mesmo que exista interesse jornalístico. Pedidos de credenciamento só devem ser feitos para execução de pautas.

- Convite enviado espontaneamente a um profissional da **Folha** devido a sua condição de jornalista deve ser submetido ao superior imediato antes de ser aceito. **O jornal não se compromete a publicar conteúdo do interesse de quem convida; os critérios de publicação são exclusivamente jornalísticos.**

- Ao produzir conteúdo resultante de convite, o profissional deve manter a independência e o espírito crítico. É dever do jornal informar com transparência caso as despesas tenham sido pagas por terceiros. A regra também vale para colunistas.

- Convites para refeição com fontes ou personagens do noticiário devem ser aceitos sempre que houver interesse jornalístico. Quando ocorrer em cafés ou restaurantes, convém que o profissional pague sua parte na conta. Quando o convite partir do jornalista, recomenda-se arcar com toda a despesa. Em qualquer caso, evite locais com preços exorbitantes, solicite reembolso ao jornal e lembre-se de que a **Folha** observa a praxe de não ressarcir gastos com bebida alcoólica.

- **A Folha desestimula seus jornalistas a aceitarem presentes.** Exceções são admitidas, desde que o valor não ultrapasse 25% do salário mínimo nacional. Objetos mais caros, enviados ao jornal ou à casa do profissional, devem ser encaminhados à Secretaria de Redação para devolução, com carta-padrão de agradecimento e a justificativa da recusa.

  O preço do presente não deve ser, porém, o único parâmetro. Na dúvida, analise:
  - O recebimento pode deixá-lo desconfortável para escrever uma reportagem crítica sobre quem enviou o presente?
  - Houve alguma conduta destinada a evitar que colegas de trabalho ou superiores tomassem ciência do envio do presente?
  - Você se sentirá constrangido caso o fato se torne público?

- Não há veto à aceitação de ingressos de eventos culturais, desde que sejam eventuais, espontâneos e levados ao conhecimento do superior imediato.

- É proibido aceitar ou pedir empréstimos de produtos como veículos, máquinas ou equipamentos para uso particular.

- Produto enviado para divulgação ou análise deve ser restituído após o uso, sobretudo se o valor superar o limite mencionado. Cabe ao jornalista devolver prontamente objeto cedido para produção de imagem.

Ao produzirem reportagens para a **Folha**, os colaboradores devem respeitar as determinações acima.

REDES SOCIAIS

As balizas éticas que guiam os profissionais no ambiente offline também se aplicam online. No contexto de hiperexposição e mutação das ***redes sociais***, contudo, multiplicam-se as dúvidas para as quais o jornalista não encontra respostas fáceis. Esta seção lista normas e diretrizes que ajudam a lidar com os problemas mais frequentes.

- A **Folha** encoraja seus profissionais a manter contas em redes sociais. Se bem administradas, elas se tornam ferramentas úteis para fazer novos contatos e cultivar antigos, para pesquisar pautas, tendências e personagens, para agilizar apurações e promover conteúdo próprio e de colegas de jornal, expandindo o alcance do material publicado.

- No horário de trabalho, rede social é instrumento, não passatempo. Atividades privadas no ambiente digital não podem interferir no exercício das tarefas profissionais diárias.

- **Nas redes sociais, a imagem pessoal tende a se misturar com a profissional**. Parcela do público pode pôr em dúvida a isenção daquele que, na internet, manifesta opiniões sobre assuntos direta ou indiretamente associados a sua área de cobertura. Mesmo que o faça fora do horário de trabalho e ressalve que aquela é uma posição pessoal, o jornalista fica sujeito a suspeição, assim como o veículo.

- Revelar preferências partidárias e futebolísticas ou adotar um lado em controvérsias tende a reduzir a credibilidade do jornalista e a da **Folha**, que tem o ***apartidarismo*** como um dos seus ***princípios editoriais***. Qualquer publicação, pessoal ou não, pode ser disseminada por interessados em desacreditar ou depreciar o profissional ou o veículo.

- A melhor maneira de evitar armadilhas é assumir que **conteúdo postado na internet é público, nunca desaparece e pode ser facilmente descontextualizado**. O alerta também vale para ferramentas de comunicação privada nas redes sociais ou aplicativos de mensagens.

- Evite ***ironia***, pois uma parcela dos leitores irá tomá-la ao pé da letra.

> ! Use o bom senso. Não faça nas redes sociais algo que você não faria num local público.

- Postagens que exponham a vida privada podem ter consequências na vida profissional. **Exibir a intimidade em redes sociais pode prejudicar a imagem de discrição e comedimento esperada do jornalista**. O cuidado vale também para sites ou aplicativos de comunicação entre pessoas ou grupos, sujeitos a invasões ou quebras de sigilo.

- Jornalistas que façam uso intensivo das redes sociais para fins pessoais devem considerar a possibilidade de criar um perfil exclusivo para as atividades profissionais. Também devem cogitar a alternativa de restringir o acesso de terceiros não autorizados a suas contas pessoais (por exemplo, com perfis abertos somente para amigos). A iniciativa pode ajudar a evitar situações constrangedoras com ***fontes*** ou leitores, mas não representa um salvo-conduto para ignorar as orientações deste "Manual" na conta privada.

- Com a profusão de redes, blogs, publicações opinativas e grupos de pressão, a internet predispõe à crítica direta e pública do noticiário.

O jornalista não deve superestimar a repercussão nas plataformas digitais, tomando-as como a totalidade do público, mas tampouco pode ignorar seu impacto na imagem do jornal e da Redação.

- Não compartilhe ***boatos*** e rumores como se fossem fatos. Na eleição presidencial nos EUA em 2016, o boato de que o papa Francisco havia anunciado apoio ao candidato republicano Donald Trump foi compartilhado milhões de vezes. No Brasil, pouco antes do segundo turno da eleição de 2014, a internet foi tomada por boatos de que o doleiro delator Alberto Youssef havia sido envenenado e morto na prisão. Não eram verdades.

- Também não publique nas redes sociais conteúdo com teor obsceno, ameaçador ou criminoso.

> ! Pense duas vezes antes de postar qualquer comentário depreciativo sobre pessoas e instituições ou piadas que possam ferir suscetibilidades.

- A responsabilidade pelos comentários em página pessoal nas redes sociais é exclusiva do jornalista, mas uma manifestação imprudente, mesmo que não diga respeito a sua área de cobertura, pode dificultar o trabalho de colegas de Redação e, eventualmente, sua própria atuação futura. Assim como repórteres acompanham as redes sociais de pessoas públicas, fontes, possíveis entrevistados e grupos de pressão também consultam o perfil digital de jornalistas.

- **É recomendável acompanhar as páginas de figuras públicas, mas procure praticar o *pluralismo* estimulado pela Folha, adicionando e seguindo representantes de diferentes tendências**. Se for preciso integrar um grupo online que esteja em meio a uma controvérsia pública, integre também aqueles que estejam de outros lados da disputa. O mesmo cuidado deve ser observado ao aceitar seguidores nas redes sociais e ao compartilhar conteúdos.

▸ Se a rede social permitir, considere a possibilidade de ocultar sua lista de contatos. Essa iniciativa, no entanto, não permite ignorar outros cuidados mencionados nesta seção.

▸ Seja prudente ao interagir com personagens do noticiário nas redes sociais. O contato descuidado pode criar uma percepção de intimidade ou de camaradagem nocivas para a imagem do profissional e do jornal.

▸ **Tenha cuidado ao compartilhar conteúdos externos. O ato pode ser interpretado como endosso à opinião ou à veracidade da notícia**. Ao postar conteúdo opinativo ou polêmico de terceiros, adicione uma introdução neutra. Exemplo: *Dilma atacando o ex-vice. @dilmabr: "A onda regressiva do governo golpista vai se agravando"*.

▸ Escrever no perfil frases como *Compartilhar não é apoiar*, *RT não é igual a endosso* ou *As opiniões são pessoais* pode ser útil, mas não substitui as demais orientações desta seção.

O PROFISSIONAL DA FOLHA NÃO PODE

- Antecipar reportagens e colunas que serão publicadas (incluindo teasers), mesmo as de sua autoria, salvo com autorização de seus superiores ou, se colunista, da Secretaria de Redação;
- Divulgar bastidores da Redação ou dados e documentos internos da empresa, a menos que seja decisão do jornal;
- Divulgar informação que o jornal decidiu não publicar por colocar em risco pessoas ou empresas (como ***sequestro*** em andamento ou boatos de falência, por exemplo);
- Emitir juízos que comprometam a independência ou prejudiquem a reputação, a isenção ou a linha editorial da **Folha** ou de seus jornalistas;
- Utilizar contas da **Folha** nas redes sociais em desacordo com os procedimentos e as condutas prescritas neste "Manual"; ▶

- Destratar quem quer que seja. Em caso de insultos ou ofensas pessoais, responda educadamente ou ignore, mas jamais troque desaforos. Se pertinente, os superiores hierárquicos devem ser informados da altercação. Esse comportamento também é esperado de colunistas.

  Leia o verbete ***redes sociais*** na pág. 116.

ATIVIDADES FORA DA **FOLHA**

▸ A **Folha** permite que integrantes da Redação atuem em debates, conferências e seminários, participem de entrevistas ou sejam entrevistados, desde que autorizados pela Secretaria de Redação. Em qualquer situação, deve ser explicitado o vínculo com o jornal. Serão vetadas colaborações que suscitem ***conflito de interesses***.

▸ Desde que não haja conflito de interesses, a Secretaria de Redação pode permitir a atuação remunerada de seus profissionais que sejam convidados a dar palestras ou apresentar eventos.

▸ A **Folha** cultiva uma política de exclusividade em relação ao trabalho de seus profissionais. Exceções a essa regra devem ser autorizadas pela Secretaria de Redação.

▸ Cabe à Secretaria de Redação autorizar eventuais colaborações em outros veículos, desde que não sejam considerados concorrentes diretos da **Folha**. O profissional deve assegurar-se de que o seu vínculo com o jornal será explicitado pelo veículo e não pode adiantar conteúdo inédito que seja de interesse da **Folha**.

▸ Blogs e canais de vídeo pessoais podem ser autorizados pela Diretoria de Redação, desde que não concorram com a atuação do profissional na **Folha** nem colidam com as regras deste "Manual".

▸ A Secretaria de Redação deve ser informada caso o profissional vá participar da elaboração de livro, filme ou obra equivalente sobre conteúdo ligado ao trabalho que desenvolve no jornal. Para evitar suspeição de favorecimento, obras de jornalistas e colunistas da **Folha** podem ser objeto de reportagem de apresentação, mas não de ***crítica*** ou resenha.

▸ As orientações deste "Manual" devem ser observadas em todas as participações públicas dos profissionais da **Folha**. Recomenda-se que, nessas situações, seja ressaltado que as opiniões são emitidas a título pessoal.

SÃO ATIVIDADES VETADAS AOS JORNALISTAS DA FOLHA

- Prestar serviços de media training (treinamento de pessoas para lidar com meios de comunicação);
- Atuar em anúncios comerciais. É facultada a possibilidade de participação em campanhas de interesse público, com autorização prévia da Direção de Redação;
- Promover comercialmente marcas, produtos ou empreendimentos em colunas e reportagens de qualquer plataforma, incluindo redes sociais;
- Elaborar textos de divulgação, como peças publicitárias, catálogos de exposição ou releases, assinados ou não.

RELAÇÃO COM O LEITOR

O leitor é o principal interlocutor do jornalista e quem sustenta o jornal. Dispõe de tempo cada vez mais escasso e disputado por fontes informativas abundantes. Para assegurar sua fidelidade, é preciso oferecer conteúdo de qualidade, esforçar-se para que ele o receba e manter com ele comunicação atenciosa.

▸ **Responda com agilidade e educação às manifestações** (ou encaminhe-as internamente), seja qual for o canal de comunicação utilizado pelo leitor. Apontamentos de ***erro*** devem ser checados e, sendo o caso, a correção deve ser publicada com rapidez.

▸ Caso o problema se refira a outra área da empresa, ponha a pessoa em

contato com o setor competente: editoria responsável, ombudsman, Painel do Leitor, Serviço de Atendimento ao Assinante etc.
Veja os contatos a seguir:

FALE COM A FOLHA
alameda Barão de Limeira, 425, Campos Elíseos, CEP: 01202-900 – São Paulo – SP
✆ +55 11 3224-3222
✆ +55 11 3224-3722
✉ leitor@grupofolha.com.br

OMBUDSMAN
http://www1.folha.uol.com.br/ombudsman/
✉ ombudsman@grupofolha.com.br
✆ 0800 015 9000
de segunda a sexta-feira – das 14h às 18h

ASSINE A FOLHA
https://secure.folha.com.br/folha
✉ saa@grupofolha.com.br
✆ 0800 015 8000
de segunda a sexta-feira – das 7h às 17h | sáb./dom./fer. – das 7h às 13h

ATENDIMENTO AO ASSINANTE
https://atendimento.folha.com.br/
✉ saa@grupofolha.com.br
✆ +55 11 3224-3090 (Grande São Paulo)
✆ 0800 775 8080 (Demais localidades)
de segunda a sexta-feira – das 7h às 17h | sáb./dom./fer. – das 7h às 13h

ANUNCIE
http://publicidade.folha.com.br/

ESTÚDIO FOLHA
http://estudio.folha.uol.com.br/institucional/
✉ estudiofolha@grupofolha.com.br
✆ +55 11 3224-7734

- Trate com seriedade eventuais solicitações para noticiar um problema particular, como avisos sobre pessoas desaparecidas, pedidos de donativos para doentes, altercações entre vizinhos etc. Se o caso não se enquadrar em critérios jornalísticos, explique isso com delicadeza e, se possível, indique alguma instituição que possa ajudar a pessoa.

- **Não se envolva em discussões inflamadas com leitores**, em especial nas seções de ***comentários*** e em ***redes sociais***, sobretudo se sua conexão com eles se der na condição de profissional ou colaborador da **Folha**. Reaja com serenidade a críticas, mesmo quando lhe pareçam descabidas, e simplesmente ignore provocações. Essas orientações também são válidas para colunistas.

VERBETES

A

AMANTE Empregue esse termo para se referir a pessoas que mantenham relação amorosa extraconjugal. Não o utilize, porém, se houver dúvidas quanto ao tipo de relacionamento. Nesse caso, use alternativas como amigo/amiga.

Leia o verbete ***vida privada*** na pág. 61.

B

BOATO/RUMOR Sinônimos de *informação não confirmada*. Só publique quando sua propagação se tornar notícia. Exemplo: o boato da destituição do presidente do BC provoca a queda da Bolsa. Nesse caso, deve-se noticiar a queda da Bolsa e deixar claro que a informação sobre a destituição no BC não está confirmada. Em assuntos de interesse público, a **Folha** procura confirmar ou desmentir boatos.

C

COLUNISTA/BLOGUEIRO Leia o verbete na pág. 85.

COMUNICAÇÃO INSTITUCIONAL O jornalista da **Folha** não deve falar em nome da empresa, salvo com autorização da Secretaria de Redação.

CONTEÚDO PATROCINADO/PUBLICIDADE NATIVA Leia o verbete *conteúdo patrocinado* na pág. 87.

D

DEFICIÊNCIAS Pessoas com deficiência física, sensorial ou intelectual devem receber tratamento que não reforce estereótipos, condescendência e discriminação. Mencione a deficiência quando for relevante para o contexto da notícia. Nesses casos, seja preciso: João, que é paraplégico; José, que nasceu sem o antebraço direito. A expressão genérica ratificada por órgãos internacionais é pessoa com deficiência. Na designação de deficientes visuais ou auditivos, podem-se usar os termos cego e surdo, respectivamente (mas não surdo-mudo).

Evite expressões e lugares-comuns depreciativos, como preso a uma cadeira de rodas ou perdido nos labirintos da esquizofrenia. Não empregue termos estigmatizantes, como lepra para designar hanseníase ou o adjetivo leproso para referir-se a hanseniano.

Evite ***eufemismos*** como portador de deficiência ou portador de necessidades especiais. O correto é pessoa nascida com síndrome de Down, pessoa com Down ou simplesmente Down, e não portador da síndrome de Down.

Em textos noticiosos, evite usar deficiências ou patologias diagnosticadas para criar metáforas negativas, como em O sistema de ensino superior brasileiro continua esquizofrênico e Os semáforos amanheceram autistas. O uso dessas expressões é impreciso, fere suscetibilidades e, na maior parte dos casos, reflete preconceitos.

DOENÇAS Se a informação for jornalisticamente relevante, não omita doença de personagem da notícia, mesmo que ela tenha sido ocultada pela pessoa ou sua família. Se alguém tem câncer e isso altera suas atividades, é preciso informar o motivo, mas esteja seguro do fato. Exceções devem ser autorizadas pela Direção de Redação.

E

ERRAMOS A **Folha** publica erratas numa seção com esse nome. A correção explícita e rápida é a melhor forma de preservar a confiança do leitor e a credibilidade do jornal. Erros cometidos por colunistas também devem ser registrados na seção Erramos.

Leia o verbete ***erramos*** na pág. 98.

EXPOSIÇÃO DE INTERESSES Informe sempre ao leitor eventuais conexões de natureza pessoal, profissional e institucional que autores, especialistas e personagens tenham com o assunto abordado em artigos e reportagens.

Exemplo: o advogado que se manifesta sobre uma lei anticorrupção e está defendendo cliente acusado desse crime; o médico adepto de tratamento com novo medicamento que mantém relação com o laboratório fabricante. Em reportagens, exponha o interesse ao longo do texto. Em colunas e artigos, o registro deve constar no miniperfil ou no pé do texto. A mesma transparência vale para eventuais relações de negócios da Empresa Folha da Manhã S.A. e das demais empresas do Grupo Folha.

Leia regras específicas no verbete ***crédito*** na pág. 208.

I

INFORMAÇÕES PESSOAIS A **Folha** não publica dados que possam expor indevidamente a vida privada de fontes ou personagens do noticiário. São exemplos endereço, RG, CPF, número de telefone e placa de carro.

INTERESSE PÚBLICO E INTERESSE DO PÚBLICO O primeiro termo está associado à vida e ao destino coletivos em algum nível (cidade, país), enquanto o segundo expressa curiosidade difusa.

Ainda que a cobertura de temas de interesse público deva prevalecer no jornalismo de qualidade, não se pode esquecer que é essencial na atividade do jornalista contar histórias que interessem a seu público.

Nem toda curiosidade, porém, deve ser atendida. As relacionadas a aspectos mórbidos, por exemplo, devem ser descartadas, bem como aquelas cuja divulgação implique violar a privacidade de alguém sem motivo de notório interesse público.

Há histórias que conotam ao mesmo tempo interesse público e interesse do público. É o caso da decisão da atriz Angelina Jolie, em 2013, de remover preventivamente os seios a fim de evitar um perigoso câncer que a pesquisa genética revelara provável em seu caso. O assunto era jornalístico não apenas pela fama da personagem mas também porque, além de suscitar um debate relevante, em especial para as mulheres, a atitude da atriz tenderia a exercer influência sobre o comportamento de muitas delas.

A separação de um casal de celebridades unido durante décadas, por sua vez, desperta curiosidade legítima em torno da vida de personagens já expostos, em alguma medida, ao olhar do público. O divórcio dos conhecidos apresentadores de TV William Bonner e Fátima Bernardes, em 2016, foi um exemplo.

Nem sempre é fácil distinguir entre os dois tipos de interesse e nem sempre é simples decidir sobre a legitimidade de publicar ou não determinada informação. O jornalista deve pesar na balança o quanto o personagem se expõe normalmente e o quanto se beneficia da fama.

Na dúvida, consulte a Secretaria de Redação.

Leia o verbete ***vida privada*** na pág. 61.

M

MINORIA O conceito é definido por critério não somente quantitativo mas também político e depende sempre do contexto em que se insere. São chamados de minorias grupos distinguidos por gênero, aparência física, linguagem, cultura, religião, poder econômico ou outro critério. As minorias devem ser tratadas sem preconceitos.

O

ORIENTAÇÃO SEXUAL Só identifique a orientação sexual do personagem caso ele a tenha anunciado e seja relevante no contexto da notícia. Exemplo: O ministro Fulano foi exonerado do cargo após revelar ser homossexual.

Leia o verbete ***identidade de gênero*** na pág. 222.

P

POOL Designa grupo de jornalistas reunidos para uma cobertura importante que, por restrições circunstanciais, não comporta a presença de todos nela interessados ou para ela credenciados. O grupo assume o compromisso de repassar as informações aos colegas excluídos.

A **Folha** participa e admite obter notícia ou imagem de pool apenas quando não fazê-lo for prejudicial à cobertura. Nesse caso, explique como as informações foram obtidas.

PRECONCEITOS O jornal não qualifica ninguém por sua origem étnica, cor, confissão religiosa, situação social, orientação sexual, idade, deficiência física, sensorial ou intelectual, exceto quando a qualificação for relevante para a notícia: Obama é o primeiro presidente negro dos Estados Unidos; O principal ativista gay americano foi recebido pelo papa.

Em textos noticiosos, não use expressões que denotam preconceito, a não ser em caso de reprodução relevante de declarações, entre aspas.

Seja cuidadoso ao citar certas características: é jornalisticamente necessário informar que a pessoa é negra, loura, obesa ou homossexual, por exemplo? Se sim, a informação é importante o suficiente para estar no lide ou deve constar mais adiante no texto?

Não generalize para toda a sociedade características predominantes em seu grupo ou meio social, como preferências ideológicas, valores culturais, crenças religiosas, costumes e padrões de consumo. **Tenha sempre em mente a enorme diversidade da gama de leitores, sobretudo em questões polêmicas.**

Não use estereótipos relacionados a países ou regiões de um país; eles normalmente desinformam e implicam preconceito.

Leia o verbete ***etnia*** na pág. 217.

S

SEQUESTRO Por medida de segurança, a **Folha** só divulga informações sobre ***sequestro*** em andamento após autorização da família da vítima, mesmo quando o fato tiver sido amplamente divulgado por outros veículos de comunicação.

V

VAZAMENTO Informação originalmente não destinada à divulgação pública que chega ao conhecimento de veículo de comunicação. O dever legal de proteger o sigilo é da autoridade pública, e o jornalista não comete ilegalidade ao divulgar a notícia apurada.

A **Folha** recomenda cautela na utilização jornalística de vazamentos, que frequentemente servem a interesses específicos e revelam apenas parte de um contexto.

Toda publicação sobre processo judicial que corre sob sigilo deve ser discutida previamente com a Secretaria de Redação.

VIDA PRIVADA Aspectos da vida privada só têm relevância jornalística se mantiverem conexão com o ***interesse público*** ou suscitarem curiosidade legítima.

Entre esses aspectos estão o comportamento sexual, o consumo de álcool ou drogas, a existência de uma doença, o patrimônio pessoal protegido por sigilo, as correspondências (inclusive as trocadas por email) e as comunicações por telefone.

Considera-se, com amparo nos tribunais, que pessoas públicas têm sua esfera de privacidade reduzida. É o caso de políticos, autoridades, celebridades e personalidades notabilizadas pelo cargo ou posição social que ocupam ou por alguma realização de destaque.

Ao avaliar a publicação de reportagem que exponha aspectos da privacidade, leve em consideração em que medida a pessoa optou pela exposição pública e quanto dela se beneficia. **Conteúdo que exponha a vida privada só poderá ser publicado com autorização da Secretaria de Redação.**

Leia o verbete ***amante*** na pág. 57.

PRÁTICA

Este capítulo reúne os procedimentos preconizados pela **Folha** para a prática jornalística. Seu objetivo é assegurar a qualidade do produto entregue ao leitor e ressaltar sua singularidade e relevância num contexto de proliferação de conteúdos midiáticos.

Conceitos e orientações aqui expostos caracterizam um jornalismo crítico, plural e apartidário, que se propõe a fazer um relato isento e confiável dos acontecimentos.

Observar tais conceitos e orientações é crucial para distinguir-se de veículos que propagam notícias falsas deliberadamente ou que, por amadorismo, militância ou vocação publicitária, não têm o mesmo compromisso com a busca da objetividade e o princípio do contraditório.

Equívocos, contudo, são frequentes em uma atividade sujeita a pressões variadas, a começar pela urgência. O emprego da boa técnica jornalística constitui a melhor maneira de preveni-los.

Oferecer ao leitor a expressão mais exata dos fatos demanda esforço deliberado em todas as etapas da produção. Esforço que deve estar presente tanto na obtenção de um furo –a notícia exclusiva– como na tentativa de garantir a cobertura mais profunda, exata, ágil e original do noticiário compartilhado por outros meios de comunicação.

A atividade jornalística deve adensar o conhecimento do leitor, apresentar-lhe novos ângulos e desafiar o senso comum. Cada vez mais precisa ser analítica, interpretativa e eventualmente conclusiva, identificando problemas e ponderando prós e contras das soluções cabíveis.

As seções a seguir, complementadas por uma lista de verbetes, resumem procedimentos recomendados para cada fase da produção de conteúdo pela **Folha**.

ANTES DE APURAR

O trabalho do jornalista tem início antes da apuração. Envolve organização pessoal e de equipe, preparo, participação em reuniões e sugestão/seleção de conteúdos. O resultado tenderá a ser melhor se, ao definirem a ***pauta***, repórteres e editores já começarem a pensar em enfoques, bem como em maneiras de incrementar e distribuir o produto final.

ORGANIZE-SE

Improviso na produção e pressa no acabamento dificultam o bom jornalismo. Planejamento e organização são os remédios contra esses males. Nas equipes, o ideal é que as atribuições de cada um sejam bem conhecidas e que seus integrantes tenham acesso à programação de pautas e outros instrumentos de planejamento interno.

Todo profissional deve manter em ordem seu material de trabalho. Isso facilita localizar anotações, gravações e outros arquivos, fazer contato regular com ***fontes***, reagir com presteza a mensagens e ligações e reservar espaço na agenda para atividades de aprimoramento.

MANTENHA-SE ATUALIZADO

O jornalista deve estar a par do noticiário, sobretudo em sua área de cobertura. Convém que se dedique a leituras variadas, que assista a filmes, séries, exposições e exibições, que viaje e diversifique seus contatos e ângulos de observação.

Também é recomendável que desenvolva especialização em pelo menos um campo de conhecimento e planeje a própria carreira. A **Folha** incentiva o ***aperfeiçoamento profissional*** e intelectual por meio de subsídios, bolsas, convênios, períodos sabáticos e transferências internas.

PARTICIPE DE REUNIÕES

É conveniente que as equipes promovam encontros regulares para avaliar o material publicado e discutir a pauta. As reuniões devem ser objetivas, com tema e duração predefinidos. Preparar-se bem favorece uma participação mais fecunda.

PROPONHA PAUTAS

Muitas pautas são óbvias e se impõem, estejam programadas ou não: a morte do papa, um impeachment presidencial no Brasil, a aprovação de uma vacina há muito esperada, um novo plano econômico do governo brasileiro, uma catástrofe aérea, a morte de uma celebridade mundial, a final da Copa do Mundo ou um megashow. Outras surgem como desdobramento de uma notícia (*suíte*, no jargão jornalístico): a repercussão, a reação, as consequências, os passos seguintes.

A pauta, contudo, nem sempre surge espontaneamente. **Um furo, uma reportagem especial, uma investigação própria ou a apresentação de uma nova tendência, por exemplo, demandam iniciativa e, quase sempre, persistência.**

Todo jornalista deve sugerir abordagens exclusivas em reportagem, análise ou ***infografia***. Essa tarefa depende de conversas constantes com fontes variadas, do preparo individual, da atitude crítica, da observação do cotidiano, da reflexão sobre os acontecimentos, da curiosidade, da atenção a ***ganchos***, da disposição para arriscar e da percepção do que seja informação útil para o leitor.

SELECIONE AS PAUTAS

Selecionar assuntos é requisito para organizar o trabalho e respeitar o tempo do leitor. Trata-se de equívoco comum imaginar que o jornal possa dar conta de toda a realidade noticiosa. Quanto antes as equipes definirem suas pautas, mais cedo poderão concentrar seus recursos nas coberturas prioritárias.

! Jornalismo não é ciência exata: não existe critério único para definir o que é notícia.

A decisão sobre a publicação e sobre o destaque a ser dado a determinado fato depende sempre do contexto. Por que um crime se torna objeto de reportagem e outro não? Que tamanho deve ter um acidente para estar na primeira página ou na home? Atentados terroristas de igual proporção, mas ocorridos em países diferentes, podem ter pesos distintos na edição? Um pacote econômico setorial merece cobertura?

Ainda que não componham uma equação matemática, os aspectos a seguir tendem a multiplicar a repercussão de um fato e tornar a notícia mais relevante:

- Amplitude (universo de pessoas impactadas);
- Apelo (curiosidade que a notícia possa despertar);
- Empatia (identificação do leitor com personagem ou situação);
- Ineditismo ou improbabilidade (capacidade de surpreender);
- Proximidade (geográfica ou simbólica entre o fato gerador da notícia e o leitor).

Entre dois temas de impacto similar, investigações exclusivas devem ter prioridade porque serão diferenciais da **Folha**.

Ao considerar esses critérios, não se esqueça de que o jornal deve atender às necessidades informativas de seus leitores, uma fração da sociedade. A **Folha** realiza pesquisas periódicas que permitem à Redação conhecer as características de seu público. Ferramentas que medem repercussões nos meios digitais são um bom termômetro auxiliar.

LEVANTE HIPÓTESES

Recomenda-se que o jornalista formule uma hipótese inicial de trabalho para cada pauta. Abrir mão desse procedimento torna mais difícil organizar a cobertura e desenvolver sua dimensão analítica.

A simples compilação de dados eleitorais, por exemplo, significará pouco para o leitor. A notícia sobre o resultado do pleito será enriquecida se forem adotados enfoques diferentes e aprofundados.

Diversas hipóteses podem ser levantadas: a) o crescimento da direita ou da esquerda é uma tendência regional ou mundial; b) candidatos associados a práticas corruptas foram punidos; c) houve uma guinada conservadora ou progressista; d) aumentou ou diminuiu a fragmentação no Legislativo, tornando mais difícil ou mais fácil aprovar leis; e) certo político ganhará o controle de sua legenda. A hipótese de trabalho representa um risco assumido pelo jornalista, que deve ter agilidade para alterá-la, sempre que necessário, enquanto realiza a apuração –ou mesmo abandonar a pauta.

Lembre-se de que forçar uma realidade a encaixar-se em tese preconcebida é mau jornalismo; refutar a hipótese inicial pode ser tão válido quanto comprová-la.

PENSE NO CONTEXTO

A pauta precisa ir além do fato, oferecendo ao leitor ***contextualização*** histórica, social, estatística e cultural. Quanto mais nexos forem articulados às informações essenciais, mais rica será a reportagem.

PENSE NA APRESENTAÇÃO

O leitor sairá ganhando sempre que o jornal apresentar uma notícia com ***didatismo***. Cronologia, mapa, gráfico, seção de perguntas e respostas, ***vídeo***, ***foto*** e ***glossário de termos técnicos*** são alguns dos recursos que podem ser utilizados como material de apoio ao conteúdo principal. Use essas ferramentas com precisão e seletividade, mas nunca descuide do principal: histórias interessantes e bem contadas.

PENSE EM IMAGENS

As imagens devem ser planejadas desde a concepção da pauta. Recursos visuais não podem ser tratados como adereços. Em muitos casos, uma história será mais bem contada por um vídeo ou por uma sequência de fotos ou infográficos dinâmicos e interativos, sozinhos ou associados. A **Folha** incentiva seus jornalistas a participar da produção de conteúdo visual e espera de toda a Redação conhecimento mínimo das técnicas disponíveis.

Leia o verbete ***imagens*** na pág. 101.

AO APURAR

Da apuração depende quase todo o conteúdo que o veículo publica. Não só reportagens (exclusivas ou não) mas também análises, infográficos e boa parte das imagens derivam de informações colhidas pelo jornalista. **Quanto maior o empenho nessa etapa do trabalho, maior a possibilidade de o repórter obter um furo e mais preciso e completo tende a ser o produto oferecido ao leitor**.

CONSULTE FONTES

Uma fonte, pessoal ou documental, fornece ao jornal informações sobre determinado assunto. Conversas e pesquisas são ferramentas para a concepção de uma pauta, para a obtenção de um ***furo*** e para a confirmação e o aprofundamento de uma notícia. O jornalista deve ir além do simples relato de um evento.

A quantidade de ***fontes*** a serem consultadas dependerá da complexidade da pauta e do tempo disponível. **O ideal é que o repórter conduza entrevistas e pesquisas até se sentir familiarizado com o tema**. Mesmo que nem todo o material seja utilizado no produto final, a multiplicidade de pontos de vista obtida dará a ele segurança para elaborar sua reportagem com profundidade.

Procure fontes que conheçam o assunto. Pergunte-se se eventuais interesses pessoais tornam sua opinião parcial. Não ouça alguém com posição conhecida apenas para cumprir uma praxe ou confirmar uma hipótese. Não inclua frases na reportagem somente para agradar aos entrevistados.

Leia a diretriz ***Relação com as fontes*** e o verbete ***exposição de interesses*** nas págs. 45 e 59, respectivamente.

LEVANTE INFORMAÇÕES BÁSICAS

É impossível definir de antemão que informações básicas deveriam constar de cada tipo de notícia. Elas variam de acordo com o tema e com o enfoque. Ao concluir a apuração, o jornalista deve ser capaz de responder às seis perguntas clássicas: O quê? Quem? Quando? Onde? Como? Por quê?

Além disso, convém considerar que, por vezes, informações secundárias podem se tornar essenciais. O partido de um político (e o estado pelo qual ele se elegeu, no caso de deputados federais e senadores), por exemplo, sempre precisa ser registrado. O custo de obra pública que esteja sendo questionada quase sempre será relevante, assim como a ***idade*** de personagens em casos como entrevista, perfil e posse em cargo público, entre outras situações.

Reportagens acerca de ***empresa*** e ***greve*** também costumam demandar dados adicionais: no primeiro caso, sobre a situação financeira da companhia, e no segundo caso sobre a categoria paralisada e seus pleitos.

SEJA CRÍTICO

O jornalista deve manter atitude crítica em relação a qualquer fonte de informação. Por mais confiáveis que pareçam, pessoas e organizações podem se equivocar, ocultar parte da história ou mentir; documentos, ainda que de origem fidedigna, podem conter erros.

Exemplo: nas eleições de 2016, o Tribunal Superior Eleitoral (TSE) informou que uma agricultora do sertão pernambucano recebera doação de R$ 75 milhões para sua campanha. Mais tarde o órgão se corrigiu: o repasse fora de R$ 750. O montante e as circunstâncias deveriam fazer soar o sinal de alerta em todo jornalista. A **Folha** não publicou a notícia enganosa.

O espírito crítico também ajuda o jornal a atender aos interesses do leitor, a não se tornar porta-voz involuntário de quem quer que seja nem supervalorizar o microcosmo da disputa pelo poder ou da burocracia.

Perguntar-se a quem uma notícia beneficia ou prejudica ajuda a perceber o jogo que se desenrola por trás dos fatos.

CRUZE INFORMAÇÕES

Sempre que tiver motivo para desconfiar de uma informação, o jornalista deve submetê-la a verificação com fontes independentes. O procedimento será especialmente recomendado, entre outros casos, quando a fonte tiver interesse particular na publicação da notícia, quando ela não houver participado diretamente da situação relatada e diante de afirmação controvertida. Se o fato comportar duas ou mais versões, cabe ao repórter tentar investigar qual delas mais se aproxima da realidade. Quando não houver condições de dirimir a controvérsia, publique as diferentes versões, expondos-as com clareza para o leitor.

Leia os verbetes ***fontes*** e ***off-the-record*** nas págs. 99 e 109, respectivamente.

Informação obtida off-the-record, se não for trivial, só poderá ser publicada, em caráter excepcional, após ser confirmada com pelo menos uma outra fonte confiável e independente da primeira. Em casos de grande impacto potencial, amplie as cautelas.

Além de imprescindível para dar segurança à apuração e evitar a publicação de ***barrigas***, o cruzamento pode acrescentar novos ângulos à reportagem. **Não hesite em voltar a fontes já consultadas para confrontar versões ou informações nem deixe de proceder à checagem de dados antes da publicação**.

No caso da chamada *fonte tipo zero* –documento com origem fidedigna, gravação de teor inquestionável ou pessoa plenamente capacitada para fornecer determinada informação–, dispensa-se verificação adicional, mas o jornalista não deve deixar de lado seu espírito crítico.

NUNCA ESQUEÇA O OUTRO LADO

Quando o jornalista obtiver informação desfavorável a pessoa ou entidade, deverá, antes de publicar a reportagem, procurar esclarecimentos da parte potencialmente afetada. Como regra, a **Folha** veicula a notícia e as explicações pertinentes de forma simultânea e com destaques proporcionais.

O procedimento não pode se resumir à execução mecânica de uma determinação deste "Manual". O ***outro lado*** é elemento integrante da apuração, e não mera declaração a ser registrada burocraticamente. O repórter deve estar disposto a buscar novos enfoques, mudar sua hipótese de trabalho ou derrubar a pauta após ouvir o outro lado.

! Um bom editor se caracteriza não só pelos conteúdos que publica mas também pelas apurações que manda refazer ou descarta quando não produziram resultado de boa qualidade.

Espera-se que o jornalista resolva contradições factuais que possam surgir após ouvir o outro lado. Por exemplo, se uma pessoa acusada de determinada ilegalidade disser que uma lei autorizava tal conduta, o jornalista deve reforçar sua apuração: a lei de fato autorizava ou não? Simplesmente expor as duas versões, em muitos casos, significará oferecer ao leitor uma reportagem incompleta.

Quando for impossível esclarecer contradições, contudo, apresente as versões de maneira equilibrada.

Observe as seguintes regras:

- Se houver informação desfavorável a pessoa ou entidade, será obrigatório ouvir o outro lado e dar-lhe destaque proporcional, seja qual for o formato da reportagem (texto, áudio, vídeo ou infografia);
- O outro lado deve ser contemplado também nos ***alertas*** de notícias por email ou notificações para dispositivos móveis;
- Na versão impressa, o outro lado deve ter destaque em título próprio ou subtítulo; recomenda-se que seus argumentos também sejam contemplados de forma resumida nos parágrafos iniciais do texto principal;
- Na versão digital, é obrigatório constar um resumo do outro lado no máximo até o quarto parágrafo;
- Em reportagens consecutivas sobre um mesmo caso, desde que não haja informação desfavorável inédita, admite-se a reprodução de argumentos já publicados a título de outro lado;
- **Reportagens sem o outro lado só poderão ser veiculadas em circunstâncias excepcionais, com autorização da Secretaria de Redação.** Nesses casos, deve-se explicar com clareza por que os argumentos da

parte afetada não estão registrados. Exemplo: A **Folha** telefonou três vezes para Fulano, entre 15h e 20h da quinta-feira (18), mas ele não atendeu às ligações, e não Procurado, não respondeu à reportagem;

- Reportagens publicadas sem outro lado deverão ser atualizadas assim que for possível apresentar os argumentos da parte afetada;
- Ao publicar o outro lado depois de veiculada a informação desfavorável (ou seja, não de forma simultânea), deve-se dar maior destaque aos argumentos da parte afetada, seja na versão impressa, seja na digital.

Ainda hoje serve de contraexemplo o caso Escola Base, em São Paulo, cujos proprietários tiveram a vida arruinada pela divulgação de acusações inverídicas. Em 1994, mães disseram à polícia que seus filhos haviam sido vítimas de abuso sexual praticado por pessoas ligadas à escola.

Um delegado corroborou a versão e, durante certo tempo, meios de comunicação veicularam a notícia acriticamente. Semanas depois, a própria imprensa ajudou a levantar dúvidas sobre o caso. O delegado foi afastado e concluiu-se que não houve crime. O erro foi amplamente divulgado pelos próprios veículos, e as vítimas obtiveram indenizações judiciais.

DÊ (E OUÇA) RETORNOS

O repórter não deve surpreender o editor com seu texto na hora da publicação. Recomenda-se que, ao longo da apuração, o jornalista contate seus superiores para relatar as informações obtidas (mesmo que parciais) e discutir o enfoque.

Espera-se que o editor, por sua vez, dê atenção ao repórter, aproveitando o retorno para fazer questionamentos, apresentar sugestões, avaliar a importância da notícia e definir como, quando e em que plataforma ela será publicada.

PENSE NA EDIÇÃO E NA DISTRIBUIÇÃO

Espera-se que todo jornalista conheça os recursos de edição, ajude a garantir a qualidade dos infográficos e reflita antecipadamente sobre a melhor forma de publicar e distribuir seu material.

AO RELATAR

Todo jornalista, ao elaborar um texto, deve ter como objetivos oferecer informações com exatidão, clareza, concisão e didatismo e prender a atenção do leitor até o último parágrafo.

DOMINE A LÍNGUA PORTUGUESA

A **Folha** deve manter a norma culta como referência para a produção do texto, sem deixar de ser permeável ao registro da língua viva. Espera-se que o jornalista conheça a gramática e encontre a linha de equilíbrio entre o tom formal e o coloquial adequado a cada situação. Recomenda-se parcimônia no uso de recursos estilísticos inusuais, que devem servir a uma exposição atraente dos fatos, não a aventuras pseudoliterárias.

ESCOLHA O LIDE

"A frase mais importante de qualquer texto é a primeira", escreveu William Zinsser em "Como Escrever Bem". Se o ***lide*** –a abertura de um texto jornalístico– não despertar interesse, dificilmente o leitor prosseguirá para os parágrafos seguintes. Não existe um modelo único para o lide. Em sua forma clássica, responde às questões básicas da reportagem: O quê? Quem? Quando? Onde? Como? Por quê? (não necessariamente nessa ordem).

O lide clássico predomina no jornalismo. É o mais aconselhado para conteúdos tipicamente noticiosos, com fatos urgentes e fortes. Buscar uma abertura alternativa embute riscos, mas pode ser a decisão acertada em alguns casos.

A escolha do lide dependerá da argúcia do autor para descobrir, no conjunto de sua apuração, qual é o ponto de interesse mais amplo, seja o próprio fato ou o resumo de uma situação, seja um aspecto inusitado ou uma declaração polêmica, entre outras opções.

SEJA EXATO

Precisão jornalística vai muito além de uma questão de estilo. O repórter deve registrar todas as informações de forma tão exata e objetiva quanto possível –ressalvados, naturalmente, casos em que aproximações são apropriadas (no arredondamento de números, por exemplo).

Lembre-se de que relatos inexatos podem ferir a confiabilidade do profissional e do jornal, seja num texto, num infográfico ou num vídeo.

Recomenda-se cuidado ao usar ***adjetivos***, pois eles muitas vezes expressam juízos de valor. É mais exato dizer que um jogador de basquete tem 2,20 metros do que simplesmente descrevê-lo como *muito alto*, embora essa última fórmula não contenha erro.

SEJA CLARO

A falta de ***clareza*** pode resultar da má escolha de palavras, de falhas na construção sintática, da falta de ***coerência*** e da ***ambiguidade*** de uma passagem. Também pode decorrer de uma edição ruim de vídeo ou de uma escolha equivocada do tipo de infográfico.

Muitas vezes, porém, tem origem na insegurança do próprio repórter. **Quando o jornalista entende do assunto, seja por conhecimento prévio, seja por ter feito uma boa apuração, é maior a chance de apresentar a notícia de forma inteligível.**

SEJA CONCISO

A ***concisão*** não pode se limitar ao que recomendam manuais de estilo: cortar palavras desnecessárias e procurar formas narrativas econômicas. Também pressupõe seleção rigorosa dos fatos que serão apresentados em um texto, vídeo ou infográfico.

O jornalista, sabendo que o tempo do leitor é intensamente disputado, deve priorizar aspectos gerais e evitar detalhes acessórios. Sem perder a isenção e o compromisso com a objetividade, deve ser tão analítico e interpretativo quanto possível, a fim de que seu texto não se transforme num relatório inconclusivo.

Não confunda concisão com superficialidade. A **Folha** pretende que seu noticiário seja mais profundo que o dos concorrentes.

SEJA DIDÁTICO

Lembre-se de que a **Folha** é um veículo de circulação ampla. Seus leitores têm formações diferentes e distintos graus de familiaridade com os assuntos abordados no jornal. Textos, vídeos e infográficos devem ser apresentados de forma tal que o leigo os entenda e o especialista não os reprove.

Não se esqueça de que o jornal dispõe de diversos recursos editoriais a serviço do ***didatismo***: perguntas e respostas, linhas do tempo, glossários etc. Empregue-os.

CONSIDERE O CONTEXTO

Convém assumir que o leitor desconhece fatos precedentes relacionados a uma notícia que se divulga. A memória recente dos eventos precisa ser considerada na elaboração de um texto. O jornalista também deve avaliar a pertinência de incluir outros elementos para a ***contextualização*** (históricos, sociais, estatísticos e culturais).

CUIDE DO OUTRO LADO

Certifique-se de que a linguagem empregada nas passagens relativas ao ***outro lado*** não destoem do restante do texto. Não seja irônico nem descuidado; reproduza com fidelidade a argumentação, ainda que não com as mesmas palavras.

REVISE O TEXTO FINAL

O repórter é responsável pela forma e pelo conteúdo de suas reportagens. Espera-se, por isso, que o texto destinado à publicação esteja bem-acabado. A equipe de edição pode –e deve– fazer ajustes e complementar o conteúdo quando necessário, mas essa não deve ser a regra.

Recomenda-se que, antes de dar o texto por finalizado, o jornalista verifique se contemplou todas as informações básicas e cheque novamente aquelas que costumam suscitar erros frequentes: grafia de nomes, lugares e cargos, links, datas, horários, cifras e resultado de cálculos.

ENTREGUE CEDO

Quanto antes o repórter entregar o texto a seus superiores, melhor. O ideal é que haja tempo para promover mudanças, complementar dados, dirimir dúvidas e resolver eventuais problemas.

AO EDITAR

A publicação regular de conteúdo noticioso está na essência do jornal. **O produto entregue ao leitor deve ser bem-acabado e atraente, resultado de bom planejamento, apuração profunda, atitude crítica e organização**.

Selecionar os acontecimentos mais relevantes, ordená-los segundo sua importância relativa, facilitar sua compreensão, garantir a qualidade do conteúdo, complementá-lo com material de apoio e estabelecer nexos além do óbvio são atividades de edição. Esta se desenvolve tanto em relação a uma notícia específica como em relação ao conjunto de notícias.

HIERARQUIZE

A disposição de conteúdos deve seguir uma ordem progressiva de interesse. Cabe à edição hierarquizar a leitura, seja em uma única página (impressa ou digital), seja na sequência do jornal impresso. Essa ordenação exige visão completa do que se está publicando (incluindo fotos, vídeos e infográficos).

A avaliação sobre o peso relativo de cada notícia deve seguir os mesmos critérios utilizados para selecionar as ***pautas***. Como a reportagem já estará pronta, sua qualidade também deve ser considerada.

SEJA COERENTE

Ao decidir o destaque a ser dado a um conteúdo informativo, também leve em conta o histórico do jornal. Manchetes anteriores ou notificações já enviadas para dispositivos móveis, por exemplo, devem ser utilizadas como referência. Além disso, procure manter coerência ao publicar reportagens consecutivas sobre um mesmo caso.

ORGANIZE

Recomenda-se que notícias correlatas sejam agrupadas na versão impressa. Se não fizer sentido publicar determinados conteúdos em uma mesma editoria, deverá haver ***remissão***. Nas plataformas digitais, utilize links para guiar o leitor para conteúdos afins. Espera-se que o editor tenha boa visão de conjunto para assegurar a harmonia do conteúdo publicado.

CONTEXTUALIZE E APROFUNDE

Uma boa edição oferecerá material de apoio para facilitar a compreensão da notícia em diferentes níveis.

Recursos didáticos (cronologia e seção de perguntas e respostas, por exemplo), análises, artigos opinativos, críticas, fotos, vídeos, ilustrações e infográficos possibilitam ao jornal ir além do factual.

Nas plataformas digitais, muitos desses elementos –especialmente fotos, vídeos e infográficos– devem, sempre que possível, ser agregados ao texto principal.

GARANTA A QUALIDADE

É papel do editor assegurar que o conteúdo publicado pela Folha esteja de acordo com as normas deste "Manual". Também é sua função cobrar aprimoramentos na apuração e na apresentação do conteúdo (seja um texto, seja uma imagem).

FAÇA UMA EDIÇÃO ATRAENTE

Assim como um bom texto, uma boa edição precisa atrair o leitor e prender sua atenção. **Repórteres e editores devem pensar não apenas na melhor maneira de dispor as reportagens nas páginas do jornal mas também no melhor formato (e plataforma) para expor um determinado conteúdo**. Uma apuração pode ser apresentada apenas em forma de infográfico ou de galeria de fotos, por exemplo, sem um texto tradicional; vídeos são cada vez mais frequentes.

O projeto visual da **Folha** define os parâmetros a serem utilizados e garante a identidade do jornal em todas as plataformas. Cabe ao jornalista respeitá-los e, dentro de suas balizas, buscar soluções criativas. Estas são particularmente importantes em edições especiais ou seções que não contam com o poder de atração do noticiário quente.

O esforço para cativar o leitor, contudo, não pode resultar apelativo nem sensacionalista.

SEJA CRIATIVO

A **Folha** estimula a criatividade. **Uma edição que não assume riscos ou desafios tende a tornar-se burocrática, desinteressar o leitor e desanimar a equipe**. Editores e repórteres podem apostar em opções inusuais. Iniciativas frustradas não devem impedir outras tentativas de inovar.

DEDIQUE-SE AOS TÍTULOS

A variedade de formatos de títulos deve ser utilizada para atribuir pesos distintos às notícias, de acordo com a ordenação hierárquica da edição. Além disso, títulos e subtítulos constituem o principal, quando não o único, ponto de contato de muitos leitores com a notícia.

Leia o verbete ***títulos*** na pág. 118.

! O título deve ser a um só tempo claro, atraente e exato –especialmente nas plataformas digitais, onde se perde a visão de conjunto.

CAPRICHE NAS IMAGENS

Fotos, vídeos e infográficos devem cumprir função informativa, além de ajudar a arejar as páginas. Cabe ao editor, com base nesses critérios, escolher boas imagens e definir o destaque que terão.

Nas plataformas digitais, cada texto deve ser ilustrado por ao menos uma imagem. A inclusão de fotos, vídeos e infográficos amplia a visibilidade do conteúdo nas redes sociais e nos mecanismos de busca.

Leia os verbetes ***imagens*** e ***infografia*** nas págs. 101 e 103, respectivamente.

DÊ ESPAÇO AO OUTRO LADO

É função do editor garantir que o ***outro lado*** tenha destaque apropriado e assegurar a exatidão das explicações. Deve-se dar especial atenção aos ***títulos***. **Nas plataformas digitais, os argumentos do outro lado precisam ser resumidos até o quarto parágrafo.** As explicações completas devem aparecer ao longo do texto principal, após intertítulo inequívoco.

EVITE ERROS

Espera-se que todo texto tenha passado por um processo de revisão por parte de seu próprio autor, mas, ainda assim, recomenda-se especial cuidado com grafia de nomes, lugares, cargos, links, datas, horários, cifras e resultado de cálculos. Ilustrações, infográficos e legendas, bem como o acabamento da edição, requerem revisão atenta.

A publicação de um dado incorreto pode representar um grande transtorno para o leitor que se fiou na informação, além de provocar danos à pessoa ou instituição que foi objeto do erro e à imagem do jornal.

ATENTE PARA AS PLATAFORMAS DIGITAIS

Cada ***URL*** (endereço de uma página na internet) deve reunir elementos que, na versão impressa, podem ocupar espaços distintos, como outro lado, textos de apoio, fotos e infográficos. Além disso, conteúdos relacionados devem ser indicados por meio de links.

NÃO HESITE EM MUDAR

A edição estará sempre sujeita a imprevistos; o bom editor deve ser ágil e estar sempre interessado em fazer as alterações necessárias, mesmo que isso contrarie o planejamento.

DEPOIS DE PUBLICAR

Apenas num sentido impreciso pode-se dizer que a publicação da reportagem conclui o trabalho do jornalista. Planejar possíveis desdobramentos e discutir a qualidade do conteúdo veiculado há muito fazem parte da cultura da **Folha**. Participar da distribuição, corrigir erros e atualizar as informações são rotinas específicas das plataformas digitais.

PARTICIPE DA DISTRIBUIÇÃO

A Redação deve participar da distribuição de informações nas plataformas digitais. Parte do conteúdo publicado nas páginas da **Folha** na internet é distribuída por seus perfis nas redes sociais. Espera-se que seus profissionais deem visibilidade ao próprio trabalho (textos, infográficos, fotos ou vídeos) e compartilhem conteúdos de que tenham gostado no jornal. Em qualquer caso, devem-se respeitar as diretrizes deste "Manual".

Leia o verbete ***redes sociais*** na pág. 116 e a diretriz sobre o mesmo tema na pág. 50.

CORRIJA E ATUALIZE

Não seja condescendente com erros. **Providencie as correções sem hesitação nem subterfúgios**. A rapidez é ainda mais necessária no ambiente digital, para minimizar danos decorrentes da sua propagação. Demorar a reconhecer um equívoco revela descompromisso com a exatidão.

Tenha em mente que, na versão digital, qualquer conteúdo pode ser alterado se isso for necessário para corrigir problemas, esclarecer passagens obscuras, acrescentar informações relevantes ou incluir novos elementos de edição. Quando houver modificação relevante, deve-se informar com transparência o horário em que ocorreu a atualização.

Leia o verbete ***erramos*** na pág. 98.

AVALIE OS DESDOBRAMENTOS

Repórter e editor devem discutir eventuais desdobramentos de uma reportagem e pensar em novos enfoques para o assunto. Essa avaliação pode se revelar particularmente frutífera em coberturas sequenciais, que correm o risco de prosseguir apenas por obrigação ou inércia.

Ler comentários e acompanhar a repercussão nas redes sociais ajuda a pensar em suítes (a sequência de uma reportagem) e a refletir sobre o trabalho executado, mas lembre-se de que o material exibido a cada usuário reflete uma amostra restrita e distorcida da realidade.

DISCUTA A QUALIDADE

A **Folha** incentiva a crítica interna e a autocrítica. Recomenda-se que sejam debatidos com franqueza e civilidade os pontos positivos e os negativos do conteúdo publicado e que haja comparação com o material difundido por outros veículos, especialmente os concorrentes.

O reconhecimento de eventuais fraquezas ou falhas da edição deve estimular o aprimoramento do profissional e do conteúdo destinado ao leitor.

VERBETES

A

AGRESSÃO A JORNALISTAS Por força de sua atuação, jornalistas com frequência estão na linha de frente dos acontecimentos, expostos a ameaças e situações que põem sua ***segurança*** física em risco.

A melhor maneira de inibir agressões contra profissionais da imprensa é dar publicidade a ataques e intimidações. A **Folha** deve noticiar essas ocorrências sempre e com destaque.

A regra também se aplica a tentativas de impedir o exercício da profissão. Material que trate desse assunto deve ser aprovado pela Direção de Redação.

ALARMISMO Cuidado com informações que possam provocar ansiedade ou pânico coletivos. Estão nessa categoria os noticiários de saúde pública e do sistema financeiro, entre outros.

No primeiro caso, reportagens sobre o aumento da ocorrência de uma doença ou mesmo sobre epidemias podem gerar reações precipitadas se não for dada a devida visibilidade à dimensão dos riscos e não houver questionamento efetivo de prognósticos alarmistas. Num exemplo recorrente, não se deve escrever *casos de zika* em títulos quando se tratar de *casos de suspeita de zika*.

Em relação a notícias sobre o sistema financeiro, numa hipótese extremada, uma reportagem irresponsável poderia deflagrar uma onda de retiradas de recursos depositados nos bancos, com risco de desencadear processo de falências em massa.

Só publique reportagens que possam suscitar as reações descritas neste verbete após autorização da Secretaria de Redação.

ALERTAS O jornal envia notificação para dispositivos móveis (o chamado "push") quando considera que uma notícia ou serviço são de grande interesse de seus leitores.

Na categoria dos serviços estão relatos sobre condições das estradas em feriados e lembretes sobre campanhas de vacinação, entre outros. As notícias de grande interesse podem ser esperadas –como o resultado de uma votação, um julgamento ou uma competição esportiva– ou ter caráter extraordinário. Neste último caso, são as chamadas *breaking news*, cuja relevância justifica a interrupção da programação normal de rádios, TVs e sites. Alguns exemplos de breaking news: o assassinato do presidente americano John Kennedy (22/11/1963), o acidente fatal de Ayrton Senna (1º/5/1994), o tsunami no Sudeste Asiático (26/12/2004) e o atentado terrorista às torres gêmeas do World Trade Center em Nova York (11/9/2001).

ANONIMATO Leia os verbetes ***off-the-record*** e ***pseudônimo*** nas págs. 109 e 114, respectivamente.

ARTIGOS A **Folha** dá prioridade à publicação de artigos inéditos; na seção ***Tendências / Debates***, publica apenas exclusivos (exceções devem ser aprovadas pela Direção de Redação). As colaborações podem ser solicitadas ou enviadas espontaneamente à Redação, que decidirá sobre a pertinência da publicação.

Modificações para condensar o conteúdo ou aprimorar o texto são desejáveis, mas devem ser submetidas à aprovação do autor; meras correções gramaticais e de padronização dispensam a consulta.

O jornal evita publicar conteúdo que expresse ***calúnia***, ***difamação*** ou ***injúria*** ou possa, por qualquer outro motivo legal, dar margem a processo judicial. Além disso, quem edita o texto deve corrigir erros factuais que identifique. Embora a responsabilidade jurídica imediata caiba a quem assina o artigo, a responsabilidade jornalística é do veículo. Na dúvida, consulte seu superior.

!

A preocupação da **Folha** com o pluralismo deve se manifestar também na escolha de *textos de opinião*.

ATUALIZAÇÃO A **Folha** faz atualização constante de seu noticiário nas plataformas digitais. Na versão impressa, é possível realizar mudanças em parte dos exemplares durante o processo de impressão.

Leia a diretriz ***Corrija e atualize*** na pág. 80.

AVALIAÇÃO DE MULTIDÕES Reportagens que tratem de eventos com multidões (comício, manifestação de rua, assembleia sindical, espetáculo cultural e outros) devem:

- Usar, quando houver, medição feita pelo Datafolha ou método científico de medição do local, com assessoria do instituto;
- Em eventos em que isso não seja possível, ouvir a versão do organizador e a de autoridade; nesse caso, não mencione a estimativa em títulos;
- Quando possível, o jornalista deve contar o número de participantes e indicar em que horário ou período a contagem foi feita; estimativas são desestimuladas, mas o repórter pode indicar dimensões do local;
- Publicar dados detalhados da metodologia utilizada, sempre que possível;
- Utilizar imagem aérea, quando disponível;
- Se a manifestação ocorrer em locais cuja capacidade máxima o Datafolha já mediu, informe a estimativa, sobretudo quando o número apresentado for aparentemente pouco crível.

Veja quadro na pág. 84.

!

A **Folha** não faz acordo com outros veículos para combinar estimativa de números.

LOTAÇÃO

Considerando uma ocupação de 7 pessoas/m², equivalente à do metrô lotado no horário de pico, condição improvável em manifestações:

EM SÃO PAULO

- Praça da Sé (30.000 m²/210 mil pessoas)
- Av. Paulista (135.500 m²/948,5 mil pessoas)
- Praça Campo de Bagatelle (164.500 m²/1,15 milhão de pessoas)
- R. da Consolação (80.500 m²/563,5 mil pessoas)
- Vale do Anhangabaú (54.200 m²/379,4 mil pessoas)

NO RIO DE JANEIRO

- Praia de Copacabana, em sua extensão completa (403.500 m²/2,845 milhões de pessoas)
- Av. Rio Branco (33,3 mil m²/233,5 mil pessoas)
- Candelária (21,4 mil m²/149,8 mil pessoas)

B

BAIRRISMO A **Folha** é um jornal de repercussão nacional lido no mundo inteiro. Evite bairrismo tanto na concepção das pautas como na sua realização.

BANCO DE DADOS Conjunto de arquivos que organizam dados selecionados (artigos, documentos, vídeos etc.). Um banco de dados pessoal tende a ser ferramenta útil para os jornalistas, mesmo diante do avanço dos mecanismos de busca na internet.

Leia sobre o ***Banco de Dados Folha*** na pág. 28.

BANDEIRA NACIONAL A **Folha** mantém a praxe de reproduzir a bandeira nacional na primeira página e na home das edições do Dia da Independência (7/9) e do Dia da República (15/11).

BARRIGA No jargão jornalístico, significa publicação sem má-fé de informação que se revela falsa. Quando a **Folha** erra, reconhece o erro. Quando outro veículo de informação erra, o lapso é noticiado se tiver grande importância jornalística.

Leia o verbete ***erramos*** na pág. 98.

C

CHAMADA Texto curto, título ou imagem publicados nas vitrines do jornal: primeira página e homes. Devem condensar aspectos relevantes da notícia e remeter o leitor para a íntegra do conteúdo. Recomenda-se fazer formulações curtas e substantivas.

COLUNA DE NOTAS Série de textos curtos que revelam bastidores de uma área específica de cobertura (política, negócios, artes/espetáculos, personalidades etc.). O chamado colunismo social evoluiu do acompanhamento da vida de personagens da "alta sociedade" para o de pessoas proeminentes do noticiário em geral. Na coluna de notas, o conteúdo deve ser exclusivo, informações ***off-the-record*** podem ser usadas com maior liberdade e o princípio do ***outro lado*** não precisa ser observado à risca.

COLUNISTA/BLOGUEIRO A **Folha** mantém um quadro amplo de colunistas e blogueiros, composto de representantes de diversas tendências de opinião. Cabe à Direção de Redação convidar pessoas a exercer essas funções no jornal. Espera-se que utilizem sua posição para divulgar ideias ou fatos originais, debater questões da atualidade ou apresentar novas abordagens. Colunas e blogs não são espaço apropriado para veicular interesses pessoais, informes comerciais, propaganda partidária ou campanha eleitoral.

Observe também as seguintes recomendações:

- Todos os textos de colunistas devem ser lidos pela Secretaria de Redação antes de sua publicação;
- Blogueiros têm maior autonomia, mas precisam submeter seus textos à Secretaria de Redação nos casos de ***consulta obrigatória***;
- O colunista/blogueiro deve deixar de escrever para a **Folha** se assumir função no primeiro escalão do Poder Executivo (em qualquer esfera da Federação) ou quando sua candidatura for oficializada, caso concorra a cargo eletivo;
- As orientações para ***artigos*** também se aplicam a colunistas e a blogueiros;
- É esperado que todo colunista/blogueiro publique um endereço eletrônico para correspondência e observe as diretrizes sobre

email na pág. 93 e a seção ***relação com o leitor*** na pág. 55;

- É recomendável evitar o plural majestático;
- Dirija-se ao leitor sempre no singular (Veja, prezado leitor, e não Vejam, prezados leitores);
- Quando um colunista/blogueiro deixar de publicar seu texto em caráter excepcional, a ausência deve ser explicada da seguinte forma: Hoje, excepcionalmente, não é publicada a coluna de Fulano. Em caso de férias, usa-se Fulano está em férias.

Leia o verbete ***textos de opinião*** na pág. 244 e o capítulo ***Estilo*** na pág. 123.

COMENTÁRIOS Para promover o debate dos temas tratados nas reportagens, a **Folha** franqueia a seus assinantes a possibilidade de escrever na seção de comentários nas plataformas digitais do jornal. Apenas manifestações de pessoas cadastradas com nome e sobrenome verdadeiros são publicadas, a critério do jornal.

A veiculação do comentário não significa concordância com o seu teor. A ***participação do leitor*** deve refletir o pluralismo apregoado pela **Folha**. Não são publicadas mensagens que violem os termos e condições de uso. Estão nessa categoria, entre outros, comentários que não tratem do assunto objeto da reportagem em que foi postado, utilizem linguagem chula, grosseira ou ofensiva e veiculem material racista.

COMPARAÇÃO Figura de linguagem que permite definir um elemento pelo que se sabe de outro. Quando oportuno, procure empregar comparações que ajudem no entendimento do texto. Veja o exemplo a seguir:

Com estardalhaço, físicos americanos anunciaram nesta quinta (11) a primeira detecção irrefutável de ondas gravitacionais –um fenômeno que foi predito pela teoria da relatividade geral, publicada por Einstein cem anos atrás, mas que ainda não havia sido confirmado.

Para entender o que aconteceu, basta imaginar que o espaço, em vez de ser um vazio padronizado, é como a superfície de um lago –ele pode flutuar, se esticar, se encolher. Se você atirar uma pedra no meio do lago, uma série de ondas emanam a partir do ponto de impacto. A pedra em questão foi a colisão entre dois buracos negros, cada um com massa cerca de 30 vezes maior que a do Sol, a mais de 1 bilhão de anos-luz de distância.

Leia o verbete ***comparação/metáfora*** na pág. 133.

!

CONSULTA OBRIGATÓRIA Deve ser previamente submetido à Secretaria de Redação qualquer conteúdo destinado a publicação que, entre outras coisas:

- Possa, na avaliação do editor, pôr em risco a ***segurança*** pública ou a de pessoa ou empresa;
- Contenha acusações criminais, ataques pessoais a autoridade constituída, palavrão ou material que possa ser considerado obsceno ou perturbador;
- Exponha, sem autorização, a ***vida privada*** de personagens;
- Possa incorrer em ***calúnia***, ***injúria*** ou ***difamação***, promover incitação a crime ou realizar apologia de crime ou criminoso;
- Não contemple o ***outro lado***;
- Faça menção à **Folha**, a seus profissionais ou colaboradores e a outros veículos de comunicação;
- Seja destinado à seção ***Erramos***.

CONTEÚDO PATROCINADO Material jornalístico feito sob encomenda de anunciante e aprovado por ele. É produzido fora da Redação e por profissionais autônomos.

Deve ter identidade visual distinta dos formatos editoriais da **Folha** e ser claramente identificado como conteúdo patrocinado. Também conhecido como publicidade nativa, "native advertising" ou "branded content".

Leia os verbetes ***informe publicitário*** na pág. 103 e ***Estúdio Folha*** na pág. 31.

CONTROLE DE QUALIDADE A crítica interna é uma característica do jornalismo praticado pela **Folha**. Deve ser formulada e recebida sem personalismos, a fim de que contribua para melhorar a qualidade do produto.

O jornal possui mecanismos de aprimoramento, entre os quais se destacam os seguintes:

- *Avaliação profissional* – Todo jornalista contratado se autoavalia e é avaliado formalmente por seus superiores, em períodos predeterminados e segundo critérios definidos pela Direção de Redação. O procedimento tem caráter reservado, e o profissional pode recorrer caso discorde do resultado;

- *Ombudsman* – Representante dos interesses dos leitores na estrutura da empresa. Encaminha as reclamações recebidas e as respectivas respostas da Redação. Mantém um blog interno em que faz a crítica diária do conteúdo publicado; os jornalistas podem responder às observações no próprio blog. Escreve coluna dominical de avaliação da cobertura jornalística, também passível de resposta, em processo arbitrado pela Secretaria de Redação;
- *Programa de Qualidade* – Vinculado à editoria de Treinamento, organiza iniciativas de combate a erros de informação, gramática e padronização, zela pelo respeito às normas deste "Manual" e faz seminários internos e verificações periódicas de reportagens publicadas;
- *Sanções* – A **Folha** tem um código progressivo de advertências para aplicar ao profissional que cometa erro grave no exercício de sua função. A primeira delas é verbal e pode ser aplicada pelo editor sem consulta prévia a seus superiores. Nos casos mais graves ou de reincidência, o editor deve propor à Direção de Redação advertência escrita e, em situações excepcionais, suspensão ou demissão.

COZINHAR Em jargão, significa reescrever notícia publicada em outro veículo de comunicação. O repórter não deve cozinhar textos, mas fazer apuração própria. Quando isso for impossível, informe seu superior imediato e atribua a informação ao veículo que a divulgou.

CRIMES Reportagens que envolvam conteúdo policial ou judicial requerem cuidados redobrados. É comum que o ***Ministério Público***, a polícia, políticos, advogados, suspeitos e vítimas tentem usar veículos de comunicação para influenciar a sociedade, jurados e ***magistrados***.

Além disso, a publicação de notícia a respeito de investigação ou acusação costuma afetar a vida do suspeito. A cobertura desses casos deve ser equilibrada e sóbria, sem romantizar criminosos ou relativizar seus crimes nem promover linchamento midiático.

Leia os verbetes ***crimes***, ***imagens*** e ***menor de idade*** nas págs. 398, 101 e 106, respectivamente, a diretriz ***Nunca esqueça o outro lado*** na pág. 70 e o capítulo ***Poder Judiciário*** na pág. 390.

AO ESCREVER SOBRE CRIMES:

- **Atribua** – Não dê como fato o que você não puder atestar; atribua a informação a uma ***fonte***;
- **Não julgue** – Não afirme que alguém é culpado ou inocente se couber recurso –e, nesse caso, destaque essa informação. Tampouco qualifique alguém pelo crime de que é acusado: Não use O estelionatário Fulano, mas Fulano, acusado de ter cometido estelionato. Além disso, enquanto não houver condenação, use fórmulas como Fulano foi denunciado sob a acusação de homicídio em vez de Fulano foi denunciado por homicídio;
- **Avalie** – Leve em conta a plausibilidade de acusações e depoimentos, especialmente os de crianças –elas são mais suscetíveis a pressões e mudanças de opinião. Procure se informar sobre provas materiais e testemunhais;
- **Não exponha** – Pondere se há legítimo interesse jornalístico ou só curiosidade a respeito de acusados, vítimas, testemunhas, familiares e amigos. Cuidado com informações pessoais (nome, endereço, CPF, foto etc.) cuja divulgação possa pôr vidas em perigo ou levar à identificação indevida de personagens;
- **Reproduza com fidelidade** – Zele pela publicação literal do cerne das afirmações das partes e dos magistrados;
- **Cruze a informação** – Quando transmitidas ***off-the-record***, acusações ou informações de impacto relativas ao andamento da investigação ou do processo precisam ser cruzadas com pelo menos uma outra fonte confiável e independente da primeira;
- **Desconfie** – Não dê como fato o que ainda for apenas intenção. As partes e mesmo magistrados podem usar a reportagem como forma de propaganda ou pressão;
- **Previna-se** – Preserve ***gravações***, mensagens, documentos e anotações;
- **Racionalize** – Não se deixe levar por emoções ou convicções;
- **Não se precipite** – Não permita que a urgência de publicação se sobreponha ao cumprimento das recomendações anteriores.

CRIMES SEXUAIS Só revele a identidade de uma vítima de crime sexual com sua expressa anuência e não descreva detalhes que possam provocar constrangimento ou prejuízos morais (mas procure especificar que tipo de violência sexual foi cometida). Tenha em mente que, em parte dos episódios de ***estupro***, os envolvidos são familiares ou pessoas próximas. Nesses casos, tome cuidado para que a identificação do acusado não leve à identificação da vítima.

!

Lembre-se:

- Assim como o advogado, o Ministério Público é parte interessada na ação: o primeiro faz a defesa; o segundo, a acusação. A imparcialidade é requisito esperado apenas do magistrado.
- O termo *suspeito* pode ser usado em todas as fases do processo; *acusado* é empregado apenas após a denúncia (acusação formal), e *réu*, somente quando a Justiça aceitar a denúncia e instaurar o processo.

D

DECLARAÇÃO TEXTUAL Reserve o discurso direto entre aspas para afirmações de grande impacto, seja por seu conteúdo, seja por seu caráter inusitado: "Cunhado não é parente", disse o governador; "Prefiro o cheiro do cavalo ao cheiro do povo", afirmou o presidente.

A reprodução das declarações entre ***aspas*** deve ser literal. Se houver dúvida quanto ao conteúdo, empregue o discurso indireto.

Informações de caráter universal ou de fácil averiguação não devem ser atribuídas a alguém, mas assumidas: A água ferve a 100°C ao nível do mar, e não "A água ferve a 100°C ao nível do mar", informou o cientista.

Não reproduza erros apenas para mostrar falhas do entrevistado; se não for relevante para a notícia, simplesmente corrija-os. Admite-se o uso excepcional da palavra ***sic*** (*assim*, em latim), quando for oportuno chamar a atenção do leitor para algo incorreto ou estranho na declaração.

Ao introduzir informações dentro de conteúdo entre aspas, use ***colchetes*** para deixar claro que se trata de interpolação: "Aquilo [a Polinésia] é um paraíso", disse o ator.

Elimine repetições irrelevantes da linguagem oral: *hum, é, ah, né, tá, sabe?* etc. Para facilitar a leitura, pode-se suprimir trecho ou alterar a ordem do que foi dito, desde que respeitados a mensagem e os traços estilísticos próprios da fala da pessoa.

Cuidado com os sujeitos e os verbos ao reproduzir declarações entre aspas. Não escreva A testemunha declarou que "vi com meus próprios olhos" nem A testemunha declarou que "viu com seus próprios olhos". Use: "Vi com meus próprios olhos", disse a testemunha.

Em textos noticiosos, a **Folha** não usa ***travessão*** para indicar declarações –nem mesmo em diálogos.

Leia os verbetes ***entrevista pingue-pongue*** e ***off-the-record*** nas págs. 96 e 109, respectivamente.

!

Só podem ser reproduzidas entre aspas frases que tenham sido efetivamente ouvidas (ao vivo ou em gravações) ou lidas pelo jornalista.

DEFICIÊNCIAS Só mencione quando a informação for relevante no contexto da notícia. Seja preciso: João, que é paraplégico; José, que nasceu sem o antebraço direito; Pedro, que é esquizofrênico. Nunca use palavras, expressões e lugares-comuns depreciativos, tampouco apele para ***eufemismos***.

Leia o verbete ***deficiências*** na pág. 58.

DIDATISMO Qualidade essencial de jornais de interesse geral e circulação ampla, constitui um dos objetivos básicos do ***Projeto Folha***. Editores, repórteres e redatores devem partir do princípio de que o leitor não está familiarizado com o assunto.

Texto didático deve ter título também didático: Quem foi Benito Mussolini; O que foi a Revolução Russa, em vez de enunciados pretensamente noticiosos, como Ditador morreu em 1945; Revolução foi marco neste século.

Leia a diretriz ***Seja didático*** na pág. 75 e os verbetes ***didatismo*** e ***contextualização*** nas págs. 136 e 134, respectivamente.

DIREITA/ESQUERDA Termos com origem na Assembleia Nacional Constituinte instaurada durante a Revolução Francesa. Os simpatizantes da revolução se sentaram à esquerda da mesa, enquanto os defensores do rei e da Igreja Católica ficaram à direita.

Em geral, o conceito de *esquerda* está associado a mudanças na estrutura social, enquanto a *direita* é vinculada à sua conservação. Há autores que ligam a esquerda à noção de igualdade, e a direita, à de liberdade individual, o que não contempla, no entanto, tendências autoritárias de direita como o fascismo.

Leia o verbete ***qualificação ideológica*** na pág. 114.

DIREITO DE RESPOSTA Previsto pela Constituição (artigo 5º, inciso V) e regulamentado pela lei nº 13.188, de novembro de 2015, possibilita que uma pessoa reaja à publicação de informações inverídicas ou imprecisas, entre outros casos.

Leia sobre ***vida privada*** na pág. 62.

!

Reivindicações de direito de resposta devem ser imediatamente submetidas à Direção de Redação. Lembre-se de que os prazos, especialmente na Justiça Eleitoral, são exíguos.

DRONES Desenvolvidos para uso militar, os drones (*zangão*, em inglês) são ferramentas valiosas para o jornalismo. Como veículos aéreos não tripulados e guiados por controle remoto ou computador, permitem a obtenção de informações (especialmente imagens) à distância.

O recurso possibilita que o repórter não comprometa sua ***segurança*** durante manifestações e conflitos ou em meio a áreas conflagradas.

A utilização de drones deve ser autorizada pela Secretaria de Redação, e o profissional precisa se assegurar de que não expõe a risco a segurança de outras pessoas, além de respeitar todas as normas deste "Manual", inclusive as relativas à ***vida privada***.

E

EDITORIAL Texto não assinado que expressa a opinião de um veículo de comunicação. Na **Folha**, as posições veiculadas diariamente refletem discussões internas sedimentadas ao longo de décadas.

Entre os princípios que o jornal defende estão: democracia, Estado de Direito, liberdade de expressão, direitos humanos, transparência no setor público, livre-iniciativa, economia de mercado com atuação estatal para corrigir desequilíbrios, liberdades individuais nas relações privadas, multilateralismo nas relações internacionais, autodeterminação dos povos e solução pacífica de conflitos.

Essas convicções funcionam como balizas para a formação de juízo sobre situações específicas. Uma vez publicado, o conteúdo vira referência para editoriais futuros.

A editoria de Opinião reúne os profissionais encarregados de formular os editoriais e deve assegurar a coerência das opiniões do jornal, bem como atualizá-las quando necessário. Nada impede que a **Folha** mude de posição, mas, nesse caso, deve explicar os motivos com clareza.

!

Na **Folha**, os editoriais não dirigem o noticiário, mas temas que neles aparecem com frequência devem ser explorados pela reportagem. O jornal estimula a publicação de artigos de opinião e colunas que divirjam de seus editoriais.

EMAIL A **Folha** fornece um endereço eletrônico para uso profissional. Recomenda-se manter a senha sob sigilo e tomar cuidado com possíveis arquivos maliciosos.

Lembre-se de que o email profissional carrega o peso institucional do jornal. Por esse motivo, não envie mensagens grosseiras ou descuidadas (releia antes de enviar o email e cheque o destinatário) nem conteúdo ofensivo, pornográfico ou ilegal (esse comportamento também é esperado de colunistas).

Para sua própria privacidade, evite utilizar o email corporativo para tratar de questões pessoais.

Leia as diretrizes ***Relação com fontes*** e ***Relação com o leitor*** nas págs. 45 e 55, respectivamente.

EMBARGO Algumas informações são fornecidas ao jornal sob condição de que sejam publicadas apenas a partir de determinado momento. É o caso, por exemplo, de pesquisas do IBGE (Instituto Brasileiro de Geografia e Estatística), distribuídas a jornalistas antes de sua divulgação oficial para que os profissionais da imprensa tenham tempo de estudar as informações.

Como regra, a **Folha** atende a solicitações desse tipo; exceções devem ser autorizadas pela Secretaria de Redação.

O termo *embargado* é usado na Redação para qualificar qualquer conteúdo cuja publicação dependa de autorização da Secretaria de Redação ou da Direção.

Leia o verbete ***consulta obrigatória*** na pág. 87.

EMERGÊNCIA Em situações de emergência pública, a **Folha** deve dar especial atenção à publicação de informações de utilidade pública capazes de auxiliar seus leitores. A Secretaria de Redação decidirá se é o caso de liberar o acesso ao conteúdo digital para não assinantes por tempo determinado.

EMPRESA Como regra, notícias que tenham empresas como assunto principal devem trazer ***informações básicas*** sobre sua situação financeira, de preferência em fichas ou infográficos, incluindo dados do balanço mais recente, como faturamento, lucro, dívida e capacidade de geração de caixa (indicada pelo ***Ebitda***), bem como número de funcionários e principais marcas. Para evitar efeito publicitário, dedique espaço adequado aos principais concorrentes.

Leia o verbete ***empresas e marcas*** na pág. 214.

ENTREVISTA O primeiro passo para uma boa entrevista, seja coletiva, seja exclusiva, está na preparação. O jornalista que conhecer bem o tema e o entrevistado terá mais condições de escolher caminhos a serem explorados e obter declarações originais, opiniões relevantes e análises profundas.

O roteiro-padrão recomendado sugere fazer perguntas mais leves no início e mais polêmicas no final, mas cabe ao jornalista decidir qual percurso adotar.

Espera-se que os profissionais tratem os entrevistados com educação, inclusive ao fazer perguntas incisivas. Como regra, o jornalista não deve aceitar que determinados temas sejam proscritos nem concordar em enviar as perguntas antecipadamente.

O texto não deve ser submetido ao entrevistado antes da publicação. Cabe à Secretaria de Redação autorizar eventual descumprimento dessas orientações.

Leia a seção ***Relação com fontes*** na pág. 45.

COMO FAZER UMA BOA ENTREVISTA

- Informe-se bem sobre o assunto e o entrevistado.
- Liste hierarquicamente o maior número de questões relevantes e pertinentes, mesmo que seja impossível fazer ou publicar todas.
- Faça perguntas curtas e objetivas, que não contenham resposta implícita, e as faça em ordem de importância –a entrevista pode acabar antes do esperado.
- Não junte duas questões; o entrevistado tende a responder à mais fácil.
- Evite afirmativas que possam passar a impressão de que você já tem convicção formada sobre o personagem ou o assunto.
- Não atropele uma resposta com outra pergunta nem complete frases ou raciocínios em andamento.
- Não deixe de abordar temas considerados espinhosos; ao tratar de assuntos dessa natureza, seja tão específico quanto possível.
- Se a resposta for evasiva, insista. Caso não a entenda, peça mais explicações. Não publique algo que não tenha compreendido.
- Se o entrevistado se recusar a responder algo, insista se achar necessário. Registre a recusa se ela for significativa. Identifique contradições, cite pontos de vista opostos e levante objeções, sem ser deselegante.
- Preste atenção em tudo. Silêncios, vacilações, tiques e reações físicas podem ser reveladores, assim como o ambiente do encontro.
- Grave a conversa, para poder reproduzir, com fidelidade e segurança jurídica, eventuais declarações inusitadas, reveladoras ou bombásticas. É aceitável que fontes também gravem a entrevista.
- Tome notas, mesmo que esteja gravando, pois podem ocorrer problemas técnicos com a ***gravação***. Não tenha vergonha de utilizar dois gravadores. Além disso, as anotações poupam tempo de quem precisa localizar trechos específicos da entrevista e valem como documento.
- A entrevista nem sempre termina quando o repórter desliga o gravador e fecha o bloco de notas. O personagem tende a ficar mais relaxado no fim e pode fazer declarações interessantes. Anote assim que possível, para garantir a literalidade do que foi dito, mas não desrespeite pedidos de ***off-the-record***.
- O entrevistado tem o direito de solicitar retificação e acréscimo de declarações. Se for pertinente, divulgue a versão original e a posterior.

ENTREVISTA COLETIVA Leia o verbete ***coletiva*** na pág. 207.

ENTREVISTA EXCLUSIVA Concedida a um só jornalista ou veículo de comunicação. Deve ser assim identificada somente quando há interesse especial.

Não use a expressão quando uma personalidade conceder entrevistas individuais a vários veículos em um mesmo dia –nesse caso, escreva *em entrevista à **Folha***.

ENTREVISTA PINGUE-PONGUE Formato que reproduz perguntas e respostas em discurso direto, sem aspas. É reservado a circunstâncias excepcionais, em geral quando o entrevistado –ou o assunto de que trata– está em evidência inequívoca. A transcrição deve ser fiel, mas não necessariamente completa.

Recomenda-se preservar a ordem original em que as perguntas foram feitas. Como regra geral, trate o entrevistado por *senhor(a)* e use esse termo ao publicar a entrevista.

O texto introdutório deve conter a declaração de maior impacto, breve perfil do personagem, principais temas abordados e dados sobre a entrevista (como foi feita, local e data, por exemplo). Na versão impressa, algumas dessas informações podem ser editadas em texto à parte.

ENVIADO ESPECIAL Jornalista destacado para cobrir acontecimento fora da cidade ou do país onde trabalha habitualmente. Atua na cobertura in loco de notícia urgente de grande relevância (guerras, atentados, terremotos) ou em reportagens planejadas (eleições, efemérides, eventos importantes ou pautas especiais). Em todos os casos, é imprescindível que o jornalista se prepare adequadamente.

- Na cobertura planejada, converse previamente com quantas ***fontes*** puder. Informe-se sobre o calendário de feriados, festas, férias; equívocos com datas podem esvaziar a cobertura. Inclua infografia e roteiro de imagens na pré-produção.
- Em cobertura emergencial, selecione material para ler na viagem. O enviado pode contratar um fixer –profissional nativo (em geral, jornalista) que conhece o local, facilita o contato com fontes, organiza detalhes burocráticos (credenciamentos, transporte etc.) e atua como tradutor. Fixers podem ser contatados em fóruns

de jornalistas ou no próprio local, pois costumam oferecer seu trabalho em hotéis frequentados por repórteres. Convém estar atento à hipótese de se tratar de informante de serviço de inteligência.

Uma vez em campo, o repórter tem melhores condições de tomar decisões relativas à cobertura, mas deve sempre debater as alternativas com a Redação.

!

A decisão de atuar em cobertura perigosa é do repórter. Em situações de risco muito elevado, porém, a participação do profissional pode ser vetada de forma unilateral pela **Folha**.

ORIENTAÇÕES BÁSICAS, ESPECIALMENTE EM ÁREAS DE RISCO

- Peça quanto antes as autorizações de entrada; a burocracia é lenta, sobretudo em territórios cercados, prisões e edifícios públicos.
- Conheça a política de vistos de trabalho do local e, se possível, tenha vistos estratégicos válidos no passaporte (como o dos Estados Unidos).
- Mantenha em dia a imunização contra febre amarela e informe-se antes sobre endemias.
- Costuma ser útil levar adaptador para todos os tipos de tomada.
- Estabeleça rotina de um ou dois contatos diários com a Redação; se não houver internet nem cobertura de celular, localize linhas fixas (em estabelecimentos comerciais ou hotéis, por exemplo) ou leve um telefone satelital.
- Em zona perigosa, é recomendável entrar em contato com a representação brasileira local ou, na ausência dela, com a de algum país amigo para eventuais emergências; faça o mesmo com a ONU.
- Em lugares conflagrados e com baixa cobertura sanitária, convém levar tabletes para tornar a água potável, barras de chocolate e de cereal, lanternas, baterias extras, telefone satelital, lenços umedecidos e saco de dormir.
- Avalie a pertinência de usar colete à prova de balas e capacete com a identificação de imprensa. Eles são obrigatórios em zonas de guerra aberta, mas, dependendo do lugar, podem transformar o jornalista em alvo. ▶

- Só mude de cidade durante uma cobertura de risco com autorização do jornal, exceto se o contato estiver cortado.
- Mantenha uma reserva fixa em dinheiro vivo (pode ser de US$ 500 ou US$ 1.000, dependendo das condições locais) para ser utilizada em emergências e sempre tenha um plano de fuga (rotas abertas, horários de voos etc.).

ERRAMOS A Folha retifica com presteza e sem eufemismos os erros constatados. São exceções os erros irrelevantes de gramática, remissão, edição, digitação e em nome próprio. A Secretaria de Redação deve ser informada sobre equívocos e respectivas correções, bem como decidir se a errata deve ser publicada.

Na edição impressa, as correções são feitas na seção Erramos –que também deve registrar erros cometidos por colunistas e articulistas. A nota deve explicar qual era a informação incorreta e indicar a correção, além de apontar data, editoria, página e título do texto em que foi publicada. Erros de gravidade excepcional podem ser retificados também na capa ou em reportagens internas.

Nas plataformas digitais, corrija prontamente o conteúdo, informe no início do texto que houve alteração e, no final, publique nota sobre a errata com visibilidade. Não republique a reportagem no site sem informar que houve correção.

Erro grave divulgado em redes sociais e em notificações para dispositivos móveis (chamados push) deve ser corrigido quanto antes, com destaque proporcional segundo as possibilidades técnicas de cada plataforma.

Se tiver havido erro em vídeo, este deve ser reeditado com a correção do conteúdo e a inclusão de informação sobre a retificação. Corrija também os textos nos quais o vídeo estiver embutido.

No caso de transmissão ao vivo, o jornalista deve fazer a correção de imediato, oralmente, caso perceba o equívoco a tempo. Do contrário, adote o mesmo procedimento para erro em vídeo. Se o erro tiver sido cometido pelo convidado, a Redação deverá informá-lo sobre a correção. Deve-se atribuir a responsabilidade do erro a assessorias de imprensa ou departamentos de comunicação quando, sendo as únicas fontes disponíveis, tenham repassado informação incorreta.

É praxe da **Folha** identificar publicamente o autor de erro grave cometido em texto assinado, incluindo colunistas.

Em todos os casos, a autoria será registrada internamente para efeito de controle de qualidade. Cabe à Secretaria de Redação classificar os erros em graves ou menos graves, levando-os em conta no processo periódico de avaliação de cada um dos profissionais.

"EVERGREEN" *Sempre verde*, na tradução literal do inglês. Refere-se a todo conteúdo perene, atemporal, que pode ser reaproveitado em efemérides ou como material de apoio para reportagens. Galerias de fotos históricas, perguntas e respostas, textos didáticos e glossários –desde que redigidos de forma a não ficarem datados– são exemplos desse tipo de conteúdo. Confira a validade antes de republicar.

F

FONTES Uma fonte fornece informações ao jornal de forma espontânea ou por iniciativa de um jornalista. Pode ser pessoa, documento, áudio, vídeo etc. Fontes primárias, que tenham testemunhado um fato ou sejam a origem da informação, são preferíveis às secundárias, embora o histórico de confiabilidade e o interesse pessoal na notícia, entre outros aspectos, possam turvar essa distinção.

Fonte tipo zero é aquela escrita, com tradição de exatidão e origem fidedigna, ou gravada sem dar margem a dúvida. Dispensa checagem independente, mas não deve desarmar o espírito crítico do jornalista.

Leia as diretrizes ***Consulte fontes***, ***Seja crítico*** e ***Cruze informações*** e o verbete ***off-the-record*** nas págs. 68, 69 e 109, respectivamente, além da diretriz ***Relação com fontes*** na pág. 45.

FURO No jargão jornalístico, informação relevante publicada com exclusividade por um veículo. Inclui não só a notícia em si mas também abordagens originais para fatos já conhecidos. **É a prioridade do jornalismo noticioso**.

A **Folha** não deixa de publicar informação que outro jornal, site, revista, emissora de rádio ou TV tenha noticiado com exclusividade (o chamado *furo tomado*).

A recuperação da notícia deve citar nominalmente o veículo responsável por furo importante.

G

GANCHO Jargão usado para nomear circunstância que torna um assunto oportuno ou de interesse jornalístico. Exemplo: a ocorrência de um estupro, na vida real ou na novela, é gancho para várias pautas, como o número de ocorrências similares registradas, a subnotificação, aspectos sociais e legais etc.

Efemérides (cinquentenário de revolução, data nacional de um país ou cidade, centenário de nascimento de um artista, entre outras) também são ganchos para reportagens: pode haver uma reavaliação histórica, o relato sobre a questão na atualidade, entre outras opções de enfoque.

GRAVAÇÃO Recomenda-se preservar o arquivo. O jornalista pode encaminhar, via Secretaria de Redação, uma consulta ao Departamento Jurídico para decidir com seu superior por quanto tempo uma gravação de vídeo ou áudio deve ser conservada. O mesmo se aplica a documentos, mensagens e anotações feitas pelo próprio repórter, em seu bloco de notas, que podem ter valor jurídico.

A publicação de conteúdo gravado sem o conhecimento do entrevistado depende de consulta prévia à Direção de Redação.

Leia a diretriz ***Relação com fontes*** na pág. 45.

GREVE Greve, paralisação, conflito e negociação trabalhista demandam especial atenção quanto ao equilíbrio da cobertura. Ouça diretorias de sindicatos de trabalhadores e patronais, oposição sindical (se houver), autoridades, empresas e pessoas atingidas para apurar o alcance do movimento e o andamento das negociações.

Recomenda-se que as reportagens reúnam ***informações básicas*** sobre a paralisação, de preferência em infográfico. São exemplos a última data-base da categoria, a inflação desde a data-base, as principais reivindicações do movimento (com destaque para o reajuste salarial), a oferta das entidades patronais (também com destaque para o reajuste) e o salário médio da categoria (ou ao menos o piso salarial).

Convém registrar, em caso de greve, o número de pessoas na assembleia que decidiu pela paralisação e o total de trabalhadores da categoria. Quando o movimento for estimulado pelos proprietários, use o termo *locaute*. Quando ocorrer entre militares, chame de *motim*.

I

IMAGENS **Os mesmos critérios éticos, profissionais e legais preconizados para o texto valem para captação e edição de fotos e vídeos**. O jornalismo visual deve ser informativo e impactante.

O jornalista deve zelar pela acuidade técnica e estética do conteúdo noticioso que produz, sem ceder a clichês e artifícios apelativos.

- Imagens de conteúdo predominantemente noticioso podem receber tratamento técnico que lhes garanta o máximo em nitidez e definição, mas **são proibidas adulterações da realidade retratada, tais como apagar pessoas ou alterar suas características físicas, eliminar ou inserir objetos e mudar cenários**. É igualmente vetado o uso de ferramentas de pós-produção com o intuito de aumentar o impacto da imagem.
- Admite-se a adoção de recurso gráfico para preservar ***menores de idade*** e pessoas que não devam ser identificadas, para ocultar informações pessoais (como placas de carro e localização de domicílio) quando irrelevantes no contexto da notícia ou para borrar detalhes agressivos em imagens de indiscutível valor noticioso.
- Nas imagens de cunho essencialmente ilustrativo é facultada a adoção de técnicas variadas, como filtros, montagens, alterações de elementos, sobreposição de ilustração etc. A legenda deve descrever para o leitor as técnicas ou ferramentas usadas.
- A necessidade do registro jornalístico se sobrepõe a critérios de qualidade, justificando a publicação de reproduções de telas de TV, câmeras de segurança e ferramentas digitais de localização, páginas de redes sociais e fotos feitas em condições ruins. Quando essas alternativas forem o único registro possível, explicite essa condição e identifique a fonte da imagem.
- Cortes devem ser feitos com critério, tendo em vista a perspectiva da edição e do conjunto do material publicado. Evite suprimir elementos da fisionomia,

como cabelo e queixo. Use com parcimônia o corte em que o personagem é destacado do fundo (foto recortada).

- Imagens feitas a partir da violação da intimidade ou que exponham a ***vida privada*** só serão permitidas em situações excepcionais e se forem dotadas de indiscutível valor jornalístico, condições a serem arbitradas pela Secretaria de Redação.
- Evite fotografar ou filmar pessoas que não queiram ser fotografadas ou filmadas, a não ser que exista interesse jornalístico indiscutível na imagem. Tenha em mente que, como regra, fotografias feitas em lugares públicos não violam a privacidade. Na dúvida, consulte a Secretaria de Redação.
- O momento do luto requer comedimento do jornalista. Respeite, sempre que possível, quando a família vetar imagens.
- **Qualquer conteúdo com cenas chocantes ou violentas deve ser aprovado previamente pela Secretaria de Redação.** Nas plataformas digitais, vídeos e fotos com essas características e que tenham interesse jornalístico devem obrigatoriamente ser precedidos de um alerta. Exemplo: **Atenção! As imagens a seguir são agressivas.** Na versão impressa, deve-se avaliar de forma criteriosa a publicação de material dessa espécie, pois o leitor será confrontado com a imagem sem nenhum tipo de aviso com relação a seu teor.

IMAGENS EM REDES SOCIAIS
Fotos e vídeos retirados de sites e ***redes sociais*** não devem ser usados de forma indiscriminada. Verifique se o contexto da imagem postada é adequado ao da reportagem. Por exemplo: não use a foto de um juiz que aparece de sunga em uma rede social em relatos de sua atuação na magistratura.

Além dessa orientação geral, observe as seguintes diretrizes:

- Reproduza a página da rede social (ou parte dela) em que a fotografia aparece.
- No caso de fotografias ou vídeos de interesse jornalístico postados em redes sociais abertas, deve-se, sempre que possível, obter autorização do autor da imagem. Além disso, dê o ***crédito***, identifique as pessoas retratadas e indique a origem da imagem. Exceções devem ser aprovadas pela Secretaria de Redação.

- A reprodução de imagens postadas em redes sociais fechadas deve ser sempre discutida com a Secretaria de Redação. É necessário haver relevante ***interesse público***.
- **É imprescindível obter autorização dos pais ou responsáveis para reproduzir fotos ou vídeos em que crianças e/ou adolescentes sejam retratados.** A regra se aplica mesmo que o ***menor de idade*** seja o autor da imagem e a tenha postado em seu perfil. Caso os pais ou responsáveis tenham postado foto da criança ou adolescente em uma rede social aberta, discuta eventual publicação com a Secretaria de Redação.

INFOGRAFIA Ferramenta jornalística que se vale de recursos gráfico-visuais para apresentar informações. Seu propósito é sintetizar dados e facilitar a compreensão de um assunto, tornando-o atraente –tarefa que pode demandar tanto esforço de apuração quanto uma reportagem.

Gráficos criativos valorizam a página e capturam a atenção do leitor, mas a forma não é mais importante que a função.

Embora sejam pensados sobretudo como material de apoio, cada vez mais os infográficos são utilizados como meio autônomo de transmitir conteúdo informativo. À sua maneira, respondem às perguntas básicas do jornalismo: O quê? Quem? Quando? Onde? Como? Por quê?

Textos de infográficos devem ser curtos e especialmente didáticos. As informações transmitidas por meio de imagens devem ser exatas –as proporções de gráficos e mapas, por exemplo, não podem ser distorcidas (a não ser que a distorção esteja claramente apontada e cumpra uma função).

O infográfico deve ser pensado para funcionar em todas as plataformas da **Folha**, com os devidos ajustes para cada uma. Na versão digital os recursos podem ser dinâmicos e interativos.

Veja na pág. 104 os modelos de infográficos mais adequados a cada tipo de informação a ser transmitida.

INFORME PUBLICITÁRIO Expressão adotada para identificar anúncio pago cuja apresentação possa ser confundida com a do noticiário. É fundamental distinguir em todas as plataformas o que é publicidade do que é jornalismo.

PRINCIPAIS TIPOS DE INFOGRAFIA

ÍNTEGRA Quando pertinente e possível, documentos, discursos ou debates importantes devem ter sua íntegra publicada. Recomenda-se também a publicação de um resumo jornalístico, para poupar tempo de quem não quiser ler o conteúdo completo.

J

JORNALISMO DE DADOS Feito a partir do cruzamento de dados, cada vez mais acessíveis aos jornalistas. Busca acessar, compilar, filtrar e organizar uma grande massa de dados, apresentando-os de maneira que qualquer pessoa seja capaz de compreender.

L

LEGENDA A legenda, ou descrição da foto, é um dos primeiros elementos de atração do interesse do leitor e merece tanto cuidado quanto os ***títulos***. Conforme o caso, uma boa legenda deve descrever a imagem, esclarecer dúvidas que possam surgir, salientar aspectos relevantes ou informar o contexto em que foi feita.

É responsabilidade do repórter de imagem registrar data, local, horário e contexto de cada foto de sua autoria, assim como identificar os personagens, com a respectiva idade.

Leia o verbete ***legenda*** na pág. 226.

LEI DE ACESSO À INFORMAÇÃO A consulta a informações produzidas por entidades e órgãos públicos brasileiros (ligados a qualquer um dos três poderes e a qualquer esfera deles) é garantida pela Lei de Acesso à Informação (2012), desde que os dados não estejam protegidos por sigilo legalmente estabelecido. Os pedidos podem ser feitos pelo site www.acessoainformacao.gov.br.

Não apresente solicitações vagas ou muito abrangentes, mas tampouco as faça excessivamente detalhadas, a ponto de revelar os rumos da apuração.

Não hesite em recorrer de indeferimentos, já que a análise do documento sobe na hierarquia da entidade a cada etapa.

Programe-se para submeter os pedidos com antecedência, pois as entidades têm até 20 dias para resposta, e o prazo pode chegar a um mês mediante justificativa expressa.

Antes de formular qualquer pedido relacionado a gastos do

governo federal, certifique-se de que o que você busca não está no portal de transparência da União: www.transparencia.gov.br.

LINKS Nas plataformas digitais, faça links para notícias anteriores ou correlatas e outros conteúdos que ajudem a entender o assunto e complementem a reportagem.

Os links auxiliam o leitor, estimulam o internauta a permanecer nas plataformas da **Folha** e aumentam a força de cada página nos mecanismos de busca. Devem ser colocados em palavras que reflitam textualmente o conteúdo para o qual o leitor será dirigido. Evite o formato clique aqui.

LOBBY Atividade de pressão organizada para influenciar pessoas com poder de decisão e de convencimento, como congressistas, integrantes do Poder Executivo ou do Judiciário e formadores de opinião. A função não é regulamentada no Brasil.

O jornalista deve dispensar ao lobista a mesma atenção cautelosa que concede a assessores de imprensa, consultores de estratégia, relações-públicas e divulgadores em geral.

M

MENOR DE IDADE **Crianças (até os 12 anos incompletos) e adolescentes (dos 12 aos 18 anos) envolvidos em atos infracionais não podem ser identificados, mesmo com a autorização dos pais ou depois de terem atingido a maioridade**.

Nesses casos, é igualmente vedado publicar iniciais do nome e do sobrenome, fotografia, referência a nome, apelido, filiação, parentesco ou residência. Se for possível identificar o menor por meio de outras informações, como parentes, colégio ou histórico de vida, esses dados devem ser omitidos.

A **Folha** também não publica foto que permita identificar criança ou adolescente em situação de constrangimento, mesmo com o conhecimento e a autorização dos pais. A desobediência a essas determinações pode implicar a apreensão da publicação e a aplicação de multa, de acordo com a lei.

Os termos prender, deter e condenar não podem ser associados a pessoa com menos de 18 anos de idade a quem se atribua a prática de alguma infração. A polícia apreende o adolescente (de 12 a 18 anos), e o magistrado pode ordenar sua internação. No caso de criança (até 12 anos incompletos), a lei (ECA, o Estatuto da Criança e do Adolescente) prescreve medidas como orientação e matrícula em estabelecimento de ensino, mas não privação de liberdade.

As orientações deste verbete devem ser usadas como parâmetro para o noticiário internacional que envolva menores de idade em outros países. Em caso de dúvida, consulte a Secretaria de Redação.

MORTE Dado o efeito especialmente danoso de um erro jornalístico nessa circunstância, nunca publique notícia sobre morte de alguém antes de obter confirmação inquestionável.

MOVIMENTOS SOCIAIS Evite a expressão, por ser vaga. Seja específico sempre que possível: movimento sindicalista, movimento de professores, de trabalhadores (de uma determinada categoria), de ruralistas, de ambientalistas, organização não governamental (que atua em determinado setor) etc.

Em vez de dizer, por exemplo, que O governo se reuniu com movimentos sociais, prefira O governo se reuniu com militantes (dos partidos ou das organizações X, Y e Z).

Também podem ser usados grupos de militantes e grupos de pressão, entre outras expressões. Nunca use movimentos sociais como sinônimo de movimentos de esquerda, pois os grupos podem ser de ***direita*** ou de ***esquerda***, de situação ou de oposição etc.

N

NOTA DA REDAÇÃO Manifestação institucional utilizada para esclarecimentos que o jornal julga necessários. Cabe à Secretaria de Redação decidir sobre publicação de *Nota da Redação* ou *Resposta do jornalista/colunista*, que, em qualquer caso, deverá ser sucinta e respeitosa. Nos dois casos, grafe a expressão em negrito, com maiúsculas e minúsculas, seguida de travessão e o texto em claro. Não use a abreviatura N. da R.

NÚMEROS Contextualizar os dados numéricos é valioso no texto jornalístico. **Recomenda-se que números absolutos sejam acompanhados de porcentagens que mostrem sua importância relativa, isto é, que indiquem o número como parte de um todo**: A dívida pública do país X é de US$ 30 bilhões, o equivalente a 10% do PIB. Ou: O bloco oposicionista tem 220 deputados, o equivalente a 40% dos 550 parlamentares. A oposição, portanto, tem força para impedir que o governo aprove suas propostas mais importantes, pois estas demandam 66% dos votos.

Note como é pouco escrever apenas que *Mais de 100 mil carros deixaram a cidade*: o leitor não tem como saber se isso representa a totalidade da frota daquela cidade, uma parcela elevada ou uma fração insignificante.

Em alguns casos, uma informação adicional pode ajudar o leitor a perceber a relevância de uma cifra, como no exemplo a seguir: Neste ano, as pessoas que ficaram sem trabalho levaram, em média, três meses para conseguir novo emprego, segundo o IBGE. Em 2014, eram dois meses e meio.

No caso de valores afetados pela ***inflação***, procure, sempre que cabível, mencionar a cifra atualizada. No Brasil, o índice de correção mais utilizado é o ***IPCA***. Se o contexto demandar a comparação entre valores não atualizados, indique a correção entre parênteses.

Ao se referir a montantes em ***moeda*** estrangeira, indique qual é o equivalente em reais, mas não diga que um estrangeiro recebe em reais no seu próprio país. O novo cargo nos EUA lhe dará um salário anual de US$ 330 mil, o equivalente a cerca de R$ 1 milhão ou O novo cargo nos EUA lhe dará um salário anual equivalente a cerca de R$ 1 milhão, mas não O novo cargo nos EUA lhe dará um salário anual de cerca de R$ 1 milhão. Observe que nem sempre é necessário mencionar o valor na moeda do outro país.

Em notícias sobre objetos e estruturas, evite ***adjetivos*** imprecisos. Quando possível, descreva com exatidão suas dimensões. A ponte tinha 75 cm de largura, em vez de A ponte era estreita; O prédio tem 32 andares, em vez de O prédio é alto.

Números muito grandes ou muito pequenos demandam ***comparação*** que ajude a visualizar a dimensão: O jardim da casa tem 36.502 m², o equivalente à área de quatro campos de futebol.

As comparações não devem ser utilizadas de forma burocrática. Pouco ajuda dizer que o volume do vazamento na barragem rompida em Mariana (MG) em 2015 corresponde ao de 13 mil piscinas olímpicas –imagem que ninguém consegue visualizar.

Leia os verbetes ***contextualização*** e ***didatismo*** nas págs. 134 e 136, respectivamente, ***arredondamento*** na pág. 201 e ***comparações*** na pág. 305.

O

OBJETIVIDADE Não existe objetividade absoluta. Ao escolher um assunto, redigir e editar um texto, o jornalista toma decisões subjetivas, influenciadas por suas convicções pessoais, hábitos e emoções. Isso, porém, não o exime da obrigação de tentar ser o mais objetivo possível. As diretrizes expostas neste "Manual" têm a finalidade de ajudar o profissional de imprensa a relatar os fatos com exatidão e distanciamento.

OFF-THE-RECORD Expressão que indica informação cuja ***fonte*** é mantida no anonimato (em inglês, significa *fora dos registros*). **Deve ser exceção, não regra, na reportagem publicada**.

Declarações on the record são mais confiáveis e mais ricas, pois contêm duas informações: o conteúdo em si e o autor da declaração, o que permite ao leitor calcular o interesse da fonte.

Devido a circunstâncias diversas, contudo, muitas fontes vedam sua identificação. Nesse caso, o jornalista pode utilizar o off para nortear seu trabalho, conduzindo apuração própria até verificar os fatos relatados.

Caso, porém, uma informação relevante não possa ser obtida de nenhuma outra forma, admite-se publicá-la excepcionalmente na forma off-the-record, desde que seja cruzada com pelo menos uma outra fonte confiável e independente da primeira.

!

Declarações entre aspas sem identificação nominal do autor só podem ser usadas em casos excepcionais, com a autorização da Secretaria de Redação.

Como regra, indique de forma genérica com quem a informação foi obtida off-the-record. Em vez de A **Folha** apurou que o próximo debate preocupa o candidato a presidente, escreva Segundo integrantes da campanha, o próximo debate preocupa o candidato a presidente ou então Integrantes da campanha afirmaram que o próximo debate preocupa o candidato a presidente.

A forma *A **Folha** apurou* deve ser usada somente quando houver versão que se contraponha à apuração do jornalista ou quando a reportagem antecipar decisões ou medidas: O presidente disse que não haverá mudança no gabinete, mas a **Folha** apurou que o ministro da Casa Civil será substituído nesta semana; Segundo a **Folha** apurou, o balanço da Petrobras vai mostrar, além do pagamento de propina, quanto a empresa perdeu com a corrupção.

Reserve a expressão *A pessoa não quis ser identificada* para situações pouco corriqueiras, como as que envolvem risco (informação sobre um grupo de extermínio ou um esquema de corrupção, por exemplo). Nessa hipótese, explique por que o informante pediu que fosse mantido sigilo de sua identidade.

Embora a ***coluna de notas*** seja espaço em que se pode ter mais liberdade para especular e usar informações off-the-record, ela deve se ater aos princípios deste "Manual".

Como regra, o jornal não publica acusações, opiniões e insinuações sem identificar o autor.

Em apurações sensíveis, é praxe jornalística que repórteres sejam instados por seus superiores a compartilhar a identidade da fonte de informações off-the-record. Os superiores, por sua vez, ficam obrigados a preservar o ***sigilo da fonte***.

OPINIÃO DA FOLHA Leia o verbete ***editorial*** na pág. 92.

OUTRO LADO Leia a diretriz ***Nunca esqueça o outro lado*** na pág. 70.

P

PALAVRÃO Evite, sobretudo em títulos. Só deve ser usado quando for relevante no contexto da notícia, sempre com consulta prévia à Secretaria de Redação: O ex-ministro, quando vice-presidente da Caixa, afirmou que "tinha de tratar com todo mundo, com empresário, com jornalista, com puta, com veado". Evite fórmulas abreviadas, como fdp. Em casos corriqueiros, prefira omitir o termo: Os torcedores insultaram o juiz, em vez de Os torcedores chamaram o juiz de filho da puta. No caso de vídeos, cabe à Secretaria de Redação decidir se haverá, no início, aviso sobre o uso de termos chulos por personagens da notícia.

PARTICIPAÇÃO DO LEITOR A **Folha** estimula a interatividade com o seu público. A seção mais tradicional é o Painel do Leitor, que deve publicar amostra representativa da diversidade de opiniões enviadas. O jornal se reserva o direito de selecionar apenas os trechos mais importantes e de adaptar a manifestação ao espaço editorial e às normas deste "Manual".

O leitor também pode participar com ***comentários*** em reportagens e colunas, nos perfis institucionais em ***redes sociais***, por meio de mensagens e iniciativas destinadas a acolher sugestões de pauta. Os conteúdos recebidos podem subsidiar reportagens. O jornal também realiza enquetes e concursos culturais. A **Folha** só publica mensagens identificadas com o nome real do autor.

PAUTA Primeiro roteiro para a produção de reportagens, não é uma simples ideia, mas um plano de ação. Pode incluir breve histórico dos acontecimentos, questões básicas a serem respondidas ao longo da apuração, enfoque, formato, hipótese de trabalho, material de apoio, imagens etc. Também deve levar em conta os meios para a produção e o modo de publicação.

As editorias devem debater suas pautas entre si e com a Secretaria de Redação. Espera-se que cada editoria tenha uma relação de temas a serem acompanhados periodicamente, levando em conta o perfil do leitor e os temas mais importantes no seu cotidiano, e um planejamento para pautas especiais, que em geral demandam apuração de longo prazo.

Leia as diretrizes ***Proponha pautas*** e ***Selecione as pautas*** na pág. 65.

PESQUISAS DE OPINIÃO A **Folha** publica com regularidade pesquisas de opinião produzidas pelo Datafolha, tanto planejadas com antecedência (perspectivas eleitorais ou avaliação da popularidade de governantes, por exemplo) como estimuladas por fatos que exijam repercussão imediata.

Cabe à Redação decidir o tema do levantamento, mas a abordagem deve ser discutida com o Datafolha. Se considerar a publicação de resultados de pesquisas realizadas por outros institutos, avalie a qualidade do levantamento. Na dúvida, consulte seus superiores.

Ao analisar a evolução entre pesquisas, leve em conta o período em que as entrevistas foram feitas. Eventos de grande repercussão próximos à realização da pesquisa de campo tendem a influenciar as opiniões.

Não confunda pesquisa com enquete nem use os dois termos como sinônimos. Enquetes não são feitas a partir de amostra representativa do universo pesquisado.

!

Só compare um resultado com outro anterior se forem pesquisas equivalentes no método definido, na escolha do universo e na aplicação do formulário. Se não estiver seguro, consulte o Datafolha.

PESQUISAS E ESTUDOS EM GERAL Pesquisas patrocinadas por empresas, entidades de classe e de mercado, assim como estudos financiados por setores diretamente interessados nos resultados (laboratórios farmacêuticos, indústria do fumo ou de bebida, por exemplo), merecem avaliação criteriosa. Em caso de publicação, os patrocinadores e os interesses envolvidos devem ser expostos com clareza.

Analise o número de entrevistados. Pesquisas ou estudos realizados com poucos participantes tendem a ter menos importância.

Também considere a metodologia e informe-a com transparência. Pesquisa feita só em capitais ou pela internet nem sempre pode ser apresentada como nacional. Um estudo sobre violência baseado em entrevistas com mulheres que procuram a Delegacia da Mulher não pode ser estendido à população feminina como um todo.

Tenha em mente que algumas pesquisas podem ser apenas um bom ponto de partida para uma pauta elaborada.

PESQUISAS ELEITORAIS Cuidado ao publicar resultados de pesquisas eleitorais. Siga este roteiro:

1. Sejam quais forem o tamanho da reportagem e a plataforma de sua veiculação, consulte e cumpra as exigências da Justiça Eleitoral para a divulgação de pesquisas eleitorais;
2. Informe quem financiou o levantamento (candidato, partido, entidades) e, se pertinente, revele os interesses políticos envolvidos;
3. Cheque os dados com o instituto que fez a pesquisa e pergunte

detalhes sobre a metodologia (universo pesquisado, datas de campo, margem de erro);
4. Certifique-se de que a pesquisa tenha sido registrada na Justiça Eleitoral;
5. Observe se se trata de pesquisa ou enquete;
6. Tire dúvidas com seus superiores e com o Datafolha.

Em eleições muito disputadas, leve em conta o dia e o horário em que a pesquisa foi feita e informe ao leitor. Fatos supervenientes podem ter alterado o quadro. **Não use os verbos *caiu/subiu* ou outros de igual valor semântico quando houver movimentações dentro da margem de erro. Em vez disso, indique que houve variação ou oscilação dentro da margem de erro**.

Se a diferença entre dois candidatos for menor que duas vezes a margem de erro, escreva que há empate técnico entre eles. Por exemplo, em uma pesquisa com margem de erro de dois pontos percentuais, candidatos com 30% e 33% das preferências eleitorais estão tecnicamente empatados, pois o primeiro pode ter de 28% a 32%, e o segundo, de 31% a 35%. **Não confunda *ponto percentual* com *porcentagem*.**

Leia o verbete ***ponto percentual/ porcentagem*** na pág. 114.

PIRATARIA Ato de copiar, reproduzir ou distribuir textos, fotos, ilustrações ou qualquer obra protegida por direitos de autor, sem permissão do titular desses direitos ou em desacordo com a lei. A **Folha** protege o conteúdo que produz e recorre à Justiça para combater a pirataria.

PLÁGIO A **Folha** não deve publicar conteúdo plagiado, seja de outros autores, seja do mesmo autor (autoplágio). Quando reproduzir obra de outro autor ou texto de sua própria autoria já publicado, cite claramente o original e, se possível, local e data em que foi divulgado, além de deixar evidente para o leitor o que está sendo reproduzido.

POLÊMICAS A **Folha** estimula controvérsias em suas páginas e também publica discordâncias conceituais entre seus jornalistas. O editor deve recomendar aos polemistas que evitem ataques pessoais e cuidar para que o debate não se prolongue a ponto de cansar o leitor.

Conforme a praxe, após a segunda manifestação de cada lado, as partes serão informadas de que terão só mais uma oportunidade e igual número de linhas para defender seus pontos de vista, que serão publicados simultaneamente. O texto de um polemista não poderá ser lido antecipadamente pelo outro.

Réplicas e tréplicas precisam ser lidas pela Secretaria de Redação antes de serem publicadas. No caso da seção Tendências / Debates, a leitura cabe à Direção de Redação.

PONTO PERCENTUAL/PORCENTAGEM Não confunda. Se a porcentagem de eleitores favoráveis a um candidato aumentou de 14% para 21%, o crescimento foi de sete pontos percentuais (e não de 7%). Prefira usar a variação em pontos percentuais; embora seja correto dizer que o aumento foi de 50%, a introdução de outro percentual pode tornar o texto confuso.

PORNOGRAFIA A **Folha** não deve publicar material que possa ser considerado pornográfico. Exceções devem ser arbitradas pela Secretaria de Redação.

PSEUDÔNIMO A **Folha** não publica textos assinados com pseudônimo. Exceções são definidas pela Direção de Redação.

PUBLICIDADE NATIVA Leia o verbete ***conteúdo patrocinado*** na pág. 87.

PUSH Leia o verbete ***alertas*** na pág. 82.

Q

QUALIFICAÇÃO IDEOLÓGICA Deve ser tão precisa quanto possível. Não use *comunista* para designar quem apoia posições de esquerda em geral, mas para quem defende ideias comunistas.

Não use *fascista* para designar indivíduos ou tendências conservadores, mas o que for relacionado ao partido fascista italiano ou seus equivalentes: franquismo espanhol, salazarismo português, nazismo alemão, integralismo brasileiro. Para movimentos contemporâneos que se inspirem naqueles, prefira termos como neofascista ou neonazista.

Também **evite polarizações simplistas**. Uma mesma pessoa pode ser liberal em economia (defende a iniciativa privada e a mínima intervenção do Estado, por exemplo) e conservadora nos costumes (apoia valores tradicionais da família e da religião e se opõe à autonomia do indivíduo em questões como aborto e drogas).

Nos Estados Unidos, usa-se o termo *liberal* para designar convicções ou pessoas associadas à centro-esquerda, que aceitam maior intervenção do Estado na economia; na Europa e na América Latina, os que pretendem restringir essa intervenção é que são chamados de liberais.

Nas sociedades modernas, a tendência é que as variações políticas se disponham em três vertentes. Uma delas, à ***esquerda***, preconiza ativismo do Estado a título de reduzir a desigualdade social. Outra, à ***direita***, valoriza a atuação estatal com o propósito de proteger valores nacionais e familiares. E uma terceira vertente, de centro, aglutina matizes do liberalismo econômico, que prescreve limitada atuação estatal.

Em matéria de costumes, normalmente a esquerda e os liberais têm posição mais tolerante, e a direita, mais restritiva. Ganhou presença, na esquerda, uma posição dita identitária, que enfatiza reparações a populações historicamente prejudicadas.

Para fins de classificação, facultam-se as seguintes opções, entre outras: *extrema direita*, *direita* (que pode ser qualificada como moderada e também como nacionalista ou religiosa, conforme o caso), *direita liberal* ou *centro-direita*, *centro-esquerda* ou *esquerda liberal*, *esquerda* (que comporta qualificações análogas às da direita), *extrema esquerda*.

Não hesite em aplicar os qualificativos nas extremidades do espectro para facções que praticam ou pregam a violência como método político.

Em qualquer caso, procure sempre indicar o partido político ou a corrente de pensamento a que a pessoa de fato pertence ou explicitar ideias que ela e seus aliados sustentam. Por exemplo: as pessoas que pedem a legalização do aborto; os congressistas que representam os interesses dos produtores rurais; os deputados que pretendem revogar o Estatuto do Desarmamento; um movimento pelo aumento dos gastos sociais; um grupo de caráter nacionalista.

Quando cabível, use designações que indiquem o específico em cada caso: feminista, separatista, budista, racista, guerrilheiro, anarquista, ambientalista.

Use a palavra *terrorista* para qualificar quem pratica violência indiscriminada contra não combatentes a fim de disseminar pânico e intimidar adversários. *Genocida* é quem procura exterminar todo um contingente nacional ou étnico.

R

REDES SOCIAIS A **Folha** usa as redes sociais para distribuir seus conteúdos e incentiva os profissionais a fazerem o mesmo de forma independente. **É vedado, porém, postar conteúdo integral de reportagens e colunas**. Em vez disso, deve-se publicar um link para a **Folha**, de preferência com uma amostra do material jornalístico.

Na publicação de conteúdo jornalístico, incluindo imagens, o profissional da Redação deve dar prioridade às plataformas da Folha. O mesmo vale para análises e opiniões, dado que o jornal cultiva uma ***política de exclusividade***. Lembre-se também de que antecipar numa rede social aspectos de uma pauta em andamento, ainda que uma simples imagem, pode municiar a concorrência.

O jornal também estimula seus profissionais a utilizarem as redes sociais como ferramenta auxiliar de apuração. É obrigatório que informações provenientes de redes sociais sejam checadas antes da publicação, incluindo dados postados em perfis institucionais. Verifique a autenticidade da página, atente para a data da postagem e confirme a informação com outras fontes. As cautelas devem ser redobradas no dia 1º de abril.

Ao buscar personagens ou tendências, lembre-se de que redes sociais costumam agrupar pessoas de determinadas inclinações ideológicas, faixas etárias ou classes econômicas, criando bolhas que reforçam os próprios pontos de vista.

!

Lembre-se de que as postagens exibidas pelas redes sociais representam uma fração enviesada das opiniões em circulação na sociedade.

Se necessário entrar em contato com personagem por meio de rede social, prefira ferramentas de mensagem privada. Comentários ou diálogos públicos podem dar à concorrência pistas de sua apuração.

Ao usar informações divulgadas em perfis de redes sociais, mencione o nome da rede apenas quando for relevante no contexto da notícia. Exemplo: *Neymar divulgou pelo Instagram que vai mudar de clube*. Na maior parte dos casos, é possível omitir o meio, quando não for relevante, ou ser genérico: *afirmou em uma rede social, divulgou pelas redes sociais.*

É comum que o dono de um perfil numa rede social se arrependa de ter postado determinado conteúdo e o apague. Para garantia da apuração, sugere-se que o jornalista mantenha sempre consigo reprodução das postagens mencionadas nas suas reportagens.

Perfis e páginas institucionais da **Folha**, bem como as senhas de acesso, pertencem ao jornal, não a seus editores ou moderadores. Administradores dessas contas devem redobrar os cuidados para não publicar conteúdo pessoal nas páginas da empresa. Recomenda-se também que sejam utilizadas técnicas de proteção contra hackers.

Leia a diretriz ***Redes sociais*** na pág. 50.

RÉPLICA/TRÉPLICA Leia o verbete ***polêmicas*** na pág. 113.

REPORTAGEM É a essência do jornalismo. Balizada por regras técnicas e padrões de conduta, traz relatos fidedignos e atuais sobre fatos, pessoas, ideias e produtos relevantes.

Embora a objetividade descritiva seja inalcançável, procedimentos de apuração e redação prescritos neste "Manual" ampliam o distanciamento crítico dos jornalistas e tornam suas apurações tão exatas quanto possível.

RETIRADA DE CONTEÚDO DO SITE A **Folha** não retira do ar conteúdos publicados nas plataformas digitais, exceto mediante determinação judicial. Também não altera informações que tenham sido publicadas. Fazê-lo equivaleria a outorgar-se o poder de reescrever a história.

O jornal pode, porém, produzir outra reportagem sobre desdobramentos de fatos relatados no passado, de modo a mitigar eventuais efeitos perniciosos. Por exemplo, a absolvição de uma pessoa anteriormente citada como acusada em uma reportagem.

S

SEGURANÇA DE ENTREVISTADOS A **Folha** não publica nem informa endereço e telefones de entrevistados, a não ser que estes o autorizem.

SEGURANÇA DE JORNALISTAS Ao fazer reportagem em áreas perigosas (por exemplo, dominadas pelo tráfico de drogas), o jornalista deve manter contato regular com a Redação e tomar as precauções cabíveis dentre as listadas no verbete ***enviado especial***.

Repórteres e fotógrafos não devem entrar sozinhos em regiões perigosas, nem se oferecer para intermediar negociações em caso de cerco ou sequestro.

Reportagens investigativas que requeiram recursos como infiltração e omissão de identidade só podem ser feitas em situações excepcionais e de relevância jornalística inequívoca, depois de esgotados todos os recursos normais de apuração e com a aprovação da Direção de Redação.

Leia a diretriz ***Atuação profissional*** na pág. 44.

SEO Sigla em inglês de "Search Engine Optimization", técnica para melhorar o posicionamento de conteúdo nas ferramentas de buscas. O profissional deve manter-se atualizado sobre os instrumentos usados.

SIGILO DA FONTE O jornalista pode negar-se a revelar como, onde, quando e por meio de quem obteve determinada informação.

O direito ao sigilo de fonte é garantido pela Constituição (artigo 5º, inciso XIV) e deve ser usado sempre que o profissional julgar necessário. Em juízo, isso não o exime de provar a veracidade daquilo que relatou –a responsabilidade judicial pela publicação de uma informação ***off-the-record*** é do jornal ou do jornalista, não da ***fonte***.

Leia a diretriz ***Relação com fontes*** na pág. 45.

T

TÍTULOS Títulos e subtítulos constituem o principal, quando não o único, ponto de contato de muitos leitores com a notícia. Sua formulação deve ser atraente e responsável, especialmente nas plataformas digitais, onde se perde a visão de conjunto.

O enunciado ideal deve conquistar a atenção do leitor e revelar o objeto da notícia de forma clara e em poucas palavras. O desafio é fazer isso em um espaço restrito, que deve ser preenchido completamente –no impresso, o título tem certo número de caracteres, definido pela diagramação da página.

O autor da reportagem deve sempre fazer uma sugestão de título, que pode ser pensado antes mesmo de começar a escrever.

Uma notícia pode gerar diferentes títulos, dependendo do enfoque editorial, da criatividade de quem o faz e dos parâmetros adotados pelo veículo. Durante o governo FHC, a **Folha** publicou como manchete: *Governo desvaloriza o real e inflação deve subir neste mês*. Em outro jornal, o título foi *Governo ajusta o real, incentiva exportações e corta gasto público*.

O bom título costuma apontar para o aspecto particular da notícia. Um título muito geral informa pouco. Leia seu título para os colegas e pergunte se está inteligível. Sobre uma enchente em São Paulo, pode-se dizer que Duas pessoas morrem em temporal em SP ou Idosa afoga-se em enxurrada na avenida Pompeia (a idosa era uma das duas vítimas).

Sobre um julgamento no Supremo Tribunal Federal: Não aceito pressão no mensalão, diz ministro do STF (se ele tivesse admitido que age sob pressão, valeria o destaque); No Senado, ministro diz que STF foi "duro" no mensalão.

O título pode ir além do factual e oferecer uma interpretação do que ocorreu. Sobre a eliminação do Brasil na Copa de 1990: Pragmatismo sem gol acaba derrotado por Maradona.

Na **Folha**, o título noticioso deve, de preferência:

- Conter pelo menos um verbo, na voz ativa e no tempo presente (exceto, neste último caso, quando o texto se referir a fatos distantes no futuro ou no passado);
- Estar na ordem direta (Procurador-geral pede a deputados novo projeto sobre abuso de autoridade em vez de A deputados Janot pede novo projeto de abuso de autoridade);
- Ser afirmativo (sem negativas ou perguntas);
- Ter o maior grau de certeza possível, evitando o *pode* e o futuro do pretérito (*teria dito*, *teria feito*) –se não puder assumir a informação, atribua-a à fonte;
- Ser compreensível, sem depender da linha fina;
- Evitar siglas pouco conhecidas ou mais de uma no mesmo título (Abecip propõe modelo mexicano para SFH);
- Prescindir de artigos (Cientistas descobrem elemento para vacina

contra dengue e não Os cientistas descobrem elemento para uma vacina contra a dengue);

- Evitar ponto de exclamação, a não ser em situações excepcionais (Começa a Guerra!, em 17/1/1991, sobre a guerra do Iraque; Impeachment!, utilizado nas deposições de Collor, em 30/9/1992, e Dilma, em 18/4/2016). Não use ponto, dois-pontos, ponto de interrogação, reticências, travessão ou parênteses.

Em ***features*** ou grandes acontecimentos, a **Folha** pode adotar títulos alusivos (literários, bem-humorados ou com duplo sentido), chamados internamente *títulos fantasia*, como Minha casa, Minha Olimpíada (sobre mansões e coberturas com vista para a Rio-2016, em alusão ao programa federal Minha Casa, Minha Vida). Nesses casos, deve-se evitar usar sempre as mesmas referências, como títulos de filmes e livros muito explorados (Em Nome do Pai, Vivendo com o Inimigo, Mulheres à Beira de um Ataque de Nervos, Crônica de uma Morte Anunciada).

Um bom título tende a funcionar em qualquer meio, mas às vezes requer adaptações. Nas plataformas digitais, a palavra-chave do conteúdo deve ser destacada no início de qualquer título.

Evite truques para caçar cliques, como formulações sensacionalistas ou omissões destinadas a iludir o leitor. Convém que os títulos de textos de opinião nas plataformas digitais sejam diferentes dos da versão impressa. Enquanto no papel são mais sucintos devido à limitação do espaço, no site é possível e necessária uma formulação mais direta (o que não deve significar formulação prolixa).

Em títulos de editoriais e textos opinativos, podem-se usar frases nominais: Rombo na Previdência. Não use numeração: Rombo na Previdência – 2. Qualquer série numerada desestimula o leitor que tenha perdido as outras partes.

TRANSPARÊNCIA NO CONTEÚDO Toda ***URL*** –com poucas exceções, como a home– precisa trazer claramente a data e a origem da publicação. No site, deve apresentar também o horário da primeira versão divulgada e o da última (quando for atualizada) e eventuais correções.

3

Texto

ESTILO

"O estilo é o domínio da escolha", escreveram Francis-Noël Thomas e Mark Turner. A gramática, em contraste, prescreve uma série de regras que precisam ser conhecidas e seguidas.

A distinção está no livro "Clear and Simple as the Truth: Writing Classic Prose" (claro e simples como a verdade: escrevendo prosa clássica). Seus autores lembram que não é dado a cada um decidir que as sentenças começarão com ponto final e terminarão em letra maiúscula, que a palavra cachorro se referirá a gatos ou que sujeito e verbo não precisarão mais concordar um com o outro.

Convenções desse tipo pertencem ao reino da gramática. Sem elas, a comunicação seria quase impossível.

No terreno do estilo, contudo, o escritor pode preferir *sabujo* a *cachorro*, empregar voz ativa (*José roubou pão na casa do João*) no lugar da voz passiva (*O pão foi roubado por José na casa do João*) ou usar frases simples e curtas em vez de períodos longos e rebuscados.

A opção por um caminho ou outro dependerá dos objetivos do autor (se pretende indicar um tipo específico de cachorro ou se quer jogar luz sobre o sujeito que roubou, não sobre o objeto roubado, por exemplo) e do contexto em que escreve.

Quando se trata do texto jornalístico, algumas escolhas já estão feitas. O relato noticioso deve ser claro, preciso, sintético e objetivo. Mas clareza, precisão, síntese e objetividade não são suficientes. É necessário que a reportagem seja apresentada de forma interessante, fluente e bem organizada –que seja, em duas palavras, bem escrita.

Escrever bem é prender a atenção do leitor. É conduzi-lo de uma palavra a outra, de uma frase à seguinte, de parágrafo em parágrafo até o fim do texto. Esse objetivo tem de ser buscado a cada sentença. Nesta, devem predominar a sintaxe e o vocabulário simples, a informação exata, os termos concretos. Não há lugar para passagens ambíguas, construções intrincadas, termos incompreensíveis, palavras supérfluas, advérbios sem função ou qualquer outro obstáculo que deixe o relato menos fluido.

A utilização indiscriminada de polissílabos, como nesta frase, acarretará previsivelmente a diminuição da velocidade da leitura. Termos curtos dão ritmo, mas a frase fica brusca e dura. O ideal é variar o comprimento das palavras e das frases, para que o leitor não se canse ao final.

O mesmo princípio vale para a repetição e a variação dos sons, como neste parágrafo. O excesso de rimas e sons nasais tende a ocasionar um retardamento no andamento ou uma complicação na percepção da oração.

Essas observações não bastam, entretanto, para que o texto em seu conjunto seja atraente. A mera transcrição dos dados de tabelas, relatórios estatísticos, documentos técnicos e ofícios judiciais, nos quais o repórter com frequência se baseia, pode resultar num texto claro, preciso, sintético e objetivo –mas também aborrecido e difícil de ler.

Reportagem não é relatório. A reportagem destaca o fato significativo e não pode prescindir de um senso de surpresa; o relatório enumera, de forma burocrática, tudo aquilo de que se dispõe. O simples ato de enfileirar muitos nomes próprios no início de um texto –digamos, sobre acusados numa ação de lavagem de dinheiro– já o deixa relatorial.

A fim de evitar esse efeito negativo, muitas informações relevantes podem ser relegadas a locais menos destacados. Tome-se este sublide:

A decisão é do juiz Abelardo Morais da Rocha, em substituição na 10ª Vara da Fazenda Pública e Autarquias de Goiânia, em ação movida pelo estado de Goiás, pelo Instituto Estadual de Florestas (IEF), pelo Instituto Goiano de Gestão das Águas (Iggag) e pela Fundação Estadual de Meio Ambiente (Feam).

Um segundo parágrafo como esse tende a afugentar o leitor. Melhor seria se, logo após o lide, o texto desse informações menos burocráticas, como o ineditismo da sentença, sua contestação pelas partes, as possíveis dúvidas quanto ao cálculo da indenização.

Escrever bem exige esforço. Como afirma William Zinsser em "Como Escrever Bem": "Lembre-se disso nos momentos de desespero. Se você acha difícil escrever, é porque é mesmo difícil".

Os verbetes a seguir reúnem diretrizes de estilo; não devem ser lidos como normas absolutas. Constituem uma referência para aprimorar a própria escrita, mas não substituem o conhecimento adquirido pela prática nem tornam dispensável a aprendizagem pela leitura dos melhores textos, noticiosos ou não.

> *Um escritor escrupuloso, em cada frase que escreve, fará a si mesmo ao menos quatro perguntas: O que estou tentando dizer? Que palavras o expressarão? Que imagem ou expressão idiomática o deixará mais claro? Essa imagem é estimulante o bastante para causar um efeito? E fará provavelmente outras duas perguntas para si mesmo: Posso dizer isso de maneira mais curta? Eu disse alguma coisa de uma feiura evitável?*
>
> **GEORGE ORWELL (1903-1950)**
> em "Como Morrem os Pobres e Outros Ensaios"

VERBETES

A

ADJETIVO No texto noticioso, evite adjetivos que expressem juízo de valor, dado seu caráter subjetivo. Termos como *bonito/feio* ou *certo/errado* revelam a opinião de alguém, não um aspecto objetivo daquilo que se descreve. Adjetivos que exprimem juízo de fato, por outro lado, podem enriquecer o relato: *amarelo/azul/verde/vermelho, redondo/quadrado, barroco/clássico.*

Em alguns casos, o adjetivo pode parecer objetivo, mas seu emprego resulta em imprecisão. Na frase *Com seu tamanho* descomunal*, muitos projetistas duvidaram que o avião conseguiria sair do chão*, seria melhor dar a dimensão da aeronave, ainda que de forma aproximada.

Em outras situações, o adjetivo é apenas decorativo ou redundante e deve ser descartado: *O atleta pesa* exatos *72 quilos; A frente fria reduziu a temperatura máxima a surpreendentes 10°C; Foi uma tragédia lamentável.*

Leia a diretriz ***Seja exato*** na pág. 73.

ADVÉRBIO Evite começar um período com advérbio formado pelo sufixo *-mente*, em geral uma palavra longa que apenas retarda o texto. Na frase *Curiosamente, a convenção transcorreu sem incidentes*, o advérbio, além de desnecessário, embute um juízo de valor (como se fossem esperados incidentes na convenção). Também tendem a ser opinativos termos como *certamente, evidentemente, efetivamente, definitivamente, absolutamente.*

O uso de dois ou mais advérbios terminados em *mente* no mesmo período é desaconselhado, pois produz uma rima desconfortável e prejudica o ritmo da leitura: *Evidentemente, há algumas barreiras ao comércio que afetam desproporcionalmente as empresas pequenas.* Prefira: *Algumas barreiras ao comércio afetam as empresas pequenas de modo desproporcional.*

Lembre-se ainda de que muitos advérbios são dispensáveis por expressarem a mesma ideia contida na palavra que acompanham. Em *totalmente desnecessário*, por exemplo, *totalmente* é desnecessário.

AMBIGUIDADE Deve-se sempre evitar a duplicidade de sentido de uma palavra, expressão ou frase. Construções ambíguas tornam o texto obscuro, quando não incompreensível, e afastam o leitor. Em boa parte dos casos, a ambiguidade pode ser evitada se o autor do texto pensar na ordem dos termos da oração e na proximidade entre eles.

No trecho a seguir, por exemplo, é difícil depreender o sentido correto da frase: *A filósofa Marilena Chaui gritou "O silêncio é precioso" e ouviu do ministro que ela estava dizendo aquilo por ser "de classe média" –em referência à ocasião, em 2013, em que a intelectual bradou que odiava a classe média.*

Do modo como está redigida, a passagem *ela estava dizendo aquilo por ser de classe média* está relacionada a Marilena Chaui, como se o ministro dissesse que a professora de filosofia era de classe média. O ministro, porém, referia-se a si mesmo. Eis o trecho sem ambiguidade: *A filósofa Marilena Chaui gritou "O silêncio é precioso" e ouviu do ministro que ela estava dizendo aquilo por ele ser de classe média –em referência à ocasião, em 2013, em que a intelectual bradou que odiava a classe média.*

Algumas causas frequentes de ambiguidade:

- *Ausência de vírgulas* – A prefeitura tem procurado aproveitar os espaços públicos como ruas e estacionamentos. A falta de vírgula depois de *públicos* dá a entender que a prefeitura pretende transformar outros espaços em ruas e estacionamentos;
- *Posição inadequada do adjunto adverbial* – Edgar de Souza (PSDB) recebeu ataques devido à sua orientação sexual durante a campanha. A ordem dos termos sugere que o prefeito adotou uma orientação sexual durante a campanha. Durante a campanha, Edgar de Souza (PSDB) recebeu ataques devido à sua orientação sexual;
- *Sucessão inadequada de termos, orações ou frases* – Com audiência em baixa, CQC passa por sua maior reformulação desde a estreia, em 2008, com Dan Stulbach no lugar de Marcelo Tas e a volta de Rafael Cortez após dois anos na Record. O trecho dá a entender que Stulbach estava na estreia do programa. Com audiência em baixa, CQC passa por sua maior reformulação desde a estreia, em 2008. Dan Stulbach entrará no lugar de Marcelo Tas e Rafael Cortez voltará, após dois anos na Record;
- *Colocação do pronome relativo* que *em posição distante do nome ao qual se refere* – O escritor não deu detalhes do livro sobre a guerra que acaba de terminar. Não se sabe o que acabou de terminar: a guerra ou o livro? O escritor não deu detalhes sobre o livro que acaba de terminar, cujo tema é a guerra;
- *Uso do pronome possessivo sem explicações pode confundir o que é de quem* – Jô Soares constrange Jacaré ao falar sobre o tamanho de seu pênis. Ao órgão sexual de quem o entrevistador se refere? Jô Soares constrange Jacaré ao falar sobre o tamanho do pênis do dançarino. Em outros casos, o pronome é desnecessário: Diretor morreu em sua casa. Diretor morreu em casa.

Leia o verbete ***clareza*** na pág. 129.

ANÁLISE É diferente de ***opinião***. Num texto opinativo, o autor se coloca, toma partido, manifesta uma preferência e apresenta argumentos para justificá-la. Na análise, o autor contextualiza um acontecimento e aprofunda a compreensão de seus diversos ângulos.

Entre outras, um texto analítico pode conter as seguintes características:

- Elenca os antecedentes do acontecimento em questão, bem como suas implicações;
- Delineia o ambiente em que o evento se deu, procurando identificar tendências ou forças que o impeliram, e esclarece se esses vetores convergiram ou estiveram em conflito;
- Aponta personagens, grupos ou entidades que se beneficiam do acontecimento ou se prejudicam com ele e indica de que modo contribuíram para o desenlace;
- Destaca, quando for o caso, como o evento analisado pode afetar o leitor.

Cabe ao autor da análise avaliar a conveniência de oferecer mais de um ponto de vista a respeito de alguns desses itens.

ARTIGO/COLUNA São quase sempre textos opinativos. A periodicidade de publicação da coluna é predefinida, e a do artigo, esporádica. Recomenda-se que o articulista e o colunista tenham em mente os seguintes aspectos:

- Devem-se privilegiar temas atuais;
- Uma opinião fundamentada e original, sustentada com clareza e

> “ *Há de tomar o pregador uma só matéria, há de defini-la para que se conheça, há de dividi-la para que se distinga, há de prová-la com a Escritura, há de declará-la com a razão, há de confirmá-la com o exemplo, há de amplificá-la com as causas, com os efeitos, com as circunstâncias, com as conveniências que se hão de seguir, com os inconvenientes que se devem evitar, há de responder às dúvidas, há de satisfazer às dificuldades, há de impugnar e refutar com toda a força da eloquência os argumentos contrários, e depois disso há de colher, há de apertar, há de concluir, há de persuadir, há de acabar.*

PADRE ANTÔNIO VIEIRA (1608-1697)
no "Sermão da Sexagésima", em que ele sintetiza as qualidades úteis a um discurso persuasivo, úteis também para quem escreve artigo ou coluna.

vigor estilístico, qualifica o texto;

- Argumentos, não adjetivos, fortalecem a defesa de uma posição;
- A repetição de temas ou enfoques cansa o leitor;
- O excesso de citações pode truncar a leitura, soar a falta de ideias originais ou parecer afetação;
- Fatos recém-ocorridos de grande impacto, como desastres ou acusações a políticos, devem ser tratados com cautela. Os desdobramentos do noticiário podem desmentir a afirmação do articulista ou do colunista.

A Redação deve respeitar o estilo do autor, mas cabe ao responsável por editar o texto evitar que formulações dúbias e herméticas sejam publicadas. Devem-se propor mudanças e submetê-las à aprovação do autor.

Leia os verbetes ***artigos*** e ***colunista/ blogueiro*** nas págs. 82 e 85, respectivamente, e ***textos de opinião*** na pág. 244.

C

CACÓFATO Encontro de vocábulos ou sílabas que formam nova palavra de sentido ridículo, desagradável ou obsceno. Embora em geral o jornal não seja lido em voz alta, convém evitar cacófatos, especialmente em títulos: marca gol, confisca gado, uma herdeira, boom da construção, temática gay.

CLAREZA O estilo jornalístico deve se pautar pela clareza. Cada frase precisa ser construída de forma a ser entendida facilmente e sem dar margem a ***ambiguidade***. Prefira a ordem direta (sujeito, verbo e complemento), orações afirmativas e frases curtas.

Períodos muito longos, com grande número de vírgulas, parênteses, colchetes e travessões, atrapalham a leitura –desviam a atenção, prejudicam o ***ritmo*** e são causa de erros de concordância e de pontuação.

Se a sentença estiver comprida demais, use um ou mais pontos para quebrá-la.

Se até aqui os legados mais favoráveis de presidentes da Colômbia em tempos recentes haviam sido o de César Gaviria (por capturar Pablo Escobar e dar uma estocada final no Cartel de Medellín) e o de Álvaro Uribe, por ter trazido segurança às grandes cidades, ao adotar uma política de enfrentamento bélico à guerrilha, Santos pode ficar mais bem colocado ante o julgamento da história do que esses antecessores,

> *O escritor deve pensar e repensar suas ideias até que elas estejam bem claras; deve colocá-las em ordem clara; deve preferir (tudo o mais constante e com atenção às leis da variedade) palavras, frases e parágrafos curtos; não deve tentar dizer muitas coisas de uma só vez; deve evitar coisas irrelevantes; e, acima de tudo, deve se pôr com imaginação e simpatia no lugar de seu leitor.*
>
> **FRANK L. LUCAS (1894-1967)**
> em "Style: The Art of Writing Well"

se de fato lograr a implementação do acordo que porá fim a um conflito que matou 250 mil.

Até aqui, os legados mais favoráveis de presidentes da Colômbia em tempos recentes haviam sido o de César Gaviria e o de Álvaro Uribe. Ao primeiro se deve a estocada final no Cartel de Medellín, com a captura de Pablo Escobar. Ao segundo, o enfrentamento bélico da guerrilha, que levou segurança às grandes cidades. Santos pode superar seus antecessores, entrando para a história como o presidente que pôs fim a um conflito que matou 250 mil pessoas.

Lembre-se de que o leitor não sabe tudo o que foi apurado e assegure-se de que não só as frases sejam claras mas também as conexões entre elas e entre os parágrafos. Além disso, evite ***jargão***.

Em boa parte das vezes, pensar bastante antes de escrever é o melhor remédio contra a obscuridade.

Leia o verbete ***coerência*** na pág. 131 e as diretrizes ***Seja claro*** e ***Considere o contexto*** nas págs. 74 e 75, respectivamente.

CLICHÊS Quando uma expressão surgir pronta e de imediato na sua cabeça, há um grande risco de que seja um clichê. Evite. Embora essas expressões pré-fabricadas sejam úteis, elas banalizam a escrita e sugerem falta de reflexão por parte do autor.

Um texto tenderá a ser melhor se contiver imagens originais e palavras escolhidas a dedo.

Confira no quadro a seguir a lista de alguns dos clichês usados com mais frequência em textos jornalísticos:

EXEMPLOS DE CLICHÊ

a voz rouca das ruas
arrancar aplausos/lágrimas
as fortes chuvas que caíram
atuação impecável
caixinha de surpresas
carreira meteórica
chuva torrencial
com a cara e a coragem
conquistar corações e mentes
correr atrás do prejuízo
dar-se ao luxo
de mãos abanando
de tirar o fôlego
do Oiapoque ao Chuí
fazer por merecer
fechar com chave de ouro
fonte inesgotável
frio e calculista
gerar polêmica
grata surpresa
herança maldita
inflação galopante
joia da coroa
lutar contra um câncer
luz no fim do túnel
motoristas enfrentam lentidão
no fundo do poço
o diabo mora nos detalhes
o fantasma da inflação
o velho e bom
óbvio ululante
pensar fora da caixa
perda irreparável
pergunta que não quer calar
plena luz do dia
ponto fora da curva
preencher uma lacuna
quinze minutos de fama
recado das urnas
requintes de crueldade
respirar aliviado
rota de colisão
silêncio sepulcral
sonora vaia
trocar farpas
trocar figurinhas
um lugar ao sol
vitória esmagadora

COERÊNCIA Escolher as palavras certas e construir frases claras são dois passos importantes para escrever bem, mas terão pouca serventia se o texto como um todo for incoerente. Ainda que o leitor entenda o significado preciso de cada oração, ele não compreenderá o que acabou de ler se não houver conexões lógicas entre cada uma das sentenças e entre os parágrafos.

Quem escreve poderá verificar se seu texto é coerente fazendo a si mesmo a seguinte pergunta: por que redigir esta frase logo depois daquela? A resposta deve evidenciar a conexão entre elas, que pode ser uma relação de causa e efeito ou de contiguidade (no tempo ou no espaço), uma explicação, um exemplo, uma generalização, um desenvolvimento, uma atribuição, um contraste ou uma expectativa contrariada, entre outras.

Em textos jornalísticos (mas não só neles), é comum haver falhas de encadeamento quando o repórter, enfronhado no tema, deixa de explicitar no texto uma relação que é claríssima em sua cabeça, mas que o leitor desconhece.

Às vezes, a incoerência decorre de edição malfeita ou de texto escrito às pressas, com um resultado quase incompreensível.

A OAB (Ordem dos Advogados do Brasil) vai propor à Prefeitura de São Paulo mudanças na legislação municipal para facilitar a abertura de empresas na cidade.

O acordo foi fechado com o prefeito Fernando Haddad (PT) na sede da OAB, na praça da Sé. A entidade pretende se mudar para a esquina da rua Maria Paula com a Brigadeiro Luís Antônio. (O que a mudança de sede tem a ver com o lide? Qual é a sua relevância para aparecer logo no sublide? De que acordo se trata, se o lide informou que a proposta ainda seria feita?)

A proposta de Haddad foi imediatamente aceita pelo presidente da seção paulista da OAB, Marcos da Costa. (Que proposta de Haddad? O lide diz que a proposta era da OAB.)

Um exemplo de ***lide*** e ***sublide***, considerando que a proposta partiu do então prefeito:

A pedido da Prefeitura de São Paulo, a OAB (Ordem dos Advogados do Brasil) vai apresentar uma proposta de mudança na legislação municipal para facilitar a abertura de empresas na cidade.

A iniciativa foi divulgada na sede da entidade pelo prefeito Fernando Haddad (PT) e pelo presidente da seção paulista da OAB, Marcos da Costa.

Leia o verbete ***clareza*** na pág. 129.

“

Um texto coerente é tal que o leitor sempre sabe que relação de coerência existe entre uma sentença e a seguinte.

STEVEN PINKER (1954)
em "Sense of Style"

COMPARAÇÃO/METÁFORA Um dos artifícios para obter clareza é definir conceitos abstratos por meio de referências àquilo que é concreto, isto é, perceptível por nossos sentidos. A comparação e a metáfora são as figuras de linguagem empregadas nesse processo. Ambas partem da percepção de similitudes entre dois elementos ou situações.

Na comparação, o procedimento é analítico; na metáfora, é sintético. A *comparação* se faz com o uso de partículas conectivas (*como, tal qual, tal como*) ou de estruturas frasais com certos verbos (*parecer, assemelhar-se, dar a impressão de, sugerir* etc.). *Ele é astuto como uma raposa*; *Ele parece uma raposa.*

A *metáfora* constitui uma espécie de comparação abreviada ou implícita, em que se suprimem tais elementos. *Ele é uma raposa.*

A metáfora dá margem a uma ampliação de significado. Ao dizer que *uma moça é uma flor*, evocam-se vários atributos comuns entre a moça e a flor, como beleza e delicadeza.

Há metáforas usuais (*touro/força; raposa/astúcia; tartaruga/lentidão; gelo/frieza; ferro/dureza* etc.), mas também mais elaboradas, que, por sua originalidade, não só dão ao texto um testemunho de sensibilidade como evocam a subjetividade do autor. Cabe ao jornalista empregar o recurso de acordo com a necessidade expressiva ou didática de cada texto, sem deixar que a metáfora se configure num fim em si mesmo.

CONCISÃO O que pode ser dito em uma linha não deve ser dito em duas.

Leia a diretriz ***Seja conciso*** na pág. 74.

“

A escrita vigorosa é concisa. Uma frase não deve conter palavras desnecessárias assim como um parágrafo não deve conter frases desnecessárias, pela mesma razão que uma pintura não deve ter linhas desnecessárias e uma máquina não deve ter peças desnecessárias. Isso não significa que o escritor deva criar apenas frases curtas, evitar todos os detalhes ou tratar dos assuntos superficialmente, mas significa que cada palavra deve dizer algo.

WILLIAM STRUNK JR. (1869-1946) E H.B. WHITE (1899-1985)
em "The Elements of Style"

CONCRETO X ABSTRATO Prefira palavras e expressões concretas a abstratas. Temos mais facilidade para entender um texto e nos lembrarmos de seu conteúdo quando formamos imagens durante a leitura.

Leia os verbetes ***comparação/metáfora*** e ***voz ativa/passiva*** nas págs. 133 e 156, respectivamente.

CONDICIONAL Use com parcimônia o modo condicional (futuro do pretérito) para indicar que o jornal não pôde comprovar a informação. É melhor citar a fonte da notícia e empregar o tempo verbal requerido pelo contexto. *O esquema teria a participação de servidores e beneficiou empresas que atuariam como cartel. Segundo a comissão de investigação, o esquema teve a participação de servidores e beneficiou empresas que atuavam como cartel.*

CONTEXTUALIZAÇÃO O jornalista deve se esforçar para explicar a importância dos fatos narrados em uma reportagem.

Em boa parte dos casos, cumpre-se essa tarefa de forma imparcial ao indicar o contexto da notícia –ou seja, ao descrever o todo do qual aquela notícia faz parte. Afirmar que um país vai gastar US$ 1 bilhão com saúde, por exemplo, talvez não diga muita coisa.

A informação ganhará outro significado se comparada com a despesa do ano anterior (aumentou ou diminuiu e em que proporção?), com o Orçamento daquele governo (representa que percentual?) ou com os dispêndios efetuados por outro país (ou o Brasil) nesse setor.

A contextualização é, por vezes, meramente rotineira. Serve apenas para indicar que existe, por parte do redator do texto, um mínimo de preocupação em não deixar o leitor sozinho na busca de informações. Assim, escrever no ***lide*** que *O presidente da República, Michel Temer, faz aniversário nesta semana* não equivale a pressupor que alguém ignora o cargo que Temer ocupa.

O maior problema advém da necessidade de resumir para o leitor a essência de um caso que se prolonga há dias no jornal. À parte a revelação ou o detalhe específico que motivam a reportagem do dia, é preciso rememorar, em algum ponto do texto, o contexto básico e relevante de noticiário anterior.

Com frequência, recorre-se a um ou dois parágrafos escritos previamente, que se colam logo após o lide que traz a novidade. Com isso, retarda-se a leitura e passa-se a impressão de que nada de novo aconteceu. A habilidade do repórter em evitar essa solução burocrática só pode ser incentivada. O mais indicado é acrescentar, a cada parágrafo, informações que contextualizem o parágrafo anterior, deixando implícito, e não escolar, o esforço didático.

Leia os verbetes ***números*** e ***didatismo*** nas págs. 107 e 136, respectivamente.

CRÍTICA CULTURAL Embora exija que o crítico manifeste juízo de valor sobre a obra que comenta, a crítica de cultura não se esgota aí. É preciso que o trabalho em foco seja situado na modalidade a que pertence e na evolução da obra de seu autor. É importante também que seja sumariamente descrito para o leitor –sem revelações que prejudiquem o elemento surpresa ("spoiler")– e que aspectos técnicos de sua consecução sejam discutidos.

O ideal é que elementos positivos e negativos sejam destacados, ainda que uns prevaleçam sobre outros. Uma boa crítica deve servir de orientação para o consumo e oferecer alguma reflexão sobre a obra analisada.

Resenha é o texto em que o aspecto informativo predomina sobre o opinativo, que pode nem estar presente.

CRÔNICA Texto curto, em que o propósito informativo é incidental. Baseia-se, na maioria das vezes, em acontecimentos recentes ou em fatos cotidianos. Geralmente privilegia o miúdo, o banal, e procura ali o que há de lírico ou cômico.

A subjetividade percorre o texto, muitas vezes escrito em primeira pessoa. Em "A Vida ao Rés do Chão", o crítico Antonio Candido afirma que as crônicas "mantêm o ar despreocupado, de quem está falando coisas sem maior consequência; e, no entanto, não apenas entram fundo no significado dos atos e sentimentos do homem, mas podem levar longe a crítica social".

D

DEPOIMENTO Relato em primeira pessoa de um acontecimento ou de uma história de vida. O repórter entrevista o personagem e escreve o texto como se fosse o entrevistado narrando. Devem-se manter características do relato oral da pessoa, incluindo alguns vícios de linguagem, mas sem descambar para o coloquialismo exagerado.

Leia o verbete ***linguagem coloquial*** na pág. 144.

DESCRIÇÃO Uma boa descrição confere confiabilidade à apuração e ajuda o leitor a imaginar a cena. Como regra geral, são mais vivas as descrições compostas de elementos concretos (em vez de termos abstratos) e de imagens como ***metáforas*** e ***comparações***. Deve-se dar preferência a ***adjetivos*** que expressem juízo de fato, não de valor.

Recomenda-se tomar cuidado com o excesso de detalhes, que pode tornar o texto enfadonho. É preciso treinar o olhar para perceber características definidoras de dado objeto, ambiente ou pessoa e selecionar elementos capazes de provocar impressão forte no leitor.

DIDATISMO Num jornal de circulação ampla como a **Folha**, seus profissionais devem pressupor que o leitor não é especialista no assunto. Procure explicar conceitos, eventos e raciocínios mais importantes de forma simples, concisa, exata e contextualizada.

Em vez de reproduzir termos de algum ***jargão***, traduza-os. Recomenda-se o uso de comparações para facilitar o entendimento de questões complexas.

O trabalho de um acelerador de partículas é promover trombadas de partículas em níveis de energia altíssimos. É mais ou menos como jogar um computador no chão com força suficiente para que as peças se soltem. Depois, examinando as peças, tenta-se entender como ele estava montado e como funcionava.

Evite exagerar no didatismo. Se uma pessoa não pode ser obrigada a adivinhar os pressupostos e antecedentes de uma reportagem, tampouco se sentirá confortável ao notar que o jornal a trata como ignorante. "A cortesia do filósofo", dizia Goethe, "é a clareza." Não há cortesia, entretanto, em menosprezar a inteligência de alguém.

O didatismo encontra seus limites no próprio contexto da leitura. Suponha-se que o jornalista esteja resenhando uma biografia de Lorenzo da Ponte (1749-1838). É obrigatório esclarecer que Da Ponte foi autor dos libretos das mais famosas óperas de Mozart, como "Don Giovanni" e "As Bodas de Fígaro". Pode-se informar que libreto é o texto dramático sobre o qual o compositor elabora sua música. Mas não será necessário, nesse contexto específico, explicar o que é ópera e quem foi Mozart. O leitor que ignora isso não terá o menor interesse em saber se é boa ou má a biografia de Da Ponte.

Leia o verbete ***contextualização*** na pág. 134.

E

EDITORIAL Na **Folha**, seu estilo deve ser ao mesmo tempo incisivo e elegante, com registro mais formal que o das reportagens, mas sem incidir em linguagem empolada. Espera-se que apresente a questão de forma concisa e equilibrada, desenvolva argumentos defendidos pelo jornal, refute opiniões opostas e chegue a uma conclusão.

Leia o verbete ***editorial*** na pág. 92.

ELIPSE Figura de linguagem que consiste na omissão de palavras cujo sentido pode ser depreendido do contexto. Pode ser usada em nome da concisão, desde que não prejudique a compreensão. Renato Duque nega transferências, e João Vaccari, atuação em esquema.

EMOÇÃO Diante de situações que despertem comoção, tome cuidado para não escrever um texto piegas, feito para provocar lágrimas. Por outro lado, evite um tom burocrático que não transmita a emoção do momento. Relate situações e reações pessoais com linguagem sóbria, sem ***clichês*** nem excesso de ***adjetivos***.

ÊNFASE Recurso importante para hierarquizar as ideias e facilitar a coesão textual. O uso da ***voz ativa***, por exemplo, é mais comum e mais recomendado que o da ***voz passiva*** por lançar luz sobre o agente. Às vezes, no entanto, convém destacar o objeto da ação. Compare estas frases: *O deputado debateu o tema/ O tema foi debatido pelo deputado*. Na primeira, a ênfase está em *deputado*; na segunda, em *tema*. Cabe ao autor escolher para onde quer dirigir a atenção do leitor, levando em conta o texto como um todo e o contexto da notícia.

Em alguns casos, nem é importante indicar quem executa a ação. Na frase *"Baby" foi gravada em 1968, um ano depois da explosão de "Alegria, Alegria" e "Domingo no Parque" no festival da Record*, todo o foco está na música "Baby".

A organização da frase também ajuda a enfatizar um termo ou outro. Em *O livro, concluído em 1984, fornece diversos sinais sobre o estilo literário do autor*, o ano de conclusão da obra quase se perde entre vírgulas, mas logo salta aos olhos em *Concluído em 1984, o livro fornece diversos sinais sobre o estilo literário do autor*.

Como regra geral, deve-se ter em mente que o começo e o fim de frases e parágrafos são posições de destaque. As primeiras palavras dirigem a atenção do leitor. As últimas se prolongam em sua mente.

Outro recurso usado para obter ênfase é a pontuação. Note como a origem da inspiração, que aparece no final da sentença, se destaca na construção a seguir: *Se em algumas ocasiões era acompanhada de um violeiro, em outras ganhava até percussão, mas o que não mudava era a inspiração para suas letras: a religião.*

Estruturas correlativas *tanto... quanto/como* e *não só... mas também/como também* ajudam a criar ênfase: *Trabalha e estuda* [sem ênfase]/ *Não só trabalha mas também estuda* [com ênfase].

Outras estruturas correlativas, como *não isto, mas aquilo*, *antes isto que aquilo*, *menos/mais isto que aquilo*, ajudam a exprimir nuances do raciocínio: *Ele não é um demagogo qualquer, mas um idealista. Ele é antes um idealista que um demagogo qualquer. Ele é mais um idealista que um demagogo qualquer.*

Leia o verbete ***ritmo*** na pág. 152.

ESTRANGEIRISMOS Palavras estrangeiras devem ser usadas com parcimônia. Certos estrangeirismos podem dificultar a compreensão, constituir ***clichês*** ou soar pedantes. Prefira palavras equivalentes em português, quando elas forem apropriadas. Estreia, não première; personalizar, não customizar; bastidores para substituir backstage; repertório, e não line-up; maquiagem, em vez de make; avaliação no lugar de rating.

Veja na página ao lado quadro com alguns falsos cognatos e traduções ao pé da letra.

Leia o verbete ***estrangeirismos*** na pág. 216.

EUFEMISMO Não compete ao jornalista suavizar a informação com palavras que lhe pareçam mais agradáveis nem adotar, sem refletir, termos característicos da agenda de grupos políticos ou econômicos.

Escreva tortura, não técnicas severas de interrogatório; em vez de flexibilizar direitos trabalhistas, reduzir direitos trabalhistas (se for o caso); aumento, não realinhamento de preços; velhice, não melhor idade; pessoa agressiva e não pessoa proativa.

Ao descrever alguém, tente ser objetivo. Em vez de dizer que é

ERROS COMUNS EM TRADUÇÃO

Address	Endereçar uma questão
	Tratar de um assunto
Assume	Assumiu que aquilo fosse verdade
	Supôs que aquilo fosse verdade
Casualties	Sofreu casualidades
	Sofreu baixas
Deliver	Entregar uma performance notável
	Ter um desempenho notável
Devastated	Devastado com a notícia
	Desolado com a notícia
Energize	Energizou a plateia
	Atiçou/estimulou a plateia
Eventually	Eventualmente o conflito vai acabar
	Um dia/No fim das contas, o conflito vai acabar
Nominations	Nominações ao Oscar
	Indicações ao Oscar
Oficial	Ela entrevistou um oficial
	Ela entrevistou um alto funcionário/uma autoridade
Officer	Ele pediu ajuda ao oficial
	Ele pediu ajuda ao policial
Plant	Visita à planta da Embraer
	Visita à fábrica da Embraer
Pretend	Pretendeu ser uma estrela
	Fingiu ser uma estrela
Troops	Perderam algumas tropas
	Perderam alguns soldados

gordinho ou forte, informe o peso e a altura. Se não for possível obter esses dados, é melhor usar *peso acima da média* ou *obeso* (se for realmente o caso).

F

FEATURE Formato jornalístico que, como o próprio nome sugere, aborda um aspecto da notícia.

É diferente de *hard news*, termo do jargão jornalístico usado para designar notícias em sentido estrito: acidentes, prisões, manifestações, catástrofes naturais, resultados de jogos, pacotes econômicos, decisões de governo etc.

O *feature*, também chamado de *side* (por iluminar aspectos em geral laterais), busca uma dimensão atemporal e mais íntima do personagem ou uma peculiaridade do acontecimento. Define-se pela forma, para além do tema. Costuma ter texto especial, algumas vezes fora do padrão do jornal, dispensando, por exemplo, o ***lide*** tradicional (O quê? Quem? Quando? Onde? Como? Por quê?).

FECHO O texto jornalístico não precisa de fecho, mas convém evitar um final abrupto, pois pode frustrar o leitor. Se possível, apresente uma conclusão que amarre as informações.

Uma reportagem de cultura sobre celebridades que tentavam controlar o conteúdo de suas biografias trouxe um bom exemplo de último parágrafo: Paula Lavigne, coerentemente, pediu para ler esta reportagem antes de sua publicação. Sua solicitação foi negada.

G

GERÚNDIO Use para sinalizar processos em desenvolvimento: São Paulo está construindo mais um ramal do metrô.

Em outras situações, adote com parcimônia. Prefira *O presidente foi flagrado em conversa com lobista* a *O presidente foi flagrado conversando com lobista*.

Evite o mau uso verificado em construções com o verbo *ir* ou *estar* seguido de um verbo que indica ação pontual no gerúndio, o chamado "gerundismo". O arqueólogo vai estar realizando uma série de palestras. O arqueólogo realizará uma série de palestras.

Evite também sequência de gerúndios não coordenados (isto é, que não podem se conectar pela conjunção *e*): *Parte dos eleitores franceses preferia que o país fosse como o escargot, o caracol típico de sua cozinha: que se escondesse um pouco mais dentro da concha, fechando fronteiras e protegendo a produção nacional. Rejeitando, portanto, a globalização.*

O terceiro gerúndio, *rejeitando*, não se coordena com os outros dois, que estão ligados. Uma correção possível seria a seguinte: *Parte dos eleitores franceses preferia que o país fosse como o escargot, o caracol típico de sua cozinha: que se escondesse um pouco mais dentro da concha, fechando fronteiras e protegendo a produção nacional. Em suma, que rejeitasse a globalização.*

GÍRIA Evite em textos noticiosos, porque pode dificultar a compreensão, além de destoar do padrão formal adotado pela **Folha**.

O medo de professores do Projeto Despertar é que, em um eventual confronto entre viciados e PMs, acabe sobrando para as crianças.

Prefira: *O medo de professores do Projeto Despertar é que, em um eventual confronto entre viciados e PMs, as crianças sejam atingidas.*

O goleiro pagou geral após a falha

dos zagueiros. O goleiro repreendeu todo o time *após a falha dos zagueiros.*

Em reprodução de declarações, a gíria deve ser mantida e, se pouco conhecida, explicada.

I

IRONIA Emprego de uma palavra ou frase em sentido diverso, em geral oposto, ao literal. Não use em textos noticiosos.

Admite-se o recurso em colunas ou artigos. Mesmo assim, seu emprego é desaconselhável, pois sempre haverá quem a tome em sentido literal.

Em 2013, a coluna "Guinada à direita", do escritor Antonio Prata, permeada de ironia, provocou indignação em leitores que tomaram o texto ao pé da letra:

Contra o poder desmesurado dado a negros, índios, gays e mulheres (as feias, inclusive), sem falar nos ex-pobres, que agora possuem dinheiro para avacalhar, com sua ignorância, a cultura reconhecidamente letrada de nossas elites, nós, da direita, temos uma arma: o humor. A esquerda, contudo, sabe do poder libertário de uma piada de preto, de gorda, de baiano, por isso tenta nos calar com o cabresto do politicamente correto.

J

JÁ Só deve ser empregado quando tiver seu sentido exato preservado –em geral, como advérbio de tempo: Já foi definido o destino do atacante; Governadores querem privatização já. O uso desnecessário pode indicar torcida: Rejeição a Brizola já alcança 52% no Rio.

É comum o uso pleonástico de *já*. Em vez de Ela já não canta mais, basta dizer Ela já não canta ou Ela não canta mais. Evite o uso em título, no qual, com frequência, o termo é colocado apenas para ocupar espaço.

JARGÃO O texto jornalístico não deve conter expressões de domínio exclusivo de um grupo de profissionais ou especialistas. Quando for imprescindível usar (como em reprodução de ***declarações textuais***), explique o significado: "Fulano só faz denúncias off-the-record [jargão jornalístico para indicar que o informante pediu anonimato]", disse.

O jargão é problema frequente em reportagens sobre economia, direito, ciência, tecnologia e medicina. A autoridade monetária pratica uma política contracionista de elevação de juros reais com o objetivo de tentar conter o crescimento dos índices inflacionários significa apenas O governo tem aumentado os juros para tentar conter a inflação.

A presença de jargão num texto jornalístico costuma indicar que seu autor foi descuidado ou não compreendeu o assunto o suficiente para ser didático.

JORNALISMO LITERÁRIO Nesse tipo de narrativa, as impressões que os fatos provocam na sensibilidade do narrador são descritas com fidelidade, ao contrário do que ocorre no jornalismo clássico, em que a subjetividade tende a ser banida. Diálogos são transcritos em profusão, e pensamentos, atribuídos a personagens. Cenas específicas e pormenores ganham relevo desproporcional. Não existe um resumo noticioso no início do texto, que é urdido passo a passo, compondo um tecido complexo que esgota o assunto por saturação.

L

LIDE Palavra originária do inglês ("lead") que, no contexto jornalístico, significa *o que vem na frente*. Seu propósito é destacar o aspecto mais importante da notícia ou conquistar a atenção do leitor.

O lide clássico, usado na maior parte dos textos noticiosos, é direto, descritivo e procura responder às questões principais sobre o acontecimento (O quê? Quem? Quando? Onde? Como? Por quê?, não necessariamente nessa ordem). Os EUA sofreram o maior ataque terrorista da história, no qual foram atingidos símbolos de sua hegemonia econômica e militar. Aviões sequestrados destruíram ontem pela manhã as torres gêmeas do World Trade Center, em Nova York. Nos arredores de Washington, foi atacado o Pentágono, sede do Departamento de Defesa. Ainda não há estimativa oficial de mortos. O prefeito de Nova York prevê um "número horrendo".

O relato factual, contudo, não deve ser uma camisa de força. O lide depende sobretudo da argúcia do autor para descobrir, no conjunto de sua apuração, aquilo que é o ponto mais forte, atual e de interesse mais amplo. Pense como você contaria a história a um amigo. O que diria primeiro para prender a sua atenção? Quais são os personagens mais interessantes? Há uma situação inesperada?

Compare os dois relatos a seguir e veja qual deles anuncia um texto mais instigante:

1. Seis pessoas morreram assassinadas dentro de uma loja de assistência técnica para celulares em São Paulo, na maior chacina do ano no estado.

2. Desta vez, a chacina não aconteceu em favela ou bar de área pobre, durante a madrugada, como costuma ocorrer em São Paulo. Entre as 17h e as 18h de ontem, seis pessoas foram assassinadas numa loja de celulares na rua Clélia, na Lapa, bairro de classe média.

Outro modo de prender a atenção do leitor é começar pela descrição de personagem ou cena que ilustre a reportagem. O recurso, comum no jornalismo americano, deve ser usado com comedimento:

As pessoas param na rua, apontam as meninas e dizem: "Olha a cabecinha, olha os pezinhos tortos. Como é pequenina. Ela teve aquele negócio da zika, foi?".

A cena se repete com frequência. Raquel Barbosa, 25, perdeu o gosto de sair para a rua em Areia (PB) por causa disso. Ela é mãe das gêmeas Heloá e Heloísa, de sete meses, que nasceram com microcefalia, calcificações cerebrais e pés e mãos tortos (artrogripose).

Causar um estranhamento que aguce a curiosidade do leitor também pode ser bom estratagema:

Tintoretto está desfalecido no chão. Botticelli, meio esquecido atrás da porta do banheiro. Dezenas de outras pinturas, assinadas por nomes como Da Vinci e Picasso, pendem do teto, como vinhos numa cantina italiana. [...]

Essa enorme coleção de 16 mil quadros poderia ser o maior tesouro artístico do Brasil, não fossem todos esses trabalhos reproduções de imagens retiradas da internet, impressas ali mesmo sobre telas de algodão.

Produzido nos últimos quatro anos, o acervo entulha uma casa à beira da represa Guarapiranga, na zona sul de São Paulo.

Na construção do lide, evite os seguintes erros:

- *Preferir a ordem cronológica à ordem de relevância dos eventos:* O prefeito de São Paulo, Fernando Haddad, concedeu entrevista coletiva na tarde de quarta (20). Anunciou que vai concorrer à reeleição. O prefeito de São Paulo, Fernando Haddad, anunciou na quarta (20) que vai concorrer à reeleição.
- *Adotar um tom de propaganda:* Algo em Orlando, na Flórida, será

interessante para você. O destino, adorado por brasileiros –em 2012 foram 639 mil visitantes, segundo o VisitOrlando, escritório de turismo da cidade–, especializa-se a cada ano em oferecer diversão para todos.

- *Editorializar o texto:* Enquanto José Genoino, condenado no julgamento do mensalão, trata de problemas de saúde em casa até a Justiça decidir se ele tem direito a prisão domiciliar, um detento tetraplégico teve o mesmo pedido rejeitado e é obrigado a fazer o tratamento dentro do presídio da Papuda.
- *Afetar erudição:* Dizia o filósofo Heráclito, de Éfeso, que ninguém pode entrar duas vezes no mesmo rio, pois não se encontram as mesmas águas, e o próprio ser já se modificou. Isaquias Queiroz e Erlon de Souza, campeões olímpicos, entraram e saíram transformados da lagoa Rodrigo de Freitas.
- *Tentar adivinhar o futuro; mesmo que um acontecimento esteja previsto, o jornalista não pode tomá-lo como certo:* No próximo final de semana, os frequentadores do Parque da Aclimação não encontrarão mais as máquinas e obras que ocuparam a paisagem nos últimos seis meses, desde que a reforma começou.
- *Empregar **clichês**, como* para sua grande surpresa, quando menos se espera *ou* mal podia imaginar*:* Quem visse Ayrton Senna com três, quatro anos de idade mal poderia imaginar que estava ali a versão em miniatura daquele que viria a ser um dos pilotos mais técnicos da história do automobilismo.

Leia os verbetes ***nariz de cera*** e ***pirâmide invertida*** nas págs. 145 e 148, respectivamente, e a diretriz ***Escolha o lide*** na pág. 73.

LINGUAGEM COLOQUIAL O texto noticioso da **Folha** deve ter estilo próximo ao da linguagem cotidiana, mas sem ferir a norma culta. Não se admitem grafias típicas do "internetês", como *vc*, *tb* e *aki*, bem como iniciar frase com pronome oblíquo átono (Me liga, Te disse).

Cabe ao jornalista encontrar o equilíbrio adequado a cada tipo de reportagem, afastando-se do tom empolado tanto quanto da gíria e da vulgaridade.

Recomenda-se o uso de palavras simples, como *ter* (em vez de *possuir*), *erro* (em vez de *equívoco*), *carro* (em vez de *automóvel*), *doença* (em vez de *enfermidade*), *casa* (em vez de *residência*) e eleição (em vez de *pleito*), entre outros exemplos. Deve-se, porém, evitar coloquialismo exagerado: tá, pra, amigaaaa (para enfatizar a pronúncia).

M

METÁFORA Leia o verbete ***comparação/metáfora*** na pág. 133.

METONÍMIA Figura de linguagem que consiste em substituir um termo por outro com base em contiguidade semântica. *Ler* [uma obra de] *Machado de Assis*; *beber* [o conteúdo de] *uma garrafa*; *aquela família não tem nem um teto* [casa]. Bem usada, pode tornar o texto mais conciso.

MODISMO Fuja de palavras e expressões que, mesmo sem estar propriamente erradas, se tornaram desgastadas pelo uso excessivo: *narrativa, emblemático, por conta de, instigante, focar, pontuar, périplo, emplacar, icônico e revisitar.*

Em alguns casos, o modismo resulta de uso impreciso da palavra ou expressão. O verbo *sinalizar*, por exemplo, tem sido adotado como substituto de *indicar, anunciar, prometer, sugerir, insinuar, acenar com, propor. Robusto* tem sido usado como elogio (*compromisso robusto com o projeto*), da mesma forma que *luxuoso* (*tomou um café da manhã luxuoso*) e *absurdo* (*o jogador fez um número absurdo de gols*). A expressão *vale a pena conferir* (ou apenas *conferir*) tem substituído *ver, visitar, conhecer. Epicentro*, termo técnico que indica o ponto da superfície no qual um abalo sísmico é percebido, aparece no lugar de *centro. Improvável*, que deveria ser atribuído a ideias abstratas (*uma situação improvável*), passou a qualificar seres (*um escritor improvável*). Todos esses casos devem ser evitados.

N

NARIZ DE CERA Frase ou parágrafo introdutório que podem ser cortados sem prejuízo informativo. Evite, especialmente em texto noticioso.

A astronomia já viveu grandes revoluções em sua história. Das esferas de cristal, que sustentavam os astros em seus postos fixos, à revolução de Nicolau Copérnico (1473-1543) e às elipses de Johannes Kepler (1571-1630), muitos séculos de observação foram necessários para mudar a imagem do céu.

O século 20 não poderia fugir à regra. Uma descoberta anunciada na semana passada pela revista britânica Nature confirma o padrão. Astrônomos do Observatório Austral Europeu (ESO, na sigla em inglês) detectaram o primeiro planeta fora do Sistema Solar.

É difícil ultrapassar o obstáculo verborrágico para chegar ao segundo parágrafo, que abriga a notícia propriamente dita. Note que é impossível extrair um bom título das informações do ***lide***.

Vá direto ao ponto relevante e noticioso: Astrônomos europeus detectaram o primeiro planeta fora do Sistema Solar. A descoberta, anunciada na semana passada pela revista britânica Nature, aconteceu no Observatório Austral Europeu (ESO, na sigla em inglês).

NÚMEROS Textos sobrecarregados de números tornam a leitura aborrecida e dificultam a compreensão. Use infográficos para eliminar o excesso de cifras. Veja este texto sobre um jogo de basquete:

Para chegar até a final da quarta edição do NBB, São José e Brasília confiaram mais de 55% de sua pontuação a três jogadores de cada lado. Juntos, eles somaram, em média, 49 dos 87 pontos que o São José costuma anotar por apresentação no torneio.

A maior parte das jogadas ofensivas do time do Vale do Paraíba está concentrada no garrafão, especificamente em Murilo. O pivô é o responsável por 45% da pontuação do trio e 22% do total do time, com 20,7 por partida.

Alex faz 17,8 pontos em 33 minutos em quadra. Guilherme, 17,2, com 32 minutos. Nezinho, 16,4, também em 33 minutos. Dá um total de 51,4 pontos dos 86,6 que o Brasília costuma fazer.

P

PARÁGRAFO É a unidade em que se divide o texto. Deve conter apenas uma ideia ou raciocínio completo. Em textos noticiosos da **Folha**, o desejável é que tenha até oito linhas do jornal impresso (cerca de 220 caracteres).

Parágrafos curtos tornam o texto visualmente convidativo, oferecem uma pausa para respirar e encorajam o leitor a seguir em frente, o que é ainda mais importante nas plataformas digitais. Grandes blocos de texto, sem nenhuma quebra, desestimulam o início da leitura.

Evite, porém, construir parágrafos muito curtos de forma artificial. Também não separe frases conectadas apenas para que o parágrafo fique do tamanho desejável, como ocorre no exemplo abaixo:

Um grupo de deputados lançou a ideia de anistiar Eduardo Cunha. Os parlamentares diziam que o peemedebista teria prestado um serviço ao país ao promover o impeachment da presidente Dilma.

Por isso, deveria ser perdoado pelas acusações de receber propina e mentir sobre contas no exterior.

Ao escrever, tome cuidado para não espalhar informações interligadas em parágrafos distantes.

Um erro comum de estilo consiste em citar determinado entrevistado no começo da reportagem para só voltar a falar dele no fim, quando o leitor provavelmente já não se lembra muito bem das primeiras informações mencionadas. Nesse caso, repita algum dado que o identifique (nome completo ou profissão, por exemplo).

Também é erro comum entender cada um dos parágrafos como uma unidade estanque. No extremo, a falta de conexão dá ao leitor a impressão de que está começando um texto novo a cada recuo tipográfico. O ideal é que o final de um parágrafo suscite a curiosidade que o seguinte parecerá saciar.

> “
>
> *A definição dos parágrafos é um elemento sutil, mas importante, na redação de textos de não ficção e de livros –um roteiro que mostra permanentemente ao leitor como você organizou as suas ideias. Estude os bons autores de não ficção para ver como eles fazem isso. Você verá que quase todos raciocinam tendo o parágrafo –e não a frase– como unidade. Cada parágrafo possui a sua própria totalidade em termos de conteúdo e estrutura.*
>
> **WILLIAM ZINSSER (1922-2015)**
> em "Como Escrever Bem"

PARÊNTESES/TRAVESSÕES São recursos usados para fazer observação à margem do objeto principal do texto. Ambos devem ser empregados com parcimônia, pois deixam o texto congestionado.

Os *parênteses* passam a impressão de conter algo a mais, uma nota paralela ou fortuita que pode até ser ignorada. Para saber se o uso está correto, leia o texto omitindo o trecho que está entre parênteses. Se ele fizer sentido, o emprego dos parênteses foi adequado. Num dos países mais católicos do mundo (81% da população, segundo o censo de 2010) e no qual não existe legalmente a pena de morte, a política policial do presidente das Filipinas é aprovada por mais de 80% dos cidadãos.

Os *travessões* dão mais relevo àquilo que delimitam, em geral uma explicação ou detalhe da informação apresentada imediatamente antes. O comandante afirma que as ações policiais nas ruas procuram desincentivar a procura pelas drogas, um dos três braços da Double Barrel –nome de armas que têm canos duplos e que identifica a guerra oficial às drogas.

PIRÂMIDE INVERTIDA Técnica de redação jornalística que apresenta as informações em hierarquia decrescente: as mais importantes no início do texto, as mais dispensáveis no final. É consagrada em jornais ocidentais e a preferida nos textos noticiosos na **Folha**.

De acordo com a explicação mais aceita, a técnica desenvolveu-se durante a Guerra de Secessão nos Estados Unidos, no século 19, com a transmissão de notícias das zonas de batalha via telégrafo. Com linhas instáveis e sujeitas a ataques das tropas inimigas, era mais seguro passar antes as informações importantes.

Na mesma época, surgiram as agências de notícias, que usavam a pirâmide invertida por uma questão de praticidade.

Para atender a diferentes jornais, o texto trazia as informações ordenadas pela relevância. Cada parágrafo precisava fazer sentido independentemente do que viesse a seguir. Dessa forma, quando o editor cortasse um telegrama em determinada parte, ainda teria uma narrativa coerente.

A pirâmide invertida também é conveniente do ponto de vista do leitor que precisar interromper a leitura em qualquer ponto do texto. Além disso, ajuda no fechamento, pois permite cortar o texto sem reescrevê-lo.

Leia o verbete ***lide*** na pág. 142.

PLEONASMO Redundância desnecessária. Alguns são fáceis de reconhecer –entrar para dentro, voltar para trás–, outros estão muito presentes no registro oral e passam despercebidos.

Comer um pedacinho pequeno de bolo./ Comer um pedaço pequeno de bolo./ Comer um pedacinho de bolo.

Nos shows na escola de samba, os artistas tocam sucessos da carreira individual de cada um./ Nos shows na escola de samba, os artistas tocam sucessos de suas carreiras individuais. Um dos atrativos do país é ter conhecimento em setores-chave importantes, como agronegócio e indústria de carga./ Um dos atrativos do país é ter conhecimento em setores-chave, como agronegócio e indústria de carga.

São frequentes as seguintes expressões pleonásticas: elo de ligação, criar novas oportunidades, acabamento final, há anos atrás, conviver junto, erário público, ganhe grátis, planos para o futuro, inaugurar novas escolas, habitat natural, todos são unânimes, já não funciona mais, lançar um novo disco, estrear um novo filme, completamente cheio, piso mínimo, teto máximo, pequeno detalhe.

O pleonasmo literário, utilizado de forma intencional para produzir ênfase, deve ser evitado em textos jornalísticos.

PRECISÃO VOCABULAR Fique atento ao significado preciso de cada termo que pretenda usar e consulte o dicionário sempre, em especial ao empregar sinônimos para evitar ***repetição de palavras*** –sinônimos nunca são substitutos perfeitos. Como regra, o texto noticioso deve ser composto de vocabulário simples (não necessariamente ***linguagem coloquial***), mas o emprego eventual e correto de uma palavra inusitada pode causar um efeito positivo.

Alguns erros comuns:

- *Sofrível/tolerável – É preciso melhorar o sofrível desempenho dos estudantes brasileiros.* Caso a intenção seja dizer que o desempenho dos estudantes é ruim, o correto seria *É preciso melhorar o desempenho ruim dos estudantes brasileiros. Sofrível* quer dizer *tolerável, não muito bom, mas aceitável.*
- *Respeitado/respeitável – Dono de uma respeitada biblioteca com mais de 6.000 livros, o advogado diz que já leu todos, "mesmo os chatos".* O adjetivo *respeitado* é empregado para fazer referência àquilo ou àquele que tem o respeito das pessoas. *Respeitável*, por sua vez, além de significar *aquilo que é digno de respeito, importante*, é o termo empregado para designar o que é *grande, de tamanho considerável. Dono de uma respeitável biblioteca com mais de 6.000 livros,*

o advogado diz que já leu todos, "mesmo os chatos".

- *Seminal* – Relativo a sêmen; gerador de novas obras, inspirador. *O rock sofreu uma baixa seminal com a morte de Kurt Cobain* (uma *baixa substancial*).
- *Inédito – Cobra-cega tem comportamento inédito no reino animal. Cobra-cega tem comportamento único no reino animal.*

Q

QUE Para tornar o texto mais elegante e a leitura mais ágil, evite a repetição excessiva da partícula *que*. Em boa parte dos casos é possível mudar a formulação.

Três delatores da Odebrecht prestaram depoimentos na semana passada que confirmam que a empresa comprou, em 2010, um imóvel em São Paulo que seria destinado à construção de uma nova sede do Instituto Lula.

Em depoimentos na semana passada, três delatores da Odebrecht confirmaram que, em 2010, a empresa comprou um imóvel em São Paulo destinado à construção de uma nova sede do Instituto Lula.

Outra solução é dividir o período. Obama disse em comunicado nesta terça-feira que as ações conjuntas refletem a avaliação científica de que, mesmo com os padrões de alta segurança que os dois países colocaram em vigor, os riscos de um derramamento de petróleo nesta região são significativos e a habilidade de limpar um derramamento nas condições críticas desta região é limitada.

As ações conjuntas refletem a avaliação de que os padrões de segurança adotados pelos dois países são insuficientes, segundo afirmou Obama em comunicado nesta terça (20). Para cientistas, os riscos de derramamento de petróleo nessa região continuam significativos, e a possibilidade de limpar o óleo nas condições críticas da área é limitada.

Há ainda mais sugestões para combater o "queísmo". Uma delas é substituir o *que*, quando pronome relativo, por *o qual*, *a qual*, *os quais*, *as quais* –recurso que ajuda a eliminar possível ambiguidade. Outras são usar o verbo no infinitivo (*declarou preferir* em vez de *declarou que prefere*) e trocar formas oracionais por nominais, que são mais enxutas e podem ajudar a ampliar o vocabulário do autor: em vez de *o atleta que detém o recorde da prova/ a pessoa que estuda/*

aquele que preside, pode-se usar *o atleta recordista da prova/ a pessoa estudiosa/ o presidente*.

R

REPETIÇÃO DE PALAVRAS Recomenda-se, sempre que possível, não repetir palavras num intervalo curto do texto. O uso de termos cognatos muito próximos uns dos outros sugere pobreza vocabular ou descuido do autor e torna a leitura monótona.

Deve-se prestar especial atenção ao utilizar alguns vocábulos muito frequentes na língua portuguesa: ***que***, *já*, *para*, *sobre*, *com* e *como*, além dos verbos *ser*, *ter*, *estar* e *ir* (conjugados ou não) e dos ***artigos*** definidos e indefinidos (nem sempre obrigatórios).

A Polícia Federal faz em média 40 operações especiais por ano no país, especialmente para atingir organizações criminosas. A afirmação foi feita pelo Ministério da Justiça após questionamento sobre as críticas de especialistas em segurança pública sobre a entrada de armamento clandestino no país para o abastecimento de quadrilhas especializadas em roubos a carros-fortes.

Repetições de estrutura/palavra no início de frases ou parágrafos, sobretudo se forem subsequentes, costumam ser ainda mais chamativas.

A descoberta foi feita durante a pesquisa para documentário de Gabriela Greeb sobre a escritora –com lançamento previsto para setembro– e entregue a Daniel Fuentes, herdeiro da autora. A fita, gravada em 1978, é uma entrevista feita pelo artista José Luis Mora Fuentes, pai de Daniel e melhor amigo de Hilst.

A descoberta veio a calhar, porque o herdeiro prepara um material sobre a amizade do pai com Hilst, para enviar aos assinantes de um clube que criou, aos quais periodicamente manda preciosidades deixadas pela escritora.

Nem sempre, porém, é desejável evitar a repetição de palavras, especialmente nos casos de nomes próprios. Não teria sentido escrever *Belchior é enterrado ao som de uma das primeiras composições de Belchior* (em vez de *Belchior é enterrado ao som de uma de suas primeiras composições*), mas recorrer ao pronome às vezes prejudica a compreensão: *O pedido de liberdade de Dirceu foi deferido por Gilmar Mendes, Dias Toffoli e Lewandowski. Celso de Mello acompanhou Fachin e votou contra o habeas corpus. Em abril, ele já havia...* Nesse exemplo, nem adiantaria usar *ministro* para evitar ambiguidade. A solução é repetir: *Em abril, Fachin já havia...*

A busca de sinônimos também não pode ser excessiva. É adequado referir-se a Belchior como *cantor, músico* e *artista*, mas ficaria ridículo um texto sobre gatos em que o redator escapasse da repetição por meio de expressões como *o animal vertebrado* ou *o Felis silvestris catus*.

Leia os verbetes ***precisão vocabular*** na pág. 149 e ***ritmo*** nesta página.

RESENHA Leia o verbete ***crítica cultural*** na pág. 135.

RITMO Boa parte da qualidade de um texto vem do ritmo. Se a cadência for a mesma do começo ao fim, o resultado será insípido e maçante. Diversifique a estrutura e os elementos da oração, mescle orações longas e curtas, escolha palavras de diferentes tamanhos, zele para não repetir demais os mesmos sons (*ente/enta/ento*, *ão*, *dade* e seus plurais), varie a posição das sílabas tônicas no fim das frases e evite rimas involuntárias.

Veja um exemplo de Gay Talese, em "Fama e Anonimato":

Nova York é uma cidade de homens sem cabeça que ficam dia e noite enfiados em guichês de metrô, vendendo bilhetes para pessoas apressadas. A cada dia da semana, mais de 4 milhões de usuários passam por esses homens que parecem não ter cabeça, nem rosto, nem personalidade –apenas dedos. A não ser quando dão informações, seu vocabulário é constituído basicamente de três palavras: "Quantos, por favor?".

Mas na rua 14 há um bilheteiro chamado William DeVillis, que se rebela abertamente contra o anonimato. Do lado de fora de sua cabine na Oitava avenida, ele pregou o cartaz: "Por favor, sorria. Este trabalho já é duro demais".

As pessoas sorriem.

Uma sugestão que melhora o ritmo é deixar para o final da frase os trechos mais longos, o que também ajuda a deixar o texto mais claro: Grupos ambientalistas pediram a aplicação de multas por violações de limites legais de emissões de poluentes e o fechamento da refinaria./ Grupos ambientalistas pediram o fechamento da refinaria e a aplicação de multas por violações de limites legais de emissões de poluentes.

Moradores reclamam de efeitos

da poluição, como alergia e frequentes dores de cabeça, do mau cheiro e do enorme barulho./ Moradores reclamam do enorme barulho, do mau cheiro e de efeitos da poluição, como alergia e frequentes dores de cabeça.

Uma dica é ler o próprio texto em voz alta. O ouvido ajuda a identificar tudo o que atrapalha a fluidez: não apenas rimas desconfortáveis e sons difíceis de articular mas também problemas de sintaxe.

Cuidado, porém, para não cometer o erro oposto. Variações em excesso, sobretudo se impensadas, podem atrapalhar o leitor, deixando-o inseguro quanto à estrutura das frases. Se precisar escolher entre ***clareza*** e variação de ritmo num texto jornalístico, opte sempre pela clareza.

Leia o verbete ***ênfase*** na pág. 137.

S

SUBLIDE É o segundo momento importante do texto, vem logo depois do ***lide***. Deve dar continuidade ao que foi dito no ***parágrafo*** anterior, tomando-se o cuidado de não espantar o leitor com detalhes em excesso. É o caso deste sublide:

A Polícia Federal prendeu nesta quinta-feira (21) um grupo de dez brasileiros suspeitos de atos simpáticos ao terrorismo que poderiam atingir a Olimpíada.

Ao todo, foram expedidos 33 mandados judiciais, sendo 12 de prisão, nos estados de Amazonas, Ceará, Paraíba, Goiás, Minas Gerais, Rio de Janeiro, São Paulo, Paraná, Mato Grosso e Rio Grande do Sul. Dois alvos ainda não tinham sido capturados até a conclusão desta edição.

Um bom exemplo de sublide:

O mais famoso preso político do mundo está livre. Depois de 27 anos de cativeiro, Rolihlahla Nelson Mandela, 71, cruzou ontem o portão da prisão-fazenda de Victor Verster (a nordeste da Cidade do Cabo), ao lado da mulher, Winnie.

A libertação causou euforia e otimismo. Ele é o principal líder da luta contra o apartheid, regime de segregação racial que a minoria branca impõe à maioria negra do país. Catorze pessoas morreram e cem ficaram feridas durante as comemorações na África do Sul.

SUPERLATIVOS E HIPÉRBOLES Expressões como *a luta do século* ou *o casamento do ano* devem ser evitadas porque tendem a ser inexatas e subjetivas. No mesmo ano ou no mês seguinte, essa luta ou esse casamento podem ser suplantados por outros.

Em reportagens, use superlativos somente quando puder comprovar sua adequação com números, dados e informações. Maior avião do mundo, o Antonov Mriya An-225 não desaponta. São 84 m de comprimento, 32 rodas, 6 motores e capacidade de carregar peso equivalente a mais de 7 Boeings 737. No pátio de Guarulhos, deverá ocupar o espaço de 5 a 7 aeronaves 737.

Evite exagero ou definições que não possam ser quantificadas: filme belíssimo, milhões de vezes, aplauso ensurdecedor, sucesso estrondoso, aumento explosivo.

T

TRAVESSÕES Leia o verbete ***parênteses/travessões*** na pág. 147.

V

VERBOS DECLARATIVOS Ao relatar declarações, evite o emprego de verbos modalizadores, que podem revelar julgamentos, opiniões ou pontos de vista do enunciador sobre o que escreve. Use verbos de conotação neutra, como *afirmou, declarou, disse, perguntou, respondeu, exclamou, informou* (de preferência, no passado).

A escolha de um termo não neutro pode involuntariamente conferir caráter positivo ou negativo às declarações reproduzidas.

Em algumas situações, os modalizadores podem ser úteis, mas é preciso verificar a sua acepção exata. Por exemplo, *completar* só é correto se a pessoa estiver de fato acrescentando uma informação; *sintetizar* é adequado nas situações em que a declaração resume um raciocínio anterior; *enfatizar* pressupõe que a declaração contenha elementos enfáticos.

É mais seguro usar os verbos declarativos propriamente ditos e acrescentar a eles elementos que descrevam a ação (Disse, em tom de brincadeira, que jamais devolveria o livro em vez de Brincou que jamais devolveria o livro).

Veja exemplos de verbos normalmente usados como declarativos que devem ser evitados em textos noticiosos:

- *Acreditar* – Empresta credibilidade à fala do personagem. A pessoa pode dizer que acredita em algo, mas o jornalista não deve supor que ela, de fato, acredite. *O ministro acredita que o governo não vá aumentar os impostos*. O ministro disse acreditar que o governo não vá aumentar os impostos.

- *Admitir* – Significa aceitar ou reconhecer fato em geral negativo. O candidato admitiu a derrota depois de abertas as primeiras urnas. Não introduza com o verbo *admitir* respostas insinuadas na própria pergunta do jornalista: O ministro admite que a inflação pode voltar (ele respondeu *talvez* à pergunta).
- *Alegar* – Em certas circunstâncias, pode soar como insinuação de que a pessoa está dando uma desculpa. Use apenas quando alguém se defende de uma acusação: Acusado de ter esganado o assaltante, alegou legítima defesa. Não use: *O prefeito* alegou *que as obras não foram feitas porque o governo federal não repassou as verbas*. Substitua por afirmou, declarou, disse.
- *Alertar* – Alerta-se alguém de algum perigo ou risco. Empregado como verbo declarativo, pode sugerir adesão à ideia de um perigo real, e não apenas a reprodução da fala de alguém. *Em discurso no Texas, Donald Trump* alertou *de que o terrorismo poderia destruir os EUA*. Em discurso no Texas, Donald Trump declarou que o terrorismo poderia destruir os EUA.
- *Contar* – Empregado como declarativo, pressupõe que a afirmação seja uma narrativa ou relato: "Meus pais morreram quando eu era criança", contou a estudante. No trecho *"Se não tivesse o ônibus, seria um sufoco"*, contou *a gari Cristiane Mineiro*, o que a moça diz não configura um relato, apenas uma constatação ou opinião. Os verbos corretos seriam disse, afirmou, declarou (este último, num registro mais formal).
- *Cravar, fuzilar, fulminar, alfinetar* – Recomenda-se extremo cuidado no uso desses verbos como declarativos. Além de gastos, costumam soar tolos.
- *Falar* – Não deve ser usado como sinônimo de *dizer*. Este é seguido pelo conteúdo da fala; *falar*, por sua vez, pede complementos como o tema da fala (*Falou sobre a importância da educação*) ou a pessoa a quem se dirige a fala (*Em seu discurso, falou sobretudo aos jovens*). Não escreva falar que. Em vez de falou que/falou ele, escreva disse que/disse ele. Fala com desenvoltura sobre diversos assuntos. Falou a uma plateia de 300 pessoas.
- *Garantir* – Tem claro conteúdo

positivo. A empresa garante que a fusão não provocará demissões. A empresa afirma que a fusão não provocará demissões.

- *Pontuar* – Significa, em primeiro lugar, *colocar sinais de pontuação* (pontuar corretamente um texto). Desse sentido, surge uma extensão semântica que significa *marcar, assinalar*. O candidato a presidente da República pontuou seu discurso com murros na mesa. Não use como sinônimo de declaração: "A retomada da economia depende tanto de fatores controláveis como de fatores não controláveis", pontuou o ex-presidente. O correto seria usar *acrescentou*, se completasse frase anterior, ou *disse*, por exemplo.
- *Revelar, informar* – Deve-se ter em mente que esses verbos pressupõem a veracidade do que é revelado ou informado. A tenista Serena Williams revelou que está grávida pela primeira vez; A Receita informou que um novo lote de restituição do IR estará disponível a partir de amanhã. Em um contexto de versões contraditórias, o uso desses verbos pode soar como se o jornal endossasse o que é apenas uma afirmação de alguém. *O tesoureiro da campanha nacional revelou que não teve nenhum contato com diretores da empreiteira.*

Leia o verbete ***verbos declarativos*** na pág. 250.

VOZ ATIVA/PASSIVA Não use voz passiva quando puder usar a voz ativa. Verbos na voz ativa passam uma impressão de ação, energia.

A voz passiva não revela quem está praticando a ação. Leve em conta, no entanto, que pode ser importante desobedecer a essa regra para obter ***ênfase*** ou melhorar o ***ritmo*** do texto.

ANTES DE COMEÇAR A ESCREVER...

- Dedique o tempo necessário à leitura do que já foi publicado recentemente sobre o mesmo assunto;
- Releia suas anotações;
- Pare por alguns minutos e pense: quais são as informações mais importantes? De que forma podem ser hierarquizadas no texto?;
- Verifique se todos os outros lados necessários foram ouvidos;
- Certifique-se de que não haja informações de última hora sobre o tema da reportagem;
- Cheque a correção de nomes, locais, cargos, datas, horários, cifras, links e dados históricos.

ANTES DE ENTREGAR O TEXTO...

- Releia e corte palavras repetidas desnecessárias (sobretudo locuções, adjetivos e advérbios e artigos indefinidos);
- Deixe entre aspas apenas declarações importantes ou inusitadas;
- Tire frases e personagens que só repitam o que outros disseram;
- Converta orações longas em curtas;
- Verifique se os parágrafos têm tamanho adequado;
- Substitua jargões por palavras que todos entendam;
- Limite os números ao essencial. Texto não é tabela;
- Verifique se o texto deixa no ar perguntas que deveriam ter sido respondidas e se dá como sabidos acontecimentos que o leitor não necessariamente conhece;
- Observe se estão presentes os três "Cs" (clareza, coerência e concisão);
- Confira a correção de nomes, locais, cargos, datas, horários, cifras, links e dados históricos;
- Cheque se eventuais mudanças no texto não resultaram em erros de concordância e regência;
- Avalie sinceramente: você leria o texto e entenderia o conteúdo se não fosse seu autor?

LÍNGUA PORTUGUESA

Este capítulo apresenta soluções para alguns dos problemas gramaticais enfrentados pelos jornalistas, com alertas sobre os erros mais comuns no jornal. Tabelas esclarecem as normas do idioma, incluindo instruções a respeito do uso de verbos considerados difíceis por suscitarem dúvidas na regência ou na conjugação. A **Folha** espera que seus profissionais conheçam a gramática da língua portuguesa.

A

ACENTUAÇÃO Veja a tabela ***Principais normas de acentuação*** na pág. 174.

À MEDIDA QUE/NA MEDIDA EM QUE A locução que indica proporção é *à medida que* (sempre craseada). À medida que envelhecia, tornava-se amargo. Fique atento: À medida em que é incorreto. *Na medida em que* costuma aparecer, de modo inexato, com vários sentidos (causa ou explicação, condição ou hipótese). Para não deixar a formulação imprecisa, procure empregar as conjunções adequadas.

No lugar de *Isso seria injusto, na medida em que aos mais pobres caberiam os maiores descontos* (causa/explicação), use, por exemplo, *Isso seria injusto, já que aos mais pobres caberiam os maiores descontos*. Em vez de *O convívio entre as pessoas voltará ao normal na medida em que elas renunciarem a posições radicais* (condição/hipótese), escreva *O convívio entre as pessoas voltará ao normal se elas renunciarem a posições radicais*.

ARTIGOS Em ***títulos***, a supressão de artigos é fato consagrado, mas nem sempre eles devem ser eliminados. Na manchete Conservador alemão é o novo papa, Bento 16, o artigo é essencial, para indicar que se trata de um ser em particular (Bento 16). Fora dos títulos, há muitas situações em que os artigos definidos são obrigatórios.

Já o artigo indefinido, muitas vezes, é usado inutilmente: O presidente disse que até o começo do mês apresentará uma outra proposta. Basta dizer: O presidente disse que até o começo do mês apresentará outra proposta. Uma boa maneira de evitar o abuso do artigo indefinido é verificar como fica a frase sem ele. Se não fizer falta, elimine.

Veja as tabelas ***Como usar artigos definidos*** e ***Não confunda os gêneros*** nas págs. 176 e 182, respectivamente.

ATRAVÉS Não introduza o agente da passiva com *através de*: A revelação foi feita através de um assessor do presidente da empresa. Prefira: A revelação foi feita por um assessor do presidente da empresa.

B

BARATO/CARO Termos usados para indicar *preço baixo* e *preço alto*, respectivamente. O produto é barato ou caro; o seu preço é baixo ou alto. As blusas são caras; Seu preço é muito alto. *Barato* e *caro* não variam em gênero e número quando advérbios, equivalentes a *pouco/muito*: Os livros custam barato; A blusa custa caro.

BEM/MAL Depois de *bem*, não há hífen quando o segundo elemento não tem vida autônoma, como em *benfazejo* e *benquisto*. *Mal* requer o hífen antes de palavras iniciadas por *vogais*, *h* e *l* (mal-entendido, mal-humorado e mal-lavado).

As palavras *bem* e *mal* podem ainda ser usadas como simples advérbios: Ele foi bem recebido pelo presidente; Ela foi mal recebida pela ministra. A forma Benvindo é um nome próprio. Quem é bem-vindo recebe boas-vindas. Use bem-feito para aquilo que é *bem-acabado*, *feito com esmero*; a interjeição bem feito! escreve-se sem hífen.

BLITZ Forma reduzida de "blitzkrieg" (guerra-relâmpago, em alemão). É singular: Foi organizada uma blitz. O plural é *blitze*: Foram organizadas várias blitze.

C

CADA/CADA UM O pronome indefinido *cada* sempre deve vir acompanhado de outro termo: Cada macaco no seu galho. Não escreva: As autoras estreantes receberam prêmio de R$ 100 mil cada. O correto é As autoras estreantes receberam prêmio de R$ 100 mil cada uma.

COLOCAÇÃO DE PRONOMES OBLÍQUOS ÁTONOS Na maioria das situações, a tendência é colocar o pronome antes do verbo.

Veja a tabela ***Regras de colocação pronominal*** na pág. 177.

COMEMORAÇÃO DE O termo *comemoração* requer complemento introduzido pela preposição *de*. Essa é a regência geralmente observada nos correlatos de verbos transitivos diretos (*comemorar algo/comemoração de algo, vender algo/venda de algo, trocar algo/troca de algo, favorecer alguém/favorecimento de alguém*). O ministro participou das comemorações do Dia do Trabalho; comemorações ao Dia do Trabalho está incorreto.

CONCORDÂNCIA NOMINAL Os adjetivos concordam em gênero e número com os substantivos, assim como outras palavras a eles relacionadas. Diz-se duzentos gramas (escreve-se 200 g ou 200 gramas) porque grama é masculino, uma linda mascote porque mascote é feminino, meus óculos porque óculos é masculino plural, ótimas férias porque férias é feminino plural.

Veja casos especiais:

- *Adjetivo antes de uma sequência de substantivos* – Concorda com o elemento mais próximo (Escolheu má hora e lugar para o encontro); se anteceder nomes de pessoas, irá para o plural (Leu na adolescência os monumentais Flaubert e Zola). O pronome *cujo* comporta-se como um adjetivo anteposto aos substantivos (Era uma mulher cuja astúcia e beleza a todos impressionavam).
- *Adjetivo com valor de advérbio* – Usado como modificador de verbos, é invariável, como os advérbios, geralmente indicando ideia de modo (A cerveja desce redondo; Ela anda rápido); o pronome *todo* com valor de *inteiramente* fica invariável (Ela é a todo-poderosa das artes visuais).
- *Adjetivo composto* – Dois ou mais adjetivos sempre ligados por hífen; só o último sofre flexões de gênero e número (institutos médico-legais, instituição sírio-libanesa, crise político-

-econômica, olhos verde-claros).

Leia os verbetes ***cores*** e ***plural de adjetivos compostos*** nas págs. 163 e 168, respectivamente, e veja a tabela ***Plural de substantivos compostos*** na pág. 184.

- *Adjetivo depois de uma sequência de substantivos* – Concorda apenas com o último (Comprou cinto e botas pretas; Comprou botas e cinto preto) ou flexiona-se conforme o gênero prevalecente, que é o masculino se houver elementos de ambos os gêneros (Comprou botas e cinto pretos; Comprou cinto e botas pretos).
- *Adjetivo na função de predicativo* – Concorda em gênero e número com o termo a que se refere (É preciso deixar claras as suas intenções), independentemente da sua posição. Se atribuído a mais de um elemento, não é possível fazer a concordância só com o termo mais próximo. Quando se refere a uma oração inteira, permanece no masculino singular (É preciso deixar claro que a lei será rigorosamente cumprida neste tribunal).

Leia o verbete ***deixar claro*** na pág. 164.

- *Anexo, incluso, leso, mesmo, próprio* – Têm valor de adjetivo e concordam com os substantivos a que se referem (As fotos estão anexas ao processo; A gorjeta está inclusa no valor da conta; Foi um crime de lesa-pátria; Os mesmos erros foram cometidos neste Carnaval; As próprias diretoras vão assinar o requerimento).
- *Meio/meia* – Quando indica *metade*, é numeral e flexiona-se em gênero e número (Pediu meia garrafa de vinho; Tomou meio copo de cerveja; Detestava meias verdades); quando exprime a ideia de *um tanto, não completamente*, é advérbio e fica invariável (Ela ficou meio nervosa no dia da prova; Elas estavam meio ansiosas). Note que em *meio-dia* e *meia-noite* ocorre a ideia de metade. Para acrescentar meia hora, diga meio-dia e meia, meia-noite e meia.
- *Obrigado, obrigada* – Concorda com o gênero de quem agradece ("Obrigado", disse o rapaz; "Obrigada", disse a moça).
- *Particípio* – Forma nominal do verbo, sujeita às flexões de gênero e número. Na voz passiva, concorda com o sujeito (As medidas foram tomadas; O regulamento foi estabelecido); com os auxiliares *ter* e *haver*, é invariável (Eles haviam chegado cedo). Nas orações reduzidas, concorda com o termo a que se refere

(Dadas as condições, o resultado estará comprometido; Somadas a esse problema, as circunstâncias desfavoráveis levarão a atrasos).

- *Pronomes de tratamento* – Os adjetivos concordam com o gênero da pessoa, não com o pronome em si ("Vossa Excelência é muito bem-vindo", disse ao ministro; "Vossa Excelência é muito bem-vinda", disse à ministra).
- *Só* – Pode ser advérbio (com valor de *somente*) ou adjetivo (com valor de *sozinho*). Como advérbio, é invariável (Só eles perceberam aquilo); como adjetivo, sofre a flexão de número (Eles não estavam sós). A expressão *a sós* é invariável (O personagem estava a sós com seus pensamentos). Na locução *por si só*, varia, concordando com o termo a que se refere (As medidas por si sós não resolvem o problema).

CONCORDÂNCIA VERBAL Os verbos concordam em pessoa (1ª, 2ª, 3ª) e número (singular/plural) com o sujeito da oração a que pertencem (Resta uma hora; Restam duas horas).

Veja tabela na pág. 178.

CORES Adjetivos que indicam cores são variáveis: camisas amarelas, sapatos verdes, nuvens cinzentas. Quando a expressão *cor de* está explícita ou implícita, não se faz flexão: sapatos cor-de-rosa, camisas [cor de] vinho, carros [cor de] limão, tons [cor de] pastel, ternos [cor de] cinza. Na palavra cor-de-rosa, foram mantidos os hifens, mas essa é uma exceção.

Infravermelho (infra + vermelho) sofre as flexões de gênero e número (luzes infravermelhas), mas ultravioleta (ultra + [cor de] violeta) é invariável (raios ultravioleta).

Se um substantivo servir para indicar a tonalidade da cor, o composto (com hífen) permanecerá invariável: tapetes verde-musgo, sofás amarelo-ouro, olhos azul-turquesa.

Ao acrescentar as tonalidades *claro* e *escuro*, use hífen (azul-escuro, azul-claro). Como substantivo composto, os dois elementos serão flexionados (Os azuis-escuros predominavam na decoração da sala); como adjetivo composto, apenas o último elemento será flexionado (Tinha belos olhos azul-escuros). Exceções, azul-celeste e azul-marinho são invariáveis.

Leia sobre ***concordância nominal***, ***plural de adjetivos compostos*** e ***plural de substantivos compostos*** nas págs. 161, 168 e 184, respectivamente.

CRASE – Palavra de origem grega que significa *fusão, mistura.* No português atual, a crase se refere basicamente à fusão da preposição *a* com o artigo feminino *a*, com o pronome demonstrativo *a*, com o *a* inicial de *aquele(s)*, *aquela(s)* e *aquilo* e com o *a* inicial de *a qual* e *as quais*. Em Vou à escola, por exemplo, o verbo *ir* (vou) pede a preposição *a*, que se funde com o artigo exigido pelo substantivo feminino *escola*: *Vou à (a+a) escola.*

Não há crase antes de palavras que não admitam o artigo feminino *a*, como verbos, a maior parte dos pronomes e as palavras masculinas.

Veja a tabela ***Uso da crase*** na pág. 180.

D

DEIXAR CLARO O adjetivo *claro* concorda com o termo a que se refere (o complemento de *deixar*). O deputado deixou claras as suas intenções. É incorreto escrever O deputado deixou claro as suas intenções. Sintaticamente: o deputado (sujeito) deixou (verbo) suas intenções (objeto direto) claras (atributo/predicativo do objeto). O adjetivo *claras* deve concordar com o substantivo *intenções*. Se o objeto, porém, for uma oração, o adjetivo conservará a forma de masculino singular: O deputado deixou claro que tinha muitas intenções.

E

E NEM/NEM Use apenas *nem* quando o termo significar *e não* (Não trabalha nem estuda). Quando *nem* equivaler a *nem mesmo* ou *nem sequer*, não há problema no uso: Ele me viu e nem (sequer) me cumprimentou.

EM FUNÇÃO DE Expressa *relação de dependência* (Vivia em função da família). Não use com o sentido de *em razão de*: Não viajou em função do mau tempo. Nesse caso, escreva Não viajou em razão do mau tempo/ por causa do mau tempo/ devido ao mau tempo.

ESTRANGEIRISMOS Leia o verbete ***estrangeirismos*** nas págs. 138 e 216, nos capítulos ***Estilo*** e ***Padronização***.

F

FREI/FRADE *Frei* é a forma reduzida de *freire, frade*, em geral usada com o prenome (frei Luís) ou com o apelido (frei Caneca). Há casos consagrados em que a palavra antecede o sobrenome (frei Galvão). Escreva sempre com minúscula, exceto quando começar frase ou fizer parte do nome próprio: Frei Betto (incorporado ao nome), rua Frei Caneca (topônimo).

Não use freis, no plural. Escreva Os frades Luís e João rezaram durante toda a tarde. Em segunda menção, também escreva *frade*.

H

HÍFEN O sistema de hifenização dos prefixos ficou mais simples com o novo Acordo Ortográfico.

Veja a tabela ***Como usar o hífen*** na pág. 183.

I

INFINITIVO/CONCORDÂNCIA Veja a tabela ***Flexão do infinitivo*** na pág. 186 e leia o verbete ***se*** na pág. 170.

ISTO/ISSO Veja a tabela ***Como usar os pronomes demonstrativos este/esse*** na pág. 181.

J

JUNTO A Não use essa expressão como muleta. De modo geral, significa *ao lado de* (Deixei o copo junto à garrafa), mas pode ser empregada com o verbo *interceder* (Intercedeu junto ao diretor para conseguir a informação). Fique atento à regência dos verbos. Não diga que alguém pediu empréstimo junto ao banco, mas que pediu um empréstimo ao banco (pedir algo a alguém).

L

LHE/O Com os verbos transitivos diretos, o objeto é substituído por *o, a, os* e *as*: Eu as amo; O diretor elogiou-os após o resgate. Nos transitivos indiretos, o objeto é trocado por *lhe* e *lhes* (equivalentes a *a ele/s, a ela/s, a vocês/s*). A filha não lhe obedece mais. Foi-lhe permitido alterar o cadastro.

M

MAS Há vírgula antes de *mas* quando equivalente a *porém, contudo, todavia*: O time jogou bem, mas perdeu. Não use vírgula para separar o *mas* do sujeito da oração que ele inicia: Mas Olavo se tornou um belo rapaz. Quando liga orações e tem valor aditivo (associado a *também*), pode ser ou não precedido de vírgula: Ele não só canta(,) mas também/como também compõe. Quando o *mas* soma elementos de mesma função (núcleos do sujeito, por exemplo), não se usa vírgula: Não só ele mas também/como também o filho saíram à procura do deputado.

Leia o verbete ***vírgula*** na pág. 173.

MELHOR/PIOR São comparativos de superioridade (Uma situação é melhor do que a outra; Uma ideia é pior que a outra) ou superlativos relativos de superioridade (Essa situação é a melhor possível; Aquela ideia foi a pior de todas). Dessa forma, neles está embutido o advérbio de intensidade *mais* (daí não dizermos mais melhor nem mais pior).

Por serem formas que exprimem aumento da intensidade dos adjetivos (*mais mau, mais bom*), não é coerente usar antes delas a palavra menos, que sugere diminuição (evite, portanto, formas como menos melhor e menos pior).

MIM Preposições regem o pronome *mim*, não o pronome *eu*: O problema deve ser resolvido por mim e ela; Entre mim e ela as coisas vão muito mal. Em casos como Ela fez o possível para eu ficar, a preposição não rege o pronome, mas toda a oração que vem depois da preposição *para*. O pronome *eu* é sujeito de *ficar*.

N

NOMES PÁTRIOS (OU GENTÍLICOS) Palavras que designam as pessoas segundo o lugar (cidade, estado, país, continente) onde nasceram. Muitos desses termos terminam em *-ense* (*canadense, cearense*), *-ês/-esa* (*japonês, japonesa*), *-ano/-ana* (*havaiano, americana*), mas há outras formas possíveis (*brasileiro, somali, turco, sueco* etc.).

Não confunda *paulista* (nascido no estado de São Paulo) com *paulistano* (nascido na cidade de São Paulo), nem *fluminense* (nascido no estado do Rio de Janeiro) com *carioca* (nascido na cidade do Rio de Janeiro). Da mesma forma, *portenho* (nascido em Buenos Aires) é diferente de *argentino* (nascido na Argentina).

Os nomes pátrios podem ser adjetivos compostos, sempre grafados com hífen. Nessa situação, o primeiro elemento geralmente sofre redução (*afro-americano, luso-brasileiro, nipo-suíço*) e somente o último sofre as flexões de gênero e número (crise *israelo-palestina*, história *greco-romana*).

Evite o uso dos gentílicos para indicar a circunscrição administrativa de um gestor (em vez de governador fluminense, diga governador do Rio de Janeiro. Vale lembrar o caso de Leonel Brizola, que nasceu em Carazinho, no Rio Grande do Sul, e foi governador do Rio de Janeiro).

Leia o verbete ***plural de adjetivos compostos*** na pág. 168 e veja a tabela ***Plural de substantivos compostos*** na pág. 184.

P

PARA A FRENTE, PARA TRÁS A primeira expressão tem o artigo porque *frente* é um substantivo. É o mesmo caso de *chamar a atenção*. O correto é Para a frente é que se anda. *Para baixo, para cima* e *para trás* se escrevem sem artigo porque têm valor de advérbio.

PARTICÍPIO Muitos verbos têm duplo particípio. De modo geral, a forma regular (terminada em *-ado/-ido*) é usada na voz ativa, com os verbos auxiliares *ter* e *haver*, e a forma irregular (mais curta) é usada na voz passiva, com os auxiliares *ser* e *estar*: ter salvado/ser salvo, ter aceitado/ser aceito, ter entregado/ser entregue, ter expulsado/ser expulso, ter prendido/ser preso, ter soltado/ser solto etc.

Os verbos *pagar* (pago/pagado), *pegar* (pego/pegado), *ganhar* (ganho/ganhado) e *gastar* (gasto/gastado) apresentam tendência ao uso da forma irregular com todos os auxiliares. Atenção: o particípio de *chegar* é *chegado* (tinha chegado, e não tinha chego) e o de *trazer* é *trazido* (tinha trazido). O particípio do verbo *vir* e de seus derivados (*provir*, *intervir*) é idêntico ao seu gerúndio (tinha vindo/estava vindo).

PERGUNTADO Não use em orações como Perguntado sobre o convite, disse que recusaria. Pergunta-se algo a alguém. Na voz passiva, algo é perguntado a alguém: Foi perguntado a ele o motivo de sua preocupação.

Leia o verbete ***questionado*** na pág. 170.

PLURAL Atenção para palavras que só se empregam no plural. Seus determinantes (artigos e pronomes), bem como os adjetivos que as caracterizam, devem estar igualmente no plural. Sendo elas sujeito de uma oração, o verbo irá também para o plural. Veja alguns casos: *aspas* (sinal gráfico), *brócolis* ou *brócolos*, *costas* (parte do corpo), *férias* (período de descanso), *maus-tratos*, *óculos*, *parabéns*, *pêsames*, *picles*.

A palavra *parêntesis* pode ser usada tanto no singular como no plural (Vou fazer um parêntesis; Deixarei a informação entre parêntesis); a forma *parêntese* é apenas de singular (Farei um parêntese para explicar isso) e tem como plural *parênteses* (Ponha isso entre parênteses, por favor).

PLURAL DE ADJETIVOS COMPOSTOS Dois ou mais adjetivos juntos constituem um adjetivo composto; os adjetivos compostos têm seus elementos ligados por hífen. As flexões de gênero e número se fazem apenas no último termo: questões político-partidárias, olhos castanho-claros, senadores democrata-cristãos, acordos sino-britânicos.

Veja a tabela ***Plural de substantivos compostos*** na pág. 184 e leia os verbetes ***cores*** e ***concordância nominal*** nas págs. 163 e 161, respectivamente.

PLURAL EXCESSIVO O plural serve para exprimir grandezas contáveis. Substantivos como *material* (em material escolar, material de construção etc.) ou *entulho* não requerem o plural, pois, por si sós, expressam a ideia de conjunto. *Repercussão*, igualmente, é um conjunto de manifestações, portanto não se usa o plural *repercussões* para fazer referência a cada manifestação. Da mesma forma, não se pluraliza o substantivo abstrato que nomeia uma ação.

Em vez de as mortes de Fulano e Beltrano, diga a morte de Fulano e Beltrano; em vez de as presenças da atriz e do cantor, diga a presença da atriz e do cantor. Note que é possível pluralizar esse tipo de substantivo, mas seu sentido abstrato esvazia-se em favor de um sentido concreto (por exemplo, em Houve 50 mortes no trânsito nesse período, *mortes* equivale a *mortos*).

PONTO E VÍRGULA Não empregue no lugar de vírgula. Indica uma pausa maior que a da vírgula e menor que a do ponto. Emprega-se o ponto e vírgula:

- Para separar orações coordenadas assindéticas, ou seja, não unidas por conjunção, que informam aspectos autônomos de um mesmo assunto: Presidente demite ministros; líder do governo nega rompimento de seu partido com o Planalto;
- Para separar orações coordenadas assindéticas quando pelo

menos uma delas já tem elementos separados por vírgula: O resultado final da votação foi o seguinte: 20 deputados votaram a favor da emenda; 39, contra/ Uns trabalham, lutam, criam; outros comem, dormem, locupletam-se.

PORCENTAGEM Grafe sempre com algarismos: 1%, 99%. Na **Folha**, se o verbo vier antes do percentual, faça a concordância sempre com o percentual: Estava presente 1% dos deputados; Estão desempregados 80% das mulheres.

Quando o verbo vem depois e não há especificador, faz-se a concordância com o percentual: De todo o grupo, 1% está sem trabalho; 35% torcem para o alvinegro.

Com o verbo depois e com especificador, concorda-se sempre com o especificador: O ministro disse que 75% da população apoia a política econômica do governo; Para a cineasta, 1% das mulheres compartilham da proposta do filme.

Não se usa artigo antes do número 1, como em O 1% das mulheres entrevistadas. Havendo artigo antes da porcentagem (o que é possível no plural), o verbo concorda com o artigo: Os 2% do eleitorado que votaram nos candidatos nanicos.

Não confunda *ponto percentual* com *porcentagem*.

Veja a concordância com frações em tabela na pág. 178.

PORQUE, POR QUE, PORQUÊ, POR QUÊ Veja a tabela ***Por que tantos porquês*** na pág. 185.

POSTO QUE Evite. Como conjunção, *posto* e *posto que* equivalem a *embora*, não a *já que*.

PREVISTO PARA Não use verbo no infinitivo após essa expressão, como em O espetáculo está previsto para estrear no próximo sábado. Troque o verbo posposto pelo substantivo correlato: estrear = a estreia. Esse substantivo será usado como sujeito da oração, pois o que está previsto é a estreia, não o espetáculo: A estreia do espetáculo está prevista para o próximo sábado. Outra opção: Está previsto que o espetáculo estreie no próximo sábado.

Q

QUE/DO QUE Nas comparações, é indiferente usar *que* ou *do que*: Ele corre mais que/do que você.

QUE/QUÊ Normalmente uma palavra átona, o *que* torna-se tônico quando é substantivo ou é seguido por uma pausa, marcada por sinal de pontuação: A atriz tem um inexplicável quê de mistério; Ela foi a Brasília, mas não disse para quê.

QUESTIONADO Alguém é questionado *sobre algo*. Depois da preposição *sobre*, deve aparecer um substantivo ou uma oração infinitiva: Questionado sobre a possibilidade de votar no candidato, o deputado se esquivou ou Questionado sobre ter votado contra o governo, o senador se calou. Mas não Perguntado se/ Questionado se votaria no candidato, o deputado se esquivou. Não use questionado sobre se.

R

RECORRER/RECURSO DA DECISÃO Não escreva Cabe recurso à decisão. São construções corretas Cabe recurso contra a decisão, Cabe recurso da decisão e Cabe recorrer da decisão.

REGÊNCIA VERBAL/NOMINAL A regência determina a relação de um verbo ou de um nome com seus complementos. Nem sempre é possível substituir *para* por *a* (Fulano não é páreo a Sicrano), *de* por *em* (bancos em couro, a decisão do ministro em cancelar a visita), *por* por *através* (O gol foi marcado através do atacante Luciano).

Lembre-se de que, com muitos verbos, a troca da preposição pode implicar a mudança de sentido. Em Precisa-se de um bom aluno, *precisar* significa *necessitar*, *carecer*; em Convém precisar os fatos ocorridos, *precisar* significa *esclarecer*, *especificar*, *determinar*.

Veja a tabela ***Verbos difíceis*** na pág. 187 e leia os verbetes ***concordância nominal*** e ***concordância verbal*** nas págs. 161 e 163, respectivamente.

S

SE Essa partícula está presente em uma série de situações:

- *Se e infinitivo* – O verbo no infinitivo é, por si só, impessoal, ou seja, exprime uma ação em si sem indicar o seu agente (Viver é bom; É necessário obter bons resultados; Era difícil ver quem estava no palanque). Por esse motivo, dispensa o uso do *se* como índice de indeterminação.
- *Se e sujeito indeterminado* – Nesse caso, o verbo permanece na ter-

ceira pessoa do singular (Trata-se de temas importantes; Era-se menos cético naquele tempo; Vive-se bem em cidades pequenas). Nessa construção, não aparecem verbos transitivos diretos.

- *Se e voz passiva* – O sujeito da oração sofre a ação expressa pelo verbo. Somente os verbos que admitem objeto direto podem sofrer essa flexão de voz (Os alunos leram os jornais/ Os jornais foram lidos pelos alunos). É possível fazer a voz passiva com o pronome *se* (Leram-se os jornais = Os jornais foram lidos), eliminando-se o agente da passiva. Não deixe de fazer a concordância do verbo com o sujeito (Leu-se o jornal/ Leram-se os jornais).

Caso o verbo esteja na voz passiva pronominal (verbos transitivos diretos + pronome *se*), o infinitivo deverá ser flexionado para concordar com o seu sujeito (Para se obterem/ Para serem obtidos bons resultados, é necessário muito esforço).

Na prática, com os transitivos diretos, haverá duas opções de construção, com o *se* ou sem ele (Essa é a melhor forma de se fazerem amizades/ amizades serem feitas; Essa é a melhor forma de fazer amizades).

O *se* dos verbos pronominais não pode ser suprimido, pois é parte deles (Não se precipite para não se arrepender depois; Queixar-se não é a solução).

No caso de verbo reflexivo (ou reflexivo recíproco), o *se* também não pode ser suprimido, pois é ele que representa o complemento (Para se inscreverem/ inscreverem a si mesmos, os candidatos deverão pagar uma taxa de R$ 50; Ferir-se/ Ferir a si mesmo parecia algo natural para ele; Passaram um pelo outro sem se cumprimentarem/ cumprimentarem um ao outro).

SEQUER É sinônimo de *ao menos*, *pelo menos* (Se ele tivesse sequer um pouco de boa vontade, tudo já estaria resolvido). Não use construções como Passou por ela e sequer a cumprimentou. O sentido negativo requer que a frase tenha alguma partícula de negação: Não faz sequer dois meses que está trabalhando; Passou por ela e nem sequer a cumprimentou.

T

TODO/TODOS Sem artigo depois, *todo* significa *qualquer*: *Todo homem é mortal.* Seguido de artigo, significa *inteiro*: *Haverá sol em todo o país*. Não escreva Haverá aula em todas escolas. No plural, o artigo é obrigatório: Haverá aula em todas *as* escolas. Se entre *todos* e o termo seguinte estiver implícita uma forma do verbo *ser*, não use o artigo: Ela tem cinco filhos, todos [são] homens. No acidente, morreram Fulano, Beltrano e Sicrano, todos [eram] casados. Com numerais não seguidos de substantivos, não use o artigo: Todos cinco são competentes. Se o numeral for seguido de substantivo, use o artigo, pois ele determina o substantivo: Todos os cinco livros são ótimos.

TRATA-SE DE A construção *trata-se de* sempre tem o sujeito indeterminado e não admite plural: Não sei de que se trata; Trata-se de novas versões sobre a morte do presidente Kennedy.

Leia os verbetes ***se*** e ***voz passiva com se*** nas págs. 170 e 173, respectivamente.

TRAVESSÃO Leia o verbete ***parênteses/travessões*** nas págs. 147 e 248.

TREMA Desde o Acordo Ortográfico de 2009, seu uso permanece somente nos nomes próprios estrangeiros, nos estrangeirismos e nas palavras derivadas de estrangeirismos (Bündchen, Citroën, Müller, mülleriano, Hübner, hübneriano).

V

VERBOS Para o uso correto dos tempos verbais, é fundamental levar em conta a sucessão de eventos narrados no texto:

- Só no aeroporto ela percebeu que esqueceu a bolsa em casa. Em vez de *esqueceu*, use esquecera ou tinha/havia esquecido (pretérito mais-que-perfeito), pois as ações não são simultâneas. Primeiro, ela esqueceu a bolsa. Depois, percebeu que a tinha esquecido. O mais-que-perfeito indica fato ocorrido antes de outro, sinalizado pelo pretérito perfeito.
- O que o senhor faria se ela desistir do projeto? A forma *desistir* está errada. *Faria* (futuro do pretérito) exige o imperfeito do subjuntivo (*desistisse*): O que o senhor faria se ela desistisse do projeto?. Para empregar *desistir* (futuro do subjuntivo), é necessário empregar *fará* (futuro do presente do indicativo): O que o senhor fará se ela desistir do projeto?.

Veja a tabela ***Verbos difíceis*** na pág. 187.

VÍRGULA – O uso da vírgula se baseia na organização da frase ou do período. Serve para marcar inversão, intercalação, enumeração, elipse e explicação.

Grosso modo, *inversão* é o recuo dos termos acessórios para o início da frase. *Intercalação* é a quebra de uma sequência por um termo, uma expressão ou por uma oração. *Enumeração* é o uso em série de elementos com a mesma função na frase. *Elipse* é a supressão de um termo. *Explicação* é o acréscimo de informação por meio de aposto explicativo ou oração explicativa, por exemplo.

Não deve haver vírgula a separar os termos essenciais da oração (sujeito e predicado) nem os termos complementares (verbos e objetos direto e indireto), mesmo havendo inversão de ordem.

Veja mais sobre ***vírgula*** na pág. 193.

VOZ PASSIVA COM SE Não confunda a voz passiva pronominal (feita com o *pronome se*) com o sujeito indeterminado pela *partícula se*. Alugam-se salas = Salas são alugadas (voz passiva), Precisa-se de pedreiros nesta obra (sujeito indeterminado).

Leia o verbete ***se*** na pág. 170.

PRINCIPAIS NORMAS DE ACENTUAÇÃO

proparoxítonas	acentua	sempre	simpático, lúcido, sólido, cômodo
paroxítonas	acentua	terminadas em *R, X, N, L* *I, IS* *UM, UNS* *US* *PS* *Ã, ÃS* ditongo seguido ou não de *S*	mártir, látex, hífen, fácil táxi, tênis álbum, álbuns vírus bíceps ímã, órfãs bênção, órfão, cárie, árduos
	não acentua	terminadas em *EM* e *ENS* *OO (S)*	item, hifens, polens. voo, doo, coo, voos
oxítonas	acentua	terminadas em *A, AS* *E, ES* *O, OS* *EM, ENS*	vatapá(s) igarapé(s) avô, avós refém, parabéns
	não acentua	terminadas em *I, IS, U, US*	Morumbi, parti-lo, tatu, Itu
		Exceção: as terminadas em hiato recebem o acento	atraí-lo, Jundiaí, baú, Jaú
monossílabos tônicos	acentua	terminados em *A, AS* *E, ES* *O, OS*	vá, pás pé, mês pó, pôs
hiatos	acentua	quando *I, IS, U* ou *US* estão sozinhos na sílaba tônica do hiato (desde que, nas paroxítonas, não haja ditongo na sílaba anterior; nas oxítonas, mesmo havendo ditongo antes da sílaba tônica, existe acento)	saída, saúde, saía, raízes, traíste, país, balaústre, vascaíno, Piauí, teiú, tuiuiú
	não acentua	se a sílaba seguinte for *NH*	rainha, moinho
		quando o hiato é formado por vogal repetida	xiita
		quando, nas paroxítonas, um ditongo antecede a sílaba tônica	feiura, bocaiuva, baiuca, Sauipe, taoismo
ditongos abertos	acentua	*EI, EIS* *EU, EUS* *OI, OIS* só há acento em palavras oxítonas, monossílabos tônicos e paroxítonas terminadas em R com ditongo aberto na sílaba tônica	anéis, papéis réu(s), véu(s) destrói, lençóis destróier, Méier

PRINCIPAIS NORMAS DE ACENTUAÇÃO [continuação]

ditongos abertos	não acentua	nas palavras paroxítonas	ideia, assembleia, heroico, estoico, tireoide, joia
		palavras como	constroem, destroem
verbos *ter* e *vir*	acentua	na terceira pessoa do plural do presente do indicativo	eles têm eles vêm
derivados de *ter* e *vir* (*obter*, *manter*, *intervir* etc.)	acentua	na segunda e na terceira pessoa do singular do presente do indicativo, use acento agudo	ele obtém, ele intervém, ele detém, ele convém, tu manténs, tu intervéns
		na terceira pessoa do plural do presente do indicativo, use acento circunflexo	eles obtêm, eles intervêm, eles detêm, eles convêm
acento diferencial	acentua	pôde (pretérito perfeito) e pôr (verbo)	
		em fôrma (sinônimo de *molde*), o acento é opcional, só recomendável para evitar ambiguidade	
	não acentua	nenhum derivado de *pôr*	expor, depor, repor
		deixaram de ter acento	polo, para (verbo)
verbos *crer*, *ler* e *ver* (e derivados)	não acentua	na terceira pessoa do plural do presente do indicativo	creem, leem, veem
verbo *dar* (e derivados)	não acentua	na terceira pessoa do plural do presente do subjuntivo	que eles deem que eles redeem/antedeem
trema	acentua	somente em palavras estrangeiras e delas derivadas	Citroën, Müller, mülleriano, Gisele Bündchen

COMO USAR ARTIGOS DEFINIDOS

SITUAÇÃO	USO OBRIGATÓRIO	USO FACULTATIVO	USO PROIBIDO
ao substantivar	o porquê, o hoje		
nomes de pessoas	quando acompanhado de adjetivo: o ilustre Machado de Assis	registro informal: festa na casa da Paula*/na casa de Paula	registro formal: gestão de Juscelino Kubitschek, ópera de Rossini
nomes de cidades	o Rio de Janeiro, o Recife, o Porto, o Cairo, o Havre		São Paulo, Paris, Madri e a maioria das cidades
cidade caracterizada por adjetivo ou locução adjetiva	a Paris das Luzes, a impressionante Siena		
nomes de estados brasileiros	todos, exceto os indicados na lista ao lado	AL e MG (prefira sem o artigo)	GO, MT, MS, PE, RO, RR, SC, SP e SE
nomes de países	a maioria pede o uso do artigo. Exemplos: o Peru, a Itália, o Brasil, os Estados Unidos		não pedem artigo, entre outros: Bangladesh, Cabo Verde, Camarões, Cuba, Honduras, Mônaco, Qatar, Serra Leoa, Timor Leste, Uganda
antes de pronomes possessivos	substantivados: o esquema tático de Tite superou o meu	em função adjetiva: ele disse que (a) sua equipe é melhor	
superlativo relativo	Roberto Carlos, o cantor mais popular do país		
apostos			Com aposto recuado: Presidente dos EUA, Barack Obama visitará o Brasil em caráter pessoal, sem compromissos oficiais.
com horários	das 12h às 18h		antes de 1h

* Na **Folha**, esse uso é permitido só na reprodução entre aspas ou quando há tratamento informal ("o mais recente show do Caetano").

REGRAS DE COLOCAÇÃO PRONOMINAL

próclise (antes do verbo)	partículas negativas	Não o vi. Nada me atinge. Ninguém me disse
	pronomes relativos: *que, o qual, quem, quando, onde* etc.	Meu pai, que se aposentou, nasceu no Rio
	numeral "*ambos*" e pronomes indefinidos: *algum, alguém, muito, tudo* etc.	Muito se disse hoje. Ambos me telefonaram
	advérbios: *como, sempre, hoje, lá, já, brevemente, só* etc. conjunções subordinativas: *se, quando, caso, embora, que* etc.	Se me faltares, morrerei. Só se lembra das coisas quando lhe convém. Quando lhe disse isso?
	gerúndio precedido de *em*	Em se tratando de esporte, prefiro futebol
	futuro do presente ou do pretérito	Eles se dariam as mãos, se tivessem a chance. Elas se encontrarão na fronteira
ênclise (depois)	no início de orações	Machucaram-se vários jogadores
	orações imperativas afirmativas	Cuide-se
	gerúndio	Ele disse que, concretizando-se a proposta, agirá
	nunca use com verbos no particípio	Eles tinham preparado-se. Eles tinham se preparado. Ou Eles se tinham preparado
	nunca use no futuro	O jogador se preparará melhor. Ou O jogador preparar-se-á melhor (somente em textos de colunistas/ articulistas)
ambas	verbo no infinitivo impessoal (mesmo com palavra atrativa)	uso regular: Farei tudo para não magoá-lo. uso opcional: Farei tudo para não o magoar
mesóclise (no meio)	na **Folha**, só em textos de colunistas	Quando mais não fosse, sê-lo-ia por minha índole

REGRAS DE CONCORDÂNCIA VERBAL

1 milhão de, 1,2 milhão de, 1,99 milhão de	**singular** – sem especificador posterior: Do total de eleitores, 1 milhão não foi às urnas **uso facultativo** – com especificador posterior: Para o IBGE, 1,99 milhão de paulistas deixou/deixaram o estado (prefira o plural)
a maioria, boa parte, grande parte, a maior parte, metade, o grosso	**singular** – não especificados: A maioria aprovou; Grande parte viajou para o norte. **uso facultativo** – especificados por plural: A maioria dos peixes morreu/morreram (prefira o singular); verbo de ligação (ser, estar): A maioria dos índios estava nua/estavam nus (prefira o plural)
a maioria dos que, boa parte dos que, um dos que	**plural** – o verbo depois de *dos que* vai para o plural: A maioria dos alunos que foram reprovados achou a prova difícil. Ele foi um dos que mais lutaram pela paz
assim como, bem como	**singular** – O deputado, assim como o senador, anunciou que não vai renunciar
cada	**singular** – Cada um tinha dois filhos. **plural** – Cada três livros custaram R$ 60
coletivos	**singular** – não especificados: Um bando invadiu a sala. **uso facultativo** – especificados por termo no plural: Um bando de cães invadiu/invadiram a sala (prefira o singular). O bando de estudantes estava alegre/estavam alegres (prefira o plural)
com	**singular** – para enfatizar o núcleo: O presidente, com seus aliados, venceu (com vírgulas). **plural** – Quando *com* se equipara a *e*: O general com seus oficiais tomaram a cidade (sem vírgulas)
fração	**singular** – com o numerador no singular: Um quarto das mães entrevistadas disse ter enfrentado o problema. **plural** – com o numerador no plural: Três quintos da bancada votaram a favor da proposta
infinitivos	**singular** – infinitivos genéricos: Nadar todos os dias e correr pela manhã faz bem à saúde. **plural** – que expressam ideias opostas: Rir e chorar fazem parte da vida. Determinados por artigos (substantivados): O comer e o dormir são necessários
não só... mas também, tanto... como, assim... como	**plural** – Não só ele mas também seu pai ficaram feridos. Tanto eu como ele ficamos feridos
nem... nem	**plural** – Nem o policial nem o detetive chegaram a tempo
nem um nem outro	**singular** – Nem um nem outro esteve lá

REGRAS DE CONCORDÂNCIA VERBAL [continuação]

núcleos em gradação	**singular** – para enfatizar o último termo: Em Roma, um dia, um mês, um ano passa voando. **plural** – sem enfatizar: Em Roma, um dia, um mês, um ano passam voando
núcleos ligados por ***ou***	**singular** – se houver exclusão: O Flamengo ou o Vasco ganhará o jogo. **plural** – sem exclusão: O aluno ou o professor podem fazer a inscrição
núcleos resumidos por ***tudo, nada, ninguém, nenhum***	**singular** – Visitas, presentes, amigos, nada o tirava da apatia
plurais aparentes (nomes de obras literárias)	**singular** – sem artigo: "Vastas Emoções e Pensamentos Imperfeitos" praticamente canoniza o escritor Isaac Bábel. **plural** – com artigo no plural: "Os Lusíadas" representam um marco na literatura. **uso facultativo** – com artigo no plural e verbo ser: "Os Lusíadas" é/são uma obra-prima
plurais aparentes (países, estados, cidades, acidentes geográficos, empresas)	**singular** – sem artigo ou com artigo no singular: O Amazonas nasce no Peru. Minas Gerais produziu grandes escritores no século 20. **plural** – com artigo no plural: Os Estados Unidos assinaram o acordo. As Casas Bahia reduziram estoques no terceiro trimestre
porcentagem Leia os verbetes nas págs. 114 e 169	**singular** – com o especificador no singular: Segundo a apuração, 50% do eleitorado votou no ex-atleta para senador. **plural** – com o especificador no plural: O tribunal anunciou que 1% dos eleitores votaram em branco
que	**singular** – precedido por singular, concorda com o antecedente: Não foi ele que sujou a parede; Não fui eu que sujei a parede. **plural** – precedido por plural, concorda com o antecedente: Não foram eles que sujaram a parede; Não fomos nós que sujamos a parede
quem	**singular** – Não foram eles quem sujou a parede. **plural** – com o verbo *ser*, com predicativo no plural: Quem são vocês para xingar o músico? **uso facultativo** – pode ocorrer a concordância com o termo antecedente (construção popular): Não foram eles quem sujaram a parede (evite)
um e outro	**plural** – Um e outro chegaram cedo
um ou outro	**singular** – Um ou outro o receberá
verbo antes de sujeito composto	**uso facultativo** – Renunciou/Renunciaram o presidente e os ministros (prefira o plural, mas o verbo pode concordar com o termo mais próximo)

USO DA CRASE

obrigatório	*aquele(s)*, *aquilo*, *aquela(s)*	Referiu-se àquilo. Foi àquele restaurante. Dedicou-se àquela tarefa
	locuções adverbiais, conjuntivas ou prepositivas de base feminina	às vezes, às pressas, às cegas, à primeira vista, à medida que, à custa de, à procura de, à beira de, à tarde, à vontade, às escuras
	com pronome demonstrativo *a*:	A capitania de Minas Gerais estava ligada à de São Paulo. Falarei às que quiserem me ouvir
	antes de palavras masculinas, se estiver implícita a palavra *moda*:	Móveis à Luís 15
	se subentendido feminino:	Vou à Paulista
	antes de cidades, estados, países (se puder usar *voltar de*)	Foi à Itália (*voltou da* Itália). Chegou à Paris dos poetas
	até no sentido de *até mesmo*	Até [mesmo] às 2h, existe gente trabalhando
proibido	antes de palavras masculinas	viajar a convite de, traje a rigor, sal a gosto, TV a cabo, carro a álcool
	antes de cidades, estados, países (se puder usar *voltar de*)	Foi a Roma (voltou de Roma). Foi a Cuba (voltou de Cuba)
	antes de verbos	disposto a colaborar, a partir de
	antes da maior parte dos pronomes	Disse a ela que não virá. Nunca se refere a você
	quando *a* vem antes de plural	A pesquisa não se refere a mulheres casadas
	expressões com palavras repetidas	cara a cara, ponta a ponta, frente a frente
	após preposições como *para*, *ante*, *perante*, *com*, *contra* e outras	O jogo está marcado para as 16h. É correto perante a lei. A reunião estendeu-se até as 2h
facultativo	*até*	Foi até a esquina. Foi até à esquina. Prefira a forma sem crase
	antes de pronomes possessivos femininos adjetivos	Enviou a carta à sua família. Enviou a carta a sua família
	locuções femininas de instrumento	à vela/a vela; à bala/a bala (o acento grave será usado quando for preciso evitar ambiguidade: Receber [alguém] à bala)

COMO USAR OS PRONOMES DEMONSTRATIVOS ESTE/ESSE

este, esta, isto	para indicar posição, proximidade de quem fala ou de que se fala	Esta coluna [que estou escrevendo] é um desabafo. Esta cidade [em que vivemos ou estamos] é suja. Isto [aqui, em minha mão] é o resultado de muito esforço
	para indicar o tempo presente	Neste mês não se registram temperaturas baixas. Este trimestre certamente será o mais fraco do ano para a indústria automobilística. Neste ano, não se esperam boas vendas
	para anunciar o que será dito em seguida	A disciplina com mais alunos neste semestre é esta: geografia urbana
	para retomar a útima palavra de uma enumeração anterior	O jornalista tem três filhas: Paula, Maria e Joana, esta a mais nova
	Na **Folha**, usam-se (seguidos do dia do mês) para substituir ontem, hoje e amanhã	Nesta segunda (5), em vez de hoje. Neste domingo (4), em vez de ontem. Nesta terça (6), em vez de amanhã
	Nunca use *este* ou *esta* para dias mais distantes no passado ou no futuro	No último sábado (3), em vez de anteontem ou neste sábado. Na [próxima] quarta-feira (7), em vez de depois de amanhã ou nesta quarta
esse, essa, isso	para indicar o que está próximo do interlocutor ou o que (ou quem) está perto dele	Esse livro [que você comprou] é muito bom. Essa cidade [a que você se refere] é muito suja. Isso [aí, na sua mão] é trabalho que se apresente? Esse [aí, ao seu lado] é o novo diretor da empresa?
	para retomar o que já foi dito	Registraram-se ventos fortes em novembro. Nesse mês, houve também chuvas intensas. No próximo ano, talvez já tenhamos resolvido nossos problemas; nessa época, nossas preocupações deverão ser outras. Vender parte da distribuidora de combustíveis. Essa é a proposta do presidente da Petrobras

NÃO CONFUNDA OS GÊNEROS

MASCULINO	FEMININO
o cisma (separação religiosa, dissidência)	**a cisma** (desconfiança)
o cólera (doença; a **Folha** usa o masculino)	**a cólera** (ira)
o grama (medida)	**a grama** (relva)
o lotação (transporte)	**a lotação** (capacidade)
o moral (estado de espírito)	**a moral** (conjunto de valores)
o nascente (lado onde nasce o sol)	**a nascente** (onde nasce um curso de água)
o rádio (aparelho; meio de comunicação)	**a rádio** (emissora)

Problemas comuns: a alface, a bacanal, a cal, a comichão, a derme, o dó (pena; nota musical), o eclipse, a fênix, o herpes, a mascote, o matiz, o nécessaire, a omoplata, a patinete, o trema, o vernissage

COMO USAR O HÍFEN

para prefixo terminado em vogal	
se a letra final for idêntica à vogal inicial do termo subsequente, haverá hífen	contra-ataque, entre-eixo, anti-inflacionário, micro-ondas
se anteceder termo iniciado por *h*, também haverá hífen	micro-habitat, mini-hospital, sobre-humano
nas demais situações, o prefixo virá justaposto ao termo subsequente	antialérgico, extraordinário, infraestrutura, ultravioleta, infravermelho
se a palavra subsequente ao prefixo começar com *s* ou *r* haverá duplicação da consoante, para preservar a pronúncia	autorretrato, antirracista, antissocial, autossuficiente, minissaia, ultrassom

outros casos	
sub requer hífen antes de *b*, *r* e *h*	sub-base, sub-região, sub-hemisférico
permanecem com dupla grafia	sub-humano/subumano, sub-hepático/subepático, sub-hemisférico/subemisférico
recém exige hífen sempre	recém-nascido, recém-casados
circum e *pan* pedem hífen antes de *vogal*, *h*, *m* e *n*; nos demais casos, não (a duplicação de *rr* e *ss* só ocorre entre duas vogais)	circum-mediterrâneo, circum-navegação, circum-orbital, circunferência, pan-americano, pan-helênico, pansexual
para, como prefixo, indica ideia de *proximidade* ou *semelhança*	paramédico, paramilitar, paranormal, paraolímpico, parapsicologia
como verbo, em palavras compostas, *para* se liga por hífen ao segundo elemento	para-brisa, para-choque, para-lama, para-raios
paraquedas e palavras derivadas são exceção	paraquedismo, paraquedistas
vocábulos onomatopaicos também exigem hífen	lenga-lenga, rame-rame, tim-tim, nhe-nhe-nhem, blá-blá-blá
sem leva hífen quando forma substantivo	sem-cerimônia, sem-fim, os sem-terra, os sem-teto, os sem-vergonha
com o prefixo *bem*, não há hífen quando o segundo elemento não tem vida autônoma. Nos outros casos, há. *Mal* leva hífen diante de *h*, *l* e *vogais*	bem-amado, bem-aventurado, bem-vindo, benfazejo, mal-agradecido, malcheiroso, mal-educado, mal-entendido, malfeito
com gentílicos, usa-se o hífen	afro-brasileiro, euro-americano, sino-português
há hífen em expressões com *base*, *chave*, *piloto*, *padrão*, *limite*, *relâmpago* e *fantasma*, quando vierem depois de outro substantivo como determinantes específicos	usina-piloto, esquema-padrão, data-limite, sequestro-relâmpago, empresa-fantasma, data-base, momento-chave

PLURAL DE SUBSTANTIVOS COMPOSTOS

	QUANDO
só o primeiro substantivo vai para o plural	**o segundo for *chave*:** homens-chave, postos-chave, palavras-chave. (admite-se a flexão dos dois: homens-chaves, postos-chaves, palavras-chaves)
	o segundo for *piloto*: usinas-piloto, planos-piloto
	for composto de dois elementos ligados por preposição: pés de moleque, autos de fé, pores do sol, testas de ferro
	o segundo especifica o primeiro: carros-bomba, couves-flor, homens-rã (admite-se a flexão dos dois: carros-bombas, couves-flores, homens-rãs)
só o segundo vai para o plural	**o segundo for variável, e o primeiro não:** ave-marias, mal-educados, todo-poderosas, vice-presidentes
	forem palavras repetidas: reco-recos, tico-ticos
	forem verbos repetidos: corre-corres, empurra-empurras, quebra-quebras (admite-se a flexão dos dois: corres-corres, quebras-quebras)
os dois vão para o plural	**os dois termos forem variáveis:** cirurgiões-dentistas, quintas-feiras, guardas-civis
	o segundo for *fantasma*: navios-fantasmas, funcionários-fantasmas (admite-se a flexão só do primeiro: navios-fantasma, funcionários-fantasma)
ficam invariáveis	**frases substantivadas, como:** os chove não molha, os disse me disse, as/os maria vai com as outras, os deus nos acuda, os fora da lei
	compostos de tema verbal e palavra invariável: os cola-tudo
	compostos de temas verbais de significado oposto: os leva e traz, os perde-ganha, os vai-volta
casos especiais	os arco-íris, os bem-te-vis, os bota-foras, as grã-cruzes, as grã-finas, os grão-duques, os grão-senhores, os sem-terra, os sem-teto

POR QUE TANTOS PORQUÊS

	QUANDO SE USA	
por que	*por que* separado se escreve em frases com ponto de interrogação, mas não só nelas	Não se sabe por que [por qual razão] o prefeito mudou de posição
	grafa-se *por que* sempre que for possível substituí-lo por *por qual razão* ou *a razão pela qual*	Ela não disse por que [a razão pela qual] não aceitou a proposta. O ministro não sabe por que [por qual razão] as verbas não chegam aos destinatários
	também se grafa *por que* quando o *que* é um pronome relativo e a expressão equivale a *pelo qual/pela qual*, *pelos/pelas quais*	Eu sei as esquinas por que [pelas quais] passei. São incríveis as situações por que [pelas quais] passamos
por quê	quando equivale à expressão *a razão pela qual* e encerra o período	A inflação subiu: no governo, ninguém sabe por quê [por qual razão]
	quando é uma frase isolada	Dezenas morreram em Paris. Por quê?
porque	grafa-se *porque* quando se dá explicação ou causa	O ministro deixou o governo porque não concorda com o aumento de gastos públicos
	mesmo em períodos com interrogação, grafa-se *porque* quando a oração introduzida por essa conjunção exprime a causa	Alguém acredita que o jogador deixou a seleção porque não recebeu a faixa de capitão?
porquê	substantivo que equivale a *causa*, *motivo*, *razão*, em geral antecedido de artigo	Não entendeu o porquê [o motivo] da decisão

FLEXÃO DO INFINITIVO

	FLEXÃO	
infinitivo pessoal com sujeito diferente do sujeito do verbo da oração anterior	obrigatória	O presidente fez o possível para os executivos aceitarem a proposta
infinitivo pessoal com sujeito igual ao do verbo da oração anterior	optativa	Fomos a Brasília para conversar[mos] com o presidente (a **Folha** prefere não flexionar)
infinitivo pessoal com verbo antes do sujeito	obrigatória	Para conversarem com o presidente, eles foram a Brasília
infinitivo regido por preposição e que funciona como complemento de substantivo ou adjetivo	proibida	Foram proibidos de entrar. Eles não têm chance de vencer. Todos estão obrigados a comparecer
infinitivo regido por preposição e que funciona como complemento de verbo	optativa	Ele convenceu os filhos a morar/morarem na Europa. (a **Folha** prefere não flexionar)
	proibida	complemento representado por pronome: Ele os convenceu a morarem na Europa. Ele os convenceu a morar na Europa
infinitivo na voz passiva, verbo reflexivo ou pronominal	obrigatória	Tiveram receio de serem reconhecidos. Viviam juntos sem se conhecerem. Tinham medo de se arrependerem
***deixar*, *fazer*, *mandar*, *ouvir*, *sentir* ou *ver* + infinitivo**	optativa	Se o sujeito do infinitivo não for pronome oblíquo: Faça os meninos calar/calarem a boca. Ouvi os pássaros cantar/cantarem
	proibida	Com pronome oblíquo: Faça-os saírem. Faça-os sair. Não os ouvi chegarem. Não os ouvi chegar
locução verbal	proibida	Eles devem chegarem logo. Eles devem chegar logo. Queiram, por gentileza, comparecerem ao estacionamento. Queiram, por gentileza, comparecer ao estacionamento

VERBOS DIFÍCEIS

	POR QUE NÃO É FÁCIL	
abolir	verbo defectivo*, no presente do indicativo	tu aboles, ele abole, nós abolimos, vós abolis, eles abolem
	no presente do subjuntivo	não é conjugado
acreditar	em geral, exprime incerteza e requer um verbo no subjuntivo	Eu acredito que ela tenha feito tudo com boa-fé
	é comum ser seguido de verbo no indicativo, possivelmente enfatizando a certeza	Eu acredito que ela fez tudo com boa-fé
adequar	verbo defectivo*; embora o dicionário "Houaiss" o registre como regular, não há unidade entre os gramáticos quanto a esse aspecto	Na **Folha**, use, no presente do indicativo, somente nós adequamos e vós adequais. Não conjugue adequar no presente do subjuntivo: se adeque e se adequem
agradecer	a dificuldade está na regência: agradecemos *alguma coisa* (o convite, o elogio, o prêmio) *a alguém* (ao anfitrião, ao professor, ao júri)	Agradeceu-lhe o convite. Agradeceu a Fulano o prêmio. É possível também dizer Agradeceu a Fulano pelo prêmio. Agradeceu Fulano pelo prêmio
alertar Leia o verbete ***verbos declarativos*** na pág. 154	*alguém alerta alguém de/contra/ sobre alguma coisa*	A entidade alertou seus sócios sobre o alto número de endividados
	é possível omitir quem recebe o alerta	Os economistas alertam sobre o risco de quebradeira no país
	não escreva alertar que	Os economistas alertam que o país corre risco de quebradeira
aspirar	*aspirar* alguma coisa é *cheirá-la* (ou inspirar, absorver)	Diariamente, aspiramos o ar poluído
	aspirar a alguma coisa é desejá-la; a preposição *a* muda o sentido	O governador aspira ao Planalto
assistir	no sentido de *ver*, *estar presente*, *comparecer* ou *presenciar*, é transitivo indireto, não aceita o complemento *lhe* (assiste-se a algo, mas não assiste-lhe)	Assistimos a um filme no centro cultural
	na acepção de *prestar assistência*, *auxiliar*, *socorrer*, é transitivo direto ou indireto	A enfermeira assistiu o doente. A enfermeira assistiu ao doente

* Verbos defectivos não têm algumas formas na conjugação do presente do indicativo, do presente do subjuntivo e do imperativo. Nos pretéritos e futuros, a conjugação é completa.

VERBOS DIFÍCEIS [continuação]

	POR QUE NÃO É FÁCIL	
avaliar	*alguém avalia algo*	Na avaliação dos economistas, a crise está no fim. Os economistas avaliaram a crise e concluíram que ela está no fim
	não escreva avaliar que	Os economistas avaliam que a crise esteja no fim
avisar/informar	bitransitivos, admitem os dois complementos (objeto direto e indireto) simultaneamente	A agência avisou/informou à população que faltaria água. A agência avisou/informou a população de que faltaria água
	na voz passiva	A falta de água foi informada à população. A população foi informada da falta de água
banir	verbo defectivo*, sem conjugação completa no presente do indicativo	tu banes, ele bane, nós banimos, vós banis, eles banem
	no presente do subjuntivo	não é conjugado
chegar/ir	na língua-padrão, *chegar* e *ir* regem a preposição *a*	Patrick Smith chega/vai amanhã a São Paulo. O piloto José da Silva chegou/foi cedo ao autódromo
	os substantivos *chegada* e *ida* também pedem *a*	A chegada/ida do presidente a Brasília foi tumultuada
	a única exceção é a expressão *chegar em casa*, consagrada pelo uso no português do Brasil	Chegar em casa era sempre motivo de satisfação para o pastor
colorir	verbo defectivo*, sem conjugação completa No presente do indicativo	tu colores, ele colore, nós colorimos etc.
	no presente do subjuntivo	não é conjugado
comunicar	transitivo direto e indireto, requer como objeto direto *aquilo que é comunicado* e como indireto *o destinatário da ação*: comunica algo a alguém, e não alguém de algo	O governador comunicou o fato aos deputados
	na voz passiva, só se diz que algo foi comunicado, não que alguém foi comunicado. Na dúvida, use *avisar* ou *informar*	O fato foi comunicado aos deputados pelo governador
desconfiar	o verbo indica incerteza, portanto seu complemento deve estar no modo subjuntivo	A autoridade desconfiou de que a licitação tivesse sido dirigida

VERBOS DIFÍCEIS [continuação]

	POR QUE NÃO É FÁCIL	
esquecer/ lembrar	quando pronominais, exigem preposição; se acompanhado de complemento verbal, usa-se a forma pronominal	Eu me esqueço dos reveses. Ele se lembra da conquista a todo momento. Ele não se lembrou de levar o guarda-chuva
	quando não pronominais, em geral, a preposição deve ser suprimida	Eu esqueço os reveses. Ele lembra a conquista a todo momento
	lembrar no sentido de *avisar* segue a regência deste último	Lembre-o de levar o guarda-chuva
estimar	no sentido de *calcular*, exprime *dúvida*, *inexatidão*; use subjuntivo no complemento	O Metrô estima que o prejuízo com as depredações tenha chegado a R$ 75 mil. O Metrô estima que o prejuízo com as depredações chegou a R$ 75 mil
explodir	verbo defectivo; embora o dicionário "Houaiss" o registre como regular, outros o classificam como defectivo	Na **Folha**, use, no presente do indicativo: tu explodes, ele explode, nós explodimos etc. Não conjugue *explodir* no presente do subjuntivo: que se exploda
falir	verbo defectivo, sem conjugação completa	No presente do indicativo, só nós falimos e vós falis; no presente do subjuntivo não é conjugado
faltar/sobrar/ restar/existir Leia o verbete ***haver/ existir*** nesta tabela	costumam vir antes do sujeito. Faça a concordância	Falta um dia para o Ano-Novo. Faltam dois meses para o Natal. Sobraram duas bolas de sorvete. Restaram duas opções. Existem dúvidas acerca disso
fazer	quando indica tempo decorrido, é impessoal, ou seja, não tem sujeito, portanto permanece no singular	Fazia três anos que ele estava doente. Faz dois anos que ela foi embora
	quando usado em locução, exige que o auxiliar fique no singular	Vai fazer quatro anos que a ponte está bloqueada. Deve fazer três anos que ela saiu
	também é impessoal quando indica fenômenos da natureza	Faz noites frias no Sul
	nos demais casos, tem plural	Elas fazem três anos no dia 10. Dez anos fazem muita diferença
focar	transitivo direto, como *enfocar* e *focalizar*. Não use focar em	Focou o alvo. Focou no alvo
haver/existir	no sentido de *existir*, *ocorrer*, *acontecer*, o verbo *haver* é impessoal, ou seja, não tem sujeito, portanto não é flexionado; nesse sentido, nunca o escreva no plural	Houve vários acidentes nesta semana. Caso haja outras cassações, haverá protestos. Não havia cadeiras suficientes. Haverão crises. Haviam 200 gatos

VERBOS DIFÍCEIS [continuação]

	POR QUE NÃO É FÁCIL	
haver/existir (continuação)	usado em locução, mantido o sentido de *existir, ocorrer, acontecer*, o verbo *haver* exige auxiliar no singular	Deve haver novas cassações. Podia haver mais soterrados
	atenção: o verbo *existir* sempre concorda com o sujeito	Existem complicações. O fato de existirem muitos interessados na empresa surpreendeu os operadores
	em locução verbal, o verbo auxiliar de *existir* concorda com o sujeito	Devem existir muitos interessados. Hão de existir provas materiais de seu envolvimento nos crimes
	quando indica tempo decorrido, *haver* equivale a *fazer* e, como este, é impessoal, por isso não tem sujeito e fica no singular	Quando ela o conheceu, já atuava naquela região havia/fazia dez anos
	cuidado com a redundância	Não use Há dez anos atrás. Use Há dez anos ou Dez anos atrás
	há/havia: Preste atenção no sentido do que você quer dizer	Namorava Felipe há 20 anos (20 anos atrás, Felipe era seu namorado). Namorava Felipe havia 20 anos (20 anos é o período do namoro)
	há/a: Não empregue *há*, mas, sim, a preposição *a*, para indicar distanciamento no tempo (futuro ou passado) ou no espaço	A peça estreia daqui a dois dias. A um ano da Copa, as obras do estádio estão paradas. Ele mora a 2 km do escritório. Estava a anos-luz da solução
	haviam, houveram, haverão: Usados nos casos em que *haver* não é sinônimo de *existir, ocorrer, acontecer* nem é equivalente a *fazer* na indicação de tempo decorrido	Os ministros não haviam comparecido à solenidade. Os brasileiros haverão de conseguir mais bem-estar
implicar	verbo transitivo direto quando significa *acarretar, trazer como consequência*	A decisão do presidente implica suspender o projeto. Isso implica a suspensão do projeto. Nesse sentido, não use: implicar em/no/na
	no sentido de *comprometer* ou *envolver*, é transitivo direto e indireto; há uma variante pronominal de valor semântico idêntico	O deputado implicou o senador no crime. Implicou-se em negócios fraudulentos
	quando significa *demonstrar antipatia*, usa-se a preposição *com*	Ele implicou com a vizinha desde o dia da mudança

VERBOS DIFÍCEIS [continuação]

	POR QUE NÃO É FÁCIL	
intermediar	é irregular e se conjuga como *ansiar, mediar, remediar, incendiar* e *odiar*: anseia, medeia, remedeia, incendeia, odeia	Os bancos intermedeiam essa operação
intervir	deriva de *vir*, não de *ver* (eu intervim, ele interveio, eles intervieram)	Operários que trabalham na obra intervieram para defender o repórter. Mesmo que nós interviéssemos, nada mudaria
negar	requer complemento no subjuntivo ou no infinitivo	O deputado nega que esteja envolvido no esquema. O deputado nega (ou negou) estar envolvido
obedecer	é transitivo indireto (*obedecer a algo, a alguém*)	Ele obedece aos sinais de trânsito. Ele obedece os sinais de trânsito
pedir	a dificuldade está na regência; só use *pedir para* no sentido de *pedir licença* ou *autorização*. Nos demais casos, use *pedir a alguém que...*	Pediu [licença] para sair mais cedo. Pediu aos amigos que o visitassem
permitir	é transitivo direto e indireto (*permite-se ou não algo a alguém*)	O governador lhe permitiu sair da sala. Ele não lhe permitiu que fizesse as acusações
precaver/ precaver-se	normalmente pronominal, é um verbo defectivo. No presente do indicativo	Só existem nós nos precavemos e vós vos precaveis
	no presente do subjuntivo	Não é conjugado
	no imperativo	Só é conjugado na forma afirmativa da segunda pessoa do plural: precavei-vos
	nos demais tempos	É regular e tem conjugação completa: A população se precaveu contra a alta de preços
	não existem	precavenho, precavenha, precavenham, precavejo
preferir	embora frequente, o uso do verbo seguido de *do que* não é aceito pela norma-padrão	Ele preferiu ser artista a ser advogado. Ele preferiu ser artista do que advogado

VERBOS DIFÍCEIS [continuação]

	POR QUE NÃO É FÁCIL	
reaver	verbo defectivo no presente do indicativo	Só existem nós reavemos e vós reaveis
	no presente do subjuntivo	Não é conjugado
	no imperativo	Só é conjugado na forma afirmativa da segunda pessoa do plural: reavei (vós)
	nos demais tempos	Tem conjugação completa e baseada no verbo *haver*; só se conjuga nas formas em que o verbo haver tem a letra v: reouve, reouveram, reouvesse, reouvessem, reouver, reouverem
	não existem	reavê, reaveu, reaveram, reavejo, reavenho, reavenha, reaveja, reavenham, reavejam
resistir	o correto é *resistir a* (preposição que indica oposição), não resistir em	Ele resistiu à oferta de propina
responder	é transitivo direto e indireto (*responde-se algo a alguém*)	A moça nunca respondeu uma só mensagem ao pai
	exige preposição *a* quando seu complemento é só um substantivo	Ele não respondeu ao questionário
	a preposição cai quando o complemento é uma oração	Ele respondeu que não aceitará o cargo
	no sentido de *defender-se em juízo*, exige preposição *a*	Ele respondeu ao inquérito
simpatizar	não é pronominal no sentido de *ter afinidade* ou *afeição*	O governador não simpatiza com a ideia
	usa-se o *se* apenas quando se referir a *simpatia mútua*	Na primeira reunião, eles logo se simpatizaram
supor/suspeitar	por expressar dúvida, use subjuntivo na oração que o complemente	A princípio, ninguém supôs que ele tivesse feito tudo de propósito. Ninguém suspeitava que ele tivesse contado o ocorrido aos colegas
tachar/taxar	*tachar* significa *pôr defeito*	O cientista foi tachado de louco
	taxar significa *impor taxa* (tributo)	O governo taxou a importação de lã

GUIA PARA USAR BEM A VÍRGULA

USE SEMPRE

quando, em dado contexto, o nome representa a única pessoa a ocupar um cargo ou ter determinada condição	O prefeito de São Paulo, João Doria, [...] Maria chegou acompanhada do marido, José Luís da Silva, e dos filhos, Pedro e Paulo (ou seja, os dois são os únicos filhos de Maria). Mas, se ela tiver outros filhos, que não a acompanharam, a vírgula final cairá: Maria chegou acompanhada do marido, José Luís da Silva, e dos filhos Pedro e Paulo.
Observe que o termo *presidente* funciona como título, mas isso não ocorre com *vice* nem com *primeira-dama*, que se definem pelo contexto (o vice de Dilma, que é Michel Temer; a primeira-dama de Temer, que é Marcela)	A presidente Dilma Rousseff e o vice, Michel Temer, estiveram na reunião. O presidente Temer e a primeira-dama, Marcela, estiveram na cerimônia
depois de orações subordinadas antepostas à principal	Se não chover, haverá jogo. Quando a economia entrou em colapso, o ministro renunciou.
Em trecho isolado por travessões, não se esqueça de usar a vírgula depois do segundo deles, quando a situação exigir	Depois de ter sido recusado por sete editoras brasileiras –não se sabe por que motivo–, o romance foi publicado no exterior
antes do *que* de oração subordinada adjetiva explicativa	Os estudantes, que xingaram o vizinho da escola, foram advertidos (ou seja, todos os estudantes foram advertidos)
há elipse de verbo idêntico ao anterior	Cariocas preferem praia; paulistas, shopping
para separar orações intercaladas	Irá a São Paulo, mas, se não receber o cachê antes, não cantará. Disse que, quando for a Brasília, tentará uma audiência com o presidente
antes de *mas, porém, contudo, entretanto, todavia, portanto, por isso* etc.	Jogou bem, mas perdeu. Estudou, porém foi reprovado. O acordo será renovado, portanto os empregos serão mantidos
antes de *e* que introduz oração com sujeito diferente	Fifa pune Maradona, e Pelé recebe prêmio (sem a vírgula, pode parecer que a Fifa puniu Maradona e Pelé). Gaúchos preferem carne, e paulistas, pizza
para separar adjuntos adverbiais de natureza diferente	Ontem à noite, no Morumbi, sem sete titulares, sob chuva forte, o São Paulo derrotou o Juventude
para isolar expressão explicativa (*isto é, a saber, aliás, ou seja*), aposto e vocativo	José da Silva, governador do estado, pretende ser presidente da República. João, não se esqueça de comprar as bebidas. Tentará descobrir a verdade, ou seja, não descansará até que os culpados sejam punidos

GUIA PARA USAR BEM A VÍRGULA [continuação]

NÃO USE

para separar sujeito de predicado, independentemente da ordem dos termos	O diretor de recursos humanos da recentemente privatizada empresa de correios afirmou que vai contratar mais de mil carteiros. Quem viver verá. Foram entregues os documentos
para separar termos complementares, mesmo quando a oração estiver em ordem invertida	O ministro informou aos jornalistas que não participará da entrevista. Ao presidente a ministra afirmou que reduzirá a inflação
quando o nome especifica a pessoa que ocupa um cargo ou tem uma condição que compartilha com outras	O ex-presidente Fernando Henrique Cardoso deu entrevista em São Paulo (se FHC fosse o único ex-presidente do país, seu nome viria entre vírgulas)
quando o nome do cargo funciona como uma espécie de título; o mesmo pode ocorrer com certas profissões	O papa Francisco, o governador Geraldo Alckmin, o jornalista Samuel Wainer, a escritora Clarice Lispector
com orações subordinadas adjetivas restritivas	Os torcedores que brigaram após a partida foram presos (foram presos só os que brigaram)
antes da expressão etc.	Comprou uva, laranja, mamão, abacate etc.

USO OPCIONAL

com expressões adverbiais breves, antepostas ou intercaladas	O governador participará em Brasília de uma reunião com o ministro da Fazenda. Ou O governador participará, em Brasília, de uma reunião com o ministro da Fazenda
depois de *no entanto, entretanto, por isso, porém, contudo, portanto, todavia*, quando iniciarem o período	No entanto o presidente deixou claro que não aceitará a proposta da oposição. Ou No entanto, o presidente deixou claro
antes de orações adverbiais de alguma extensão que venham depois da principal	O prefeito deixará o partido se a Câmara aprovar a CPI sobre títulos públicos. Ou O prefeito deixará o partido, se a Câmara aprovar a CPI dos títulos públicos
em construções que tenham pares de conjunções alternativas	Ou a votação do processo do presidente do Congresso terá de ser postergada por alguns dias (,) ou a análise da CPMF será antecipada. O fenômeno merece a atenção, seja por evitar os erros do passado (,) seja por tratar-se de um bioma riquíssimo e ameaçado.
é o caso de *ou... ou, quer... quer, seja... seja, nem... nem* **Atenção:** Evite "seja... ou". Use "seja... seja"	No caso de três ou mais conjunções, use vírgula. Trata-se de recurso de ênfase: O time ou vence, ou empata, ou estará fora de vez do campeonato

EXPRESSÕES PARECIDAS, SENTIDOS DIFERENTES

a fim de equivale à preposição *para*: Tomou providências a fim de evitar uma catástrofe. Também pode indicar *intenção* ou *vontade* (Estou a fim de fazer uma viagem) e *interesse amoroso* (Estava realmente a fim da colega)	**afim** expressa *semelhança*: Tinham ideias afins. Emprega-se também como substantivo para designar *parentes por afinidade*: Os afins não herdariam nada
a procura é o ato de *procurar alguma coisa*: A procura do tesouro perdido motivava os exploradores	**à procura de**, com *à* (craseado), indica que a pessoa está em busca de algo: Estava à procura de emprego
acidente é *qualquer acontecimento casual e inesperado, infeliz ou não, trágico ou não*: Mais de 200 pessoas morreram no acidente	**incidente** é um *episódio com caráter secundário*, sem consequência trágica: Superado o incidente diplomático, o acordo foi assinado pelos governadores
ao contrário de exprime clara *oposição entre ideias*: Ao contrário de baixar a taxa de juros, como havia prometido, o presidente a elevou	**diferentemente de** relaciona *duas ideias díspares que não são claramente opostas*: Diferentemente do informado, o jogo será no estádio do Pacaembu, não no do Morumbi
ao encontro de quer dizer *em busca de, no mesmo sentido*: O pai foi ao encontro do filho que voltava de viagem; As ideias do presidente vão ao encontro da tese do governador (ideia de acordo)	**de encontro a** quer dizer *na iminência de colidir, no sentido oposto*: O caminhão foi de encontro ao poste; As ideias do presidente vão de encontro à tese do governador (ideia de desacordo)
ao invés de significa *ao contrário de*: Ao invés de chegar cedo, chegou tarde. Só use quando houver clara oposição entre os termos	**em vez de** significa *em lugar de*: Em vez de estudar, foi ao cinema
caçar significa *perseguir com o intuito de capturar*. O termo é geralmente empregado para animais. Caçaram animais para comer	**cassar**, por sua vez, quer dizer *anular* ou *privar uma pessoa de seus direitos*: O mandato do deputado foi cassado. Durante o regime militar, vários políticos foram cassados
cheque é uma *ordem de pagamento* ou *uma forma do verbo* checar: Quase ninguém usa cheque atualmente; Cheque todos os itens antes de entregar o trabalho	**xeque** é um *título árabe* (O xeque entrou em sua tenda) ou o *termo usado no xadrez*, que aparece em *pôr em xeque*, isto é, *pôr em dúvida* (O argumento foi posto em xeque)
descendência é o termo que designa os *filhos*, a *prole oriunda de um mesmo ancestral*: Ele deixou vasta descendência em seu país	**ascendência** indica que *alguém provém de um povo ou grupo social*: Ele tem ascendência japonesa; Seus traços revelam ascendência indígena
descrição é o ato de *descrever*	**discrição** é qualidade de quem é *discreto*; o antônimo é indiscrição

EXPRESSÕES PARECIDAS, SENTIDOS DIFERENTES

[continuação]

dispensa é o ato de *dispensar, desobrigar de um dever* ou *demitir*, entre outros sentidos

despensa é a divisão da casa *onde se guardam mantimentos*: A despensa da casa de campo estava vazia

emigrar é *deixar um país para viver em outro* (Muitos emigraram do Japão depois da guerra). Obs.: *migrar* pode ser usado para indicar *mudança periódica de lugar* (Essas aves migram no verão) ou *qualquer deslocamento entre regiões, cidades ou países* (Os nordestinos migravam para o Sudeste)

imigrar é *entrar e fixar residência em localidade que não a de sua origem* (Muitos italianos imigraram para o Brasil no início do século 20)

haja é uma forma de presente do subjuntivo do verbo *haver*: Haja paciência

aja, também do subjuntivo (e do imperativo), pertence ao verbo *agir*: Aja com cautela

mal se opõe a *bem*: Ele joga mal; Ela joga bem; Ele é mal-humorado; Ela é bem-humorada

mau se opõe a *bom*: Ele é mau jogador; Ele é bom jogador; Está sempre de mau humor; Ela está sempre de bom humor

mandado é uma *ordem judicial* (por exemplo, de segurança ou de prisão)

mandato é uma *procuração* ou o *período de gestão* de um deputado, presidente, vereador, conselheiro de empresa

maus-tratos é o *delito de submeter uma pessoa que esteja sob sua dependência ou guarda a severos castigos ou trabalhos excessivos*: O sequestrador submeteu-o a maus-tratos

maltrato é uma forma do verbo *maltratar*: Eu não maltrato os animais. Evite empregá-la como substantivo

melhor substitui as expressões *mais bem* e *mais bom*. Pode ser um advérbio (no lugar de *mais bem*): Ela escreve melhor do que ele, ou um adjetivo (no lugar de *mais bom*): Seu texto é melhor que o dele

mais bem é a forma correta diante de verbos no particípio (Seu texto foi mais bem escrito que o dela). O mesmo vale para *mais mal* e *pior*

nenhum é um pronome indefinido que indica *exclusão de todos os elementos*: Esta cédula não tem nenhum valor

nem um é o advérbio *nem* (com valor de *nem mesmo* ou *nem sequer*) seguido do numeral *um* (Nem um centavo/ Nem sequer um centavo). O numeral *um* pode ser substituído por outros (*nem dois, nem três*

onde indica lugar *em que*: Ele quer saber onde você mora; Aquela é a cidade onde o presidente nasceu

aonde indica *lugar a que*: Aonde ele quer chegar com essas propostas? Aonde vamos hoje? É usado com verbos que regem a preposição *a* (ir, chegar, dirigir-se etc.)

por hora é relativo ao *período de 60 minutos*: Recebe R$ 100 por hora trabalhada

por ora quer dizer *por enquanto*: Por ora, ainda não houve notícias do fugitivo

EXPRESSÕES PARECIDAS, SENTIDOS DIFERENTES

[continuação]

retalhar quer dizer *cortar em retalhos ou pedaços*: O assassino retalhou o corpo da vítima	**retaliar** é aplicar a lei de talião, *revidar o dano com outro dano*: Não se deve retaliar uma ofensa
reveses é o plural de *revés*, ou seja, *adversidade, obstáculo*: Ele sofreu muitos reveses durante a viagem	**revezes** é uma forma do verbo *revezar* (Espero que tu te revezes com teu companheiro) ou parte da locução *a revezes*, que quer dizer *de vez em quando*
seção significa *parte, repartição, divisão*: Trabalha na seção de transportes; O livro era dividido em seções	**sessão** designa a *duração de determinada atividade, evento* etc.: Estiveram na última sessão de cinema; Ao término da sessão legislativa, todos estavam exaustos
segmento é *uma das partes em que se pode dividir algo*: A moda é um segmento que vem recebendo mais atenção da mídia	**seguimento** é o ato de *seguir, prosseguir, continuar*: Ele pretende dar seguimento ao projeto no próximo ano
senão equivale a *do contrário, caso contrário* (O time precisa ganhar, senão será rebaixado), *a não ser, com exceção de, exceto* (Ninguém, senão o político, pode explicar a negociata). Também é usado no lugar de *mas*; *mas sim*; *mas também*: Comportou-se não apenas como professor, senão como amigo	**se não** equivale a *caso não* ou *quando não*: Haverá jogo se não chover; É difícil, se não impossível, eliminar a pobreza no mundo; É rico, se não riquíssimo
tivesse é uma forma do pretérito imperfeito do subjuntivo do verbo *ter*: Mesmo que eu tivesse dinheiro, não compraria isso	**estivesse**, no mesmo tempo e modo, pertence ao verbo *estar*: Ainda que estivesse presente, não teria exposto sua ideia. Na linguagem oral, é comum *tivesse* no lugar de *estivesse*. Evite em textos noticiosos
todo dia, sem artigo, significa *dia após dia, cada dia*: Todo dia ele corre no parque	**todo o dia**, com artigo, significa *o dia inteiro*: Ele trabalha todo o dia/o dia todo
todo o mundo quer dizer *o mundo inteiro*	**todo mundo** quer dizer *todos os mundos*. No sentido figurado (*todas as pessoas*), mantém-se o artigo: Todo o mundo gostou do jogo
tráfico é *negócio ilícito*: tráfico de drogas, tráfico de escravos. Pode ser usado no sentido figurado: tráfico de influência	**tráfego** é a movimentação ou fluxo de veículos (o tráfego estava intenso; tráfego aéreo)
vultoso quer dizer *grande, volumoso*: Foram desviadas dos cofres públicos vultosas quantias	**vultuoso** refere-se a *vultuosidade*, ou seja, *inchaço e vermelhidão das faces e olhos salientes*: Tinha o rosto vultuoso quando o médico chegou

PADRONIZAÇÃO

Este capítulo lista uma série de convenções formais adotadas pela **Folha**. A observância desses padrões ajuda a assegurar a identidade do jornal.

A

ABREVIATURA O emprego de abreviaturas deve ser evitado em textos, para não truncá-los. Concentre o uso delas em legendas e fichas técnicas. Não invente abreviaturas. As mais usadas na **Folha** são as da tabela na pág. 200.

Leia os verbetes ***unidades de medida*** e ***mi, bi e tri*** nas págs. 249 e 228.

ACREDITAR Ao introduzir declaração de personagem da notícia, evite empregar verbos como acreditar, alertar, alegar, explicar, entre outros. Use verbos declarativos, que são neutros: dizer, afirmar, declarar, perguntar, responder.

Leia o verbete ***verbos declarativos*** nas págs. 154 e 250 e a tabela ***Verbos difíceis*** na pág. 187.

AERONAVE/ESPAÇONAVE Em nomes de aeronaves e espaçonaves, em geral usa-se hífen antes do numeral: DC-6B, Apollo-13, MiG-17, Viking-2.

Não empregue o hífen, porém, nas referências aos modelos da Boeing ou da Airbus: Boeing 767, Airbus A330. Quando a especificação de modelo ou tipo incluir um segundo numeral, separe com hífen: Boeing 737-300, Airbus A330-200.

Em caso de dúvida, adote a grafia da publicação "Jane's All the World's Aircraft". Em algumas situações, a **Folha** adota a grafia aportuguesada: Magalhães, não Magellan; Galileu, não Galileo, para se referir às sondas da Nasa.

AGORA A **Folha** se refere ao jornal Agora São Paulo como Agora.

ABREVIATURAS MAIS USADAS

al.	alameda
apto.	apartamento
av.	avenida
pça.	praça
r.	rua
tel.	telefone
a.C.	antes de Cristo
d.C.	depois de Cristo
etc.	et cetera
pág.	página
seg. (ou 2ª)	segunda-feira
ter. (ou 3ª)	terça-feira
qua. (ou 4ª)	quarta-feira
qui. (ou 5ª)	quinta-feira
sex. (ou 6ª)	sexta-feira
sáb.	sábado
dom.	domingo
jan.	janeiro
fev.	fevereiro
mar.	março
abr.	abril
mai.	maio
jun.	junho
jul.	julho
ago.	agosto
set.	setembro
out.	outubro
nov.	novembro
dez.	dezembro
S.A.	sociedade anônima

AIDS Não é necessário escrever por extenso o significado em português (síndrome da imunodeficiência adquirida). A doença é vinculada à infecção pelo HIV (vírus da imunodeficiência humana).

Leia o verbete ***Aids*** na pág. 339.

ALGARISMOS ROMANOS A **Folha** não usa algarismos romanos, a não ser em casos específicos.

Leia o verbete ***numerais*** na pág. 234.

AMERICANO Prefira esse termo para designar cidadão dos Estados Unidos da América. Admite-se a expressão *norte-americano*.

ANTÁRTIDA Use essa grafia para o continente onde fica o polo Sul. O adjetivo, porém, é *antártico*, cujo feminino é *antártica*.

APELIDO Use somente quando o personagem da notícia for mais conhecido por ele do que por seu nome real (como Pelé, em vez de Edson Arantes do Nascimento) ou quando o apelido contiver alguma informação que enriqueça o texto jornalístico. Não deixe de citar o nome verdadeiro se for relevante para a reportagem. Em um perfil sobre o técnico e ex-jogador de futebol

Dunga, é importante informar que ele se chama Carlos Caetano Bledorn Verri. Não use a palavra vulgo. Não coloque ***aspas*** em apelidos.

ARREDONDAMENTO A **Folha** adota a convenção internacional de arredondamento de valores ilustrada a seguir. Tome cuidado ao aplicar a regra a ***porcentagens***. Ao final do processo de arredondamento, a soma dos dados pode se tornar diferente de 100%.

- Se a casa decimal for 0, 1, 2, 3 ou 4, arredonde para baixo: 0,263 se torna 0,26.
- Se a casa decimal for 5, 6, 7, 8 ou 9, arredonde para cima: 0,268 se torna 0,27.

Ao reduzir para apenas uma casa decimal, tanto 0,263 como 0,268 devem ser arredondados para 0,3, mas 0,237 é arredondado para 0,2.

O número de casas decimais depende do que se vai relatar. Do ponto de vista contábil, pode-se citar um aumento de R$ 1.688.235.458,29 nas exportações brasileiras de determinado período. Para comparações jornalísticas, porém, basta escrever que houve crescimento de R$ 1,7 bilhão.

Além disso, depende da precisão dos dados com os quais se trabalha. O volume de um certo recipiente expresso como 0,742 litro indica que o instrumento de medida pode detectar diferenças da ordem de 0,001 litro (ou 1 ml); se expresso na forma 0,74 litro, a precisão correspondente será de 0,01 litro (1 cl).

Em português, usa-se ponto para marcar os milhares e vírgula para decimais. Como a notação inglesa determina o inverso, os erros são comuns.

Leia o verbete ***numerais*** na pág. 234.

ARTE Não use esse jargão para remeter o leitor do texto a um infográfico. Adote a denominação precisa: *quadro*, *gráfico*, *mapa* ou *tabela*.

Leia o verbete ***remissão*** na pág. 241.

ASPAS Sinal gráfico (" ") utilizado para delimitar uma citação que não seja editada em ***entrevista pingue-pongue***: *"O Estado sou eu" é a frase mais famosa de Luís 14.*

As aspas devem ser usadas com parcimônia, apenas para demarcar *declaração textual* de grande impacto.

Use aspas também:

- Quando reproduzir documentos escritos;
- Em palavras e expressões estran-

geiras, conforme o verbete ***estrangeirismos*** na pág. 216;

- Para identificar títulos de livros e obras artísticas (filmes, peças, músicas, novelas, séries de TV);

Leia o verbete ***ficha técnica*** na pág. 218 e sobre títulos de obras na tabela ***Uso de maiúsculas e minúsculas*** na pág. 251.

Não use:

- Em frases ***off-the-record*** ou em frases relatadas por terceiros. Casos excepcionais devem ser discutidos com a Secretaria de Redação;
- Em programas de TV, internet e rádio, sites de ***veículos de comunicação***, blogs, revistas, jornais (incluindo seções).

Evite usar aspas:

- Para enfatizar palavras, sobretudo com a intenção de produzir efeito de ***ironia*** ou alterar o significado delas. Em vez de Depois da operação, a polícia "sumiu" da área, escreva: Depois da operação, o policiamento diminuiu;
- Em uma única palavra, mesmo que ela conste de declaração. Exemplo: *Após o presidente do Banco Central considerar "significativas" as novas projeções do Fundo Monetário Internacional (FMI), analistas passaram a prever alta menor dos juros básicos da economia.* O sinal gráfico pode ser confundido com indicador de ironia, embora tenha sido usado para marcar a literalidade do termo.

Siga ainda as seguintes regras:

- Em transcrições, a pontuação ficará dentro das aspas se a declaração constituir período completo, ou seja, todo ele entre aspas. "Eu não renuncio." Dessa forma o presidente do São Paulo começou seu discurso. Ficará fora das aspas se o trecho vier dentro de frase mais longa ou após dois-pontos. O presidente do São Paulo disse: "Eu não renuncio";
- Reprodução literal de trecho de livro, artigo, conferência ou frase de autor ou personalidade deve ser feita sempre entre aspas. Nomeie o autor e a fonte da qual o trecho foi transcrito. Corrija eventuais erros de português;
- Aspas simples (' ') são utilizadas quando a palavra ou expressão destacada fizer parte de período já escrito entre aspas: *Diz a nota emitida pela embaixada: "A insinuação de que a embaixadora estaria 'envolvida na desestabilização do governo' não procede".* Mas tente evitar esse tipo de construção. É melhor: A nota oficial do go-

verno diz que não procede a acusação de que a embaixadora esteja "envolvida na desestabilização do governo";

- Evite o uso de aspas simples seguidas de aspas duplas: A nota oficial do governo diz que não procede a "insinuação de que a embaixadora estaria envolvida na 'desestabilização do governo'";
- Evite também as construções em que somente o ponto separa aspas fechadas de outras que abrem nova frase: O acusado disse que estava "enlouquecido no momento da briga". "Estou arrependido", afirmou o rapaz;
- Em ***títulos*** e ***legendas***, é possível usar aspas simples no lugar de aspas duplas para ganhar espaço. Nas plataformas digitais, use sempre aspas simples nesses dois elementos de edição.

ASSASSINAR Empregue o verbo sempre que alguém tirar deliberadamente a vida de outra pessoa. Quando não houver intenção ou a morte for provocada em legítima defesa, use *matar*. Não chame de *assassino* quem não tiver sido julgado e condenado em última instância. Nesse caso, use suspeito de assassinato. Também não o qualifique, em caso de condenação, como homicida ou matador. Use Fulano, que matou Beltrano.

No caso de morte ocorrida entre combatentes durante ação militar ou praticada pela polícia no estrito cumprimento do dever legal, use *matar*, não ***executar***.

Leia o verbete ***crimes*** nas págs. 88 e 398.

ASSENTAMENTO E COLÔNIA Use *colônia* para se referir a grupo de pessoas instaladas em território estrangeiro com o propósito de cultivar, povoar ou explorar a região. O termo também indica o território dominado por um Estado, mas situado fora de suas fronteiras.

Assentamento é preferível para descrever núcleo de trabalhadores rurais, especialmente no contexto de reforma agrária.

Em textos noticiosos sobre Israel e Palestina, use *colônia* em títulos e primeira menção; admite-se *assentamento* como sinônimo em segunda menção.

ATERRISSAR/ATERRIZAR As duas formas são admissíveis, segundo os dicionários, mas prefira *aterrissar*.

AUDIÊNCIA Ao mencionar a audiência de TV aferida pelo Ibope ou por outro instituto, é necessário informar ao menos uma vez quantos domicílios e quantos telespectadores cada ponto de audiência representa.

No texto, prefira sempre o dado nacional de espectadores. Confirme com cada instituto a atualização mais recente de seus respectivos painéis de audiência.

Ao citar audiência de sites, em vez de dizer que houve um determinado número de acessos, explique a métrica usada, como páginas vistas (pageviews), visitantes únicos (unique visitors), visitas e tempo de visita (time spent).

B

BANCO CENTRAL Leia o verbete ***Banco Central*** na pág. 276.

BIANUAL Evite. Para qualificar algo que acontece duas vezes por ano, use *semestral* sempre que possível. Não confunda com *bienal*, que significa *uma vez a cada dois anos*.

BOX Não use esse jargão jornalístico para remeter o leitor a um texto editado entre fios na mesma página. Escreva leia texto ao lado (ou abaixo ou nesta página).

C

CAIXA-ALTA/CAIXA-BAIXA Termos que pertencem ao jargão jornalístico. Evite.

Leia os verbetes ***maiúsculas/minúsculas*** e ***siglas*** nas págs. 228 e 242.

CÂMARA MUNICIPAL Em alguns municípios, o nome oficial é Câmara de Vereadores. Verifique antes de escrever. Escreva sempre com maiúsculas e minúsculas, mesmo em segunda menção: O diretor-geral da Câmara. No plural, use também maiúsculas e minúsculas: As Câmaras Municipais das capitais; os representantes das Câmaras.

CAPA Admite-se esse termo para se referir à primeira página da versão impressa e às homes das plataformas digitais.

CAPITAL Só use a palavra com referência explícita ao estado ou país a que se está referindo: As escolas da capital paulista não receberam merenda (em vez de As escolas da capital não receberam merenda).

É desnecessário mencionar o país ou estado no caso de capitais muito conhecidas –por exemplo, Paris, Moscou, Londres, Washington, Rio de Janeiro– ou que se tornam conhecidas devido ao noticiário –caso de Bagdá durante a Guerra do Iraque.

CARDEAL A rigor, o título deve vir antes do sobrenome do prelado: *O arcebispo de São Paulo, dom Odilo cardeal Scherer, esteve com o papa Francisco*. Como a forma não é coloquial, prefira O cardeal dom Odilo Scherer, arcebispo de São Paulo, e, em segunda menção, o cardeal Scherer ou dom Odilo.

Jamais escreva o cardeal dom Odilo (sem sobrenome), nem dom Scherer. Em todos os casos, pode-se usar a abreviatura d. Odilo.

Arcebispo é um cargo hierárquico da Igreja Católica, ocupado pelo sacerdote responsável por uma arquidiocese (região de uma cidade). *Cardeal* é um título honorífico.

Não existe, portanto, um cardeal de São Paulo ou cardeal arcebispo de São Paulo. Também é incorreto falar em cardeal emérito; pode-se ser arcebispo emérito (jubilado no cargo), como d. Cláudio Hummes em São Paulo. Nesse e em casos análogos, use a forma cardeal d. Cláudio Hummes, arcebispo emérito de São Paulo. Os cardeais formam o colégio de eleitores do papa.

CARGOS Em caso de cargos com titulação composta, geralmente não se usa hífen quando for possível acrescentar antes do segundo termo a expressão *da área*. Exemplos: diretor [da área] comercial, diretor [da área] industrial. Usa-se hífen nos outros casos: diretor-geral, diretor-presidente, diretor-executivo, secretário-adjunto, editor-assistente. Evite a sigla CEO no lugar de presidente ou diretor sempre que possível.

CASTELHANO/ESPANHOL Ambas estão corretas para designar o idioma, mas prefira *espanhol*.

CENTRO TECNOLÓGICO GRÁFICO-FOLHA Nesse caso, a palavra Folha se grafa sem negrito. A sigla é CTG-F.

CHAMPANHE Vinho espumante (branco ou rosé) da região de Champanhe, nordeste da França. A palavra, aportuguesada, é considerada substantivo de dois gêneros (o champanhe, a champanhe). Prefira o masculino, que pressupõe a elipse do termo vinho e reflete o uso francês ("le champagne"). Se a bebida não for originária dessa região, empregue o genérico *espumante*. O espumante produzido na Espanha chama-se *cava* (o cava), e o produzido na Itália, com uva glera em área localizada entre Conegliano e Valdobbiadene (no Vêneto), é o *prosecco*.

CHANCELER Ministro das Relações Exteriores de um país. Na Alemanha e na Áustria, a palavra é usada para designar o primeiro-ministro. Nesses casos, não deve ser empregada para identificar os ministros das Relações Exteriores.

CHEFE Em títulos e segunda menção, admite-se como sinônimo de *presidente* ou *diretor-geral*. Em primeira menção, cite o nome correto do cargo: presidente da Câmara dos Deputados, diretor-geral da ONU.

CHEFE DE ESTADO/DE GOVERNO Somente a palavra *Estado* começa com maiúscula. As duas funções não devem ser confundidas. *Chefe de Estado* é aquele que representa simbolicamente o Estado nacional, como a rainha da Holanda ou o presidente de Portugal. *Chefe de governo* é quem chefia o Poder Executivo, como o primeiro-ministro de Portugal. Nos regimes presidencialistas, o presidente é chefe de Estado e chefe de governo ao mesmo tempo. Nos parlamentaristas, o chefe de Estado é o presidente ou o rei/a rainha, e o chefe de governo é o primeiro-ministro.

Só use *chefe da nação* para se referir a sociedades tribais.

CLASSES SOCIAIS Evite o jargão sociológico (burguesia, proletariado, aristocracia), principalmente em textos noticiosos. Use termos que tenham maior precisão: industriais do setor de papel e celulose, donos de redes de supermercados, metalúrgicos, trabalhadores do setor de telemarketing, detentores de título de nobreza, mendigos. Pela mesma razão, prefira ao substantivo capitalista palavras como empresário, banqueiro, comerciante, industrial, conforme o caso.

Em textos sobre pesquisas que ordenem a população em classes (A, B, C, D e E, por exemplo), explique o critério usado para a divisão dos segmentos –renda e/ou bens, entre outros. **Não chame de classe média as camadas de mais alto poder de consumo do país** (classes A e B, veja tabela).

Lembre-se de que o Brasil ainda é muito desigual: segundo dados do Ipea (Instituto de Pesquisa Econômica Aplicada), a média de renda domiciliar per capita mensal de pessoas entre os 10% mais pobres era R$ 133 em 2014, enquanto a dos 10% mais ricos era R$ 4.712. Evite empregar o termo *elite*, porque vago, para designar grupos nos mais altos escalões de poder, riqueza ou prestígio.

CLASSES SOCIAIS NO BRASIL
Distribuição segundo poder de consumo* (em %)

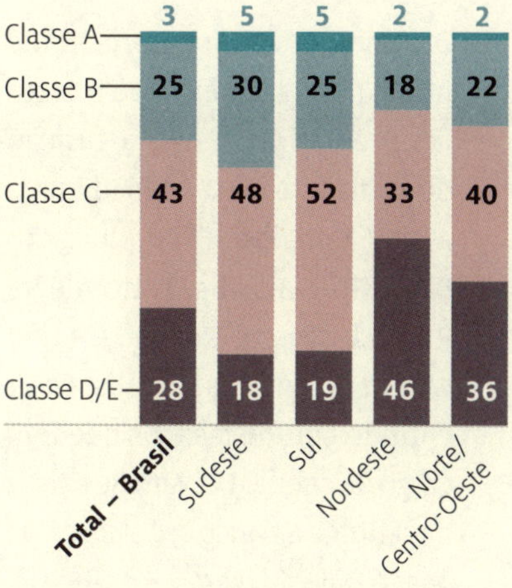

* Critério Brasil-Abep (Associação Brasileira de Empresas de Pesquisa). Fonte: Datafolha (mar.2017)

COLCHETES Recurso gráfico [ ] com função semelhante à dos ***parênteses***, mas mais abrangente. Permite introduzir breves esclarecimentos no texto, principalmente em ***artigos*** ou traduções, para deixar claro que a observação não constava da versão original: O "council tax" [equivalente ao IPTU no Reino Unido] onera proporcionalmente muito mais os imóveis de baixo valor.

O mesmo vale em caso de ***declarações textuais***: "Há estudos que mostram um excesso de indivíduos com QI acima de 130 [nível alto]", disse o cientista. Com esse recurso, deixa-se claro que a explicação foi acrescentada pelo jornalista.

Esse tipo de intervenção pode ocorrer também para completar declarações. Nesse caso, o complemento deve encaixar-se naturalmente: "[A ONG] foi criada com o objetivo de estimular a produção artística na periferia da cidade".

Não use colchetes para fazer remissão –bastam parênteses. Exemplo: (leia texto nesta página).

CÓLERA Quando significa *raiva*, é palavra feminina: Sua irritação chegava ao limite da cólera. Quando designa a doença, pode ser masculino ou feminino, mas a **Folha** usa o masculino: O cólera chegou ao Brasil.

COLETIVA No jargão, denomina ***entrevista*** dada a jornalistas de vários veículos de comunicação. Não use em textos noticiosos; escreva entrevista coletiva ou somente entrevista. A tradução da expressão de língua inglesa "press conference" é entrevista coletiva, não conferência de imprensa.

COLUNISTA/BLOGUEIRO Leia o verbete ***colunista/blogueiro*** na pág. 85.

CONGRESSISTA Senador ou deputado federal, integrante do Congresso Nacional. Prefira congressista a parlamentar quando se referir a membros do Legislativo de regimes presidencialistas.

CONGRESSO/PARLAMENTO A **Folha** prefere *Congresso* para designar o Poder Legislativo de países presidencialistas, mas admite *Parlamento* como equivalente nesses casos. Em relação a regimes parlamentaristas, adote *Parlamento* (mas há exceções, como a Espanha, onde o Legislativo se chama Congresso). Pode-se empregar *Legislativo* como sinônimo de *Congresso* ou de *Parlamento*.

Os termos não podem ser usados em referência a apenas uma das Casas legislativas em sistemas bicamerais, como o brasileiro (Congresso remete à reunião da Câmara e do Senado). Escreva com inicial maiúscula, inclusive em segunda menção.

COR/RAÇA Evite a palavra *raça* para referir-se a subgrupos da espécie humana, salvo em reproduções literais. Há controvérsia científica sobre características físicas representarem uma divisão entre raças.

Leia os verbetes ***etnia*** e ***negro/pardo/preto*** nas págs. 217 e 230, respectivamente.

CRÉDITO A **Folha** adota as regras a seguir para identificar a autoria de seus textos:

1. O crédito deve obrigatoriamente indicar a cidade em que o texto foi produzido, e não a função do jornalista ou a unidade para a qual trabalha. Exemplos: São Paulo, Rio, Brasília, Porto Alegre, Ribeirão Preto, Recife. A regra vale para todos os jornalistas, incluindo colunistas e os que têm cargo de chefia. Deixam de existir os créditos *Enviado a*, *Colaboração para* e *Especial para*;
2. Assinaturas por extenso no alto dos textos não devem ser repetidas em uma mesma página;
3. Na versão impressa, textos secundários do mesmo autor do texto principal podem ser assinados no pé, preferencialmente com iniciais;
4. Nas plataformas digitais, as assinaturas dos autores devem

aparecer sempre por extenso, de preferência no alto;

5. Textos escritos por até três autores podem trazer suas assinaturas no alto, observados o item 2 e o padrão *nome(s), origem(ns)*. Exemplos: Fulano, Beltrano e Sicrano. As origens devem estar no início do texto;
6. Quando houver quatro ou mais autores, os nomes serão creditados ao fim do texto, tanto na versão impressa como nas plataformas digitais;
7. O crédito relativo a acréscimos pontuais em textos alheios deve ser registrado apenas no fim, com o formato de pé biográfico: Colaborou Fulano, de São Paulo; Colaborou a Redação; Colaboraram a Redação e a Sucursal de Brasília;
8. Quando a reportagem for produzida em duas ou mais cidades, o crédito poderá ser unificado, a critério do editor, em torno de um conceito geográfico: Serra Leoa, não Port Loko e Sulima (Serra Leoa); Interior da Bahia, não Vitória da Conquista e Eunápolis (BA). Mas: Nova York e Washington, não EUA;
9. É possível ainda escolher para o crédito a cidade mais representativa da cobertura. Exemplo: em uma reportagem feita majoritariamente em São Paulo, mas com apuração também em municípios da região metropolitana, use *São Paulo*;
10. ***Artigos***, ***análises***, ***depoimentos***, ***críticas*** e outros ***textos de opinião***, salvo editoriais, precisam trazer assinatura, origem (a critério do editor) e miniperfil (observados os itens 11, 12 e 13), seja o texto escrito por jornalistas da **Folha**, seja por colaboradores externos;
11. Na versão impressa, ***colunas*** devem trazer com um miniperfil sucinto, de até duas linhas. A regra se aplica também para substitutos dos titulares. São exceções as colunas centrais da página A2 (São Paulo/Brasília/Rio) e a do ombudsman, aos domingos;
12. Nas plataformas digitais, todos os colunistas (sem exceções) devem ter miniperfil separado do texto;
13. É obrigatório que o miniperfil de colunistas e de autores de ***textos de opinião*** (incluindo os da seção Tendências / Debates) destaque informações de pertinência jornalística, a critério do editor ou da Secretaria de

Redação. São exemplos ligações partidárias ou eventuais interesses em determinada causa (o artigo de um advogado que critique o juiz responsável por um processo deve informar que ele defende uma das partes da ação judicial). Nas versões digitais, esse tipo de explicitação de interesse deve aparecer ao final do texto, e não no miniperfil. Leia o verbete ***exposição de interesses*** na pág. 59;

14. O miniperfil de autor conhecido por apelido deve informar seu nome completo. Por exemplo, um artigo de Pelé deve trazer: Edson Arantes do Nascimento, o Pelé [...];
15. Em situações excepcionais e a critério do editor, reportagens assinadas por colaboradores externos podem ter miniperfil;
16. Textos de agências internacionais ou de veículos de comunicação do Grupo Folha (casos do portal UOL e do jornal Agora) têm como crédito o nome da cidade de origem do despacho (Moscou, Nova York, Pequim). Use miniperfil no fim do texto para identificar a agência que o enviou, quando for apenas uma, ou Das agências de notícias, quando se tratar de texto elaborado a partir de várias fontes. A critério do editor, pode-se assinar o texto com o nome do jornalista. Exemplo: Margarita Antidz, Gori (Geórgia) [com pé biográfico ao final para indicar a agência];
17. É obrigatória a publicação de crédito de tradução no pé do texto. Siga esta fórmula: Tradução de José da Silva. São exceções os textos formulados a partir de várias agências.

CRÉDITO DE FOTO São regras para identificação de fotografias em todas as plataformas:

1. Sempre indique o nome do fotógrafo e o da organização para a qual ele trabalha. No caso de profissionais da **Folha**, use o modelo nome/Folhapress; se a imagem for distribuída por agências que não permitam sua redistribuição, o padrão é nome/agência; nas demais hipóteses, use nome/agência/Folhapress ou, caso se trate de autor independente (incluindo leitores), apenas o nome;
2. Não assinale a data da foto se ela tiver sido feita para a ocasião de sua publicação. Contudo,

se o registro temporal for relevante, destaque essa informação na legenda. Nas demais situações, siga estes exemplos: Fulano – 20.jan.16/Folhapress; Beltrano – 21.jan.16/Efe; José da Silva – 22.jan.16/Futura Press/ Folhapress;

3. Fotos distribuídas por assessorias de comunicação devem sempre conter o termo Divulgação: João da Silva/ Divulgação Presidência da República;
4. Ao aproveitar fotos já publicadas em redes sociais, escreva o nome do autor da imagem (que precisa autorizar seu uso) e a origem: Fulano no Twitter;
5. Se for necessário reproduzir imagem capturada de vídeo, use o formato: Reprodução/TV Globo. É preciso obter autorização do autor do vídeo ou da empresa para a qual ele trabalha;
6. Não use o *campo alt* para registrar crédito da foto. Ele serve exclusivamente para descrever as imagens a quem tem deficiência visual ou dificuldades para enxergar.

Leia os verbetes ***legenda*** na pág. 226 e ***imagens*** na pág. 101.

CRÉDITO DE VÍDEO Observe as seguintes regras:

1. Nos vídeos produzidos pela **Folha**, indique com clareza os responsáveis pela reportagem, produção (se houver), fotografia e edição, além do local em que as imagens foram gravadas;
2. Em vídeos produzidos por terceiros (profissionais ou não), o contrato entre as partes especificará quais informações constarão do crédito;
3. Informe a data de produção do vídeo apenas se for uma informação relevante;
4. Não utilize o *campo alt* para informar o nome do autor das imagens. Ele serve exclusivamente para descrever as imagens a quem tem deficiência visual ou dificuldades para enxergar.

Leia os verbetes ***legenda*** na pág. 226 e ***imagens*** na pág. 101.

"CURRICULUM VITAE" Não use. Escreva currículo.

D

DAR VERBA Evite a expressão, que tem conotação personalista. A autoridade pública não dá verba a nenhum projeto, município, estado ou órgão público. A autoridade *libera*, *destina*, *transfere* verba.

Não escreva O ministro deu R$ 10 milhões ao estado de Pernambuco, e sim O ministro liberou R$ 10 milhões para o estado de Pernambuco.

DATA Use algarismos arábicos para dia e ano (sempre sem o ponto de milhar) e letras ***minúsculas*** para o mês: *31 de outubro de 2016*. Somente o primeiro dia de cada mês é grafado com ordinal: *1º de novembro*. Ao usar barras na grafia de datas, despreze os zeros à esquerda: escreva 2/8/15, não 02/08/15. Em ***crédito de foto***, o mês deve ser abreviado por suas três primeiras letras: 6.jul.15 (separado por ponto, não barra).

Nomes de feriados, eventos históricos importantes ou festas religiosas e populares são grafados com ***maiúsculas***: Primeiro de Maio (ou 1º de Maio), Dia do Trabalho, Sete de Setembro (ou 7 de Setembro), Natal, Carnaval, Revolução Francesa, Dia D, Ramadã, Iom Kipur, Dia da Bandeira.

DÉCADA Não escreva somente década de 20 para se referir à década de 1920, a não ser que o contexto deixe claro a qual século o repórter se refere. Para as primeiras décadas do século 21, use década de 2000 e década de 2010. A década de 1910 vai de 1911 ao fim de 1920, mas a expressão *anos 1910* engloba o período de 1910 a 1919.

DÉFICIT Escreva com acento. No plural, *déficits*.

DENUNCIAR Reportagens da **Folha** não denunciam. Dependendo do caso, *revelam*, *divulgam*, *apontam*, *constatam*, *apuram*.

DEUS Veja a tabela ***Uso de maiúsculas e minúsculas*** na pág. 252.

DIAS DA SEMANA Escreva sempre com ***minúsculas***: domingo, segunda-feira, terça. Em ***títulos***, admitem-se as formas reduzidas *2ª*, *3ª*, *4ª*, *5ª*, *6ª*. As abreviaturas *seg.*, *ter.*, *qua.*, *qui.*, *sex.*, *sáb.* e *dom.* podem ser usadas em ***fichas técnicas*** e infográficos quando houver necessidade.

Leia o verbete ***ontem, hoje e amanhã*** na pág. 236.

DISTÂNCIAS Ao citar cidades, quando pertinente, indique sua distância em relação à capital de seu estado. Como fonte, use serviços consagrados de georreferenciamento e escreva a distância mais curta por terra ou pelo trajeto mais viável.

No caso de outros países, informe a distância das cidades em relação à respectiva capital, com exceção dos Estados Unidos –nesse caso, a exemplo do Brasil, mencione quantos quilômetros separam a localidade da capital do estado a que pertence. Se o local não dispuser de estradas, cite a distância em linha reta, mas explique isso no texto.

DITADOR, LÍDER E DIRIGENTE A **Folha** usa o termo *ditador* para designar o dirigente principal de um regime sem liberdades democráticas e com poderes concentrados nas mãos de um só líder. O termo não se aplica, por exemplo, aos membros de uma junta militar ou da cúpula de regimes autoritários com algum mecanismo de divisão do poder.

Recomenda-se a palavra *ditador* na primeira menção no texto, alternando depois, para evitar repetições, com o cargo formal. Exemplos: o ditador norte-coreano Kim Jong-un; Raúl Castro, ditador de Cuba; o ditador Robert Mugabe (Zimbábue).

Para os casos de regimes ditatoriais não pessoais, como China e Vietnã, usa-se o termo *dirigente* ou *líder* na primeira menção, buscando acrescentar um adjetivo que descreva o sistema em questão. Exemplo: O dirigente Xi Jinping, chefe do regime ditatorial chinês.

DITADURA Use com critério esse termo, que indica dominação de uma sociedade por meio de um governo autoritário exercido por uma pessoa ou um grupo, com repressão e supressão ou restrição de liberdades individuais. Sempre que possível, convém qualificar de forma objetiva: governo militar; regime cujo presidente está no poder há 25 anos; regime de partido único.

A expressão ditadura militar designa o regime que vigorou no Brasil de 1964 a 1985. Em textos noticiosos, a forma regime militar também pode ser usada, mas não Revolução de 64.

DONA Não use como forma de tratamento. Use O presidente Fernando Henrique Cardoso estava com a primeira-dama, Ruth.

DOUTOR A **Folha** não usa títulos como forma de tratamento do personagem da notícia: O dr. Rodrigo Toledo atendeu o jogador. Use o substantivo referente à profissão do personagem: O médico Rodrigo Toledo atendeu o jogador.

Quando o personagem da notícia completou estudos de pós-graduação, obtendo o título de doutor, pode-se mencionar o fato para precisar a ***identificação de pessoa***: O médico John Smith, doutor pela Universidade Harvard, será o conferencista principal do evento. Note que pós-doc e pós-doutor não são títulos acadêmicos. Se for relevante, basta informar que o personagem cursou pós-doutorado em determinada área. Não use a expressão Ph.D., abreviatura de "philosophiae doctor" (doutor em filosofia), comum nos países de língua inglesa e empregado em outras disciplinas. Traduza por doutor.

E

ELEMENTO Não use esse jargão policial para designar pessoa.

EMAIL Não use e-mail. A **Folha** não utiliza hífen para palavras inglesas que começam com *e* para indicar "electronic". Outros exemplos: ebook e ecommerce.

EMPRESAS E MARCAS Em títulos, subtítulos, linhas finas e outros elementos de edição, tais como olhos, legendas, intertítulos, frases destacadas etc., evite mencionar marcas e nomes de ***empresas***, a não ser quando sejam o sujeito da notícia. Prefeitura alfineta moradores em rede social, e não Prefeitura alfineta moradores no Facebook. Mas atenção: Facebook entra no mercado de pagamentos, e não Rede social entra no mercado de pagamentos.

A mesma orientação se aplica a eventos ou locais que tenham adotado um nome comercial (os chamados "naming rights" de prêmios, torneios, casas de espetáculos ou ***estádios de futebol***, entre outros). Nesses casos, sempre que possível, use fórmulas como estádio do Palmeiras, em vez de Allianz Parque.

Nos textos, admite-se o uso da marca ou nome comercial (uma menção apenas), assim como nas fichas técnicas ou quadros de serviço. As restrições não valem para reportagens de negócios ou quando o nome comercial estiver consagrado.

ENDEREÇO A **Folha** procura fornecer em suas reportagens toda informação que possa ser útil para o leitor, mas só publica endereços, emails e telefones pessoais com autorização do personagem da notícia. Cheque minuciosamente antes de publicar.

Observe as seguintes regras:

- Palavras como *rua, avenida, alameda, travessa, praça* são escritas em minúsculas e podem ser abreviadas;
- Nomes de vias públicas são escritos com iniciais em maiúscula, inclusive quando precedidos de títulos, que podem ser abreviados: av. Dom Pedro 1º, r. Dr. Rafael de Barros, rua Dep. Lacerda Franco;
- Os números são precedidos de vírgula e sempre grafados em algarismos: pça. da Árvore, 2; r. da Consolação, 1.573;
- Os números de complementos, como *apartamento, andar, sala, casa, conjunto* e similares são sempre grafados em algarismos: al. Barão de Limeira, 425, 4º andar, sala 410; av. Brigadeiro Faria Lima, 1.384, apto. 26;
- Na versão impressa, endereços eletrônicos e sites devem ser grafados normalmente, inclusive no meio dos textos (leitor@grupofo lha.com.br, www.folha.com.br). Cuidado quando houver quebra de linha. Nesse caso, o endereço deve ser dividido de forma que não apareça hífen inexistente no original (www.capital.sp.gov.br, e não www.ca-pital.sp.gov.br);
- Nas plataformas digitais, todos os endereços de email devem ser um link do tipo "mailto" (que, ao ser clicado, permite ao leitor direcionar mensagem àquele endereço). Endereços de sites também devem aparecer como links a partir de palavras-chave, e não ser escritos por extenso. Se houver restrições ao site, porém, deve-se apenas mencioná-lo (no caso de sites criminosos, por exemplo).

ENTÃO A palavra deve ser usada para evitar o emprego do adjetivo *antigo* sempre que houver referência ao período em que a pessoa ocupava o cargo: Quando o então presidente George W. Bush tentou construir uma cerca na fronteira, a partir de 2006, enfrentou severa oposição (em vez de o antigo presidente).

ESTÁDIOS DE FUTEBOL Empregue normalmente os nomes populares de estádios, arenas e ginásios esportivos: Pacaembu, Maracanã, Morumbi, Engenhão, Mineirão. Quando o nome mais conhecido do local incluir uma marca, observe as diretrizes do verbete ***empresas e marcas*** na pág. 214.

ESTADO Com maiúscula quando designar conceito político ou o conjunto das instituições que controlam e administram uma nação: golpe de Estado, a formação do Estado brasileiro, Estado de bem-estar social. Quando o termo for usado para tratar de unidade da Federação ou como sinônimo de situação, empregue minúscula: estado da Paraíba, estado de calamidade pública, estado de sítio.

ESTADO DE DIREITO No sentido formal, todo Estado que respeita normas escritas pode ser considerado Estado de Direito, mesmo aqueles cujos governos não foram escolhidos democraticamente. Quando quiser se referir ao tipo de Estado em que os governantes são escolhidos e substituídos pelo voto, em períodos predeterminados e na forma da lei, escreva Estado democrático de Direito.

ESTÓRIA Use história em qualquer acepção.

ESTRANGEIRISMOS Faz parte da evolução da língua incorporar palavras estrangeiras, mas seu uso desmedido pode tornar o texto pedante ou dificultar a compreensão do assunto. Prefira termos equivalentes em português.

Como regra geral, grafe palavras estrangeiras entre ***aspas***.

Não use aspas, porém, para:

- Palavras ou expressões estrangeiras registradas no "Vocabulário Ortográfico da Língua Portuguesa" (www.academia.org.br/nossa-lingua/busca-no-vocabulario) ou dicionário adotado pela Redação;
- Nomes de pessoas, instituições, lugares, denominações de naves e satélites espaciais, siglas, marcas ou companhias estrangeiros;
- Termos empregados no noticiário esportivo e nas áreas de tecnologia e entretenimento, mesmo que não constem dos dicionários de referência.

Além disso, observe:

- Quando menos conhecidos, os termos estrangeiros devem vir acompanhados de explicação, pois não se deve esperar que o leitor os conheça. A regra vale mesmo para o noticiário especializado, estejam as palavras entre aspas ou não;
- Em termos com duas grafias corretas, prefira a mais usada: esfiha em vez de esfirra, por exemplo;
- Quando se tratar de palavra pouco conhecida, informe entre parênteses a maneira aproximada de pronunciá-la;

- A **Folha** usa o itálico formalizado na nomenclatura científica (*Aedes aegypti*, o mosquito transmissor da dengue, chikungunya e da zika, entre outras doenças).

Leia os verbetes ***nomes estrangeiros*** e ***transliterações*** nas págs. 232 e 245, e ***didatismo*** e ***estrangeirismos*** nas págs. 136 e 138, respectivamente.

ETC. Abreviatura da expressão latina *et cetera* ou *et coetera*, que significa *e as demais coisas*. Evite em texto jornalístico, porque sugere incompletude, imprecisão. Não use em relação a pessoas (João, Maria etc.). Não deve ser antecedida de *e* nem de vírgula. Caso apareça encerrando a frase, não use ponto duas vezes. Não use o termo *etc.* em títulos, legendas, subtítulos.

ETNIA Termo que designa uma reivindicação de identidade coletiva, geralmente baseada em traços culturais comuns. **Em textos noticiosos, a Folha respeita o princípio da autodeclaração e não admite referências preconceituosas ou discriminatórias contra grupos étnicos ou indivíduos.**

Evite o uso do termo oriental em referência genérica a pessoas do Extremo Oriente ou gringo para definir estrangeiros. Seja mais preciso: chinês, vietnamita, japonês, coreano, americano.

Evite colônia para indicar grupos de pessoas com laços étnicos ou religiosos em país que não é o de sua origem; prefira comunidade: comunidade islâmica, comunidade nipônica.

Não confunda conceitos religiosos (*muçulmano*, *judeu* ou *israelita*) com linguísticos (*árabe*) ou nacionais (*israelense*).

Não use *mouro* (natural do norte da África) ou *turco* (cidadão da Turquia) para designar pessoa de origem árabe. A condição étnica do personagem da notícia deve ser mencionada quando for relevante (por exemplo: o primeiro sikh chefe de governo da Índia).

Leia os verbetes ***cor/raça*** e ***negro/pardo/preto*** nas págs. 208 e 230, respectivamente.

EUFEMISMO Evite essa figura de linguagem em textos noticiosos.

Leia o verbete ***eufemismo*** na pág. 138.

EX- O prefixo indica perda de cargo ou condição (ex-presidente, ex-deputado, ex-marido, ex-BBB etc.). Não o utilize, porém, em relação a quem tenha morrido no cargo ou na condição. Escreva Acidente mata deputado João da Silva (se ele exercia mandato ao morrer); Acidente mata ex-deputado João da Silva (se ele não exercia mandato ao morrer); Luís 14 (1638-1715), coroado rei da França em 1654; ou John Kennedy, presidente dos EUA de 1961 a 1963.

Quando a função ou condição se confunde com formação acadêmica ou título, especialmente em carreiras de Estado, a tendência é não usar *ex-* mesmo após a pessoa se aposentar: ministro aposentado do STF, e não ex-ministro do STF; diplomata aposentado, e não ex-diplomata. Admite-se o uso de *ex-* em títulos e segunda menção.

EXECUTAR No sentido de *matar*, use em apenas dois casos: morte determinada e praticada legalmente por poder público ou morte praticada por comando militar contra subordinado ou prisioneiro em tempo de guerra. Não use *executar* quando um policial mata um suspeito, por exemplo.

Leia o verbete ***assassinar*** na pág. 203.

F

FECHAMENTO Não use esse jargão jornalístico. Prefira conclusão deste texto ou da edição.

FICHA TÉCNICA Informações básicas sobre filme, espetáculo, disco, show, mostra, programa de TV, jogo, evento, livro e outras publicações.

A linguagem da ficha técnica deve ser sucinta e contemplar informações úteis, que variam de acordo com a atração. Informe a classificação indicativa, sempre que houver. A avaliação deve seguir o sistema de estrelas (de uma a cinco estrelas, significando *ruim*, *regular*, *bom*, *muito bom* e *ótimo*).

A seguir, modelos com os dados básicos:

FILMES

O ESTRANHO QUE NÓS AMAMOS (THE BEGUILED), 2017
DIREÇÃO Sofia Coppola
ELENCO Nicole Kidman, Elle Fanning, Colin Farrell
CLASSIFICAÇÃO 14 anos
QUANDO em cartaz
AVALIAÇÃO ★★★★

ÁLBUNS

CARAVANAS
ARTISTA Chico Buarque
GRAVADORA Biscoito Fino
QUANTO R$ 30 (CD); também nas plataformas digitais
AVALIAÇÃO ★★★★★

ESPETÁCULOS

A VISITA DA VELHA SENHORA

QUANDO qui. a dom., às 20h, até 26.nov.

ONDE Teatro Sesi-SP, av. Paulista, 1.313, tel. (11) 3146-7439

QUANTO Grátis

AVALIAÇÃO ★★★

LIVROS

DA POESIA

AUTORA Hilda Hilst

EDITORA Companhia das Letras

QUANTO R$ 64,90

AVALIAÇÃO ★★★

No meio de um texto, a menção a um livro pode vir acompanhada de informações que ajudem o leitor a encontrá-lo. Exemplo: *De acordo com Thomas Kunkel, autor da biografia "Man in Profile: Joseph Mitchell of The New Yorker" [perfil de um homem: Joseph Mitchell da revista The New Yorker, Random House, R$ 45,05 em ebook na amazon.com.br; 400 págs.; R$ 118,90, importado, na Livraria Cultura], Mitchell criou personagens aos quais atribuiu falas e qualidades de outras pessoas.*

Quando necessário, a ficha técnica pode se estender além dos padrões indicados. É o caso de eventos que integrem mostras e de festivais com programações especiais, em que a apresentação ocorre somente em dias e horários específicos e exclusivos. Um exemplo da Mostra Internacional de Cinema:

MOSTRAS E FESTIVAIS

ZAMA, 2017

DIREÇÃO Lucrecia Martel

CLASSIFICAÇÃO 12 anos

MOSTRA dom. (22), às 20h45 (Espaço Itaú de Cinema - Augusta 1); seg. (23), às 18h (Cinearte 1); ter. (31), às 13h30 (Espaço Itaú de Cinema - Frei Caneca 2)

AVALIAÇÃO ★★★★★

FOLHA É a forma como a **Folha de S.Paulo** se refere a si mesma. Use sempre em negrito e começando com letra maiúscula. O nome do jornal só deve ser grafado por extenso na transcrição de textos de terceiros, como cartas ou íntegras. Nesse caso, mantenha o negrito e a abreviatura *S.* sem espaço antes de *Paulo*: **Folha de S.Paulo**. O negrito não deve ser usado em legendas, créditos e títulos.

Nomes próprios que incluam Folha, além de editorias, seções internas, blogs e colunas do jornal, devem ser grafados sem negrito nem aspas: TV Folha, Folhapress, Grupo Folha, Empresa Folha da

Manhã S.A., Agência Folha, Centro Tecnológico Gráfico-Folha, Datafolha, Estúdio Folha, Livraria da Folha, Publifolha, Transfolha, editoria Poder, Mercado, Painel do Leitor, Folha Mulher, Novo em Folha.

Quando houver necessidade de indicar em qual plataforma um texto ou imagem foi publicado, escreva a versão digital da **Folha**, as plataformas eletrônicas da **Folha** ou a versão impressa da **Folha**.

Consulte o capítulo ***História e estrutura*** na pág. 25.

FORÇAS ARMADAS Exército, Marinha e Aeronáutica compõem as Forças Armadas brasileiras. Não as classifique como armas –essa palavra deve indicar somente as especialidades de oficiais do Exército, como Infantaria, Cavalaria ou Artilharia.

FORO PRIVILEGIADO Não use a expressão em textos noticiosos, a não ser na reprodução de declarações literais. Escreva ***foro especial***.

G

GAY Sinônimo de *homossexual*. Em textos noticiosos, não use termos considerados pejorativos, como veado (ou viado), bicha ou boiola.

Leia os verbetes ***identidade de gênero*** na pág. 222 e ***lésbica*** na pág. 227.

GOLEADA Resultado de uma partida de futebol com pelo menos três gols de diferença.

GOLPE MILITAR DE 1964 Evento que deu início à ***ditadura*** *militar* no Brasil (1964-1985). Em textos noticiosos, não use Revolução de 64.

GORDO Não use para definir pessoa obesa ou com sobrepeso. Tampouco recorra a ***eufemismos***, como gordinho, fortinho ou cheinha. Se for relevante no contexto da informação, procure indicar o peso exato do personagem.

Leia o verbete ***preconceitos*** na pág. 61.

GRÁFICOS E TABELAS Organize os dados de forma a facilitar a leitura. Para evitar poluir o gráfico ou a tabela, não use ***casas decimais*** além do necessário. Sempre indique com clareza a unidade de medida utilizada e a fonte e evite recorrer a escalas diferentes ao comparar informações.

Procure incluir totais, sobretudo no final de linhas e colunas das tabelas, pois auxiliam na interpretação dos dados.

Leia o verbete ***infografia*** na pág. 103.

GRANDE Use com a primeira letra em maiúscula para designar centro urbano importante com região metropolitana desenvolvida à sua volta: a Grande São Paulo, a Grande Nova York, o Grande Recife.

GUERRILHA Termo que designa força paramilitar engajada em luta armada contra um regime ou contra forças de ocupação. Geralmente age por causa ideológica ou política. Em alguns casos, seus integrantes praticam ações extremistas ou terroristas.

Leia os verbetes ***milícia***, ***rebelde*** e ***terrorismo/extremismo*** nas págs. 229, 241 e 243, respectivamente.

GUETO Não use o termo indiscriminadamente para designar área urbana habitada por algum grupo social específico. A palavra indica local onde membro de minoria é forçado a viver por motivos alheios à sua vontade.

Não escreva gueto intelectual ou gueto homossexual, mas sim bairro de intelectuais ou região frequentada por homossexuais.

H

HORÁRIO Informe, quando relevante, o horário do fato relatado. Se for impossível registrar a hora exata, indique a aproximada: O presidente demitiu o ministro no fim da tarde.

Observe esta padronização:

- O ***dia*** começa à 0h e termina às 24h, ou meia-noite; a ***madrugada*** vai da 0h ao nascer do sol; a ***manhã***, do nascer do sol às 12h; a ***tarde*** começa logo depois do meio-dia e vai até o pôr do sol; a ***noite*** começa logo depois do pôr do sol e vai até as 24h;
- Não use *m* para abreviar minutos (*m* é abreviatura de *metro*). Não escreva a abreviatura do termo *minutos* no registro de horário: 12h45. Em cronometragem esportiva, use as abreviaturas *min* e *s* (milésimos de segundo dispensam abreviatura): O corredor completou a prova em 2h10min36s356, quase dois minutos à frente do segundo colocado;
- Não use abreviatura de hora para registrar duração: A conferência se prolongou por duas horas e 40 minutos, não por 2h40;
- Quando o fato ocorre em local com fuso horário diferente do de Brasília, indique entre parênteses o horário equivalente: A guerra

começou às 2h30 desta quinta-feira (20) em Bagdá (21h30 de quarta-feira, dia 19, em Brasília).

I

IDADE O padrão é informar a idade (não a data de nascimento) dos personagens principais da notícia, especialmente em caso de ***entrevista***, ***morte***, ***doença***, posse em cargo público, perfil, biografia, prisão e premiações. Grafe a idade conforme as regras do verbete ***numerais***. Caso não seja relevante do ponto de vista noticioso, é facultado omitir a idade quando o personagem assim o preferir.

IDENTIDADE DE GÊNERO Gênero com o qual a pessoa se identifica. Usa-se o termo *transgênero* em referência a uma pessoa que não se identifica com o sexo biológico. Ao escrever sobre transgênero, adote a identidade declarada pela pessoa: O Museu da Pessoa homenageou a cartunista Laerte (Laerte é uma mulher transgênero). O ator Thammy Miranda está escalado para a próxima novela das nove (Thammy é um homem transgênero).

Transgênero é um termo amplo, em que cabem as definições ***travesti*** e *transexual*, entre outras. O antônimo de transgênero é *cisgênero* (do latim *cis*, do mesmo lado).

Não confunda identidade de gênero com ***orientação sexual***. Esta indica por qual gênero uma pessoa se sente sexualmente e/ou amorosamente atraída. As orientações mais comuns são heterossexual, homossexual e bissexual.

Em textos noticiosos, quando pertinente mencionar um desses aspectos, procure respeitar a forma como os indivíduos se classificam em relação a sua identidade de gênero (se trans, transgênero, transexual ou travesti, por exemplo) e sua orientação sexual. Se for o caso, informe o sexo biológico de nascimento e se a pessoa fez cirurgia de transgenitalização (nome técnico da cirurgia de mudança de sexo ou de redesignação genital).

IDENTIFICAÇÃO DE PESSOA Todo personagem de notícia deve ser identificado por profissão, cargo, função ou condição, além de nome e sobrenome.

Procure ser específico. Mencione a especialidade (médico, advogado, engenheiro), a faculdade ou escola em que o professor leciona e sua disciplina. Naturalidade ou nacionalidade deve constar no texto quando for relevante.

Não inclua cor, etnia, religião, preferência ideológica ou orientação sexual na identificação de pessoas, exceto quando for pertinente.

Não omita, porém, informações sobre filiação partidária (incluindo estado da federação que o político representa, sobretudo no caso de deputado federal e senador) e vínculo profissional, se esses dados forem relevantes para a notícia.

Leia os verbetes ***idade*** e ***nomes próprios*** nas págs. 222 e 234, respectivamente.

IMPEACHMENT Pode significar tanto o processo político-criminal como a destituição resultante desse processo (O presidente sofreu impeachment).

Evite usar a palavra *impedimento* como sinônimo; na Constituição, esse termo não indica o processo, e sim situações em que o titular precisa ser substituído temporariamente, como doença ou viagem ao exterior. Admitem-se, como sinônimos, expressões como *deposição constitucional* e *cassação de mandato*.

Leia o verbete ***impeachment*** na pág. 383.

IMPRENSA Termo que originalmente se referia apenas a jornais e revistas, tornou-se a designação genérica para todos os meios de comunicação que produzem e distribuem regularmente informação jornalística. Quando a intenção for abarcar jornais, revistas, rádio, cinema, televisão e internet, prefira a palavra *mídia* ou a expressão *meios de comunicação*, de sentido mais amplo que *imprensa*.

Não use o termo *veículo* como sinônimo de mídia ou de meios de comunicação; ele se refere a uma empresa de comunicação em particular, e não aos meios em geral.

Leia os verbetes ***mídia*** e ***veículos de comunicação*** nas págs. 228 e 249, respectivamente.

INDÍGENA/ÍNDIO Os dois termos podem ser usados. Originalmente, *indígena* significa *natural de um país ou localidade*, opondo-se a *alienígena*. A palavra hoje é tomada como sinônimo de índio, *natural da América* (*Índias Ocidentais*). Nomes de nações, povos e tribos indígenas do Brasil devem ser escritos com inicial minúscula e flexionados como os de qualquer etnia, povo ou nação: os tupis, os bantos, os apaches, os franceses, os mexicanos, os lapões. Além disso, os nomes devem ser aportuguesados e grafados segundo as regras ortográficas em vigor. O *k* deve ser substituído por *c*; o *w*, por *v* (em caiová) ou por *u* (os aruetés); e o *y*, por *i*, como em ianomâmi.

INICIAIS Evite o uso para abreviar nomes próprios. Quando for inevitável, não coloque espaço entre as iniciais: O.J. Simpson, H.L. Mencken. Aceita-se o uso de iniciais para nominar personalidades conhecidas por elas. Nesse caso, grafe sem pontos: FHC, ACM Neto, JFK.

Iniciais também podem ser usadas em ***créditos*** dos autores de textos da versão impressa.

Crianças e adolescentes aos quais se atribuam atos infracionais não podem ser identificados nem pelas iniciais.

Leia o verbete ***menor de idade*** na pág. 106.

INTELIGÊNCIA ARTIFICIAL Não use a sigla AI nem a expressão em inglês "artificial intelligence".

INTERINO Especifique sempre quando uma pessoa, como o vice, exerce cargo interinamente: O presidente interino da República sancionou o projeto. Nessa acepção, evite a expressão em exercício.

INVASÃO E OCUPAÇÃO Ambos os termos refletem a ideia de intrusão e permanência em determinado local. Use *invasão* sempre que houver recurso à força ou quando a entrada não tiver sido autorizada, seja em propriedade pública, seja em propriedade privada.

Admite-se o emprego do termo *ocupação*, nesse contexto, quando se tratar de espaço público (como praças e ruas) ou se as pessoas envolvidas no ato forem frequentadoras autorizadas do local. São exemplos desse último caso as ocupações de escolas, desde que promovidas por alunos da instituição, ou de fábricas, desde que realizadas por seus funcionários.

IPAD, EBAY, IPHONE Não use marcas que começam com minúsculas em começo de frase.

ISLÃ/ISLAMISMO Admitem-se as duas formas para se referir à religião muçulmana, fundada pelo profeta Maomé.

Leia mais sobre ***islamismo*** na pág. 318.

ITÁLICO/NEGRITO Em textos escritos em itálico, palavras que originalmente seriam grafadas em itálico devem ser escritas em redondo: *O mosquito* Aedes aegypti *virou tema de debate nacional*. Em textos em negrito, palavras que originalmente seriam escritas em negrito devem ser grafadas em claro.

ITAMARATY Usa-se como sinônimo de *Ministério das Relações Exteriores*. Até 1960, a pasta estava sediada no Palácio do Itamaraty, no Rio de Janeiro. O costume de chamar o ministério pelo nome da sede foi mantido depois da mudança para Brasília, e o Palácio dos Arcos (primeiro nome do prédio projetado por Oscar Niemeyer) logo passou a ser conhecido como Palácio Itamaraty.

J

JARGÃO Leia o verbete ***jargão*** na pág. 141.

JORNAL O termo pode ser empregado para designar qualquer modo de apresentação periódica do noticiário, e não somente em relação a publicações impressas (em inglês, "newspaper" refere-se apenas a jornais impressos). Inclui versões on-line, de rádio e TV –o programa noticioso mais antigo da TV brasileira chama-se Jornal Nacional. O uso mais corrente indica periodicidade diária.

JUDIAR Evite esse verbo no sentido de causar sofrimento ou zombar, tratar com escárnio. Segundo dicionários, nessas acepções, *judiar* remete a uma antiga tradição antissemita de origem europeia.

JURISTA Use com critério. Pessoas formadas em direito (advogados, juízes, promotores) não são automaticamente juristas, mesmo que se tornem especialistas em determinado assunto. O termo se aplica apenas a quem tenha obra jurídica própria com importância reconhecida e algum grau de originalidade.

Cuidado análogo vale para o uso de *filósofos* e *historiadores*. Consulte seu editor.

JUSTIÇAR/JUSTICEIRO Não use, a não ser em declarações textuais e descrição de obras de ficção.

L

LATIFUNDIÁRIO/LATIFÚNDIO Use somente para designar imóvel rural ou proprietário que se enquadrem na definição legal vigente no país (lei nº 4.504, de 30/11/1964).

LEGENDA Embora tenha de descrever a foto, a legenda não cumpre apenas essa função. Ela deve responder às perguntas provocadas pela ***imagem***: quem nela aparece, o que faz, onde está.

Em textos jornalísticos, prefira escrever os termos *identificação da foto* (ou da imagem) em vez do jargão *legenda.*

A legenda não deve apenas fazer uma descrição, mas explicar o contexto da cena. Em vez de: O presidente Michel Temer bebe água, escreva: O presidente Michel Temer durante cerimônia de posse no Palácio do Planalto.

Sempre que cabível, deve usar verbo no presente (o presente no momento em que a foto foi tirada. Exemplo: Dilma Rousseff ao deixar o Planalto no dia em que perdeu o cargo). No caso de imagem antiga, deve indicar a data.

Recomendações:

- Evite escrever a legenda sem conhecer o corte da foto e sua posição na página (no caso do impresso) ou no texto à qual está vinculada (em outras plataformas);
- Legenda de foto de personagem da notícia deve conter nome e condição ou cargo;
- Quando aparecerem até cinco pessoas numa foto, a legenda deve procurar identificar todas elas, ainda que por um único nome cada uma;
- Em foto de grupo, esclareça a posição em que cada pessoa está na imagem, sempre começando pela esquerda. Use os termos *da esq. para a dir., à dir., à esq., ao fundo, no centro, atrás, na frente, de chapéu, de óculos, sentado* etc. Não subestime a inteligência do leitor: numa foto com Michelle e Barack Obama, por exemplo, não é preciso indicar quem está à esquerda ou à direita;
- Em foto de ação (competição esportiva, por exemplo), a legenda deve contextualizar o momento (José chuta a gol depois de receber a bola de João).

Admite-se uma legenda conjunta, em uma ou mais linhas, no caso de fotos agrupadas. A descrição pode valer-se de indicações como: *ao alto* (para indicar foto mais distante), *acima* (para a foto imediatamente acima da legenda), *abaixo.*

Nas plataformas digitais, quando for conveniente, pode-se dispensar a legenda, desde que a imagem não deixe dúvidas e seja colocada imediatamente acima ou abaixo do texto que ilustra. Não se esqueça de preencher o *campo alt*, usado para descrever as imagens a quem tem deficiência visual ou dificuldades para enxergar. A orientação se aplica a foto, gráfico e ilustração.

Leia o verbete ***Legenda*** na pág. 105.

LÉSBICA Sinônimo de *mulher homossexual*. Em textos noticiosos, não use termos considerados pejorativos, como sapata, sapatão ou bolacha.

Leia os verbetes ***gay*** e ***identidade de gênero*** nas págs. 220 e 222, respectivamente.

LGBT Use essa sigla (com apenas um T) para se referir à comunidade de lésbicas, gays, bissexuais, travestis e transexuais. Evite usar GLS (gays, lésbicas e simpatizantes).

LOCALIZAÇÃO Todo texto deve situar o local em que o fato noticiado ocorreu: O acidente aconteceu em Bananal (326 km a leste de São Paulo); A nevasca isolou Santa Inés, no extremo sul do Chile. Quando se referir a uma grande cidade, mencione a região: A chuva inundou ruas da Pompeia, bairro da zona oeste de São Paulo.

Procure circunscrever o local da maneira mais pertinente à notícia, selecionando referências que acrescentem informações úteis.

No caso da nevasca, por exemplo, o fato de a cidade ficar no extremo sul, onde se registram temperaturas polares, é mais relevante do que assinalar a ***distância*** em relação a Santiago, a capital chilena.

Não é necessário dizer que São Paulo fica no estado de São Paulo ou que Brasília é a capital federal. O mesmo vale para cidades como Rio de Janeiro, Belo Horizonte, Curitiba e Manaus. Em outros casos, localize: Rio Branco (AC); Campo Grande, capital de Mato Grosso do Sul; Cuiabá, capital de Mato Grosso.

Também não há necessidade de informar em que países estão cidades como Nova York, Washington, Moscou, Paris, Berlim, Lisboa, Madri etc., mas: Kiev, capital da Ucrânia; Ancara, capital da Turquia; Luanda, capital de Angola; Canberra, capital da Austrália.

Quando o fato ocorre numa metrópole brasileira, mencione a região e, se pertinente, o endereço: A mostra será no MIS (av. Europa, 158, Jardim Europa, zona oeste de São Paulo); O crime ocorreu na favela de Paraisópolis, zona sul de São Paulo.

M

MAIORIA Empregue o termo apenas para indicar fatia correspondente a mais da metade de um universo. Caso nenhuma parcela ultrapasse a metade do total, não utilize maioria, mas expressões como *grupo mais numeroso*, *maior número de votos* etc.

MAIÚSCULAS/MINÚSCULAS A **Folha** adota como princípio o uso restrito de maiúsculas. Como regra geral, elas são utilizadas apenas no início de frases e no começo de nomes próprios –seja a denominação oficial (Catedral Metropolitana de São Paulo), seja a forma consagrada pelo uso (Catedral da Sé).

Aplica-se a norma em relação a pessoas físicas e jurídicas, públicas e privadas, além de instituições, órgãos, edificações, prêmios e eventos, entre outras situações.

Veja exceções e casos controversos ou duvidosos na tabela ***Uso de maiúsculas e minúsculas*** na pág. 251.

MANSÃO Evite a palavra em textos noticiosos. Significa *casa grande e luxuosa*, dois conceitos vagos e subjetivos. Procure informar detalhes objetivos sobre o tamanho da casa, além de características e localização.

MARAJÁ Título de príncipes e potentados da Índia. No Brasil, é coloquialmente usado como sinônimo de funcionário com alto salário e baixa produtividade.

Evite em texto noticioso, exceto ao reproduzir declaração textual. O feminino é *marani*, mas, na acepção brasileira, usa-se *marajá* também em relação a mulheres.

MATÉRIA Termo genérico usado para qualquer peça jornalística. Prefira a denominação exata: artigo, crítica, entrevista, reportagem etc.

MENOR Evite usar essa palavra genérica; prefira termos mais precisos, como *criança* e *adolescente*.

Leia o verbete ***menor de idade*** na pág. 106.

MI, BI E TRI Podem ser usados em títulos e subtítulos como redução de *milhão*, *bilhão* e *trilhão*, respectivamente, para referir-se a quantias em dinheiro, mas não para contingentes populacionais. *Bi* e *tri* também podem ser empregados, nos mesmos elementos de edição, como abreviatura de *bicampeão e tricampeão.*

MÍDIA Forma de se referir aos meios de comunicação, em qualquer plataforma. A palavra deriva de "media", plural de "medium", que significa *meio*. O termo também indica o profissional da área de publicidade que escolhe os veículos em que um anúncio será divulgado.

Leia o verbete ***imprensa*** na pág. 223.

MILÍCIA Grupo armado sem vinculação com o Exército de um país. Pode atuar por diferentes motivos, como a defesa de bandeiras religiosas, sociais e políticas, ou a exploração ilegal de serviços (em geral a oferta de segurança a moradores de uma localidade).

Leia os verbetes ***guerrilha***, ***rebelde*** e ***terrorismo/extremismo*** nas págs. 221, 241 e 243, respectivamente.

MILIONÁRIO Não use como sinônimo de homem rico, mas somente quando se referir a alguém com patrimônio na casa do milhão ou bilhão (a mesma regra vale para bilionário). Exemplo: Eike Batista, que chegou a ter uma fortuna de US$ 34,5 bilhões em 2012, não é mais um bilionário.

MINIPERFIL Texto que acompanha ***artigo*** ou reportagem, no qual são fornecidas informações sobre o autor. É obrigatório para todos os ***colunistas*** (com exceção, na versão impressa, das colunas centrais da pág. 2, e do ombudsman), para autores que assinam textos na seção Tendências / Debates e reportagens feitas por agências internacionais ou veículos do Grupo Folha.

Leia o verbete ***crédito*** na pág. 208.

MOEDA ESTRANGEIRA Mencione sempre, entre parênteses, o valor correspondente em reais (em alguns casos, como comparações históricas ou internacionais, é melhor usar o dólar como referência). Leve em conta o contexto da informação a transmitir e lembre-se de sempre atualizar os valores afetados pela ***inflação***.

MORTE Prefira as palavras morrer, morte e morto a falecer, falecimento e falecido. Não use passamento, trespasse ou desencarnação, a não ser que essas palavras constem de alguma declaração. Não omita a causa da morte do personagem que seja objeto da notícia. Em caso de suicídio, contudo, não descreva o método utilizado.

Exceções, em ambos os casos, devem ser discutidas com a Secretaria de Redação. A seção Mortes, a depender da avaliação do editor, pode respeitar eventual pedido da família para não revelar a causa da morte.

Leia o verbete ***morte*** nas págs. 107 e 349.

N

NAÇÃO Designa qualquer população que compartilhe território, língua, costumes e valores, mas não necessariamente origem étnica. O termo *nação* não é sinônimo de *país*, embora excepcionalmente possa ser empregado nessa acepção. Não use, contudo, para designar o Brasil ou sua população, como em A nação assumiu a Lava Jato.

Não escreva chefe da nação, mas chefe de Estado ou chefe de governo. Também não confunda com ***povo***, conceito que designa o conjunto de cidadãos de um Estado.

NACIONALIDADE Há muitas nações no mundo que não estão organizadas como Estados. Quando o personagem da notícia preferir ser identificado pela origem nacional, e não pela vinculação a determinado país, respeite essa opção: o poeta catalão, o refugiado curdo, em vez de o poeta espanhol, o refugiado iraquiano. São exceções casos em que uma pessoa desempenhe cargo ou função supranacional: Jossip Broz Tito foi líder iugoslavo, não líder croata; Stálin foi líder soviético, não líder georgiano.

Leia os verbetes ***etnia*** e ***nomes pátrios*** nas págs. 217 e 166, respectivamente.

NEGRO/PARDO/PRETO A **Folha** considera negros e pardos duas categorias distintas. Ao reproduzir pesquisas, estudos e declarações que chamam de negra a população resultante da soma de pretos e pardos, deixe explícito esse critério e informe o total de cada categoria. Exemplo: O pesquisador considera negros todos os que declaram ser preta (8%) ou parda (45%) a cor da própria pele.

Admite-se usar o termo *preto* apenas em declarações e estudos que adotem essa terminologia. Exemplo: Somente 4 alunos se declaram pretos entre os 774 matriculados, segundo o pesquisador. Não empregue a expressão *de cor* e a palavra *crioulo*.

Leia os verbetes ***cor/raça*** e ***etnia*** nas págs. 208 e 217, respectivamente.

NOMES CIENTÍFICOS Escreva em itálico, da seguinte maneira: primeiro o nome do gênero, com inicial em maiúscula, e o nome da espécie em minúscula: *Homo sapiens* (espécie humana), *Escherichia coli* (bactéria comum nos intestinos humanos) e *Aedes aegypti* (mosquito transmissor da dengue e da zika). O primeiro nome pode ser abreviado: *H. sapiens* e *E. coli*. Em segunda menção, mantenha o itálico, mesmo sem o nome completo: *Aedes*. Quando o texto estiver em itálico, o nome científico deve ser escrito em redondo.

NOMES ESTRANGEIROS (PESSOAS FÍSICAS, CIDADES, ESTADOS, PAÍSES) Adotam-se os seguintes princípios:

1. A regra geral para ***nomes próprios*** de línguas escritas com letras latinas é manter a grafia original tanto no nome como no sobrenome, ignorando sinais para os quais não há correspondente em português: Slavoj Zizek, não Slavoj Žižek, mas Eugène Ionesco, não Eugene Ionesco. Se houver uma forma portuguesa já consagrada, porém, opte por ela: papa Francisco, não Francesco, Francis ou Franciscus; Luís 14, não Louis 14. Normalmente, personagens da Antiguidade ou da Idade Média e papas têm seus nomes traduzidos: Guilherme de Ockham, em vez de William of Ockham; Henrique 5º, em vez de Henry V; Leão 13, não Leonis XIII. A mesma regra vale para o patriarca Cirilo, não Kirill, da Igreja Ortodoxa Russa. Lembre-se de que agências de notícias tendem a suprimir acentos gráficos que são utilizados em português. Acrescente-os;
2. Nomes próprios provenientes de línguas com outros alfabetos devem ser ***transliterados*** de acordo com a pronúncia aproximada: Mikhail Gorbatchov, não Mikhail Gorbatchev; Anuar al-Sadat, não Anwar al Sadat;
3. O trema deve ser usado em nomes estrangeiros e palavras deles derivadas: Michael Löwy, Citroën, Müller, mülleriano, Bündchen, Hübner e hübneriano;
4. Indique a pronúncia aproximada de nomes pouco conhecidos ou que possam gerar dúvida: O compositor tcheco Antonín Dvorák (pronuncia-se "dvôr-jác") foi um dos expoentes do nacionalismo musical do século 19;
5. Partículas como *von* e *van* devem ser grafadas em minúscula quando o nome for citado por inteiro: Vincent van Gogh. Quando for mencionado apenas o sobrenome, use maiúscula (O quadro de Van Gogh). O mesmo

vale para partículas semelhantes de outras línguas, como o *de* do francês e *da*, *de* e *di* em italiano (Leonardo da Vinci, o quadro de Da Vinci). Se a partícula estiver colada ao sobrenome, use a forma oficial: Leonardo DiCaprio;

6. Para cidades, estados e países, aplique as regras de 1 a 5. Assim: Glasgow, Idaho, Tel Aviv, Kyoto, Medellín e Buenos Aires. Muitos nomes, porém, estão consagrados em português e assim devem ser grafados: Moscou (não Moscow); Londres, em vez de London; Berlim, em vez de Berlin; Viena, em vez de Wien; Haia, em vez de Den Haag; Pensilvânia, em vez de Pennsylvania; Baviera, em vez de Bayern; Bruxelas, em vez de Brussels; Estrasburgo, em vez de Strasbourg; Pequim, em vez de Beijing. Muitos estados e cidades que começam com a palavra "New" tiveram apenas essa parte traduzida: Nova York, Nova Orleans.

Novas grafias adotadas por países devem ser respeitadas como atos de soberania. São os casos de Mianmar (em vez de Birmânia), Belarus (em vez de Bielorrússia) e Moldova (em vez de Moldávia). Para evitar desinformação, recomenda-se, nesses casos, explicar que houve mudança de nome e citar o antigo. Novos padrões (deixar de mencionar a denominação antiga, por exemplo) devem ser adotados somente com autorização da Direção de Redação.

Cuidado com localidades em relação às quais haja disputa política. Adote a grafia mais comum no Brasil, mas informe a disputa e a outra grafia: Malvinas (para os argentinos, mas Falklands, para os britânicos); ilhas Senkaku (para os japoneses, mas Diaoyu, para os chineses).

NOMES ESTRANGEIROS (PESSOAS JURÍDICAS, LUGARES, ÓRGÃOS PÚBLICOS, INSTITUIÇÕES, EVENTOS, LOGRADOUROS) Como regra geral, observe as diretrizes para ***maiúsculas/minúsculas*** em português e as normas para ***nomes próprios*** de pessoas/cidades, mas traduza todo substantivo comum que identifique lugar, área de atuação, tipo, atividade: Museu de Arte Moderna de Nova York, Prefeitura de Paris, Universidade de Harvard, Instituto de Tecnologia de Massachusetts, Feira de Arte de Colônia, Festival de Cannes, Ministério da Justiça da Áustria, Hospital

Johns Hopkins, escola Eton, aeroporto Charles de Gaulle.

Quando a tradução literal for insuficiente para a compreensão da atividade ou levar a associações enganosas, use o nome ou a sigla estrangeira (sem aspas), traduza seu significado (quando pertinente) e cite um equivalente brasileiro: FBI (Birô Federal de Investigações, a polícia federal americana); o secretário de Estado dos EUA (cargo equivalente ao de ministro das Relações Exteriores ou chanceler); Ministério do Interior da França (análogo ao Ministério da Justiça).

Situações específicas:

1. Vias, logradouros e monumentos: traduza apenas o substantivo que indica lugar ou tipo de construção (rua, avenida, praça, torre etc.): praça Tahrir (significa "libertação"), e não praça Libertação; avenida Madison (Nova York), e não Madison Avenue. Não siga essa regra, porém, se houver forma consagrada que a contrarie ou se a tradução parcial causar estranhamento, como nos exemplos a seguir: Times Square, e não praça Times; praça de Maio (Buenos Aires), e não praça de Mayo; Arco do Triunfo, e não Arco do Triomphe; Wall Street, Central Park. Se a língua original admitir aglutinação, não desmembre a palavra: escreva Alexanderplatz, uma praça em Berlim, e não praça Alexander ("platz" significa *praça* em alemão). Em todas as situações, explique o significado do nome do lugar quando for relevante no contexto da reportagem, como no exemplo da praça Tahrir;
2. Templos, monumentos e organizações religiosos: traduza todas as palavras do nome sempre que houver equivalente em português (Basílica de São Pedro, e não basílica San Pietro);
3. Partidos políticos e outras organizações: mantenha a sigla original, mas traduza todas as palavras, exceto nomes de pessoas/cidades: o AKP (Partido Justiça e Desenvolvimento, do presidente turco Recep Tayyip Erdogan); a alemã CDU (União Democrática Cristã);
4. Empresas e seus produtos, casas de espetáculos, estádios: a tendência é manter a forma original, mas, no caso específico de estádios, se o nome não for consagrado (como Camp Nou, do Barcelona), prefira soluções como a arena do Wolfsburg, o estádio do New England Patriots, o ginásio do Golden State Warriors.

NOMES PRÓPRIOS Como regra geral, comece identificando o personagem da notícia por nome e sobrenome. Na segunda menção, use a forma como a pessoa é mais conhecida, mesmo que não seja personalidade pública. Considere o contexto. Alguém do meio acadêmico, por exemplo, tende a ser identificado pelo sobrenome, mas jovens ouvidos em uma reportagem sobre baile funk podem ser citados pelo prenome. Empregue o apelido caso o personagem seja mais conhecido por ele do que pelo nome.

A grafia deve seguir o registro oficial ou a forma usada profissionalmente pela pessoa (física, como o poeta e. e. cummings, ou jurídica, como revista piauí), a não ser quando todas as letras do nome forem maiúsculas, como em VICE –nesse caso, respeite as normas da língua portuguesa: Vice.

Nomes de pessoas mortas devem ser adaptados às normas ortográficas vigentes apenas se houver atualização oficial ou consagrada, como ocorre com Euclides da Cunha e Eça de Queirós (originalmente Euclydes e Queiroz). No caso de cidades, deve-se observar o registro oficial, mas a acentuação seguirá as normas ortográficas vigentes (Paraty, Águas de Lindoia).

Leia os verbetes ***apelido*** e ***plural de nomes próprios*** nas págs. 200 e 239, respectivamente.

NOSSO Use apenas ao reproduzir declaração textual. O presidente é da República, não *nosso*; a seleção é do Brasil, não *nossa*; o correspondente é da **Folha**, não *nosso*. Admite-se o pronome em editoriais e colunas.

NUMERAIS Há duas regras gerais:

- *Só escreva por extenso números inteiros de zero a dez, além de cem e mil, sejam cardinais ou ordinais:* Andou dez quilômetros; Acabou o percurso em sétimo lugar; Havia 50 pessoas no auditório e somente 11 ficaram até o final; Ele foi o 23º da turma; Ele tirou nota zero em português e matemática; Havia 2.500 pessoas na manifestação;
- *De 10 mil em diante, escreva o algarismo seguido da palavra que designa a ordem de grandeza:* A China tem mais de 1,3 bilhão de habitantes; Um ano-luz equivale a 9,5 trilhões de quilômetros; O equipamento custou US$ 20 milhões. Mas não Havia 2,5 mil pessoas na manifestação.

Consulte o quadro ao lado.

COMO GRAFAR NUMERAIS NA FOLHA

por extenso	de zero a dez/de primeiro a décimo cem/centésimo mil/milésimo Se houver substantivação do numeral, como em 13º salário, pode-se escrever por extenso se for necessário usar o plural: décimos terceiros salários
em algarismos	de 11 a 99/de 11º a 99º de 101 a 999/de 101º a 999º de 1.001 a 9.999/de 1.001º a 9.999º
com algarismos + palavra	de 10 mil em diante (10 mil; 12,5 mil; 100 mil; 100,2 mil; 1 milhão; 6 milhões; 10 milhões; 8 bilhões)
No início de frases, escreva números por extenso	Vinte e sete pessoas ficaram feridas (de preferência, modifique a oração para evitar essa forma)

USE ALGARISMOS EM...

idade, quando vier entre vírgulas, ou nas sequências e comparações	Maria de Campos, 44, tem um filho de dois anos. O repórter tem três filhos –um de 12 anos, um de 9 e o caçula, de 6
dias do mês	1º de junho (não 1 de junho), 10 de outubro (apenas o primeiro dia é ordinal)
ano	1999, 2030 (sempre sem o ponto do milhar)
século	século 20; século 1º a.C.
números com decimais	1,3 metro; 3,5 pontos
construções que envolvam números relacionados de alguma forma: resultado de jogos esportivos, votação, comparação, proporção	O time perdeu por 7 a 1. Entre os deputados, 81 votaram a favor, e 159 contra, com 4 abstenções. De cada 30 alunos, 6 já fumaram maconha
tabelas e gráficos	sempre
números seguidos de símbolos e abreviaturas	2%, 8h, 22h45, 10s, 5 kg, 20 m, 4°C, 100 km, 360°, 1min23s476 Acima de 9.999, use, por exemplo 150 mil quilômetros ou, se necessário encurtar, 150.000 km. Não escreva 150 mil km
endereços	praça da Árvore, 2; apto. 33

COMO GRAFAR NUMERAIS NA FOLHA

[continuação]

CUIDADO	
com pontos e vírgulas	2.000; 1,2 (em português, usa-se ponto para marcar os milhares e vírgula para decimais. Como a notação inglesa determina o inverso, os erros são comuns)
a Folha não usa algarismos romanos, exceto ao citar ou transcrever texto de lei e para respeitar a grafia original de um substantivo próprio	papa João 23, dom Pedro 2º, Colégio Pedro II, capítulo VII (da Constituição), inciso IX (mas não em artigo de lei), Centro Acadêmico XI de Agosto, XV de Piracicaba
em artigos de leis, decretos e portarias, usa-se o ordinal até nove e o cardinal de dez em diante	artigo 1º, artigo 9º, artigo 10
papas, soberanos, séculos, capítulos de obras etc. recebem o ordinal até dez e o cardinal de 11 em diante	Paulo 6º, Leão 13 século 10º, século 20 tomo 2º, capítulo 21

O

OFF-THE-RECORD Escreva dessa forma, sem aspas e com hífen.

Leia o verbete ***off-the-record*** na pág. 109.

OFICIAL Na hierarquia militar, deve ser empregado somente para designar integrante das Forças Armadas ou das polícias militares com patente superior à de sargento.

OMBUDSMAN Palavra de origem sueca que significa *aquele que representa*. Pronuncia-se *ômbudsman*, mas no Brasil fixaram-se as formas *ombúdsman* ou *ombudsmân*. A **Folha** usa o termo ombudsman tanto no feminino como no masculino. No plural, grafa-se ombudsmans.

Leia os verbetes ***ombudsman*** na pág. 33 e ***controle de qualidade*** na pág. 87.

ONLINE Escreva sem hífen.

ONTEM, HOJE E AMANHÃ Na versão impressa, admite-se *hoje* apenas na primeira página (*ontem* não deve ser usado) e em ***títulos*** e subtítulos internos; nas plataformas digitais, somente em chamadas e legendas das homes principais. Em textos jornalísticos e demais elementos de edição, como ***infográficos*** e ***legendas***, escreva o dia correspondente: em vez de ontem, neste domingo (5). Vale o mesmo para hoje –nesta segunda-feira (6)– e amanhã –nesta terça (7). Para datas mais distantes, tanto posteriores como anteriores, adote a formulação no sábado (4), na quarta (8) etc.

ORIENTAÇÃO SEXUAL Leia o verbete ***identidade de gênero*** na pág. 222.

P

PÁG. Em quadro, ficha técnica ou remissão, deve-se usar essa abreviatura de *página*. No plural, use *págs*.

PAÍSES DESENVOLVIDOS, EM DESENVOLVIMENTO E MENOS DESENVOLVIDOS Evite essas expressões. Prefira ser específico, referindo-se a indicadores objetivos. Se necessário empregá-las, use países desenvolvidos para aqueles com bons indicadores socioeconômicos (como altos níveis de renda per capita e de escolarização e baixos índices de criminalidade, mortalidade infantil e desigualdade social), países em desenvolvimento (e não emergentes) para os de nível intermediário e países menos desenvolvidos para aqueles com economias primárias e indicadores sociais ruins (o termo subdesenvolvido foi abolido das organizações internacionais do sistema ONU).

Não use as expressões *Primeiro Mundo*, *Segundo Mundo* e *Terceiro Mundo* para referir-se ao cenário geopolítico atual nem em frases como salas de Primeiro Mundo (elogio) ou salas de Terceiro Mundo (crítica). Empregue-as somente no conceito original, que representava a divisão existente na época da Guerra Fria: *Primeiro Mundo*, como a reunião dos países desenvolvidos, *Segundo Mundo*, os países do então bloco socialista, e *Terceiro Mundo*, países que não pertenciam a esses dois blocos. Ainda surgiu a expressão *Quarto Mundo*, para agrupar países muito pobres.

PALÁCIO DA ALVORADA É o nome da residência oficial do presidente da República do Brasil. A forma o Alvorada, no masculino, é usada quando a palavra palácio é suprimida: A presidente passou o Natal no Palácio da Alvorada; Os ministros foram recebidos no Alvorada. O mesmo raciocínio se aplica a outros palácios, como o Bandeirantes (Palácio dos Bandeirantes, em São Paulo) e o Laranjeiras (Palácio das Laranjeiras, no Rio de Janeiro).

PALAVRÃO Leia o verbete ***palavrão*** na pág. 110.

PALAVRAS ESTRANGEIRAS Leia os verbetes ***estrangeirismos*** e ***nomes estrangeiros*** nas págs. 216 e 231.

PARCEIRO(A)/COMPANHEIRO(A) Evite esses termos para se referir a namorado, namorada, marido, mulher, esposa ou esposo. Utilize-os, porém, se for a preferência do casal. O padrão se aplica a casais de qualquer ***orientação sexual***.

PARÊNTESES Evite em texto corrido para introdução de explicações longas. Não use parênteses dentro de parênteses. Utilize-os para acrescentar:

- Datas de nascimento e morte de personagens da notícia, sempre que cabível: O escritor Charles Dickens (1812-1870);
- Data de uma obra: "Guerra nas Estrelas – Episódio 4" (1977);
- Regiões de cidades: al. Santos (região dos Jardins);
- Explicação sobre pronúncia de palavras: O atacante alemão Marco Reus (pronuncia-se "róis");
- Nome da pasta comandada pelo ministro citado: O ministro Nelson Barbosa (Fazenda);
- Partido e estado de um político: O deputado federal Fulano (PQ-SP);
- Estado a que pertence uma cidade: Santa Quitéria (MA);
- Remissão para outro texto da **Folha**: (leia texto nesta página);
- Significado de ***siglas***: CBF (Confederação Brasileira de Futebol).

Leia o verbete ***parênteses/travessões*** na pág. 147.

PARLAMENTAR Em sentido estrito, integrante de um Parlamento em países que adotam o sistema parlamentarista. Pode ser usado como sinônimo de *congressista* para designar deputados federais ou senadores de regimes presidencialistas, como o brasileiro. Não use o termo para designar membros do Legislativo estadual (deputados estaduais) ou municipal (vereadores).

Leia o verbete ***Congresso/Parlamento*** na pág. 208.

PATENTES MILITARES Tome cuidado com patentes designadas por nomes compostos. Um almirante de esquadra pode ser chamado em título de almirante, mas referir-se a um major-brigadeiro apenas como major é um erro grave de hierarquia. A simplificação correta é brigadeiro. Antes de escrever, consulte as patentes existentes em cada uma das três Forças Armadas no site do Exército.

PLACAR Ao mencionar resultado de jogo ou votação, evite a letra *x* no meio do texto: Os ministros decidiram, por 7 a 4, que a lei é inconstitucional, e não Os ministros decidiram, por 7 x 4, que a lei é inconstitucional. Em infográficos ou outros elementos de destaque, a letra *x* (minúscula) pode ser usada: Corinthians 1 x 1 Ponte Preta. O formato pode ser usado para indicar rivalidades ou disputas, mas, nesses casos, se não houver números, use maiúscula: Macron X Le Pen.

PLANALTO Nome do palácio que serve de sede ao Poder Executivo brasileiro em Brasília. Pode-se usar para designar o Executivo federal: O Planalto está empenhado na aprovação da lei.

PLURAL DE NOMES PRÓPRIOS Embora não seja incorreto manter o singular, prefira seguir as normas relativas a substantivos comuns ao escrever ***nomes próprios*** no plural.

A orientação se aplica a situações em que se indicam pessoas de mesmo nome (os Plínios, as Marias), membros de uma mesma família ou nacionalidade (os Andradas, os Maias), indivíduos caracterizados pela semelhança com personagens célebres (os novos Pelés, os Tiradentes), objetos designados pelos nomes de seus autores ou produtores (os Goyas, os Rafaéis, os Fords), topônimos (os muitos Brasis) e entidades, empresas, produtos, prêmios etc. (as Assembleias Legislativas, os Bradescos, as Brahmas, os Nobéis).

Se houver alguma palavra antes de marca ou nome de prêmio, flexione apenas essa palavra (dez carros Gol, os prêmios Nobel).

Nos nomes compostos, flexione somente o primeiro termo se houver preposição (os Machados de Assis, os Gonzagas do Nascimento), mas somente o último se não houver (os Almeida Prados, os Nogueira Pessoas).

Nos nomes estrangeiros, a tendência é acrescentar um *s* ao final, e não aplicar as regras do português ou da língua de origem da palavra. Em alguns casos, o uso do singular pode soar melhor. Assim, grafe Oscars, em vez de Óscares; os Mitterrands, e não os Mitterrandes; os Kubitscheks ou os Kubitschek, e não os Kubitscheques; os Buonarotti ou os Buonarottis (em italiano, nomes terminados em *i* já estão no plural).

PONTO DE EXCLAMAÇÃO Nunca empregue em ***títulos***, a não ser em casos excepcionais, com autorização da Secretaria de Redação. Em texto noticioso, só use entre ***aspas***, na reprodução literal de interjeição ou declaração enfática: "Vocês vão ter que me engolir!", disse o técnico Zagallo após a vitória da seleção brasileira.

POPULAR Não use para designar pessoas: O acidente foi visto por dezenas de pessoas, não O acidente foi visto por dezenas de populares.

PREMIÊ Forma reduzida de primeiro-ministro ("premier ministre"). Se o cargo for exercido por mulher, escreva primeira-ministra.

PRESIDENTE Use o presidente ou a presidente, sempre em minúsculas. O substantivo é comum de dois gêneros, e a **Folha** não emprega presidenta. Em ***artigos*** assinados, ***entrevista*** em formato pingue-pongue ou em tópicos e ***declarações textuais***, porém, deve-se manter a forma adotada pelo autor ou entrevistado.

R

RAÇA Leia os verbetes ***cor/raça*** e ***negro/pardo/preto*** nas págs. 208 e 230, respectivamente.

RACIONAMENTO, REDUÇÃO DE PRESSÃO E RODÍZIO (ÁGUA) *Racionar* significa restringir de algum modo a quantidade de um produto ou serviço à disposição do público.

No caso da distribuição de água encanada, o termo *racionamento* ficou associado à interrupção temporária do serviço em regiões alternadas, mais precisamente designada como *rodízio*. A *redução de pressão* na rede, como se fez na Grande São Paulo em 2015, é também uma forma de racionamento.

RAIO-X/RAIOS X Para se referir a *radiação*, escreva *raios X* (no plural e sem hífen): A emissão de raios X faz mal à saúde. Quando for sinônimo de *radiografia*, mesmo em sentido figurado, use *raio-X* (no singular, com hífen e X maiúsculo): O raio-X acusou fratura; raio-X das contas públicas; raio-X do Senado.

REBELDE Qualquer cidadão ou grupo que se insurge, pelas armas ou pela desobediência civil, contra alguma autoridade ou poder dominante, como um governo.

Leia os verbetes ***guerrilha***, ***milícia*** e ***terrorismo/extremismo*** nas págs. 221, 229 e 243, respectivamente.

REGIONALISMOS Evite palavras e expressões que tenham significado restrito a uma região ou que possam ter significados diversos em diferentes partes do país. Exemplos de regionalismos paulistas: farol como sinal ou semáforo; carta como carteira de habilitação; holerite como contracheque; RG como carteira de identidade.

REMISSÃO Em páginas internas da versão impressa, use a forma LEIA MAIS para remeter o leitor a outras reportagens ou artigos na mesma edição. A vinheta deve ser colocada no fim do texto. Por exemplo: LEIA MAIS sobre tal assunto na pág. C4 (C corresponde à letra que identifica o caderno; 4, ao número da página) ou no caderno X. Se a intenção for remeter o leitor para texto, quadro ou infográfico na mesma página, abra parênteses: (leia texto nesta página). Evite termos do jargão jornalístico, como arte ou linha fina. Informe exatamente qual é o tipo de recurso: veja quadro (no caso de tópicos de texto, acompanhados ou não de ilustração, e de tabela) ou infografia (mapa, esquema, gráfico etc.).

Nas plataformas digitais, não use nenhum tipo de remissão para conteúdo na mesma página, mas crie hiperlinks para encaminhar o leitor a outras páginas. Nesse caso, use sempre palavras relacionadas com o conteúdo ao qual se remete.

Leia o verbete ***links*** na pág. 106.

RISCO DE VIDA/RISCO DE MORTE Use as expressões como sinônimos.

S

SENHOR/SENHORA Em textos noticiosos, use somente em transcrição de ***entrevista*** ou em declaração entre ***aspas***. Não use no lugar de homem ou mulher: Um homem de 64 anos, e não Um senhor de 64 anos. Podem ser utilizadas as abreviações sr. e sra.: **Folha** – O que a sra. pretende fazer para evitar o problema?

SIC Palavra latina que significa *assim* e é usada entre parênteses para indicar que aquele trecho ou termo foi documentado, escrito ou dito daquela forma, ainda que pareça estranho, chulo ou esteja gramaticalmente errado. Deve ser usada apenas em casos excepcionais, quando for relevante manter o original: "Você é Arnesto (sic) e eu vou te fazer um samba, porque teu nome dá samba, rapaz. Você aduvida (sic)?", disse Adoniran Barbosa a Ernesto. Nunca use para ridicularizar o entrevistado, como em "Penso de que (sic) é preciso mudar o país", disse o candidato. Nesses casos, corrija a declaração.

SIGLAS Evite quando não forem consagradas e de fácil entendimento, como Aije (ação de investigação judicial eleitoral) ou FMAM (Fundo para o Meio Ambiente Mundial). Siglas como Aids, Bradesco, ONU, USP, IPTU e INSS não apresentam dificuldade de compreensão. Não abuse do seu uso em títulos.

Observe as seguintes regras:

- Escreva por extenso seu significado, de preferência logo na primeira menção: O filme vai ser exibido no MIS (Museu da Imagem e do Som) ou O filme vai ser exibido no Museu da Imagem e do Som (MIS);
- Não use pontos: ONU, e não O.N.U.;
- Se tiver até três letras, grafe apenas em maiúsculas: CIA, ONU, FBI. Note que alguns nomes, como *Efe* (a agência de notícias espanhola) e *Fed* (o banco central norte-americano), parecem siglas, mas não são;
- Caso tenham mais de três letras e possam ser lidas como uma palavra, levam maiúscula apenas na primeira: Unesco, Petrobras, Sesc; do contrário, use apenas maiúsculas: FGTS, SBPC, CPTM. Há exceções consagradas, como CNPq, UnB, MoMA;
- Se precisar formar plural, acrescente *s* minúsculo: ONGs, ETs, TVs; quando a própria sigla já identificar palavra pluralizada, fica sem *s*: Farc (Forças Armadas Revolucionárias da Colômbia), não Farcs;
- Siglas que designam partidos políticos são grafadas sempre em maiúsculas. Exemplos: MDB, PSOL, PROS. Partidos que não adotam siglas são escritos normalmente, com maiúscula apenas na primeira letra. Exemplos: Solidariedade, Rede;

- No caso de órgãos e entidades estrangeiros, traduza o significado da sigla: NSA (Agência de Segurança Nacional). Quando a tradução literal for pouco informativa, explique o que faz o órgão ou entidade: a FDA (agência que regulamenta e fiscaliza alimentos e remédios nos EUA);
- Não use a sigla da unidade federativa, como SP e RJ, para capitais que tenham o mesmo nome do estado, a não ser em situações como Grande SP ou região metropolitana de SP, e apenas em títulos.

STARTUP Termo do inglês que habitualmente designa empresa iniciante que busca a inovação em sua área de atuação. Escreva sem hífen.

SUA SANTIDADE Em textos noticiosos, não se refira ao papa por essa forma de tratamento. Use apenas o título: papa Francisco, papa João Paulo 2º.

SUPERÁVIT Escreva com acento. No plural, *superávits*.

T

TEEN Do inglês "teenager", adolescente. Deve ser usado apenas para pessoas de 13 a 19 anos (só os números de 13 a 19 terminam com *teen*, em inglês). Prefira adolescente.

TELEFONES Os números devem ser sempre antecedidos pelo código de área entre parênteses: (11) 5555-0000, (11) 94444-0000. Não inclua o código da operadora. No caso de telefones internacionais, use o padrão +1 (212) 555-0000 (símbolo "+" seguido de código do país, código da cidade entre parênteses e número do telefone). Se precisar reduzir, use *tel.* No meio de um texto, destaque o número entre travessões: Basta enviar uma mensagem para o telefone da ONG –(21) 90000-0000– com os detalhes do caso e aguardar a orientação.

TEMPERATURA Use a escala Celsius, adotada na maioria dos países. Escreva graus Celsius ou °C, não graus centígrados: A temperatura era de 33 graus Celsius negativos ou -33°C, não -33 graus centígrados.

TERRORISMO/EXTREMISMO O terrorismo pode ser entendido como um método com as seguintes características: 1) violência deliberada contra civis, com assassinatos, sequestros ou ataques indiscriminados contra pessoas ou lugares, e 2) propósito de intimidar a população ou o governo, normalmente em associação a uma causa política e/ou religiosa.

O termo *extremista* pode ser usado para se referir a indivíduo ou grupo que, em nome de uma causa, empreende ações radicais e geralmente violentas, mas sem provocar destruição na mesma proporção das ações terroristas. Discuta a aplicação dos termos *terrorista* e *extremista* com o editor. Prefira a palavra milícia ou a expressão facção terrorista a grupo terrorista quando se tratar de organizações maiores.

Leia os verbetes ***guerrilha***, ***milícia*** e ***rebelde*** nas págs. 221, 229 e 241, respectivamente.

TEXTO-LEGENDA Também chamado de *TL*. Legenda ampliada que, em combinação com a foto ou ilustração a que se refere, deve esgotar o assunto de que trata. A ***legenda*** deve descrever a foto, com verbo no presente, e conter informações que permitam ao leitor entender todo o contexto da ***imagem***.

TEXTOS DE OPINIÃO As diretrizes técnicas e formais sugeridas neste "Manual" devem ser observadas nos textos de opinião (padronização de maiúsculas/minúsculas, por exemplo), mas o articulista fica livre de seguir as recomendações de cunho editorial (como palavras consideradas depreciativas). O jornal, porém, reserva-se o direito de não publicar ***palavrão***, ***injúria***, ***calúnia***, ***difamação***, apologia de crime e incitação ao crime.

TÍTULOS Leia o verbete na pág. 118.

TRADUÇÕES Textos escritos em outros idiomas devem necessariamente ser traduzidos para o português. Esclarecimentos introduzidos pelo tradutor aparecem entre colchetes: O incêndio já devastou 1,6 km² nos arredores de Los Angeles [o equivalente à área do parque Ibirapuera]. É obrigatória a publicação de ***crédito*** de tradução, no pé do texto, para colaboradores do jornal. Siga esta fórmula: Tradução de José da Silva.

Nomes de filmes e livros estrangeiros ainda sem versão brasileira devem ser traduzidos, mas não use maiúsculas como se fosse o título em português. Não é necessário escrever que é uma tradução livre ou literal.

Leia os verbetes ***estrangeirismos*** e ***nomes estrangeiros*** nas págs. 216 e 231, respectivamente.

TRAJETOS Em vez de travessão, use hífen. Exemplos: rodovia Mogi-Bertioga, ponte Rio-Niterói, voo Belém-Brasília.

TRANSCRIÇÕES Ao reproduzir declarações ou trechos de textos e documentos, siga as recomendações técnicas ou formais contidas neste "Manual". É o caso da padronização de ***maiúsculas/minúsculas*** e ***numerais***, das diretrizes para grafia de nomes de ***aeronaves*** e das regras gramaticais. Não altere, porém, o conteúdo da declaração ou do trecho transcrito, mesmo que contrarie normas deste "Manual".

São os casos, por exemplo, dos termos considerados depreciativos e de expressões que embutem um juízo (como *Revolução de 64*, em vez de *golpe militar*). Se houver ***palavrão***, ***injúria***, ***calúnia***, ***difamação***, apologia de crime e incitação ao crime, o conteúdo deve ser aprovado pela Secretaria de Redação.

TRANSLITERAÇÕES Veja a seguir regras sucintas para alguns idiomas:

- **Alemão** – Substitua o ß por *ss*, como em strasse (em vez de straße). Não use a inicial maiúscula dos substantivos no meio das frases.
- **Árabe** – Não elimine as consoantes duplas, que podem explicar assimilações e dissimilações importantes: Assafir, Annahar, Muhammad.

  Cuidado com o artigo definido *al*. Nunca o omita. Grafe com minúscula e separado por hífen. Na segunda menção de nome composto, não o escreva. Por exemplo: Bashar al-Assad, mas Assad.

  Mantenha sempre o *h*. Embora essa letra possa causar alguma confusão na pronúncia para um brasileiro na transliteração do árabe, ela marca uma grande quantidade de nuances consonantais cuja eliminação tornaria qualquer palavra irreconhecível para quem conhece a língua. Por exemplo, indica a diferença entre as letras *kha* (transliterada para *kh*) e *kaf* (transliterada para *k*).

  No árabe, há vários sons guturais que devem ser diferenciados. Use a letra *q* sem o *u* que necessariamente a segue em português: Qatar, e não Quatar; Qadir, e não Cadir.

  Substitua *ee* e *oo* por *i* e *u*, respectivamente, quando ler nomes árabes e persas grafados em inglês: Said (e não Saeed), Mahmud (e não Mahmood).

  Árabes que vivem no Brasil ou em outros países ocidentais

têm uma forma latinizada de escrever seus nomes. Ela deve ser mantida mesmo que contrarie as observações acima. A **Folha** padronizou as seguintes grafias:

- Alcorão, *o recitado*, e não Al-Corão ou Corão. É o mesmo caso de *alface* e *açúcar*, em que o artigo é incorporado à palavra e perde sua função. Exemplo: O clérigo planejou divulgar o Alcorão em todo o Brasil.
- Hizbullah, *partido de Deus* (em vez de Hezbollah ou Hizbollah).
- Yasser Arafat, líder palestino e Nobel da Paz, morto em 2004.

▸ **Chinês** – Há uma transliteração oficial na China, denominada *pinyin*, que entrou em vigor em 1979. Ela substitui a antiga Wade-Giles, com a vantagem de eliminar os hífens e os apóstrofos. As agências internacionais de notícias costumam trazer os nomes chineses em pinyin. Existem algumas exceções já consagradas em português que devem ser mantidas. Pequim, e não Beijing; Nanquim, e não Nanjing; Cantão, e não Guangzhou; Tibete, e não Xizang. Outros nomes consagrados na grafia Wade-Giles: Mao Tse-tung, Chou En-lai, Sun Yat-sen, Chiang Kai-shek. O segundo elemento da palavra hifenizada começa com minúscula.

Outros nomes, não tão assimilados, devem ser grafados segundo o sistema pinyin: Guangdong (em vez de Kwangtung, como o grafado no sistema Wade-Giles), Xinjiang (em vez de Sinkiang), Fuzhou (em vez de Foochow). A grafia pinyin é válida para a China, incluindo Hong Kong; nomes de Taiwan não devem ser transliterados por esse sistema.

Em chinês, como o primeiro nome designa a família, ele deve ser usado em segunda menção ou em títulos: Deng Xiaoping (Deng), Mao Tse-tung (Mao).

▸ **Coreano** – Na Coreia do Sul, o primeiro nome designa a família. O cineasta mais conhecido do país, por exemplo, deve ser identificado em primeira menção como Park Chan-wook e, em segunda, como Park.

▸ **Espanhol** – Em geral, o sobrenome principal é o primeiro após o prenome (o materno é o último). Em segunda referência ou em títulos, usa-se esse nome ou aquele pelo qual a pessoa é mais conhecida. Quando uma agência de notícias em espanhol trouxer a transliteração de línguas que não são escritas com o alfabeto latino (como árabe, persa e urdu), substitua o *j* por *kh*: Khalil (e não Jalil), Khaled (e não Jaled), Khamenei (e não Jamenei).

- **Hebraico** – Mantenha o *ch*, cujo uso já é consagrado, mas indique a pronúncia do nome: Mordechai (pronuncia-se morderrai), Chabad (pronuncia-se rabád).

- **Russo** – Translitere com base na tabela na pág. 248, que inclui o alfabeto cirílico (usado por outras línguas eslavas, como sérvio e búlgaro) e as transliterações mais comuns para o inglês, o espanhol e o português.

Quando as transliterações inglesas e espanholas conflitarem e você não tiver acesso ao original russo, passe para o português por meio do inglês, cuja transliteração é geralmente mais uniforme que a espanhola.

Substitua *ch* por *tch* quando ler nomes russos grafados em inglês: Tchernomirdin, e não Chernomyrdin, Tchubais etc.

Acentue os nomes de pessoas e os topônimos de acordo com as normas do português: Púchkin, Trótski, Lênin, Stálin, Dostoiévski, Tolstói, mas Gorbatchov, Khruschov, Gavriil. Se não tiver certeza sobre a sílaba tônica, não use nenhum acento.

Normalmente, os russos têm três nomes. O de batismo (Mikhail), o patronímico (Sergueiévitch) e o nome de família (Gorbatchov). O patronímico e o sobrenome de mulheres possuem sufixos femininos: Raíssa Gorbatchova (não Gorbatchov).

Alguns nomes russos se consagraram por outra transliteração. Muitos topônimos russos chegaram ao português por meio de outras línguas. Assim, escreve-se Moscou, e não Moskva, São Petersburgo, e não Sankt Peterburg.

PRINCIPAIS SUFIXOS DE NOMES RUSSOS

MASCULINO	FEMININO
-ski	-skia
-ev	-eva
-ov	-ova
-in	-ina
-ovitch	-ovna
-ievitch	-ievna

TRANSLITERAÇÕES DO RUSSO

RUSSO	INGLÊS	ESPANHOL	PORTUGUÊS
А	A	A	A
Б	B	B	B
В	V	V	V
Г	G	G	G/GU*
Д	D	D	D
Е	E/O/YE/YO	E/O/IE/IO	E/O/IE/IO**
Ж	ZH	ZH	J
З	Z	Z	Z
И	I	I	I
Й	I	I	I
К	K	K	K
Л	L	L	L
М	M	M	M
Н	N	N	N
О	O	O	O
П	P	P	P
Р	R	R	R
С	S	S	S/SS***
Т	T	T	T
У	U	U	U
Ф	F	F	F
Х	KH	J/H	KH
Ц	TS	TS	TS
Ч	CH	CH	TCH
Ш	SH	SH	CH
Щ	SHCH	SHCH	SCH
Ъ	–	–	–
Ы	Y	I	I
Ь	–	–	–
Э	E	E	E
Ю	YU	IU	IU
Я	YA	IA	IA

* Use GU antes de E e I.
** Pode soar como E, IE ou IO. Após as consoantes TCH, CH, SCH e J, use sempre E ou O. Após vogais, as demais consoantes, espírito brando ou em posição inicial, use E, IE ou IO. A diferença entre E, IE e IO tem que ser conhecida de antemão. Em textos para iniciantes ou crianças, indica-se que o som é IO com um trema sobre a letra cirílica E.
*** Use SS em posição intervocálica.

TRATAMENTO DO LEITOR Em texto, dirija-se ao leitor sempre no singular: Leia a íntegra do documento na pág. C4, em vez de Leiam a íntegra do documento na pág. C4.

Leia diretriz no item ***Relação com o leitor*** na pág. 55.

TRAVESSÃO Sinal gráfico (–) que serve para introduzir uma informação acessória ou lateral no texto ou para destacar algum elemento da sequência. Embora possa substituir as vírgulas em algumas situações, evite abusar desse recurso.

Na **Folha**, deve entrar colado à primeira e à última palavra do trecho que se quer colocar em evidência, como no exemplo a seguir: O fim do ciclo de alta dos preços das matérias-primas –carro-chefe das exportações brasileiras– dificulta a retomada do desenvolvimento brasileiro.

Leia o verbete ***parênteses/travessões*** na pág. 147.

TRAVESTI No Brasil, predomina o uso do termo para designar pessoa nascida com o sexo biológico masculino que não só se veste, se comporta e deseja ser tratada como mulher, mas também tem nome social feminino. Nesses casos, escreva a travesti (se a condição for inversa, escreva o travesti).

Não confunda *travestis* com as *drag queens*, homens que se vestem ocasionalmente de mulher, criando um personagem com roupas e maquiagem considerados exagerados, em geral para performances artísticas (na condição inversa, escreva *o drag king*).

Tampouco confunda *travestis* com *crossdressers*, homens que se vestem de mulher, e vice-versa, independentemente da ***orientação sexual*** que adotam.

Leia o verbete ***identidade de gênero*** na pág. 222.

TRÊS ESTRELAS Esclareça sempre que se trata de selo editorial do Grupo Folha.

TV A abreviatura pode ser usada para designar o meio de comunicação, empresa do ramo ou o aparelho. Escreva TV (sempre em maiúsculas), tevê ou televisão.

U

UNIDADES DE MEDIDA A **Folha** adota a norma da ABNT (Associação Brasileira de Normas Técnicas). Quando as unidades de medida são escritas por extenso, devem ser grafadas em minúscula: *metro*, *watt*, *joule*, *volt*, *quilograma*, *quilômetro* etc.

Não use símbolos como se fossem substantivos. Eles devem aparecer com números: Aquele era o metro quadrado mais caro da cidade, não Aquele era o m² mais caro da cidade; O local fica na altura do km 50 da rodovia, mas não A cada km havia um buraco.

Veja as tabelas ***Ordem de grandeza*** e ***Unidades de medida*** na pág. 257.

UOL Esclareça que se trata de empresa do Grupo Folha. A explicação não é necessária, contudo, quando o portal for citado como fonte de informação: O UOL (empresa do Grupo Folha) tem expandido seus negócios, mas Segundo o portal UOL, o deputado João da Silva renunciará.

V

VEÍCULOS DE COMUNICAÇÃO Emissoras de rádio e TV, agências noticiosas e portais de internet devem ter apenas o nome próprio grafado em maiúscula e minúscula, sem itálico, negrito ou ***aspas*** (TV Globo, rádio Cultura, agência Thomson Reuters, portal UOL).

Nomes de jornais e revistas devem ser escritos sem aspas e respeitando a grafia original (O Estado de S. Paulo, Veja). Nomes de sites de veículos de comunicação também ficam sem aspas: G1, R7, Huffington Post. Não suprima o artigo dos nomes dos jornais. Para evitar construções como o The New York Times, o El País ou texto publicado no O Globo, use o jornal The New York Times, o espanhol El País, texto publicado no jornal O Globo.

Leia o verbete ***Folha*** na pág. 219 e consulte o capítulo ***História e estrutura*** para saber como o jornal se refere a si próprio e a suas outras unidades.

VERBOS DECLARATIVOS Em textos noticiosos, ao introduzir ou finalizar as falas dos personagens, use apenas os verbos declarativos propriamente ditos: *dizer*, *afirmar*, *declarar*, *perguntar* e *responder*, bem como *informar*. A regra se aplica tanto ao discurso direto (O técnico disse: "Eu vi alguns dos melhores times do mundo chegarem à Olimpíada e sucumbirem" ou "Eu vi alguns dos melhores times do mundo chegarem à Olimpíada e sucumbirem", disse o técnico) como ao indireto (O técnico disse que viu alguns dos melhores times do mundo chegarem à Olimpíada e sucumbirem). Evita-se, dessa forma, insinuar opinião favorável ou desfavorável sobre os fatos relatados e as pessoas mencionadas.

Verbos como *acreditar*, *admitir*, *alegar*, *alertar*, *argumentar*, *assegurar*, *avaliar*, *confessar*, *explicar*, *garantir*, *justificar*, *lamentar*, *reconhecer*, *ressaltar*, *salientar* etc. podem comprometer a neutralidade da notícia. Reserve-os para situações específicas. Em textos literários, opinativos ou marcadamente subjetivos, porém, esses verbos e muitos outros podem ser empregados para enfatizar estado de espírito ou julgamento do narrador.

Veja a tabela ***Verbos difíceis*** na pág. 187 e o verbete ***verbos declarativos*** na pág. 154.

W

WI-FI Escreva com hífen e em minúsculas.

Leia o verbete ***wi-fi*** na pág. 364.

USO DE MAIÚSCULAS E MINÚSCULAS

Leia o verbete ***maiúsculas/minúsculas*** na pág. 228

acidentes geográficos Veja o item *regiões geográficas* nesta tabela	**use maiúscula** – quando fizerem parte de nome próprio: Cabo Verde, Ilhas Salomão, Costa do Marfim, Praia Grande **use minúscula** – nos demais casos: oceano Atlântico, cabo Horn, estreito de Magalhães, mar Mediterrâneo, praia de Copacabana
apelidos, epítetos, antonomásia	**use maiúscula** – em apelidos (Xuxa, Pelé) e epítetos (Alexandre, o Grande; Pepino, o Breve; Maria, a Louca; Maria, a Piedosa) **use minúscula** – antonomásia (expressão que substitui nome próprio de alguém): rainha dos baixinhos, rei do futebol
associações, federações, fundações, institutos, organizações, sindicatos	**use maiúscula** – somente quando escrever o nome completo da entidade: Sindicato dos Professores do Ensino Oficial do Estado de São Paulo, Associação Nacional de Jornais, Federação Gaúcha de Futebol, Instituto do Câncer do Estado de São Paulo Octavio Frias de Oliveira **use minúscula** – nas demais situações: O sindicato dos professores, a federação gaúcha, a associação de moradores
cargos, profissões, títulos e formas de tratamento	**use minúscula** – cardeal, dom, doutor pela USP, engenheiro, lorde, marquesa, mestre, papa, presidente, senhor, sir, visconde
ciências, disciplinas, escolas e movimentos artísticos	**use maiúscula** – só quando fazem parte de nome oficial de instituição: Faculdade de Filosofia, Letras e Ciências Humanas da Universidade de São Paulo **use minúscula** – sociologia, física, literatura, surrealismo
citações e declarações	**use maiúscula** – em citações, após dois-pontos: No primeiro parágrafo do texto, afirma-se o seguinte: "A lei pretende combater a poluição sonora da cidade". ou em discurso direto: O ministro disse: "A inflação é uma invenção". **use minúscula** – em citações, sem dois-pontos: No documento em que se afirma a pretensão legal de "combater a poluição sonora da cidade" (...)
constituição	**use maiúscula** – no sentido de Carta Magna e sinônimos do mesmo conceito: Lei Maior, Constituição Cidadã. A Constituição brasileira prevê a liberdade de imprensa. As Constituições de 1824 e 1988. **use minúscula** – nas outras acepções: O Itamaraty definiu a constituição do grupo que vai negociar a questão
corpos celestes e agrupamentos cósmicos	**use maiúscula** – Terra, Marte, Sistema Solar, Ursa Maior, Cruzeiro do Sul, Lua, Sol, Cosmos, Universo
datas, eventos históricos, feriados ou festas populares e religiosas	**use maiúscula** – Dia do Trabalho, Sete (ou 7) de Setembro, 11 de Setembro, Natal, Ano-Novo, Réveillon, Carnaval, Dia D, Ramadã, Revolução Francesa, Guerra do Golfo, Proclamação da República

USO DE MAIÚSCULAS E MINÚSCULAS [continuação]

deus	**use maiúscula** – somente quando se referir à entidade transcendente, única e perfeita das religiões monoteístas: E Deus criou o mundo. **atenção** – evite construções que usem *Senhor* ou pronome em maiúscula (Implorou-*Lhe* perdão). Mantenha a maiúscula quando se tratar de textos de articulista ou citação literal **use minúscula** – quando designar deuses de mitologias (Os egípcios reverenciavam inúmeros deuses), em sentido figurado (Ele disse que o ator é um deus) ou em referência à palavra em si (A palavra *deus* existe em todas as línguas)
diabo	**use maiúscula** – apenas para designar o ser no topo da hierarquia demoníaca de uma religião: O papa reafirmou a existência do Diabo. **use minúscula** – para designar entidades mitológicas (Os diabos pululam no inferno), em sentido figurado (O menino tem o diabo no corpo), em referência à palavra em si (A palavra *diabo* tem três sílabas) ou em expressões idiomáticas (Comeu o pão que o diabo amassou)
direito	**use maiúscula** – como conjunto de normas: As normas do Direito brasileiro. **use minúscula** – em referência à disciplina acadêmica: O rapaz cursa direito
doenças, síndromes e exames Leia mais em ***Saúde***	**use maiúscula** – quando o nome for homenagem a médico ou pesquisador: Cientistas buscam a cura para o Alzheimer. O primeiro filho do casal tinha síndrome de Down. O exame de Papanicolaou identifica o câncer do colo do útero **use minúscula** – demais casos: O ministério obriga os serviços de saúde a informar todos os casos de zika. No verão de 1918, a gripe espanhola assolava o mundo
ecossistemas	**use minúscula** – cerrado, mata atlântica, floresta amazônica
entidades religiosas	**use maiúscula** – em referência a entidades absolutas (além de Deus e Diabo): Cristo, Messias **use minúscula** – para demais entidades, apenas no nome: profeta Maomé, arcanjo Gabriel, são Pedro, santo Antônio, caboclo Lua Branca
era	**use maiúscula** – período histórico bem definido: Era Cristã, Era Glacial, Era Vargas **use minúscula** – nos outros casos: era nuclear, era Dunga, era digital
estado	**use maiúscula** – para designar o conjunto das instituições que controlam ou administram uma nação: O Estado absolutista, Estado democrático de Direito, golpe de Estado, Estado de bem-estar social; quando integrar nome: Governo do Estado do Paraná **use minúscula** – como sinônimo de situação, disposição ou unidade da Federação: estado de São Paulo, estado de espírito, estado de sítio, estado sólido

USO DE MAIÚSCULAS E MINÚSCULAS [continuação]

eventos, feiras, festas, festivais, seminários, torneios	**use maiúscula** – nome completo ou consagrado: Encontro Folha de Jornalismo, Feira do Empreendedor, Festa da Uva, Festival de Cannes, Seminário Internacional Cultura e Desenvolvimento, Olimpíada, Copa do Mundo **use minúscula** – nas demais situações: feira livre, festa religiosa, seminário universitário
federação	**use maiúscula** – como conceito político ou em nomes próprios: O Rio de Janeiro é um dos estados da Federação. A Federação das Indústrias do Estado de São Paulo criticou as medidas do governo. **use minúscula** – nas demais situações: Depois de 20 anos, houve duas chapas na disputa pela presidência da federação
gentílicos	**use minúscula** – brasileiro, romano, carioca, americano
governo	**use maiúscula** – quando integrar nome do Poder Executivo: O Governo do Rio de Janeiro, o Governo do Estado do Paraná **use minúscula** – como sinônimo de administração, chefia, gestão: O governo estadual, o governo federal, o governo fluminense, o governo Alckmin, o governo Dilma
igreja	**use maiúscula** – em nome completo de instituição: Igreja Católica; quando integrar nome completo ou consagrado de local de culto: Igreja de Santa Ifigênia **use minúscula** – em segunda menção ou em referência simples a uma edificação: Esmeralda entrou na igreja à procura de abrigo
império	**use maiúscula** – quando se referir ao nome de um determinado império: Império Otomano, Império Romano, Brasil Império **use minúscula** – em segunda menção, simplificada: O império não resistiu à invasão
instituições e órgãos públicos ou organismos multilaterais	**use maiúscula** – nome completo ou consagrado: Supremo Tribunal Federal, Câmara dos Deputados, Senado, Secretaria da Educação, Exército, Marinha, Forças Armadas, Polícia Militar, Nações Unidas (ou Organização das Nações Unidas), Ministério da Agricultura (ou Ministério da Agricultura, Pecuária e Abastecimento), Governo de São Paulo, Prefeitura de Curitiba, Comissão de Relações Exteriores, Secretaria da Saúde (ou Secretaria de Estado da Saúde de São Paulo), Tribunal de Justiça, Ministério Público (nos dois últimos casos, mesmo sem indicação do estado) **use minúscula** – quando aparecem pela segunda vez no texto, de forma simplificada: Os técnicos da prefeitura estimam o custo em R$ 100 milhões. A secretaria, o tribunal, o ministério, a comissão **atenção para as exceções:** Presidência, Supremo, Câmara, Senado, Congresso, Assembleia e Bolsa (de Valores) se escrevem sempre com maiúscula, mesmo em segunda menção
internet	**use minúscula** – O vídeo foi publicado na internet

USO DE MAIÚSCULAS E MINÚSCULAS [continuação]

justiça	**use maiúscula** – quando se referir ao Poder Judiciário: A Justiça decidiu absolvê-lo. O oficial de Justiça entregou a intimação **use minúscula** – como substantivo abstrato e em certas expressões: Fez-se justiça
leis	**use maiúscula** – quando se tratar de lei conhecida pelo nome: Lei Rouanet, Lei do Ventre Livre, Código Penal, Lei Seca **use minúscula** – em leis com números: lei nº 5.250, portaria nº 123, decreto-lei nº 201, medida provisória 296
locais públicos ou privados de uso comum ou coletivo (com exceção de vias e logradouros): aeroporto, banco, cemitério, centro cultural, cinema, empresa, escola, estádio, indústria, hospital, museu, teatro, templo religioso etc.	**use maiúscula** – ao escrever nome completo ou consagrado: Aeroporto Santos Dumont, Banco do Brasil, Cemitério da Consolação, Centro Cultural São Paulo, Caixa Belas Artes, Empresa Folha da Manhã S.A., Colégio Pedro II, Arena Corinthians, Hospital das Clínicas, Teatro Folha, Catedral da Sé, Templo de Umbanda Pai Xangô **use minúscula** – nas demais situações: aeroporto de São Paulo, banco Bradesco, estádio do Pacaembu, a igreja do bairro, hospital municipal, terminal rodoviário
lua	**use maiúscula** – quando se referir ao corpo celeste: Os astronautas chegaram à Lua. **use minúscula** – quando se referir à fase ou à luz da Lua: lua minguante, noite sem lua, noite de lua cheia
máfia	**use maiúscula** – quando se referir à organização de origem siciliana: A Máfia assassinou o juiz. **use minúscula** – nos outros casos: A máfia dos fiscais, a máfia chinesa
mesa	**use maiúscula** – somente quando se referir à Mesa Diretora da Câmara, da Assembleia, do Senado, do Congresso: O partido ficou sem cargos na Mesa Diretora da Câmara. O comando da Mesa **use minúscula** – nos demais casos
meses, dias da semana e estações do ano	**use minúscula** – janeiro, julho, dezembro, sexta-feira, segunda, domingo, verão, inverno
metrô	**use maiúscula** – em referência à companhia: Segundo o Metrô, a tarifa não mudará de valor. **use minúscula** – para o meio de transporte: Uma pane elétrica parou o metrô por 15 minutos
monarquia	**use maiúscula** – quando se referir a Estado: "A Monarquia está sob perigo", disse o rei. **use minúscula** – para indicar a forma de governo: O parlamentar prefere a monarquia à república

USO DE MAIÚSCULAS E MINÚSCULAS [continuação]

monumentos	**use maiúscula** – apenas nos nomes próprios ou consagrados: Cristo Redentor, Muralha da China, Monumento às Bandeiras **use minúscula** – nas demais situações: Soldados "capacetes azuis" vão proteger monumentos europeus
nação	**use minúscula** – A nação palestina, a nação curda
norte, sul, leste, oeste	**use maiúscula** – quando integrar nome próprio, designar conceito geopolítico ou divisão oficial de país: Timor-Leste, polo Norte, o antagonismo entre o Norte e o Sul, a região Norte **use minúscula** – para pontos cardeais: O navio seguia para o norte. O vento oeste
ocidente, oriente	**use maiúscula** – conceito político: A aproximação entre o Ocidente e o Oriente. **use minúscula** – quando se tratar de ponto cardeal: O sol nasce no oriente e se põe no ocidente
orçamento	**use maiúscula** – em referência ao da União, dos estados ou dos municípios: A Presidência não vai cortar o Orçamento. **use minúscula** – nos demais casos: O clube ampliou o orçamento. O orçamento da educação
país	**use maiúscula** – em nomes próprios: País de Gales **use minúscula** – nos outros casos: O país elegeu seus deputados
palácio	**use maiúscula** – em nome próprio: Palácio da Alvorada, Palácio dos Bandeirantes, Palácio das Laranjeiras **use minúscula** – no plural e nos outros casos: As obras impedem visitas aos palácios da Alvorada e do Planalto. O presidente concedeu entrevista na entrada do palácio
palavras hifenizadas	**use maiúscula** – quando for nome próprio, em todos os elementos, exceto partículas átonas: Grã-Bretanha, Vice-Presidência, Montemor-o-Velho
partículas usadas em nomes estrangeiros	**use maiúscula** – se citado somente o sobrenome: quadros de Van Gogh e Da Vinci; Bin Laden **use minúscula** – se citados nome e sobrenome: Vincent van Gogh, Leonardo da Vinci, Osama bin Laden
período geológico	**use maiúscula** – Pré-Cambriano, Pleistoceno
período histórico	**use maiúscula** – Idade Moderna, Idade Média, Antiguidade, Brasil Colônia, Renascimento, Iluminismo, Pré-História
poderes (Executivo, Legislativo, Judiciário)	**use maiúscula** – Poder Executivo, Legislativo, Judiciário, os três Poderes **use minúscula** – Legislativo estadual, Legislativo municipal
prêmios e distinções	**use maiúscula** – sempre que for o nome oficial: Prêmio Nobel de Literatura, Ordem do Cruzeiro do Sul, concurso Miss Brasil **use minúscula** – quando identificar alguém que recebeu a distinção: A prêmio Nobel de Literatura em 2015, Svetlana; a miss Brasil 2015, Marthina Brandt

USO DE MAIÚSCULAS E MINÚSCULAS [continuação]

redação	**use maiúscula** – em referência à Redação de veículo jornalístico: A Redação da Folha, as Redações dos principais jornais do país **use minúscula** – nos outros casos: O vice-presidente elogiou a redação do projeto. Clarice adorava as aulas de redação
regiões geográficas	**use maiúscula** – nomes consagrados: Triângulo Mineiro, Vale do Paraíba, Baixada Santista, Oriente Médio, Extremo Oriente, Vale do Ribeira, Grande São Paulo, Vale do Silício, Recôncavo Baiano – divisão oficial de país: Norte, Nordeste, Centro-Oeste, Sudeste, Sul **use minúscula** – sub-regiões: zona da mata, sertão, agreste
república	**use maiúscula** – quando se referir a Estado: O presidente da República **use minúscula** – quando indicar a forma de governo: O plebiscito decidiu entre república e monarquia
seres do folclore brasileiro	**use minúscula** – boitatá, cuca, curupira, lobisomem, saci-pererê
sol	**use maiúscula** – o corpo celeste: A Terra é iluminada pelo Sol. **use minúscula** – em referência à luz do Sol: Estava tomando banho de sol, nascer do sol, pôr do sol
títulos de obras e programas de TV	**use maiúscula** – todos os nomes e verbos do título da obra escrevem-se com inicial maiúscula. A minúscula destina-se às palavras átonas: preposições (*de, para, com, entre* etc.), artigos (*o, a, os, as, um, uma*), conjunções (*e, mas, embora, porque* etc.), pronomes relativos (*que, o qual, cujo* etc.) e pronomes oblíquos átonos (*me, te, se, nos, vos, lhe, lhes* etc.). A primeira palavra do título, mesmo que seja átona, é escrita com inicial maiúscula: "O Lago dos Cisnes", Jornal Nacional, Programa Silvio Santos, "A Vida como Ela É", "A uma Mulher", "Alexandre, o Grande, e Sua Sede de Fama", "Eu Sei que Vou te Amar", "Casa-Grande e Senzala", "O Que É Isso, Companheiro?"
união	**use maiúscula** – como conceito político e em nomes próprios: As praias marítimas pertencem à União. A escola de samba União da Ilha foi fundada em 1953. **use minúscula** – nos demais casos: O casal celebrou 50 anos de união
unidades administrativas	**use minúscula** – estado, província, cantão, condado, município
veículos de comunicação	**use maiúscula** – somente em nomes próprios: agência Thomson Reuters, jornal Zero Hora, rádio Cultura, Rede Globo, revista Veja, canal GloboNews, portal UOL
vias e logradouros	**use minúscula** – via Dutra, rodovia dos Imigrantes, ferrovia Norte-Sul, hidrovia Tietê-Paraná, rua da Consolação, avenida Brasil, praça da República, parque do Carmo, parque Ibirapuera, ponte Octavio Frias de Oliveira

ORDEM DE GRANDEZA

PREFIXO	SÍMBOLO	FATOR	FATOR NUMERAL
yotta	Y	10^{24}	1.000.000.000.000.000.000.000.000
zeta	Z	10^{21}	1.000.000.000.000.000.000.000
exa	E	10^{18}	1.000.000.000.000.000.000
peta	P	10^{15}	1.000.000.000.000.000
tera	T	10^{12}	1.000.000.000.000
giga	G	10^{9}	1.000.000.000
mega	M	10^{6}	1.000.000
quilo	k*	10^{3}	1.000
hecto	h	10^{2}	1.00
deca	da	10	1.0
deci	d	10^{-1}	0,1
centi	c	10^{-2}	0,01
mili	m	10^{-3}	0,001
micro	µ	10^{-6}	0,000.001
nano	n	10^{-9}	0,000.000.001
pico	p	10^{-12}	0,000.000.000.001
femto	f	10^{-15}	0,000.000.000.000.001
atto	a	10^{-18}	0,000.000.000.000.000.001
zepto	z	10^{-21}	0,000.000.000.000.000.000.001
yocto	y	10^{-24}	0,000.000.000.000.000.000.000.001

* Um erro frequente é a indicação com k maiúsculo.

UNIDADES DE MEDIDA – SÍMBOLO/ABREVIATURA

acre	ac
alqueire	alq
bit por segundo	bps
caloria	cal
centímetro	cm
centímetro quadrado	cm^2
exabyte	EB
gigabit por segundo	Gbps
gigabyte	GB
grama	g
hectare	ha
hertz	Hz
hora	h
joule	J
litro	l
megabit por segundo	Mbps
megabyte	MB
mega-hertz	MHz
metro	m
metro cúbico	m^3
metro por segundo	m/s
metro quadrado	m^2
miligrama	mg
mililitro	ml
milímetro	mm
minuto	min
petabyte	PB
polegada	pol
quilate	K
quilo	kg
quilobit por segundo	Kbps
quilobyte	KB
quilômetro	km
quilômetro quadrado	km^2
quilowatt	kW
quilowatt-hora	kWh
segundo	s
terabyte	TB
tonelada (métrica)	t
volt	V
watt	W
zetabyte	ZB

4

Anexos temáticos

CIÊNCIA E AMBIENTE

Neste capítulo, são apresentadas as definições dos principais conceitos e expressões nas áreas de ciência e ambiente, de forma a auxiliar no didatismo e a evitar os erros mais comuns no exercício do jornalismo científico. Em caso de dúvida, consulte especialistas.

A

ACORDOS CLIMÁTICOS Desde os anos 1990, são realizadas conferências globais com o propósito de aprovar acordos para enfrentar o ***aquecimento global***. Em 1997, como consequência de reuniões como a Eco-92, ocorrida no Rio de Janeiro, 84 países assinaram o *Protocolo de Kyoto*, com metas para redução das emissões de gases do ***efeito estufa*** por parte das nações desenvolvidas. Sem a adesão dos Estados Unidos, esse primeiro tratado não teve sucesso.

Em dezembro de 2015, 195 países chegaram ao *Acordo de Paris*, que fixa o objetivo de impedir que o aquecimento global ultrapasse 2°C até 2100 (de preferência, não mais que 1,5°C). Isso implica a adoção de medidas como substituir a energia de combustíveis fósseis pela de fontes renováveis. As metas desse tratado são voluntárias.

Precursora de tais encontros multilaterais, a Conferência de Estocolmo (1972) não resultou num acordo, mas a declaração de princípios ratificada pelos mais de cem países participantes levou a preservação ambiental ao centro da agenda global.

AMBIENTALISTA/ECOLOGISTA Ambiente não é sinônimo de *ecologia*, ramo da biologia que estuda as comunidades de seres vivos.

Assim, *ambientalista* (militante) tampouco é sinônimo de *ecologista* e *ecólogo* (pesquisador).

ANTIMATÉRIA No início do século 20, a teoria quântica permitiu a compreensão das propriedades básicas da matéria, mas também trouxe um resultado intrigante: para cada uma das partículas conhecidas deveria haver uma contraparte idêntica, mas com propriedades quânticas espelhadas.

Ou seja, além de elétrons, com carga elétrica negativa, deveriam existir pósitrons (ou antielétrons), em tudo similares, mas com carga positiva; além dos prótons, deveriam existir antiprótons; e assim por diante.

Essa predição foi confirmada experimentalmente em 1932 –partículas de antimatéria de fato existem. A descoberta, contudo, deixou um enigma que até hoje permanece sem solução. Os cientistas ainda não sabem por que o Universo, para onde quer que se olhe, é todo feito de matéria, e não de antimatéria.

APP Área de Preservação Permanente, que não pode ser desmatada. Na maior parte dos casos, as áreas de preservação estão localizadas perto de rios, lagos e nascentes. A denominação também é aplicável a florestas destinadas ao acolhimento de espécies ameaçadas e ao controle da erosão. As APPs estão listadas no artigo 4º do Código Florestal (lei federal 12.651/12, que estipula regras para a preservação de vegetação nativa).

AQUECIMENTO GLOBAL Elevação da temperatura média da atmosfera da Terra resultante da emissão de gases do efeito estufa, principalmente por atividades humanas. Não é sinônimo de ***efeito estufa***.

O aquecimento global pode provocar mudança climática e alterar padrões regionais do clima, aquecendo ou resfriando diferentes partes do globo e aumentando ou diminuindo a precipitação. Além disso, pode desencadear maior ocorrência de eventos extremos, como grandes secas, ondas de calor e tempestades.

ASTRONAUTA É a designação mais comum para tripulante de nave espacial. Consagrou-se a adoção, no que concerne à Rússia, do termo *cosmonauta*. Em relação à China, *taikonauta*.

B

BIG BANG Passado mais remoto acessível às teorias existentes, quando toda a matéria, a energia e o espaço do Universo estavam extremamente concentrados. De acordo com medições recentes, esse momento ocorreu há cerca de 13,8 bilhões de anos. Não houve, na verdade, uma grande explosão a partir dessa época. Segundo as hipóteses mais aceitas, foi o próprio espaço que se esticou, não uma certa quantidade de matéria e energia que se espalhou violentamente por um espaço preexistente. O Universo ainda hoje está em expansão acelerada.

BURACO NEGRO Região ao redor de objeto extremamente denso, cujo efeito gravitacional é tão intenso que nem a luz consegue escapar dela, daí o nome. Em geral (mas não necessariamente), ele surge do colapso de uma estrela de grande massa.

Em uma hipótese ilustrativa da densidade, a Terra se converteria num buraco negro se toda a sua massa se concentrasse numa esfera de raio menor ou igual a 8,7 milímetros (esse buraco negro teria 8,7 milímetros). Diferentemente do que se possa imaginar, ele não sugaria a Lua e outros planetas do Sistema Solar, que manteriam exatamente a órbita que têm hoje.

Existem ainda buracos negros supermaciços (e gigantes), com massa equivalente à de milhões ou bilhões de estrelas. Sua formação e evolução, porém, não estão esclarecidas.

C

CÉLULAS-TRONCO Aquelas que, em seu estado primitivo, são capazes de dar origem a tipos especializados de célula. Em 2008, o STF liberou pesquisas com células-tronco embrionárias, validando a Lei de Biossegurança aprovada três anos antes pelo Congresso.

Veja o infográfico ***células-tronco*** na pág. 270.

CLONAGEM Processo também chamado de transferência nuclear de célula somática, em que o núcleo de célula de organismo adulto é transferido para um óvulo cujo núcleo tenha sido retirado. Se o procedimento for bem-sucedido, a célula resultante poderá desenvolver-se em um embrião geneticamente idêntico ao doador do núcleo original.

D

DESMATAMENTO Remoção completa (*corte raso*) de cobertura vegetal arbórea ou arbustiva, seja ela floresta amazônica, mata atlântica, cerrado ou caatinga. Quando a remoção da vegetação é parcial, com retirada seletiva de madeira, trata-se de *degradação florestal*.

No caso da Amazônia, há dois sistemas de monitoramento por satélite: o *Deter*, de baixa resolução espacial, que emite alertas diários, e o *Prodes*, de alta resolução, que produz anualmente a taxa oficial de desmatamento.

Nem sempre a prática é criminosa. Existe a figura da *concessão florestal*, que é uma licença concedida a empresas privadas para que explorem madeiras em terras públicas.

O artigo 16 do Código Florestal (lei nº 12.561/12) apresenta o percentual mínimo de cobertura vegetal natural que o proprietário rural é obrigado a manter, ou *reserva legal*, que varia de 20% a 80%, conforme o bioma. A localização da reserva legal e a autorização para desmates devem ser aprovadas por órgão estadual competente.

A lei autoriza a redução dessa reserva quando a ***APP*** (Área de Preservação Permanente) excede determinados percentuais em relação à área total da propriedade.

DINOSSAUROS Grupo de répteis terrestres dominantes nos períodos Jurássico e Cretáceo, de 200 milhões a 65 milhões de anos atrás. Em títulos, admite-se a forma *dinos*. Lembre-se de que pterossauros (répteis alados) e as várias formas de répteis marinhos contemporâneas dos dinossauros, como os plesiossauros, não eram dinossauros (igualá-los seria como chamar tartarugas de lagartos).

E

EFEITO ESTUFA Fenômeno natural de retenção da radiação solar na atmosfera da Terra, que mantém o planeta aquecido. Não é sinônimo de ***aquecimento global***. Os principais gases do efeito estufa são o dióxido de carbono, ou gás carbônico (CO_2), o metano (CH_4), o óxido nitroso (N_2O) e os gases fluorados. Como o gás carbônico corresponde a 76% das emissões de gases do efeito estufa de origem humana, convencionou-se usar a medida-padrão *CO_2-equivalente* (poder de aquecimento comparado ao do dióxido de carbono).

EL NIÑO Fenômeno natural em que o oceano Pacífico oriental se aquece anormalmente e altera padrões climáticos em várias partes do mundo. No Brasil, está associado a secas no Nordeste e na Amazônia e a chuvas anormais na região Sul. Recebe o nome de El Niño (Menino Jesus) porque normalmente se manifesta na época do Natal.

O fenômeno oposto (esfriamento anormal do Pacífico) é chamado de *La Niña*. No Brasil, associa-se a chuvas aumentadas no Nordeste e na Amazônia e a secas no Sul.

EMISSÕES DE CARBONO Lançamento de gases do ***efeito estufa*** na atmosfera por atividades humanas (energia, desmatamento etc.). A fim de limitá-lo e mitigar o ***aquecimento global***, criou-se o sistema conhecido como "cap and trade". Um governo define um teto de emissões para um país, um estado ou um determinado setor da economia e distribui cotas (permissões para emitir carbono) entre os agentes. Quem não consegue respeitar o teto precisa comprar títulos (*créditos de carbono*) de quem emite menos que o limite.

Outro expediente para desestimular emissões de gases do efeito estufa é a *taxação do carbono* instituída em alguns países. Trata-se de uma modalidade do que se convencionou chamar *tributação verde*, a saber, o uso de impostos para incentivar a adoção de práticas ambientalmente saudáveis por empresas.

ENERGIA ESCURA Forma misteriosa de energia que seria responsável por dar à expansão do Universo a velocidade atual. Se dependesse apenas do total de matéria que se supõe existente, o ritmo de expansão seria mais lento.

De acordo com o modelo cosmológico mais aceito, a energia escura responderia por 68,3% do total de matéria e energia contidos no Universo. O restante seria matéria convencional (4,9%) e ***matéria escura*** (26,8%). Ainda falta, contudo, uma explicação teórica satisfatória da energia escura, o que, a exemplo da matéria escura, faz com que alguns cientistas ainda duvidem de sua existência.

G

GENÔMICA Ramo da biologia molecular que estuda a coleção de genes e outras sequências de DNA –o genoma– que caracterizam uma espécie ou um indivíduo.

Veja o quadro ***genômica*** na pág. 271.

H

HOMINÍDEO Designa tanto o homem anatomicamente moderno, *Homo sapiens*, como seus ancestrais até o ponto de separação entre a linhagem humana e a que conduziu aos chimpanzés.

I

IPCC Sigla em inglês de Painel Intergovernamental sobre Mudança do Clima. Criado em 1988 por iniciativa do Programa das Nações Unidas para o Meio Ambiente (Pnuma) e da Organização Meteorológica Mundial (OMM), é responsável por produzir relatórios de avaliação do estado do clima.

M

MATÉRIA ESCURA Tipo de matéria ainda mal compreendido pelos físicos. Para explicarem, entre outros fenômenos, o padrão anômalo de translação observado em estrelas na periferia das galáxias, os estudiosos formularam a hipótese de que existem no Universo grandes quantidades de matéria que exercem gravidade, mas não interagem com a luz (e por isso é invisível).

Nenhum tipo conhecido de partícula elementar ou fenômeno astrofísico pode responder pelos efeitos da matéria escura, e diversos experimentos buscam atualmente tentar descobrir suas propriedades. Pouco mais de um quarto da matéria do Universo corresponderia à matéria escura.

Alternativamente, o efeito poderia ser explicado com uma modificação da nossa compreensão da lei da gravidade –embora essa seja uma opção abraçada apenas por uma minoria dos astrofísicos.

MATRIZ ENERGÉTICA Conceito que engloba todas as formas de consumo de energia, inclusive o uso de combustíveis em transportes e caldeiras. Não é sinônimo de *matriz elétrica*, expressão que abarca somente as fontes geradoras de eletricidade.

A economia brasileira, com base nos dados da Agência Internacional de Energia (AIE) de 2013, era em média 26% menos intensa em carbono (ou seja, emitia menos gases do efeito estufa por unidade de energia produzida) do que a economia europeia, 51% menos do que a economia americana e 73% menos do que a chinesa.

Veja quadro na próxima página.

MATRIZ ENERGÉTICA NO BRASIL
% fornecida ao consumidor

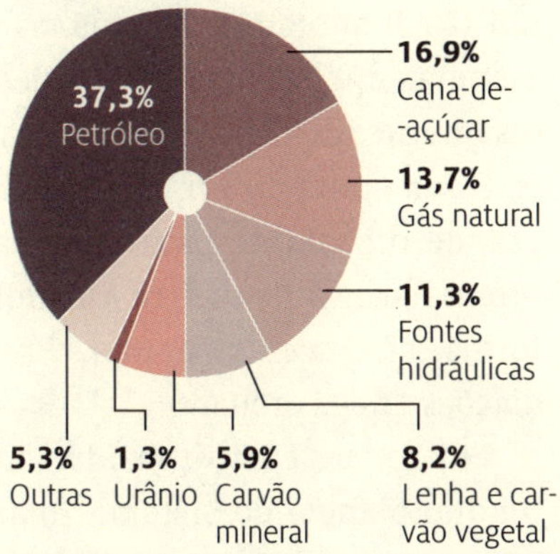

MATRIZ ELÉTRICA BRASILEIRA
% fornecida ao consumidor

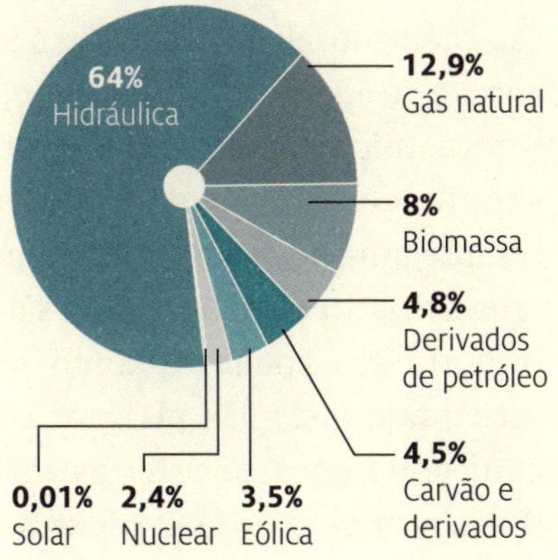

Fonte: "Balanço Energético Nacional" de 2016, da Empresa de Pesquisa Energética (EPE)

MODELO-PADRÃO Modelo teórico desenvolvido nos anos 1970 para explicar a estrutura da matéria, baseado em três tipos de partícula elementar (quarks, léptons e bósons) e em três das quatro forças fundamentais: a *nuclear forte* (que garante a coesão dos núcleos atômicos), a *nuclear fraca* (ligada ao esfacelamento progressivo de núcleos radioativos, como os de urânio) e a *eletromagnética* (relacionada com eletricidade, magnetismo e luz). A quarta é a *gravitacional*, que o Modelo-Padrão não abrange (é explicada pela relatividade geral).

Como só funciona até certa energia (ou temperatura) e como a ele também faltam sugestões de partículas que possam responder pela matéria escura, o Modelo-Padrão é considerado uma teoria incompleta. Ainda assim, tem sido bem-sucedido na explicação de vários fenômenos e permitiu antever a existência de partículas depois detectadas experimentalmente, como o bóson de Higgs.

N

NEO Sigla em inglês de objeto próximo à Terra ("near-Earth object"). Há esforços internacionais para mapear tais objetos porque podem representar ameaça caso colidam com o planeta. Quando atravessam a atmosfera terrestre são chamados *meteoros*. Os fragmentos que atingem a superfície do planeta são os *meteoritos*.

O

ONDAS GRAVITACIONAIS Deformações no espaço-tempo (comparáveis às ondas formadas na superfície de um lago quando atingida por uma pedra). São normalmente produzidas por dois ou mais objetos com grande concentração de massa (como ***buracos negros***) em órbitas próximas. Segundo a teoria, elas se propagam na velocidade da luz e podem se espalhar por todo o espaço-tempo.

Sua existência foi prevista por Albert Einstein em trabalho de 1916 e confirmada em 11 de fevereiro de 2016 pelo Observatório de Ondas Gravitacionais por Interferômetro Laser (Ligo, na sigla em inglês).

ORÇAMENTO DE CARBONO Quantidade máxima de carbono que ainda pode ser emitida sem que a temperatura média da atmosfera ultrapasse certo limite, por exemplo, 2°C, como definido no Acordo de Paris.

Leia o verbete ***acordos climáticos*** na pág. 261.

P

PLANETA Segundo a classificação da União Astronômica Internacional (UAI) adotada em 2006, são planetas apenas os corpos celestes que atendem a três condições: estão na órbita do Sol, têm massa grande o bastante para que sua própria gravidade os faça assumir forma esférica e limparam as imediações de sua órbita.

Plutão, até então considerado o nono planeta do Sistema Solar, não satisfaz o terceiro critério (há enorme quantidade de outros objetos em sua órbita, no chamado cinturão de Kuiper) e foi rebaixado a *planeta anão*.

Planetas fora do Sistema Solar são chamados de *exoplanetas*, mas admite-se dispensar o prefixo *exo-*.

Atualmente, com milhares de exoplanetas conhecidos, nem sempre uma nova descoberta tem relevância jornalística. Eles são importantes apenas quando representam sistemas planetários com condições peculiares, demonstram uma nova capacidade tecnológica na área de estudo ou oferecem uma perspectiva para a caracterização mais detalhada, como a detecção de sua composição e de sua atmosfera.

S

SUPERNOVA Explosão estelar violenta (equivalente à luminosidade combinada de uma galáxia inteira), que pode estar ligada ao colapso de uma estrela de grande massa ou à "ressurreição" de um cadáver estelar (*anã branca*) que consiga sugar material de uma estrela companheira maior e ativa. Supernovas podem produzir elementos químicos pesados –entre os quais o carbono, crucial para a vida como é conhecida– e lançá-los espaço afora.

SUSTENTABILIDADE Característica da atividade econômica que não leva ao esgotamento dos recursos naturais utilizados como insumos (matérias-primas e energia) e que permite o reaproveitamento de resíduos produzidos.

T

TERAPIA GENÉTICA Técnica para combater doenças ligada a alterações genéticas, modificando diretamente o DNA do paciente. Isso pode ser feito por meio de vírus e de técnicas moleculares, que carregam o gene terapêutico e o inserem no genoma da pessoa. Embora ainda longe do ideal, a precisão desses métodos tem avançado.

TRANSGÊNICO Organismo que recebe gene de outra espécie por técnica de engenharia genética para manifestar característica desejada. Por exemplo, uma planta em que se introduz gene de bactéria para torná-la resistente a insetos.

Não é sinônimo de *organismo geneticamente modificado* (OGM), designação geral para o ser vivo resultante de qualquer alteração genética, seja ela incorporação de genes estranhos à espécie, seja edição/deleção de DNA da própria espécie.

U

UNIDADE ASTRONÔMICA Cada AU (sigla em inglês da expressão "astronomical unit") tem 150 milhões de quilômetros, distância média entre a Terra e o Sol. É usada para medir distâncias dentro do Sistema Solar. Para distâncias estelares, usa-se o *ano-luz* (9 trilhões de quilômetros) e o *parsec* (3,26 anos-luz, ou 31 trilhões de quilômetros).

CÉLULAS-TRONCO

células iPS

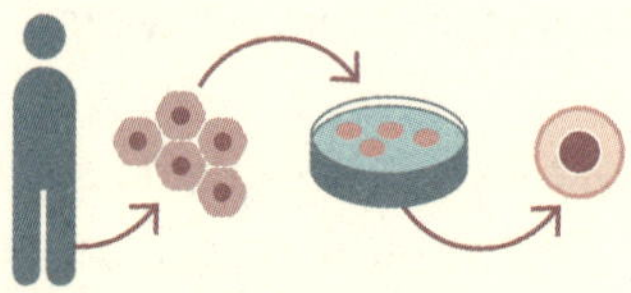

Células-tronco pluripotentes induzidas, na sigla em inglês, produzidas a partir de células do organismo adulto (obtidas da pele, por exemplo) por meio da inserção de certos genes que as levam a assumir um estado imaturo. São semelhantes às células de embriões em estado inicial, que podem se transformar em células de vários tipos

células-tronco adultas

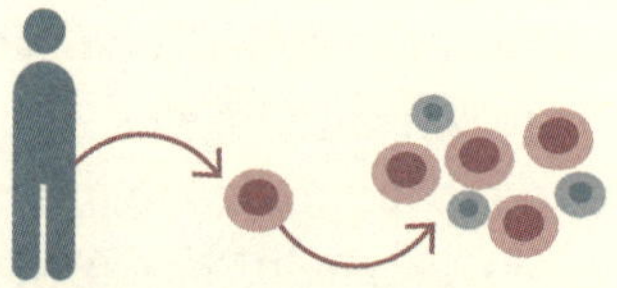

Em adultos, as células da medula óssea são consideradas multipotentes, ou seja, com capacidade de se diferenciar em diversos tipos de célula do sangue (glóbulos vermelhos, células de defesa etc.)

células-tronco de embrião

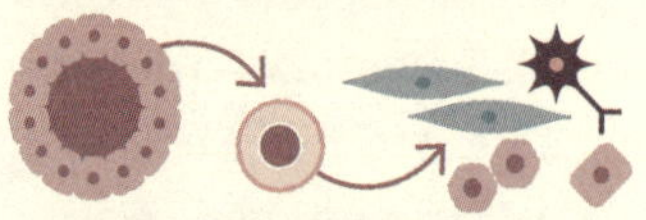

Células de embriões com poucos dias de vida, que são pluripotentes, ou seja, podem originar qualquer tipo de célula, de músculos a neurônios, com exceção das que formam a placenta

células-tronco totipotentes

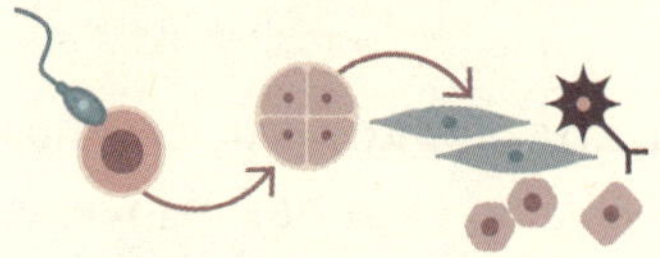

Células formadas com a divisão do óvulo fecundado, cuja capacidade de diferenciação abrange todos os tipos celulares, inclusive os da placenta

GENÔMICA

cromossomo
Longa molécula de DNA enrolada sobre si mesma em conjunto com proteínas (cromatina); células humanas têm 23 pares deles

DNA
Sigla em inglês de ácido desoxirribonucleico, molécula em forma de escada torcida com "degraus" formados por pares de bases nitrogenadas de apenas quatro tipos (adenina, citosina, guanina e timina) cujas sequências definidas como genes codificam instruções para as células. É o principal portador de informação hereditária

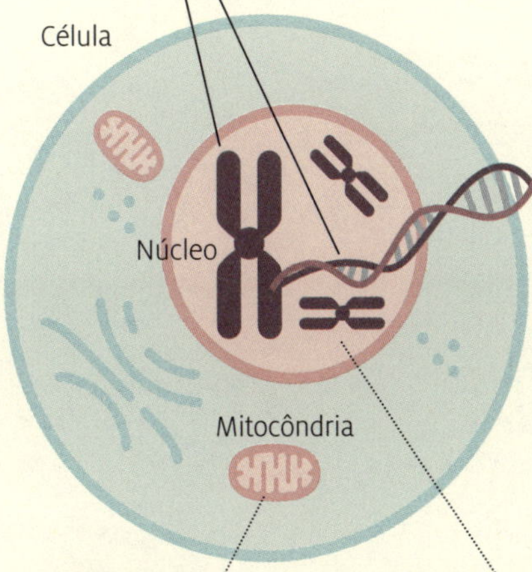

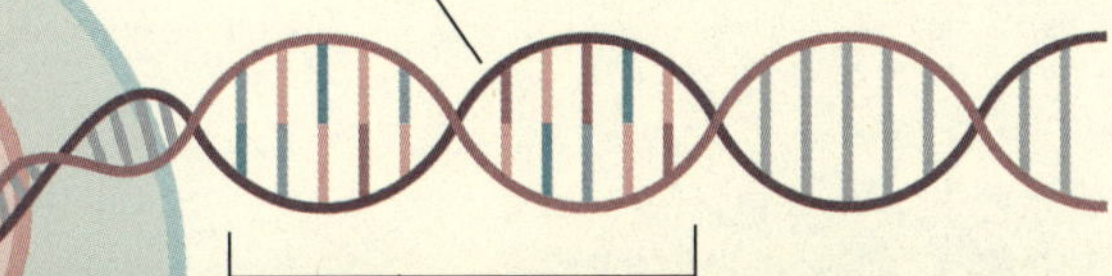

gene
Sequência de DNA com instruções codificadas para síntese de uma proteína específica; a espécie humana se caracteriza por cerca de 21 mil a 23 mil genes

genoma
Conjunto de genes e outras sequências de DNA característicos de um indivíduo ou de uma espécie; o genoma do *Homo sapiens* tem cerca de 3 bilhões de bases (letras)

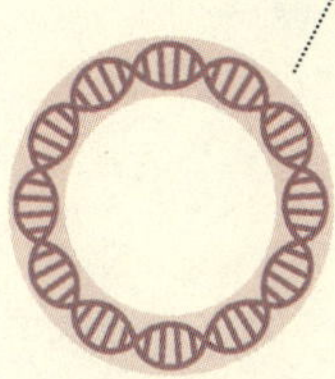

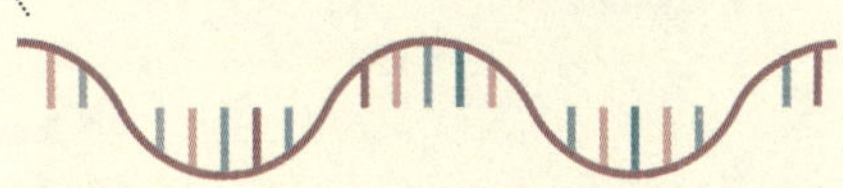

DNA mitocondrial (mtDNA)
Material genético exclusivo das mitocôndrias, estruturas que produzem energia nas células de organismos complexos, como animais e plantas. Normalmente transmitido só pela linhagem materna, sem mistura com o DNA paterno (as mitocôndrias do espermatozoide são normalmente inutilizadas durante a fertilização), é útil para estudos da interseção entre genética, história e arqueologia

RNA
Sigla em inglês de ácido ribonucleico, molécula mais simples que pode carregar a mensagem do DNA para as partes da célula responsáveis pela síntese de proteínas (quando é chamado de RNA mensageiro, mRNA) e também envolver-se na regulação de outras funções celulares. É formado por sequências das bases nitrogenadas adenina, citosina, guanina e uracila

ECONOMIA

Acompanhar a economia é monitorar as escolhas que precisam ser feitas por pessoas, empresas e governos ao empregar recursos limitados para atender a demandas infinitas.

O Brasil, dadas as dimensões de seu território e de sua população, aparece entre as maiores economias globais em termos de volume de bens e serviços produzidos. Quando comparada ao número de habitantes, no entanto, a renda doméstica fica distante do padrão das nações desenvolvidas. Por isso a economia brasileira é classificada no pelotão das que estão em desenvolvimento.

A frustração das expectativas históricas de ascensão do país, bem como as razões para a má distribuição da renda existente, é tema recorrente do debate político nacional.

Outros traços típicos do Brasil são o peso relativo dos governos (federal, estaduais e municipais) e a frequente intervenção estatal nos negócios privados e nas relações de trabalho.

A carga tributária, que reclama mais de 30% da produção, está entre as maiores do mundo em desenvolvimento, reflexo de gastos públicos elevados para padrões internacionais. Despesas e impostos tiveram forte expansão após a Constituição de 1988, em razão do estabelecimento progressivo de novos direitos e políticas sociais.

O Brasil também se destaca nas listas globais de burocracia e entraves aos negócios. Em razão da complexidade dos regulamentos, empreendedores por aqui enfrentam maiores custos e obstáculos para abrir e fechar empresas, contratar e demitir funcionários e observar a diversidade das exigências tributárias.

O país sofre, além disso, com deficiências na infraestrutura (transportes, energia, comunicações), com taxas de juros cronicamente elevadas e com dificuldades para o controle da inflação, embora pertençam ao passado índices como os 6.821% dos 12 meses encerrados em abril de 1990.

Na política econômica, é comum o embate entre os defensores de maior atuação do governo, em nome da proteção de empresas e trabalhadores nacionais, e os que reivindicam mais liberdade para contratar e mais igualdade para competir, a título da promoção do crescimento do país pela via do mercado.

De duas décadas para cá, pesquisadores que comparam o desenvolvimento das nações têm enfatizado o papel das instituições, entendidas como o conjunto de regras e incentivos do jogo econômico, para o sucesso dos países mais avançados na produção de riqueza e bem-estar.

Os verbetes a seguir elencam termos com os quais o jornalista se defronta amiúde. Evite o uso de jargões, mas, se for incontornável mencioná-los no texto, explique o significado.

VERBETES

A

AGRONEGÓCIO Termo que compreende a agropecuária e todas as atividades industriais e de serviços a ela associadas, da produção de tratores à comercialização de alimentos, passando pelo processamento de insumos, como fertilizantes e medicamentos veterinários.

ALAVANCAGEM Utilização de recursos de terceiros (por meio de endividamento, por exemplo) com o objetivo de aumentar as possibilidades de lucro, elevando também o risco da operação.

Nos bancos, representa quanto cada instituição tem de empréstimos em relação ao seu capital. Pertence ao jargão econômico e deve ser evitado.

APLICAÇÕES FINANCEIRAS Aquisição de ativos com o objetivo de obter ganhos econômicos ou proteção do patrimônio.

Veja a tabela ***Principais tipos de aplicação financeiras*** na próxima página.

PRINCIPAIS TIPOS DE APLICAÇÃO FINANCEIRA

renda fixa
Paga juros em prazos determinados, que podem ser conhecidos previamente (taxas prefixadas) ou calculados na data de pagamento (taxas pós-fixadas)

poupança – Investimento mais tradicional do país (desde 1861), é isento de Imposto de Renda e garante rentabilidade anual de cerca de 6% mais TR (Taxa Referencial, calculada pelo BC a partir das taxas médias mensais ponderadas dos CDBs prefixados das 30 maiores instituições financeiras do país, eliminando as duas menores e as duas maiores) quando a Selic equivale a 8,5% ao ano ou os supera. Quando o índice é menor, a poupança paga 70% da Selic mais TR

CDB – Certificado de Depósito Bancário. A instituição paga uma remuneração pelo depósito

Tesouro Direto – Títulos de renda fixa (pré e pós-fixados) do Tesouro Nacional. Os pós-fixados são corrigidos pela Selic ou pelo IPCA

debênture – Título emitido por uma empresa para captar recursos. Pode ou não ser convertida em ações da companhia ao fim da aplicação

LCA/LCI – Letras de crédito lastreadas, respectivamente, em negócios agropecuários ou do mercado imobiliário. Instituições financeiras fixam valor mínimo para investimento inicial e prazo para resgatar as aplicações

renda variável
Os ganhos dependem das oscilações de mercado. Investidores escolhem essas alternativas de maior risco em busca de rendimentos superiores aos da renda fixa

ação – A menor fração do capital de uma empresa. Pode ser negociada em Bolsa. A ação ordinária dá direito a voto na empresa. A mais negociada costuma ser a ação preferencial, pois seu dono, embora não tenha direito a voto, tem a prioridade ao receber dividendos (lucros) ou reembolso de capital (no caso de a companhia fechar)

fundo de investimento – Espécie de condomínio de investidores, gerido por instituição financeira que cobra uma taxa de administração pelo serviço. O fundo recebe depósitos e faz aplicações financeiras, repartindo ganhos e perdas entre seus participantes. A CVM (Comissão de Valores Mobiliários) é responsável pela fiscalização

OS FUNDOS MAIS COMUNS:

fundo cambial – O dinheiro de vários investidores é corrigido por papéis atrelados à valorização de moedas, em geral o dólar

fundo multimercado – Acompanha o valor de uma cesta de ativos. São mais agressivos os que incluem mais papéis ligados a ações e moedas. Os atrelados a juros são mais conservadores

fundo de ações – Segue o valor de um grupo de ações (as que compõem o Ibovespa, por exemplo, ou empresas de um mesmo setor)

ATIVO/PASSIVO *Ativo* indica o conjunto de bens, valores e créditos que formam o patrimônio de um agente econômico (indivíduo, família, empresa). *Passivo* refere-se a dívidas e obrigações de uma empresa. Não pode ser chamado de rombo, pois faz parte das operações normais de uma empresa.

B

BALANÇO DE PAGAMENTOS Registro das transações econômicas e financeiras realizadas por um país com os demais. Abrange quatro tipos de contas:

- *Balança comercial* – Resulta da diferença entre o valor das exportações (vendas ao exterior) e importações (compras);
- *Balança de serviços* – Receitas e despesas em transações não relacionadas à aquisição de mercadorias, como contratações de fretes, desembolsos de turistas no exterior, remessas de lucros, pagamentos de juros etc.;
- *Transferências unilaterais* – Ingresso de recursos enviados por brasileiros residentes no exterior, envio de recursos para custeio de embaixadas etc.;
- *Conta financeira* – Contabiliza a entrada e a saída de investimentos, seja no setor produtivo (uma multinacional que se instala no país, por exemplo), seja no mercado financeiro (como a compra de títulos de renda fixa).

O resultado das três primeiras contas é consolidado no item ***transações correntes***.

BANCO CENTRAL Instituição encarregada de zelar pela oferta de moeda e por seu valor, levando em conta os objetivos de expansão da economia e o controle da ***inflação***.

Além disso, costuma cuidar da estabilidade financeira, regulando e fiscalizando as instituições que operam com recursos de terceiros (em geral depósitos). Exerce influência decisiva nas taxas de ***juros*** e negocia títulos e moedas com os bancos comerciais e demais instituições financeiras.

Escreva Banco Central, com maiúsculas, ao tratar do brasileiro, e use BC nas referências seguintes. A **Folha** não grafa Bacen. Entre os bancos centrais estrangeiros, as abreviações mais utilizadas são *BCE* (*Banco Central Europeu*) e *Fed*, nome pelo qual é conhecido o Federal Reserve, dos Estados Unidos.

BANCO MUNDIAL A exemplo do FMI, é um órgão da ONU. Concentra-se em financiamentos e assessorias a projetos em ***países menos desenvolvidos***. Admite-se como sinônimo a sigla ***Bird*** (Banco Internacional para a Reconstrução e o Desenvolvimento, principal instituição do órgão).

BITCOIN Leia o verbete ***moedas virtuais*** na pág. 361.

"BLUE CHIP" Ação de grandes empresas, geralmente fácil de vender ou comprar (tem liquidez).

BNDES Banco Nacional de Desenvolvimento Econômico e Social, instituição financeira federal de fomento. Utiliza recursos da arrecadação tributária e do Tesouro para empréstimos de longo prazo a taxas inferiores às de mercado. Criado em 1952 como BNDE, ganhou o *S* 30 anos depois.

BOLHA A palavra é usada quando há uma alta exagerada e insustentável de preços de ativos (ações ou imóveis, por exemplo), geralmente provocada por movimento especulativo em períodos de juros baixos e crédito mais abundante.

Compradores deixam de lado avaliações sobre o valor efetivo dos ativos, apostando em valorização posterior. A bolha estoura quando as condições de mercado mudam e os preços caem bruscamente, o que pode resultar em crise econômica.

Nos anos 2000, o mercado imobiliário americano viveu um período de euforia, com grande expansão de financiamentos e valorização das propriedades; os preços, porém, caíram abruptamente e comprometeram a solidez dos bancos, levando a uma recessão global.

BOLSA DE VALORES Entidade que organiza a negociação pública de ações e outros ativos. Quando as ações se valorizam, diz-se que a Bolsa subiu, em geral um sinal de otimismo dos investidores. Já a queda ocorre quando a tendência de venda supera a de compras.

Grafe sempre a inicial em maiúscula, mesmo em segunda menção ou no plural: Os principais índices da Bolsa de Nova York voltaram a cair nesta quarta-feira (4).

Use com parcimônia os verbos *disparar* e *despencar* ao se referir ao movimento de preços e de índices no mercado acionário.

C

CADE Conselho Administrativo de Defesa Econômica, autarquia vinculada ao Ministério da Justiça. Sua missão é zelar pela livre concorrência, evitando o surgimento de ***monopólios*** e ***oligopólios***, assim como práticas consideradas abusivas na fixação de preços e demais condições de mercado. Uma de suas principais tarefas é examinar fusões e incorporações de empresas que possam resultar em concentração de mercado. O Cade tem o poder de limitar ou vetar essas transações.

CALOTE Ato do devedor que não tem intenção de pagar sua dívida. Não confundir com ***inadimplência***.

CÂMBIO Operação de compra ou venda de moedas estrangeiras. A taxa de câmbio define o preço (cotação) em moeda nacional de uma moeda estrangeira. Tem influência decisiva no comércio exterior e na inflação. Não use a expressão o câmbio subiu para dizer que o dólar ficou mais caro. Quando a cotação do dólar aumenta, o real se desvaloriza –diz-se, assim, que a moeda se enfraquece. Quando o valor do dólar diminui, a moeda brasileira se valoriza –o real fica mais forte.

CAPITAL DE GIRO Estoque de produtos e dinheiro disponível a curto prazo para dar continuidade aos negócios do dia a dia.

CARGA TRIBUTÁRIA Proporção entre a receita tributária do país e o ***PIB*** (Produto Interno Bruto).

CARTEL Acordo comercial entre empresas para controlar preços e outras condições de uma negociação. É condenado pela legislação brasileira por inibir a livre concorrência.

CESTA BÁSICA Conjunto de bens, na maioria alimentos, que em tese fazem parte do consumo básico de uma família. Há cestas genéricas, como as distribuídas em programas de governos ou empresas, e específicas, como as usadas por instituições para medir a variação de preços.

COMMODITIES São produtos primários com grande participação no comércio mundial que seguem padrões fixados internacionalmente, ou seja, são produtos relativamente homogêneos.

As commodities podem ser classificadas em quatro grupos: *agropecuárias* (soja, café, boi, cana etc.), *minerais* (petróleo, minério de ferro, ouro), *ambientais* (água, madeira, energia elétrica) e *financeiras* (juros e moedas estrangeiras).

Grande exportador de commodities agrícolas e minerais, o Brasil é especialmente suscetível às oscilações dos preços desses produtos nos mercados internacionais.

CONCESSÃO Leia o verbete ***privatização*** na pág. 288.

COPOM Comitê de Política Monetária, formado pelo presidente e por diretores do ***Banco Central***. Reúne-se a cada seis semanas para determinar a taxa Selic.

Leia o verbete ***juros*** na pág. 284.

CVM Comissão de Valores Mobiliários. Órgão federal situado no Rio de Janeiro que regula e fiscaliza o mercado brasileiro de ações, assim como ***fundos de investimento***. Entidade homóloga à americana SEC (Securities and Exchange Commission).

D

DÉFICIT PÚBLICO Ocorre quando as despesas totais do governo (incluindo pagamento de ***juros***) são maiores que a arrecadação de tributos e outras fontes de receita. Pode ser coberto por empréstimos, venda de ***títulos*** públicos, privatizações e, menos usualmente, emissão de moeda.

As estatísticas em geral dizem respeito ao conjunto do setor público (União, estados, municípios e estatais), mas também há dados específicos sobre governo federal e administrações regionais.

Quando há déficit mesmo sem levar em conta as despesas com juros da ***dívida***, diz-se que houve *déficit primário*. O *déficit público nominal* leva em conta todos os gastos públicos, incluindo os pagamentos das dívidas interna e externa.

DEFLAÇÃO Queda generalizada de preços, em geral causada por falta de demanda. É sintoma de ***recessão***.

DERIVATIVOS Contratos financeiros que fixam pagamentos futuros, com valores derivados do preço de um ativo (uma moeda ou uma commodity, por exemplo). O termo genérico cobre uma gama de instrumentos, como *futuros*, *opções* e ***swaps***, que permitem aos agentes trocar riscos.

Um agricultor que queira se proteger contra a queda do preço de sua soja pode vendê-la muito antes da colheita por um valor determinado; se as condições de mercado forem tais que seu produto tenha se desvalorizado, esse agente não terá perdido nada; caso tenha havido valorização, contudo, o lucro ficará com quem comprou a soja antes, assumindo os riscos.

DESEMPREGO Ausência de oportunidades de trabalho, indicando que a economia está operando abaixo de seu potencial.

As taxas de desemprego apresentam diferenças, a depender da metodologia adotada pelo órgão que as apura.

O dado mais utilizado é o da taxa de desocupação do IBGE, que aponta o percentual de pessoas que procuram trabalho (mas não encontram) em relação à força de trabalho total (ou seja, de todas as pessoas que trabalham ou procuram emprego).

Outras taxas podem incluir ainda o desemprego oculto por desalento (quando a pessoa desistiu de procurar emprego) e o subemprego. **O jornalista deve sempre explicar ao leitor qual é a metodologia adotada na aferição de determinado índice**.

DÍVIDA EXTERNA Dívida pública e/ou privada tomada de estrangeiros que não moram no país, tipicamente em moeda estrangeira (há casos, porém, de dívida tomada de não residentes em moeda nacional). No cálculo da dívida externa líquida, o governo desconta o valor de suas reservas em moeda estrangeira.

DÍVIDA PÚBLICA Soma das dívidas interna e externa da União, de estados, municípios e estatais. No Brasil, calcula-se a dívida pública líquida (descontados os créditos dos governos) e a bruta (total).

Ao fazer comparações com as dívidas de outros países, deve-se verificar se as metodologias de apuração são compatíveis. Costuma haver discrepâncias importantes, em especial quanto à definição de dívida líquida.

DIVIDENDO Parcela dos lucros de uma empresa distribuída em dinheiro aos acionistas na proporção da quantidade de ações que cada um detém.

DUMPING Venda de produtos a preços inferiores aos de mercado, com o objetivo de eliminar a concorrência. Escreva sem aspas.

E

EBITDA Sigla em inglês de "Earnings Before Interest, Taxes, Depreciation and Amortization", que define o ganho de uma empresa sem considerar despesas relativas a impostos, pagamentos de dívidas e perdas com a desvalorização dos equipamentos.

O indicador procura avaliar o desempenho da empresa nas atividades típicas de seu negócio, privilegiando sua capacidade de gerar caixa, isto é, recursos líquidos, uma vez que o lucro final pode ser afetado por efeitos financeiros e tributários.

A **Folha** não usa a sigla em português Lajida (Lucro Antes de Juros, Impostos, Depreciação e Amortização). Explique ao leitor sempre que escrever o termo.

ESTAGFLAÇÃO Conjuntura econômica em que se combinam ***inflação*** e estagnação ou queda da produção e do emprego.

ESTATAL Empresa controlada pelo governo, seja federal, estadual ou municipal. Há estatais como a Petrobras, em que o governo mantém a maior parte do capital votante, mas a companhia tem sócios privados e ações negociadas na Bolsa. Em outros casos, como o da Caixa Econômica Federal, o controle é 100% governamental.

F

FALÊNCIA Procedimento destinado à arrecadação dos bens do devedor para venda em leilão e pagamento dos credores. Precisa ser pedida por um ou mais credores e decretada pela Justiça.

FMI Fundo Monetário Internacional. Órgão multilateral criado em 1944 para promover a cooperação monetária, coordenar a relação entre as moedas e levantar fundos para auxiliar países-membros com dificuldades financeiras.

FUNDO DE PENSÃO Instituição sem fins lucrativos destinada a administrar recursos para a previdência privada de funcionários de uma empresa ou um órgão público. Recebe contribuições dos empregados e do empregador, que são direcionadas a aplicações financeiras, à compra de imóveis ou ao financiamento de empreendimentos. Os maiores fundos de pensão do Brasil são a Previ (ligada ao Banco do Brasil), a Petros (dos funcionários da Petrobras) e a Funcef (Caixa Econômica Federal).

H

HEDGE Proteção contra a flutuação de preços de mercadorias, ações, taxas de câmbio etc. Fazer hedge (*cerca*, na tradução do inglês) significa contratar uma operação visando neutralizar eventuais perdas em outra. Quem tem dívidas em dólar ou pretende viajar para o exterior, por exemplo, pode fazer hedge aplicando em um fundo com correção cambial. Assim, caso o dólar fique mais caro, os ganhos com o fundo cambial neutralizarão, em parte, as perdas oriundas do endividamento em dólares.

Leia o verbete ***derivativos*** na pág. 279.

HETERODOXIA/ORTODOXIA No contexto brasileiro, o termo *ortodoxia* refere-se à teoria econômica mais alinhada aos cânones internacionais. Associa-se a temas como austeridade fiscal, controle da inflação e maior abertura comercial. Ideias como essas em geral são combatidas pelos chamados *heterodoxos*, que costumam refletir uma mescla de marxismo e keynesianismo tradicional (em alusão a Karl Marx e John Maynard Keynes).

Essas divisões, contudo, não são uniformes. Há divergências expressivas dentro de cada um desses campos. Além disso, no contexto internacional, os conceitos têm suas fronteiras cada vez menos definidas. Propostas tidas como heterodoxas há algumas décadas hoje integram os principais manuais de economia.

Tenha em mente que a distinção *ortodoxo* X *heterodoxo* não é iluminadora e foge à compreensão da maioria dos leitores. Prefira descrever as ações defendidas por determinado economista.

HOLDING Empresa que mantém controle sobre outras (as subsidiárias) pela posse da maioria das ações. A Petrobras, por exemplo, controla dezenas de empresas, entre as quais a BR Distribuidora e a Gaspetro.

I

IBOVESPA Índice que mede em pontos a evolução da média dos preços das ações mais negociadas na Bovespa (Bolsa de Valores de São Paulo). Diferentemente da maioria dos índices internacionais, que atribuem peso às ações pelo valor de mercado da empresa, o Ibovespa é ponderado pelo volume de negociação, conferindo maior peso aos papéis mais negociados.

INADIMPLÊNCIA Descumprimento temporário de um contrato ou de qualquer de suas condições. Não confunda com ***calote***.

INDEXAÇÃO Correção automática de valores (salários, dívidas, aluguéis etc.), em geral por força de cláusula contratual, com base em indicadores de preços.

INFLAÇÃO Alta contínua do nível geral de preços. Há dois elementos importantes na definição. Primeiro, a elevação deve ser persistente. Segundo, o aumento precisa ser geral, isto é, com o crescimento do conjunto de preços da economia. Altas pontuais no tempo ou limitadas a poucos bens e serviços não são, do ponto de vista teórico, consideradas inflação.

Na prática, mede-se a inflação por meio de um índice de preços, ou seja, uma cesta de bens e serviços ponderada de acordo com o gasto médio de famílias de certa faixa de renda. Num exemplo simples, suponha uma cesta com apenas dois produtos: arroz, com peso 70%, e feijão, com peso 30%. Caso o preço do arroz aumente 5%, e o do feijão, 10%, o índice de preços indicará inflação de 6,5% (0,7 x 5% + 0,3 x 10% = 6,5%).

Os principais índices são o ***IPCA*** (Índice Nacional de Preços ao Consumidor Amplo), que cobre 373 bens e serviços consumidos por famílias com renda de 1 a 40 salários mínimos, calculado pelo IBGE e usado pelo governo federal como referência para o regime de metas inflacionárias, e o *IGP-M* (*Índice Geral de Preços do Mercado*), elaborado pela FGV (Fundação Getulio Vargas) e conhecido como o índice da correção dos aluguéis.

Ao mencionar alguma cifra afetada pela inflação, prefira o valor atualizado. No Brasil, o índice mais usado é o IPCA.

!

Queda da inflação não significa que os preços estão em queda (deflação), mas sim que o ritmo de aumento diminuiu.

INVESTIMENTO No sentido mais estrito, é uma modalidade de gasto destinada a ampliar a capacidade de produzir bens e serviços por meio de obras de infraestrutura, instalações e compras de máquinas e equipamentos (inclusive software). Nesse caso, recebe o nome de *Formação Bruta de Capital Fixo* –jargão a ser evitado.

Sobretudo em textos mais técnicos, evite empregar *investimento* em lugar de *gasto*: políticos e militantes costumam chamar todas as despesas em saúde e educação, por exemplo, de investimentos. A construção de uma escola ou um hospital é um investimento; os salários de professores e médicos não.

INVESTIMENTO ESTRANGEIRO Dinheiro de fora do país aplicado na produção (construção de fábricas), na compra de empresas, no mercado de capitais (ações de empresas negociadas em Bolsa de Valores) ou no mercado financeiro (***títulos*** públicos ou privados), com a expectativa de obter lucros. Quando destinado à aquisição do controle de empresas locais ou à criação de novas empresas em território nacional, é chamado *investimento estrangeiro direto (IED)*.

J

JURO/JUROS Pagamento pelo uso temporário de recursos de terceiros. A taxa de juros de curto prazo varia de acordo com a oferta de moeda no mercado (quanto maior for a quantidade de moeda disponível, menor será a taxa de juros) e com o risco que o dono do dinheiro enfrenta para reaver seu capital (quanto maior for o risco para recuperar o empréstimo, maior será a taxa de juros).

Na prática, ***bancos centrais*** em geral determinam uma meta para os juros de curto prazo e ajustam a oferta de moeda para manter a taxa próxima à meta.

No caso do Brasil, a taxa básica de juros é a *Selic* (sigla de *Sistema Especial de Liquidação e Custódia*, do Banco Central), adotada nas negociações que envolvem títulos do Tesouro Nacional. Ela é utilizada como referência para o custo do dinheiro a empresas e pessoas físicas, mas há outras taxas de juros na economia, para distintos prazos e riscos de crédito.

Para o consumidor final que compra a prazo, são acrescidos ao piso dos juros custos como carga de impostos, peso da inadimplência, despesas administrativas e lucro dos bancos. Quando se leva em conta o impacto da inflação, têm-se os juros reais.

Por exemplo, se a taxa nominal de juros é de 10% e a inflação esperada é de 4%, os juros reais são de 5,77%. O cálculo, como se vê, não é uma subtração simples.

COMO CALCULAR O JURO REAL

Para uma taxa nominal de 10% e inflação de 4%:

- Divida os juros e a inflação por 100;
- Acrescente 1 aos resultados (no exemplo os números seriam convertidos em 1,1, e a inflação, em 1,04);
- Divida 1,1 por 1,04, o que resulta em 1,0577;
- Para obter o juro real em forma percentual, subtraia 1 e multiplique por 100. Resultado: 5,77%.

  Ou seja, a aplicação rendeu 10% (para cada R$ 100 aplicados, receberam-se R$ 110), mas o poder de compra caiu, já que os preços médios de bens e serviços aumentaram 4% (se custavam R$ 100, passaram para R$ 104). Os R$ 110 obtidos podem comprar o mesmo que R$ 105,77 podiam comprar no início do ano.

L

LUCRATIVIDADE É a proporção entre o lucro e a receita de uma empresa, expressa em percentual. Se as vendas da empresa somam R$ 50 milhões e o lucro foi de R$ 5 milhões, a lucratividade é de 10%. Não confunda com ***rentabilidade***.

M

MACROECONOMIA/MICROECONOMIA A *macroeconomia* trata dos fenômenos que afetam a economia como um todo, como o nível de emprego, a inflação e o crescimento da renda.

As políticas macroeconômicas são a *monetária* (definição dos juros e da oferta de moeda), a *fiscal* (expansão e contração das receitas e despesas públicas) e a *cambial* (regulagem do valor da moeda nacional).

Em contraste, a *microeconomia* aborda mercados específicos (o automobilístico ou de construção, por exemplo) e o comportamento de indivíduos e empresas. Políticas microeconômicas podem incluir incentivos e regras voltadas a determinados setores (indústria, energia, saneamento etc.).

Veja quadro na pág. 286.

PRINCIPAIS INSTRUMENTOS DO GOVERNO PARA CONDUZIR A ECONOMIA

política monetária
Medidas usadas pelo Banco Central para influenciar variáveis como inflação, nível de atividade econômica etc. por meio do controle da quantidade de moeda em circulação, dos juros e/ou crédito. Desde o Plano Real, em 1994, a definição da meta para a Selic tem sido o instrumento mais adotado

política fiscal
Estratégia do governo para administração das receitas e despesas públicas, tendo em vista o impacto na atividade econômica e o controle da dívida pública. É chamada de *contracionista* quando são cortados gastos e/ou elevados impostos, para induzir famílias e empresas a reduzir o consumo e o investimento, tirando o fôlego da inflação. É *expansionista* quando faz o oposto, com o objetivo de aquecer a economia

política cambial
Estratégia do governo para a taxa de câmbio e os resultados do balanço de pagamentos. As opções vão desde o *câmbio fixo*, quando o governo intervém no mercado para garantir uma taxa imutável, até o *câmbio flutuante*, com as cotações definidas somente pelos movimentos de demanda e oferta. O mais comum é uma *flutuação suja*, em que o Banco Central permite a variação das cotações, mas intervém para evitar oscilações abruptas

MERCADO Palavra que compreende diversos sentidos. Pode designar um conjunto de consumidores (por exemplo, o mercado brasileiro), o local físico onde são negociados produtos ou a instituição abstrata que permite a agentes econômicos (pessoas, empresas, governos) trocar bens, serviços e ativos (financeiros ou não) com preços ajustados por movimentos de oferta e demanda. Quando textos jornalísticos tratam de reações e opiniões do mercado, na maior parte das vezes se referem ao mercado financeiro, em que são transacionados ativos como ações, títulos, moedas, derivativos etc.

MERCADO FUTURO Nome dado à negociação de contratos em que os preços são acertados previamente para liquidação em data futura. Um produtor agrícola, por exemplo, pode vender sua safra antes do plantio, protegendo-se do risco de uma queda dos preços. O mesmo pode ser feito com outras mercadorias, ações, moedas etc. Para facilitar as decisões de compradores e vendedores, os negócios são normalmente conduzidos em ***Bolsas***, com quantidades e prazos padronizados. Quando isso não ocorre, em geral devido a necessidades específicas, diz-se que as transações ocorrem em *mercado de balcão*.

MORATÓRIA Decisão unilateral de não pagar uma dívida na tentativa de forçar a renegociação –daí a diferença para o ***calote***, em que simplesmente se decide que os débitos não serão quitados. Nas relações econômicas internacionais, essa medida extrema, quando adotada por um país, normalmente interrompe novos empréstimos externos até o encaminhamento de uma proposta para solucionar o que não foi pago.

O

OLIGOPÓLIO/MONOPÓLIO Situações de restrição à livre concorrência. Há *oligopólio* quando poucos produtores controlam a maior parte do mercado. Quando há somente um produtor de um determinado bem ou serviço, com poder de definir preços e quantidades vendidas, está caracterizado o *monopólio* –evento raro. A maioria dos países veta monopólios, a não ser aqueles praticados pelo Estado em produtos considerados estratégicos (petróleo, por exemplo) e em serviços públicos.

ORÇAMENTO Lei anual que estima a receita e autoriza as despesas da administração pública, nos âmbitos federal, estadual e municipal.

Leia o verbete ***leis orçamentárias*** na pág. 385.

P

PATRIMÔNIO LÍQUIDO Diferença entre ***ativo*** e ***passivo***. Caso essa diferença seja negativa (patrimônio líquido negativo), chama-se *passivo a descoberto* ou *passivo líquido*.

PEA População Economicamente Ativa. Compreende as pessoas em idade de trabalhar que estejam empregadas ou procurando emprego. O mesmo que *força de trabalho*.

PIB Produto Interno Bruto, medida da produção de bens e serviços em um país em determinado período (o PIB expressa valores anuais, mas também são calculados dados trimestrais e há estimativas para os valores mensais).

O PIB reúne a produção da agropecuária, da indústria e do setor de serviços, o que define a renda total do país. O mesmo montante pode ser apurado pela ótica da demanda, com a soma dos gastos nacionais públicos e privados em consumo e investimentos, descontadas as importações (não são produtos fabricados no país) e acrescentadas as exportações (produtos não adquiridos por famílias, empresas ou governos do país). A expansão do PIB é usualmente chamada de *crescimento econômico*. A queda do PIB anual não é necessariamente sinônimo de ***recessão***.

PPP Sigla de parceria público-privada, modalidade de contrato entre o poder público e o setor privado, com regras fixadas em lei, para a execução de uma obra ou a prestação de um serviço.

Entre os exemplos de PPPs estão estádios construídos ou reformados para a Copa do Mundo de 2014, como a Arena Fonte Nova, em Salvador.

PREJUÍZO Oposto de lucro. Ocorre quando as despesas associadas à condução de negócios de uma empresa superam o montante recebido pela venda de produtos e serviços (também chamado de *receita*). Não pode ser chamado de rombo.

PRIVATIZAÇÃO Como define a legislação brasileira (que usa o termo *desestatização*), é a transferência para a iniciativa privada da execução de serviços explorados pelo setor público. Pode ser feita tanto pela venda definitiva do controle de uma empresa estatal como pela concessão por tempo determinado de um bem público (uma rodovia ou um aeroporto, por exemplo).

R

"RATING" Designa o serviço de avaliação de investimento financeiro em títulos ou do risco de crédito, feito por agências que classificam e atribuem notas a empresas, instituições e dívidas de governos. Não use o termo; dê essa explicação ou utilize a expressão *classificação de risco*. Também não utilize "rating" como sinônimo de *nota* ou *classificação*. Evite a expressão agência de rating. Prefira agência de classificação de risco.

RECESSÃO Queda generalizada da atividade econômica, perceptível durante ao menos dois trimestres consecutivos. Essa condição, contudo, não basta para caracterizar uma recessão. No Brasil, o Comitê de Datação de Ciclos Econômicos (Codace), da Fundação Getulio

Vargas, define com precisão as recessões enfrentadas pelo país com base numa gama ampla de indicadores, como ***PIB***, emprego, atividade industrial e vendas, entre outros. O comitê deve ser usado como fonte para recessões passadas, mas seus comunicados nem sempre são feitos na velocidade demandada pelo jornalismo.

Nesses casos, cabe ao editor de Mercado e à Secretaria de Redação, após consulta a especialistas, arbitrar quando a **Folha** passa a usar o termo *recessão*. Nunca use a expressão *recessão técnica*.

RECUPERAÇÃO JUDICIAL Medida jurídica que substituiu a antiga *concordata*, visa evitar a ***falência*** de empresa considerada viável, mas em dificuldades momentâneas. É pedida quando ela perde a capacidade de pagar suas dívidas. Quando a solicitação é aprovada por um juiz, a empresa tem os débitos congelados e começa a ser contado um prazo de 60 dias para apresentar o plano de recuperação à Justiça.

Os credores dispõem, então, de 180 dias para aprová-lo ou não, incluindo a sua duração. Se concordarem (por maioria simples), a empresa entrará em processo de recuperação. Se tiver ações em Bolsa, as negociações serão suspensas. Se não houver sucesso na recuperação, será decretada a falência.

RENTABILIDADE Mostra, em percentual, o retorno de investimentos ou ***aplicações financeiras***. Se uma aplicação de R$ 5.000 em um CDB gerou ganhos de R$ 600 em um ano, a rentabilidade no período foi de 12%.

Da mesma forma, o lucro de uma empresa medido em relação ao seu ***patrimônio líquido*** define sua rentabilidade. Não confundir com ***lucratividade***.

RESERVAS INTERNACIONAIS Compostas de ouro e de moedas estrangeiras (na verdade, geralmente títulos de elevada liquidez em moeda estrangeira), são usadas como um seguro contra crises que possam interromper temporariamente o acesso de um país ao mercado internacional de empréstimos, como ocorreu no final de 2008.

S

SOCIEDADE ANÔNIMA Empresa que tem o capital dividido em ações com o mesmo valor nominal.

A **Folha** usa a abreviatura S.A. Uma S.A. não necessariamente precisa ter ações negociadas em Bolsa –ela pode ter capital fechado.

SPREAD Termo muito usado no setor financeiro para designar a diferença entre os ***juros*** pagos pelos bancos aos depositantes e os juros cobrados dos tomadores de empréstimos financeiros –nessa diferença são computados custos como carga de impostos, peso da inadimplência, despesas administrativas e lucro das instituições financeiras. Escreva sem aspas.

Spreads elevados podem significar altas margens de lucro e/ou custos excessivos dos bancos. A princípio, o termo se restringia à taxa adicional de risco, cobrada sobretudo em negócios internacionais, e às comissões no mercado de opções. Pronuncia-se *spréd*.

SUPERÁVIT PRIMÁRIO Saldo entre a receita e a despesa do governo, desconsiderados os ***juros***. É a poupança feita para pagar parcela dos juros da ***dívida pública*** e, consequentemente, afetar a evolução dessa dívida como proporção do ***PIB***. Ocorre quando a arrecadação de impostos e de outras fontes não financeiras de recursos supera as despesas não financeiras (com pessoal, programas sociais, custeio administrativo e investimentos).

Diz-se *não financeiras* porque nessa conta não entram os juros que incidem sobre as ***dívidas*** interna e externa. Quando o superávit primário é insuficiente, há *déficit nominal*, ou ***déficit público***.

SWAP Instrumento financeiro com objetivo de transferir riscos. Trata-se de modalidade de ***derivativo*** por meio da qual um investidor pode substituir o índice de correção de um contrato por outro (a palavra do idioma inglês significa *troca*), em busca de maior segurança ou rentabilidade.

Uma empresa com receita em reais e dívida em dólares, por exemplo, pode fazer um swap para trocar o índice variação do câmbio (que corrige sua dívida) por uma taxa de ***juros***, transferindo o risco de uma alta exagerada da moeda americana para sua contraparte no swap. A contraparte também repassa um risco (o da taxa de juros).

O swap é ainda muito usado por bancos e instituições de investimento. Palavra de uma sílaba, pronuncia-se *suap*.

T

TARIFA O mesmo que *preço*, mas normalmente referente a um serviço público, independentemente de ser prestado pelo Estado ou por empresa concessionária, permissionária ou autorizada privada.

Difere da *taxa* porque o uso do serviço não é uma imposição do Estado –o indivíduo usa se quiser. Por exemplo: transporte coletivo, telefone, água, pedágio e correio.

TÍTULO Qualquer papel negociável (ação, CDB, letra de câmbio etc.). É usado por governos, empresas e instituições financeiras para tomar recursos emprestados em troca de uma remuneração ao comprador, seja no país, seja no exterior. Os papéis vendidos por governos são conhecidos como *títulos públicos* e são o principal destino das aplicações financeiras.

TRANSAÇÕES CORRENTES Parte do ***balanço de pagamentos*** de um país decorre de transações de compra e venda de mercadorias e serviços realizadas com o resto do mundo. Por exemplo, gastos com turismo ou fretes, assim como rendas de capitais, juros sobre empréstimos externos e dividendos sobre investimentos.

Países que demandam mais bens e serviços do que produzem têm déficit em transações correntes. Esse déficit deve ser compensado pela obtenção de empréstimos em moeda forte e/ou pela atração de investimentos estrangeiros; do contrário, o país perderá divisas. Por isso, os resultados das transações correntes são indicadores da dependência de um país em relação ao capital externo. Prefira transações de bens e serviços com o exterior.

TRIBUTOS Valores pagos obrigatoriamente por lei aos governos municipal, estadual e federal.

O tributo é o gênero, do qual são espécies os *impostos*, as *contribuições* (na maior parte destinadas à área social) e as *taxas* (vinculadas à prestação de serviços públicos).

As bases clássicas de incidência são renda, patrimônio e consumo, mas também há tributos incidentes sobre folhas de pagamento, operações financeiras, faturamento das empresas e do comércio exterior, entre outros menos importantes.

Tributos não são destinados só a financiar o setor público: governos podem usá-los para regular transações e setores econômicos.

Veja quadro na pág. 292.

COMO O ESTADO ARRECADA DINHEIRO

impostos
Principal fonte de arrecadação dos governos. Os recursos recolhidos não têm destinação específica, podendo bancar as mais diversas atividades do Estado (saúde, educação, segurança etc.). Exemplos: IR (Imposto de Renda), IPTU (Imposto Predial e Territorial Urbano), IPI (Imposto sobre Produtos Industrializados) e ICMS (Imposto sobre Circulação de Mercadorias e Serviços)

taxas
O dinheiro arrecadado tem destinação específica. Exemplos: taxas de iluminação e do lixo, cobradas por prefeituras, e para emissão de passaportes, atribuição da Polícia Federal

contribuições
Há dois tipos: a *contribuição de melhoria*, de alcance municipal ou estadual, que pode ser cobrada dos moradores de um prédio, uma rua ou região valorizados pela construção de uma obra pública. No âmbito federal, a *contribuição especial* se aplica em três situações: 1) quando a arrecadação visa financiar a seguridade social (INSS, por exemplo), 2) na Cide (Contribuição de Intervenção no Domínio Econômico, como a que incide sobre combustíveis) e 3) no atendimento de classes profissionais (por exemplo: PIS, Programa de Integração Social)

empréstimos compulsórios
Em situações de emergência ou para alguma finalidade específica

V

VALOR ADICIONADO Expressa o valor acrescentado em cada segmento de uma cadeia produtiva. Por exemplo: uma mineradora que tenha siderúrgica transforma o minério de ferro em aço; o valor adicionado é o valor do aço produzido menos o valor do minério e de outras matérias-primas, inclusive energia, usados na produção.

Para as companhias, é importante identificar as etapas que mais contribuem para a sua ***lucratividade***. Significa o mesmo que *valor agregado*.

EDUCAÇÃO

A educação brasileira nas últimas décadas tem seguido rumos distintos nos quesitos quantidade e qualidade.

Os avanços são inegáveis quando se leva em conta o número de matrículas. Em 1995, segundo dados do IBGE, 90% das crianças e dos jovens de 7 a 14 anos estavam no ensino fundamental (à época, da 1ª à 8ª série). Em 2014, o atendimento na faixa dos 6 aos 14 anos (o ensino fundamental foi ampliado a partir de 2005) havia alcançado 97,5%.

Numa tentativa de reproduzir o feito em outros níveis da educação, em 2009 a obrigatoriedade da matrícula para o ensino fundamental, em vigor desde 1967, passou a valer da pré-escola ao ensino médio, ou dos 4 aos 17 anos. O atendimento na pré-escola (crianças de 4 e 5 anos) saltou de 42%, em 1995, para 83%, em 2014. Entre os jovens de 15 a 17 anos, o avanço no mesmo período foi menor, de 67% para 83%. A meta de universalização prevista para 2016 não foi atingida.

Um dos gargalos da educação no Brasil, o ensino médio provoca particular preocupação porque parte expressiva dos jovens que estão fora da escola nessa faixa já passou pelo sistema educacional e o abandonou devido a problemas como repetência, falta de motivação ou necessidade de trabalhar.

Apesar de entraves pontuais, os resultados de longo prazo são perceptíveis. Em 1992, 14% dos brasileiros tinham ao menos 11 anos de escolarização; em 2014, o número saltou para 39%.

Um dos efeitos colaterais desse crescimento quantitativo é um decréscimo qualitativo. Em 1995, por exemplo, apenas 12% dos alunos se formavam com conhecimento adequado em matemática; em 2013, o índice havia diminuído para 9%.

No ensino superior, o país tem baixa proporção da população com formação acadêmica. Em 2015, eram 14% dos habitantes de 25 a 64 anos, segundo pesquisa da OCDE (Organização para a Cooperação e Desenvolvimento Econômico), taxa inferior à de países como Colômbia (22%) e Costa Rica (18%).

Além disso, se universidades brasileiras alcançam destaque no âmbito da América Latina, elas não atingem o nível das melhores instituições dos Estados Unidos, da Europa e da Ásia nas classificações internacionais.

Existe consenso de que melhorar a educação como um todo é fundamental para o progresso do país. Governos de diferentes partidos assumem essa premissa, e a sociedade civil propõe-se a colaborar. Desenhou-se uma agenda estratégica com o Plano Nacional de Educação, a criação de uma Base Nacional Comum Curricular e a consolidação de vários testes de avaliação.

A disputa por dinheiro para o setor, porém, não gera consenso. Uma linha de pesquisadores sustenta que o gasto público com educação já é alto no Brasil. Em 2012, o dispêndio na rubrica (da educação básica à superior, somadas todas as esferas de governo) correspondia a 5,6% do PIB, mais do que a média dos membros da OCDE (4,7%).

Outros analistas defendem que há necessidade de mais verbas, dado que o país partiu de patamar muito baixo de qualidade e de infraestrutura e que o gasto por aluno ainda é pequeno. De acordo com dados de 2015 da OCDE, o Brasil gasta um valor acumulado de US$ 38.190 por estudante dos 6 aos 15 anos. A média dos países que compõem a OCDE é de US$ 90.294 para o mesmo intervalo.

RESPONSABILIDADES NA EDUCAÇÃO

Os três níveis de governo compartilham obrigações, mas com diferentes prioridades:

- Municípios devem cuidar de creches, pré-escola e ensino fundamental;
- Estados respondem pelo ensino médio, mas também devem fazer parcerias com municípios para o ensino fundamental;
- Cabe à União normatizar o sistema, fixar mecanismos gerais de avaliação e regular o ensino superior.

RAIO-X DA EDUCAÇÃO BRASILEIRA

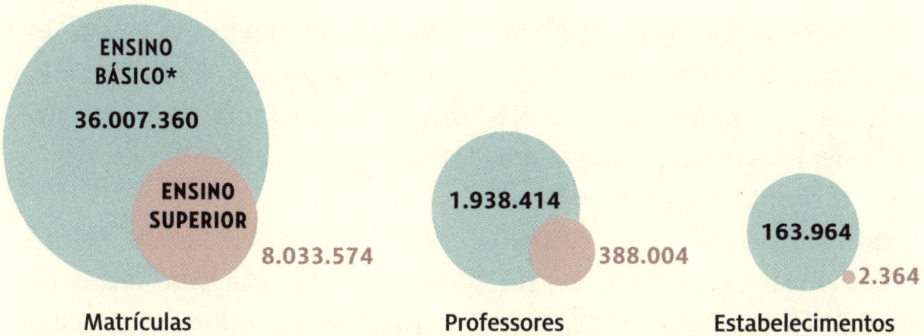

* Soma de ensino fundamental e ensino médio. Os dados não levam em conta educação infantil (creche + pré-escola), profissional, de jovens e adultos (EJA) e especial. Fonte: MEC/Inep, 2015

VERBETES

A

AÇÕES AFIRMATIVAS/COTAS Políticas de inclusão social. De acordo com o sistema de cotas, um percentual das vagas é reservado para a população-alvo. Em outra modalidade, a *bonificação*, estudantes de determinado grupo ganham pontos adicionais nos processos seletivos, mas precisam disputar com os demais candidatos.

As universidades federais são obrigadas por lei, de 2012, a garantir 50% das matrículas para alunos que tenham cursado integralmente o ensino médio em escola pública. Também devem ser garantidas as matrículas de negros, pardos e indígenas na mesma proporção registrada pela população do estado em que a instituição funciona.

ANALFABETISMO O Instituto Brasileiro de Geografia e Estatística (IBGE) define como analfabeto aquele que não é capaz de ler e escrever um bilhete simples; aqueles que aprenderam, mas esqueceram; os que apenas assinam o próprio nome e os que declaram ter menos de um ano de instrução. A taxa de analfabetismo expressa a proporção de pessoas analfabetas em relação a um conjunto definido por faixa etária.

Leia o verbete ***analfabetismo funcional*** na pág. 296.

ANALFABETISMO FUNCIONAL O conceito define a pessoa que, mesmo sabendo ler e escrever, não é capaz de usar a leitura e a escrita para satisfazer as demandas do dia a dia, nem para o desenvolvimento pessoal e profissional. No Brasil, é mensurado pelo Indicador de Analfabetismo Funcional (Inaf), pesquisa feita pelo Instituto Paulo Montenegro e a ONG Ação Educativa, com apoio do Ibope Inteligência.

B

BASE NACIONAL COMUM CURRICULAR Prevista pelo ***PNE*** (Plano Nacional de Educação), de 2014, define o que deve ser ensinado e o que se espera que seja aprendido a cada ano e segmento da educação básica. A BNCC, elaborada com a participação da sociedade civil, deve ser referência obrigatória para todas as escolas públicas e privadas do país, mas reserva espaço para a chamada base diferenciada (conteúdos regionais e contextualização das disciplinas básicas).

C

CAPES Coordenação de Aperfeiçoamento de Pessoal de Nível Superior, órgão federal que fomenta pesquisa e avalia a pós-graduação *stricto sensu* (mestrado e doutorado) em todo o país. Tem programas específicos para formação de professores da educação básica.

CENSO ESCOLAR Levantamento anual da educação básica pública e privada. Coleta informações sobre estabelecimentos de ensino, turmas, alunos, profissionais em sala de aula, fluxo e rendimento escolar. Os dados ajudam a compor o ***Ideb***, subsidiam políticas públicas e são utilizados para nortear a transferência de recursos. Existe recenseamento semelhante no ensino superior.

CICLO O modo mais comum de organizar as turmas é por ano letivo (200 dias de aula, conforme a ***LDB***), mas a legislação permite a organização em ciclos. Estes têm duração maior do que o ano letivo e agrupam os estudantes por critérios como faixa etária ou desenvolvimento. São mais flexíveis em relação ao tempo necessário para a aprendizagem.

CNE Conselho Nacional de Educação, órgão colegiado com funções normativas e deliberativas que assessora tecnicamente o ministro da Educação. É formado por duas comissões compostas de representantes da sociedade civil (Câmara de Educação Básica e Câmara de Educação Superior). Secretários da Educação Básica e de Educação Superior do ***MEC*** são membros natos. Os demais são nomeados pela Presidência da República.

CNPq Conselho Nacional de Desenvolvimento Científico e Tecnológico, autarquia do Ministério da Ciência, Tecnologia, Inovações e Comunicações que fomenta a pesquisa no país.

E

EDUCAÇÃO BÁSICA É o primeiro nível de ensino escolar no Brasil, conforme a Lei de Diretrizes e Bases da Educação Nacional (***LDB***). Abrange três níveis: *educação infantil* (até 5 anos), *ensino fundamental* (6 a 14 anos) e *ensino médio* (15 a 17 anos). A LDB estabelece, desde 2009, que a matrícula na escola é obrigatória dos 4 aos 17 anos. Cabe à União, aos estados, Distrito Federal e municípios definir formas de colaboração para universalizar o acesso à educação básica.

Veja o quadro ***As categorias da educação básica no Brasil*** na pág. 298.

EDUCAÇÃO ESPECIAL E INCLUSIVA Modalidade de educação escolar para estudantes com deficiência (física, intelectual ou sensorial), transtornos globais do desenvolvimento e altas habilidades ou superdotação. Deve ser oferecida por todas as esferas administrativas, preferencialmente nas escolas regulares (a ***LDB*** prevê serviço de apoio especializado, quando necessário). Cabe às instituições de ensino atender às necessidades específicas desses estudantes.

A Lei Brasileira de Inclusão da Pessoa com Deficiência (13.146/2015) impõe às escolas particulares os mesmos deveres e veda a cobrança de valores adicionais.

EJA Educação de Jovens e Adultos. Destina-se a quem não teve acesso ao ensino fundamental e/ou médio ou não o concluiu na idade determinada pela ***LDB*** –15 anos para o ensino fundamental e 18 anos para o ensino médio. Oferecida pelas redes municipais e estaduais, na maioria das vezes ocorre no período noturno, para atender ao aluno que trabalha.

ENADE Exame Nacional de Desempenho dos Estudantes. Um dos

AS CATEGORIAS DA EDUCAÇÃO BÁSICA NO BRASIL

	ANOS DE FORMAÇÃO	IDADE ESPERADA DOS ALUNOS*	NOMENCLATURA ANTIGA
educação infantil 1: creche	Variáveis	0-3 anos	jardim da infância
educação infantil 2: pré-escola	2	4-5 anos	pré-primário
ensino fundamental	9	6-14 anos	primário (quatro primeiros anos) e ginásio (5º ao 8º)**
ensino médio	3	15-17 anos	científico/clássico e, depois, colegial
educação profissional	carga horária mínima de 800, 1.000 ou 1.200 horas a depender do curso e da modalidade, que pode ser integrada ao ensino médio, concomitante (no contraturno) ou subsequente (após o fim do ensino médio)	15-17 anos, quando realizada de forma integrada ou concomitante ao ensino médio. Na modalidade subsequente, é comum que alunos tenham mais de 18 anos	ensino técnico
educação de jovens e adultos (alfabetização e conclusão tardia de estudos)	24 meses para o ensino fundamental (5º a 8º anos) e 18 meses para o ensino médio	–	Mobral
educação especial/ inclusiva* **	14	–	–

* Faixa etária predominante entre matriculados.
** O ensino fundamental foi estendido para nove anos em 2005.
*** Para a população com deficiência, transtornos globais de desenvolvimento e superdotação.
Fonte: Anuário Brasileiro da Educação Básica 2016 (com dados de 2014) e MEC/Inep

índices de qualidade da educação superior, avalia o aluno ao fim do curso de graduação (substituiu o antigo Provão). É obrigatório para os concluintes dos cursos avaliados a cada ano.

ENEM Exame Nacional do Ensino Médio. Criado em 1998, é a principal avaliação dessa etapa de ensino e única a testar estudantes da rede privada em larga escala. Sua nota pode ser usada para o ingresso no ensino superior e é critério na seleção do ***ProUni*** e também do ***Fies***.

ENSINO À DISTÂNCIA Mais adotado no ensino superior e na educação profissional, permite que alunos assistam às aulas sem estar fisicamente presentes no mesmo ambiente que seus professores. É exigido, porém, que avaliação, estágios, apresentação de trabalhos e prática em laboratório sejam feitos de forma presencial. No ensino superior, a educação à distância cresce percentualmente bem mais que a presencial. Em 2015, a educação à distância tinha participação de 17% do total de matrículas do ensino superior.

ENSINO TÉCNICO OU PROFISSIONALIZANTE Tipo de ensino médio que habilita o aluno para uma profissão. Existem três modelos: *integrado* (o estudante faz o ensino médio e o técnico na mesma escola), *concomitante* (aulas do técnico ocorrem em horário diferente e, em geral, em outra instituição) e *subsequente* (oferecido a quem já concluiu o médio).

No formato atual, criticado pela maioria dos especialistas, os alunos dessas modalidades cumprem a mesma carga horária do ensino médio regular e ainda precisam assistir às aulas técnicas.

EVASÃO ESCOLAR/ABANDONO Não são sinônimos. Há *abandono* quando o estudante, em algum momento do ano, deixa de frequentar as aulas, ainda que possa se matricular no ano seguinte.

A *evasão* ocorre quando o aluno não se matricula no ano seguinte, independentemente de ter sido aprovado ou reprovado.

F

FIES Fundo de Financiamento Estudantil, programa do Ministério da Educação que financia mensalidades em faculdades particulares para estudantes de baixa renda. O aluno tem até três vezes o tempo do curso para quitar o financiamento, que tem juros subsidiados e começa a ser pago 18 meses após a formatura.

FNDE Fundo Nacional de Desenvolvimento da Educação. Autarquia do ***MEC*** responsável pela execução de políticas educacionais, sobretudo na educação básica, pelo repasse aos estados e municípios de recursos do ***Fundeb*** e pela gestão do ***Fies***.

FUNDEB Fundo de Manutenção e Desenvolvimento da Educação Básica e de Valorização dos Profissionais da Educação. Regulamentado em 2007, substituiu o Fundef, que vigorou de 1998 a 2006. Principal fonte de financiamento da educação básica, o fundo (um por estado, além do Distrito Federal) recebe complementação federal, mas é sustentado principalmente por recursos estaduais e municipais. A distribuição da verba obedece à proporção de alunos matriculados nas respectivas redes.

I

IDEB Índice de Desenvolvimento da Educação Básica. Criado em 2007, permite mensurar (de zero a dez), comparar e acompanhar o progresso de cada escola pública e do conjunto da rede pública nacionalmente, por município e estado. Compõe-se da combinação dos *indicadores de aprendizagem* (resultados do ***Saeb***) com a *taxa de rendimento escolar* (aprovação, obtida pelo ***censo escolar***). Na rede particular, a avaliação é feita por amostragem.

INEP Instituto Nacional de Estudos e Pesquisas Educacionais Anísio Teixeira. Autarquia ligada ao ***MEC***, é responsável por promover estudos, pesquisas e avaliações de qualidade da educação básica e superior.

L

LDB Lei de Diretrizes e Bases da Educação Nacional. Regulamenta todos os níveis da educação, nas redes pública e privada, define as linhas gerais do ensino e estabelece os deveres do Estado. Principal lei sobre a educação, foi promulgada em 1996, revogando as anteriores.

M

MEC Ministério da Educação, pasta encarregada de implementar a política nacional para o setor, com base na ***LDB*** (Lei de Diretrizes e Bases da Educação Nacional). Suas funções incluem prestar assistência técnica e financeira para o desenvolvimento do ensino e elaborar diretrizes para a educação infantil, o ensino fundamental e o ensino médio em parceria com estados, Distrito Federal e municípios.

Também cabe ao ***MEC*** assegurar o processo de avaliação educacional, além de credenciar e supervisionar as instituições de ensino superior. O ministério é responsável pelo repasse de recursos para universidades, hospitais universitários e centros técnicos federais. As instituições, porém, têm autonomia administrativa e pedagógica.

P

PISA Programa Internacional de Avaliação de Estudantes (em inglês, Programme for International Student Assessment). Coordenado pela OCDE (Organização para a Cooperação e Desenvolvimento Econômico), esse exame trienal mede conhecimentos em leitura, matemática e ciências de alunos com 15 anos. O Brasil é um dos países que mais têm evoluído, especialmente em matemática, mas ainda fica nas últimas posições.

PNE Plano Nacional de Educação, em vigor desde 2014, que estabelece diretrizes que se traduzem em 20 metas a serem atingidas até 2024. Entre os objetivos para o final desse período estão elevar o gasto público no setor a 10% do ***PIB*** (em 2014 estava em torno de 6%) e aumentar para 12 anos a escolaridade média da população pobre de 18 a 29 anos (em 2014, ela era de 8,3 anos).

PROGRESSÃO CONTINUADA Sistema em que o estudante só pode ser reprovado ao final de um ***ciclo*** (grupo de séries), e não a cada ano. A ideia é que o aluno com dificuldades receba atividades de reforço para atingir o patamar ideal.

Trata-se de tentativa de diminuir a evasão, já que estudantes reprovados estão entre os que têm maior tendência a desistir da escola. Pejorativamente, o sistema tem sido chamado de *aprovação automática*.

PROUNI Programa Universidade para Todos. Criado pelo governo federal, em 2005, oferece bolsas de estudo integrais e parciais em instituições privadas de ensino superior a alunos de baixa renda (cujo valor per capita familiar não ultrapasse três salários mínimos). As instituições participantes são beneficiadas com isenções tributárias.

PROVA BRASIL Leia o verbete ***Saeb*** nesta página.

R

RUF Ranking Universitário **Folha**. Criado em 2012, faz a avaliação mais abrangente do ensino superior do país. Inclui um ranking geral das instituições e sub-rankings dos cursos de maior demanda, o que cobre cerca de 90% dos matriculados.

Os dados são coletados em bases públicas nacionais (como as do Inep-MEC e do Inpi - Instituto Nacional da Propriedade Industrial) e internacionais (como a do Web of Science) e em duas pesquisas anuais do Datafolha.

É o único ranking nacional de universidades com periodicidade e metodologia definidas (com fórmula, indicadores e valores) e único ranking universitário fora da América do Norte, Europa e Ásia com metodologia escrutinada pelo Ireg, braço da Unesco que analisa classificações de universidades.

S

SAEB Sistema de Avaliação da Educação Básica, que engloba três exames:

- *Avaliação Nacional da Educação Básica (Aneb)* – Bienal, busca medir o nível geral da educação no país e o grau de disparidade entre as regiões. As provas de português e matemática são aplicadas a grupos restritos de alunos do 5º e do 9º ano do ensino fundamental e do 3º ano do médio, da rede privada e da pública. Os alunos do 9º ano do fundamental e do 3º ano do médio também fazem testes de ciências.
- *Avaliação Nacional do Rendimento Escolar (Anresc)* – Conhecida como *Prova Brasil*, tem foco exclusivo na escola pública. Realizada a cada dois anos, permite refinar a análise de resultados até por instituição participante. Todos os alunos do 5º e do 9º ano do fundamental matriculados em escolas com mais de 20 estudantes em cada uma dessas séries fazem provas de português e matemática; os do 9º ano respondem também a questões sobre ciências.

- *Avaliação Nacional da Alfabetização* (*Ana*) – Instituída em 2013 e realizada anualmente, afere a proficiência em língua portuguesa e matemática de crianças do final do 3º ano do ensino fundamental de escolas públicas. Todos os alunos devem participar.

SISU Sistema de Seleção Unificada. Ferramenta informatizada por meio da qual instituições públicas de ensino superior de todo o país oferecem vagas a candidatos participantes do ***Enem***. A inscrição é gratuita e o candidato escolhe até duas opções de cursos.

SNE Sistema Nacional de Educação. Previsto pelo ***PNE***, deve articular União e redes estaduais e municipais para universalizar a educação básica (até 17 anos) e definir padrões nacionais de qualidade, currículo e estruturas escolares. Segundo decreto federal de 26 de abril de 2017, o sistema deve ser discutido na 3ª Conferência Nacional da Educação, programada para 2018.

MATEMÁTICA E ESTATÍSTICA

Uma parcela dos jornalistas costuma ter pouca familiaridade com números e pesquisas. Os verbetes deste anexo esclarecem os principais temas e conceitos de matemática e estatística que aparecem no noticiário.

A

AMOSTRA Parcela selecionada de um determinado universo. Em ***pesquisas de opinião***, as amostras procuram representar as características da população que se deseja conhecer –não é necessário entrevistar todas as pessoas. Para isso, deve representar os diferentes subgrupos da população de maneira aproximadamente proporcional. Em uma pesquisa de intenções de voto para prefeito num município com igual número de homens e mulheres e cinco vezes mais pobres do que ricos, a amostra deve reproduzir ou pelo menos se aproximar dessas características.

Há um conjunto de procedimentos para chegar a uma amostra representativa do que se pretende conhecer. Para informações detalhadas, consulte o site da Abep (Associação Brasileira de Empresas de Pesquisa): http://www.abep.org/codigos-e-guias-da-abep

AMPLITUDE Em estatística, é a diferença entre os valores máximo e mínimo de um conjunto de dados.

C

COMPARAÇÕES Costumam ser fonte de erros constrangedores. Conheça as principais armadilhas:

- **Comparação de valores** – A loja A vende o produto por R$ 20, e a loja B vende o mesmo produto por R$ 100. É um erro comum dizer que A loja A vende o produto por cinco vezes menos que a B. Isso seria impossível: o produto menos uma vez o valor do produto equivale a zero.

O correto é dizer que A vende o produto pela quinta parte (1/5) do preço de B ou vende o produto por 20% do preço de B.

Também é usual dizer que a loja B vende o produto por cinco vezes mais que a loja A. O termo *mais* traz uma complicação: 20 + 5 x 20 (mais cinco vezes) = 120 (mas o custo em B é R$ 100).

O certo é afirmar que B vende o produto por cinco vezes o preço de A ou que B vende o produto pelo quíntuplo do preço em A ou ainda que na loja B o produto custa quatro vezes mais do que na A (mas esta última redação, embora correta, também pode gerar confusão).

- **Comparação de câmbio** – No dia 1º, com a moeda fictícia M$ 1,20 comprava-se US$ 1. No dia 2, para comprar o mesmo US$ 1 são necessários M$ 2,40.

Imagine a situação do ponto de vista de quem decidiu que vai adquirir dólares:

dia 1º: M$ 120 compram US$ 100;
dia 2: M$ 120 compram US$ 50.

Utilizando-se a fórmula:

$$\left(\frac{\text{valor final} - \text{valor inicial}}{\text{valor inicial}}\right) \times 100 = \text{variação percentual}$$

pode-se afirmar que M$ se desvalorizou 50%:

[(50-100)/100] x 100% = -50%

Nenhum montante pode se desvalorizar mais que 100%; se M$ perdesse todo o seu valor, a desvalorização seria de 100%.

Agora veja a situação do ponto de vista de quem vai vender dólar:

dia 1º: US$ 100 compram M$ 120;
dia 2: US$ 100 compram M$ 240.

Pode-se afirmar que US$ se valorizou em 100%:

[(240 - 120)/120] x 100 = 100%

Diferentemente do que ocorre na desvalorização, a valorização pode ser ilimitada.

Leia o verbete ***porcentagens*** na pág. 311.

!

A desvalorização (ou valorização) para quem vai comprar certa moeda não corresponde, para quem vai vendê-la, ao mesmo número com sinal invertido. Refaça sempre os cálculos. Aumentar uma quantidade em 10% e depois diminuí-la em 10% não significa mantê-la inalterada. Por exemplo, quando se aumentam R$ 100 em 10%, obtêm-se R$ 110. Ao retirar 10% de R$ 110, obtêm-se R$ 99 (R$ 110 - R$ 11).

CORRELAÇÃO Medida numérica do quanto duas grandezas variam em conjunto. Muito usada em ciência como uma maneira de quantificar a relação entre duas variáveis.

A correlação geralmente é medida em uma escala que vai de +1 (que indica que as duas variáveis tendem a ser grandes ou pequenas juntas) a -1 (que indica a relação contrária). Um valor de correlação perto de zero indica que não há uma relação linear clara entre as variáveis.

Correlação forte não implica necessariamente causalidade. Consta que o investimento americano em ciência, astronomia e tecnologia cresceu na mesma proporção que a taxa de suicídio por enforcamento, estrangulamento e sufocação. Os dados podem até ser interessantes, mas uma coisa nada tem a ver com a outra.

CRESCIMENTO LINEAR E EXPONENCIAL A sequência 2, 4, 6, 8, 10... cresce linearmente. A cada passo, adiciona-se a mesma quantidade ao valor anterior (nesse caso, 2). Já a sequência 3, 9, 27, 81, 243... cresce exponencialmente –a cada passo, multiplica-se o último valor por um número fixo (nesse caso, 3). Na primeira situação, se o número somado for negativo, ocorrerá um *decaimento linear*. Na segunda, se o número que multiplica for menor que um, ocorrerá um *decaimento exponencial*.

O gráfico de um crescimento (ou decaimento) linear corresponde a uma linha reta que cresce (ou decresce). O gráfico de um crescimento (ou decaimento) exponencial corresponde a uma curva que cresce (ou decresce) muito rapidamente.

O fato de um trecho de um gráfico parecer linear não quer dizer que o gráfico seja uma linha reta. Logo após aquele trecho aparentemente linear, dados extras podem indicar uma variação não linear. É preciso, portanto, ter cuidado com extrapolações.

D

DESVIO PADRÃO Termo estatístico que exprime o grau de dispersão dos dados de um conjunto em torno de sua média (isto é, quanto os elementos do conjunto se afastam da média). Quanto maior o desvio padrão, mais heterogêneo é o conjunto.

A seguir, um exemplo da aplicação desse conceito para uma distribuição normal (aquela cujo gráfico tem a forma de um sino). Se a altura média de um grupo de pessoas for 1,60 m e o desvio padrão for 0,10 m (ou 10 cm), constata-se que, em aproximadamente 68% dos casos, a altura dos indivíduos do grupo estará entre 1,50 m (1,6 - 1 x 0,1, ou seja, a média menos uma vez o desvio padrão) e 1,70 m (1,6 + 1 x 0,1, a média mais uma vez o desvio padrão).

Para um afastamento de dois desvios padrão, será constatado que, em cerca de 95% dos casos, a altura estará entre 1,40 m (1,6 - 2 x 0,1) e 1,80 m (1,6 + 2 x 0,1). Para três desvios padrão, em aproximadamente 99% dos casos, a altura estará entre 1,30 m e 1,90 m. A relação entre o afastamento da média (um desvio padrão, dois desvios padrão etc.) e o intervalo de confiança (68%, 95% etc.) obedece a uma regra matemática.

G

GRANDEZAS Todo cuidado é pouco na hora de traduzir grandezas como bilhão, trilhão etc. O sentido dessas palavras varia de país para país. Há dois esquemas básicos: o *latino* (adotado no Brasil e nos Estados Unidos) e o *britânico* (usado na Europa).

Pelo primeiro, multiplica-se milhão por mil e obtém-se o bilhão; bilhão vezes mil dá trilhão, e assim por diante. No esquema *britânico*, o bilhão é o quadrado do milhão; o trilhão, o cubo do milhão, e assim por diante.

O sentido dessas grandezas também varia no tempo. Os franceses adotavam o esquema latino até 1961, quando passaram a empregar o britânico. Contudo, na própria França e em outros países, como a Itália, muitas vezes os esquemas coexistem; só o contexto permite decidir sobre a tradução correta.

Veja a tabela ***Formas das grandezas em alguns países*** na pág. 314.

M

MARGEM DE ERRO Grau de imprecisão a que toda pesquisa amostral está sujeita. Quando uma ***amostra*** é selecionada de uma população, é esperado que ela represente bem as características do todo. No entanto, mesmo a melhor pesquisa terá algumas discrepâncias com a realidade. Margens de erro e intervalos de confiança quantificam essas discrepâncias.

Se, por exemplo, determinado candidato aparecer com 30% em um levantamento com margem de erro de dois pontos percentuais, pode-se dizer que ele tem de 28% a 32% de intenção de voto.

Para um *intervalo de confiança* de 95%, se o levantamento for repetido 100 vezes, o resultado verdadeiro estará dentro do intervalo apontado em 95 delas. A margem de erro pode ser maior ou menor, dependendo de características como tamanho da amostra ou nível de confiança adotado.

Quando dois ou mais candidatos têm percentuais diferentes (como 28% e 29%), mas as margens de erro das intenções de votos se sobrepõem, deve-se dizer que *estão empatados se considerada a margem de erro* ou que *estão em empate técnico*. Para mais informações, consulte o site da Abep (Associação Brasileira de Empresas de Pesquisa): http://www.abep.org/codigos-e-guias-da-abep

MÉDIA/MÉDIA ARITMÉTICA Quando se fala genericamente em média, quer-se referir à *média aritmética*. O salário médio de uma empresa é o valor da folha de pagamento dividido pelo número de funcionários.

A renda per capita, definida como a riqueza produzida por um país dividida por sua população, é a renda média de um país (para comparar países com populações diferentes, portanto, a renda média é um indicador melhor do que a riqueza total produzida).

Embora seja um indicador útil, a média é sempre uma simplificação da realidade. Há países que têm renda per capita semelhante, mas diferentes níveis de concentração de riqueza. Em casos de distribuições simétricas, a média dá uma indicação melhor do que é o centro da amostra.

Usar a média como referência de uma distribuição sem considerar a dispersão dos dados pode transformar a informação séria em piada. Um jogador de basquete que mede 2 m pode ficar submerso num lago com profundidade média de 1,50 m –a parte mais rasa pode ter profundidade de 0,50 m, e a mais funda, de 2,50 m.

Leia o verbete ***desvio padrão*** na pág. 308.

MÉDIA PONDERADA É empregada quando se calcula a média de dados com pesos relativos diferentes. Suponha um exame com três provas. A de conhecimentos gerais tem peso 3; a de língua portuguesa, peso 2; a de língua estrangeira, peso 1.

Se determinado candidato obtivesse as seguintes notas: conhecimentos gerais, 5; língua portuguesa, 7; língua estrangeira, 10, a nota média ponderada seria:

$$\frac{\text{soma dos valores multiplicados pelos pesos}}{\text{soma dos pesos}} = \frac{(5 \times 3) + (7 \times 2) + (10 \times 1)}{3 + 2 + 1} = 6{,}5$$

MEDIANA Não confunda com média. É um conceito que identifica o valor intermediário em um conjunto de dados ordenados. É mais indicada para descrever o centro de distribuições assimétricas.

Suponha um grupo de nove pessoas com as seguintes idades: 1, 2, 3, 12, 13, 14, 27, 32, 49. A *idade média* é 17 anos (soma das idades dividida pelo número de pessoas), mas a *idade mediana* é 13, número que ocupa a posição central: quatro dados a antecedem e quatro dados a sucedem.

Se o conjunto tivesse número par de indivíduos, a mediana seria a soma dos dois números centrais dividida por dois:

6, 7, 8, 9, 10, 12, 14, 39, 56, 79
mediana = (10 + 12)/2 = 11

MOSTRANDO A MÉDIA (———)

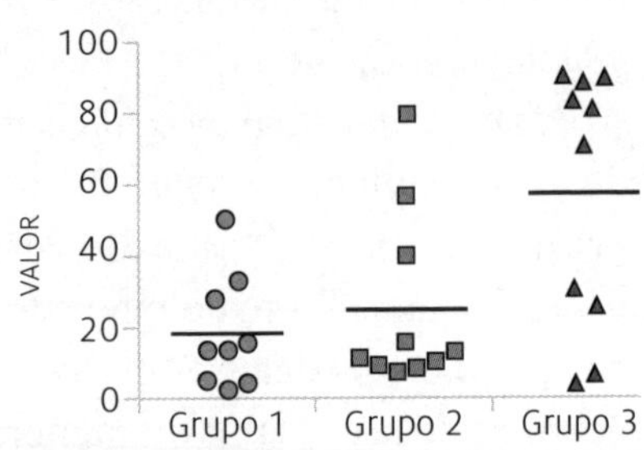

MOSTRANDO A MEDIANA (———)

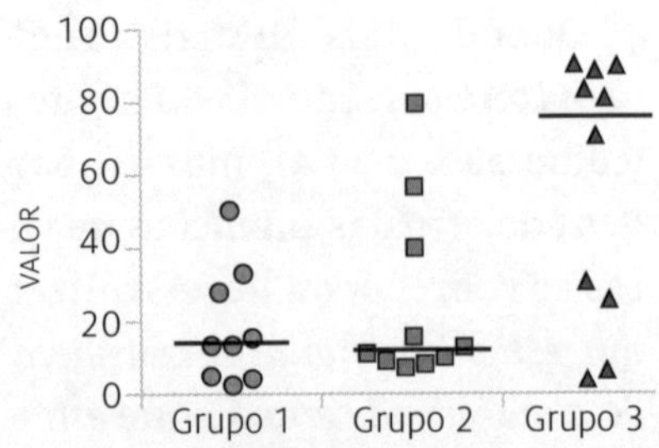

PORCENTAGENS Para calcular uma porcentagem, usa-se a fórmula:

$$\frac{\text{parte}}{\text{total}} \times 100$$

$$\frac{50}{150} \times 100 = 33\%$$

Para calcular a parte a partir do percentual e do total, faz-se a seguinte conta:

$$\text{total} \times \text{porcentagem} = \text{parte}$$

$$150 \times 33\% = 150 \times \frac{33}{100} = 150 \times 0{,}33 = 50$$

Para calcular o total a partir da parte e do percentual:

$$\text{total} = \frac{\text{parte}}{\text{porcentagem}}$$

$$\text{total} = \frac{50}{33\%} = \frac{50}{0{,}33} = 150$$

Para calcular a variação percentual, aplica-se a seguinte fórmula:

$$\left(\frac{\text{valor final} - \text{valor inicial}}{\text{valor inicial}}\right) \times 100 = \text{variação percentual}$$

Suponha que o número de fumantes tenha crescido de 150 para 200. A variação percentual é então:

$$\frac{(200 - 150)}{150} \times 100 = 33\%$$

Suponha um decréscimo no número de fumantes, de 150 para 100:

$$\frac{(100 - 150)}{150} \times 100 = -33\%$$

A fórmula já traz o percentual negativo.

Pontos importantes:

- **Lembre-se: nada pode diminuir mais do que 100%.** Se o preço de um determinado produto decresce de R$ 3,60 para R$ 1,20, a diminuição de preço é de 67% [(3,60 - 1,20)/3,60) x 100], e não de 200%. Se o produto chegasse a ser oferecido gratuitamente, a variação seria de R$ 3,60 –uma diminuição de preço de 100%.
- Na hipótese de um aumento de R$ 1,20 para R$ 3,60, a elevação seria de 200%: [(3,60 - 1,20)/1,20] x 100. A diferença ocorre porque os referenciais são diferentes: na redução, calcula-se o valor sobre R$ 3,60; no aumento, sobre o valor de R$ 1,20.

Outros exemplos:

- Se o IPTU de determinado imóvel passou de R$ 500, em 2015, para R$ 700, em 2016, então o valor em 2016 representa 140% (700/500 x 100) do valor de 2015, ou corresponde a um aumento de 40% [(700 - 500)/500 x 100%].
- Se o preço de determinada ação dispara de R$ 22 para R$ 550, em um ano, a valorização foi de 2.400% [(550 - 22)/22] x 100. Como é difícil interpretar porcentagens

grandes como essa, é melhor dizer que a ação custa 25 vezes (550/22) seu preço há um ano.

- **Cuidado ao dizer que uma variável teve taxa elevada de crescimento.** Se uma cidade registrou um homicídio em um ano e três no ano seguinte, o crescimento terá sido de 200%. Em termos percentuais, é uma cifra expressiva, mas não em valores absolutos. Além de verificar os números em termos reais, é importante olhar para a tendência que eles mostram.

Evite porcentagens em amostras pequenas, como 7% dos 14 pacientes. Nesse caso, melhor escrever: 1 paciente entre os 14.

Para não errar a concordância verbal, leia o verbete ***porcentagem*** na pág. 169.

Para não confundir essas duas noções, leia o verbete ***ponto percentual/porcentagem*** na pág. 114.

P

PROBABILIDADE Conceito matemático que indica a chance de um evento ocorrer. Em acontecimentos repetidos, a probabilidade de um evento ou resultado é a frequência com que se espera ver esse resultado ao longo das repetições.

Qual é a probabilidade de obter 6 no arremesso de um dado de seis faces que não é viciado? Probabilidade = 1/6 = 0,17 x 100 = 17%

Ao dizer que a probabilidade de tirar 6 no dado é de 17%, a afirmação não diz respeito a um lançamento específico, mas sim a uma série de muitos lançamentos. Ao final dessa série, espera-se que cerca de 17% dos resultados correspondam ao número seis.

Há, no entanto, eventos que não podem ser repetidos (o jogador A amanhecer resfriado no dia da decisão do Campeonato Brasileiro, por exemplo). A probabilidade associada a esses eventos tem caráter subjetivo. Nesse caso, probabilidades são associadas aos eventos a partir de séries históricas ou de graus de crença prévios que podem ser ajustados a posteriori.

PROBABILIDADE CONDICIONAL É a probabilidade de observar um evento após outro já ter ocorrido. Por exemplo, a probabilidade de obter 6 no arremesso de um dado é 1/6.

Caso, porém, se saiba antes que o resultado é par, a probabilidade passa a ser 1/3, pois a informação adicional (o resultado é par) restringe as possibilidades a três: 2, 4 e 6.

A probabilidade de observar o evento A, dado que B ocorreu, é diferente da probabilidade de observar o evento B, dado que A ocorreu. Qual é a probabilidade de o número que saiu ser par se é conhecido que ele é 6? Nessa hipótese, é 1 (100%).

Deve-se tomar esse cuidado, por exemplo, quando se fala de exames médicos: a probabilidade de uma mulher estar grávida quando o teste de gravidez dá positivo é diferente (em geral, muito menor) da probabilidade de o teste de gravidez dar positivo quando a mulher está grávida.

PROPORÇÃO É um artifício matemático usado para comparar grandezas. Se, num total de 150 indivíduos, 50 são fumantes, a proporção de fumantes é de 0,33, ou 1/3 (50/150). Multiplicando a proporção por 100, obtém-se a porcentagem: 0,33 x 100 = 33%.

FORMAS DAS GRANDEZAS EM ALGUNS PAÍSES

PAÍS	10^6 (1.000.000)	10^9 (1.000.000.000)	10^{12} (1.000.000.000.000)	10^{18} (1.000.000.000.000.000.000)
Alemanha	million	milliarde	billion	trilliarde
Brasil	milhão	bilhão	trilhão	quintilhão*
Espanha	millón	mil millones	billón	trillón
EUA	million	billion	trillion	quintillion*
França	million	milliard/billion	milliard de milliards/trillion	million de quatrillons/ quintillion
Itália	millione	miliardo/bilione	mille miliardi/ trilione	quinquilione
Portugal	milhão	mil milhões	bilião	trilião
Reino Unido	million	milliard**	billion	trillion

* Em português e inglês dos EUA, quatrilhão e "quatrillion" designam 10^{15}.
** Também se usa "thousand millions".
Fontes: "Webster's", "Petit Robert", "Dicionário Espanhol-Português" (Porto Editora), "Morais", "Vincenzo Spinelli", "Zinzarelli", "Dicionário Alemão-Português Michaelis", Instituto Goethe.

RELIGIÕES

Religiões são sistemas de crença em entidades e reinos sobrenaturais, em geral caracterizados pelo culto a deuses ou espíritos ancestrais. Presentes entre as mais antigas expressões culturais da humanidade, desenvolvem códigos de comportamento e estabelecem uma imagem compartilhada da realidade.

Este anexo relata a origem comum das três grandes religiões monoteístas abrâmicas (judaísmo, cristianismo e islamismo), descreve suas ramificações e apresenta algumas denominações politeístas.

Os termos mais frequentes na cobertura de religiões aparecem numa lista de verbetes, ao final do capítulo.

AS TRÊS RELIGIÕES MONOTEÍSTAS ABRAÂMICAS

✡ JUDAÍSMO

As raízes do monoteísmo ocidental estão no território hoje ocupado por Israel, Palestina e Jordânia. Essa região era o lar ancestral dos israelitas, povo que, segundo suas tradições, registradas na Bíblia, descende do patriarca nômade Abraão.

Nesse relato, uma aliança entre Deus e Abraão, ratificada séculos mais tarde pelo profeta Moisés, transformou os israelitas no único povo monoteísta do antigo Oriente Próximo.

Divididos em dois reinos rivais, os descendentes de Abraão acabaram dominados por potências vizinhas. O principal grupo a manter a crença no Deus único, o dos judeus (nome derivado da tribo israelita de Judá), passou quase todos os séculos seguintes à mercê de impérios estrangeiros. Tal situação levou à Grande Revolta Judaica contra o Império Romano, que culminou na destruição de Jerusalém e de seu templo no ano 70 d.C.

O judaísmo então se tornou essencialmente uma religião voltada ao estudo dos textos bíblicos e aos adendos e comentários (originalmente orais) à lei de Moisés, reunidos mais tarde na compilação conhecida como Talmude. Os líderes religiosos passaram a ser os rabinos, especialistas na exegese de tais textos.

Ao longo da Idade Média, povos judaicos espalhados pela Europa, pela Ásia e pelo norte da África conseguiram sobreviver e prosperar, apesar das ondas periódicas de perseguição em áreas sob domínio cristão. Dois dos grupos mais numerosos são os *asquenazes* (origem centro-europeia ou oriental) e os *sefarditas* (origem ibérica).

A partir do fim do século 18, quando os judeus começaram a ganhar cidadania plena em países europeus afetados pela Revolução Francesa, movimentos favoráveis à atualização da doutrina e da prática religiosa deram origem ao chamado *judaísmo reformista*, segundo o qual os estatutos da Bíblia e do Talmude podem ser adaptados ao mundo moderno (surgiu, por exemplo, a possibilidade de ordenar mulheres, não apenas homens).

O *judaísmo ortodoxo* defende de forma estrita os preceitos tradicionais, frequentemente associando essa visão a vestimentas características.

Há ainda uma terceira corrente moderna importante: o *judaísmo conservador*, que adota interpretação mais literal da lei de Moisés do que a corrente reformista, mas tem visão mais positiva do mundo moderno do que a vigente entre os ortodoxos.

Para os judeus, a vontade de Deus está contida na Torá. O texto central do judaísmo é formado pelo Pentateuco, o conjunto de cinco livros identificado na Bíblia como Velho Testamento: Gênesis, Êxodo, Levítico, Números e Deuteronômio.

Os judeus devem orar três vezes no dia: de manhã, à tarde e ao anoitecer. Como sinal de respeito a Deus, devem cobrir a cabeça com chapéu ou quipá (solidéu) e guardar o shabat, período que vai do anoitecer de sexta-feira até o pôr do sol do sábado. Seu templo é a sinagoga, e o dízimo está entre os preceitos contidos na Torá.

As prescrições religiosas indicam como os alimentos devem ser preparados. Há restrição a determinadas carnes, como a de porco, e leite e carne não devem ser misturados. A comida elaborada segundo essas orientações chama-se *kosher*, em iídiche (que significa *adequado*, *correto*), ou *kasher*, em hebraico (as duas versões são aceitas em português).

Trata-se de uma religião de natureza matrilinear: só é judeu quem tem mãe judia. Correntes reformistas admitem a variante masculina, desde que a educação do filho ocorra em círculos judaicos. Fora Israel, o país em que é mais influente é os Estados Unidos.

† CRISTIANISMO

Originalmente uma seita apocalíptica judaica formada pelos seguidores de Jesus de Nazaré (crucificado por volta do ano 30 d.C.), o movimento cristão incorporou elementos da filosofia grega e se espalhou pela região do Oriente Médio e pela Europa até ser declarado a religião oficial de Roma no fim do século 4º d.C.

Nos séculos seguintes, os bispos de Roma, conhecidos como *papas*, gradualmente assumiram o papel de líderes religiosos supremos do Ocidente, com considerável independência em relação aos reinos surgidos após a fragmentação do Império Romano na Europa Ocidental.

Na porção oriental do Mediterrâneo e em regiões vizinhas prevaleceu um sistema mais descentralizado, embora as igrejas locais, em tese, devessem se submeter ao imperador romano do Oriente e ao patriarca (arcebispo) de Constantinopla (atual Istambul, na Turquia).

Essa distinção, bem como diferenças teológicas sutis, levou ao rompimento entre católicos romanos (fiéis ao papado) e ortodoxos, no chamado Cisma do Oriente, em 1054.

Na Europa Ocidental, a supremacia dos pontífices só foi ameaçada a partir de 1517, quando Martinho Lutero, um monge reformista alemão, publicou teses contra a autoridade papal e em defesa da Bíblia, o livro sagrado dos cristãos, como única fonte dos ensinamentos divinos (Cisma do Ocidente ou Reforma Protestante).

Lutero e outros teólogos atraíram o apoio de nobres de países como a Alemanha, a Escandinávia e a Inglaterra. Surgiram, primeiro nesses locais, igrejas ***protestantes*** autônomas, não mais submetidas a Roma e avessas, em maior ou menor grau, ao culto dos santos e da Virgem Maria.

Desde então, a Igreja Católica mantém como uma de suas características principais a centralização das decisões e da orientação teológica no Vaticano.

Já a diversidade de organização e doutrina dentro do protestantismo só aumentou. Nas primeiras décadas do século 20, criam-se as ***igrejas pentecostais***; a partir dos anos 1960, as comunidades ***neopentecostais***.

Leia sobre doutrina e divisões do cristianismo nas págs. 321 a 327.

ISLAMISMO

Surgiu em 610 d.C., quando um comerciante de meia-idade chamado ***Maomé*** (Muhammad), nascido em Meca, na atual Arábia Saudita, anunciou ter recebido revelações do anjo Gabriel para que atuasse como profeta da fé monoteísta original de Abraão.

Após angariar discípulos, Maomé atraiu a hostilidade da elite de Meca, cidade que crescera graças às peregrinações a seus centros de culto politeístas (dedicados a diversas divindades além de Alá, identificado com o Deus bíblico).

Refugiando-se no oásis de Medina, Maomé se tornou figura política dominante. Nas décadas seguintes, com uma combinação de ações militares e diplomacia, passou a controlar Meca e a maior parte da Arábia.

O islamismo difundiu-se rapidamente durante o século 7º, aproveitando-se do enfraquecimento do Império Romano do Oriente e do Império Persa. Os sucessores de Maomé levaram poucas décadas para conquistar uma área vasta, do norte da Índia à Espanha –já no início do século 8º, em 711, eles desembarcaram na costa espanhola.

Aos poucos, as populações desse novo império passaram a adotar o ***islã*** (o termo em árabe significa algo como *submissão voluntária à vontade de Deus*).

As atuais divisões do islamismo têm suas raízes em controvérsias políticas sobre a sucessão de Maomé. De um lado ficaram os ***xiitas*** (de "shiaat Ali", partido de Ali), para os quais os únicos chefes supremos legítimos (califas) são os descendentes de Fátima, filha de Maomé, e de seu marido, Ali. Do outro, a corrente majoritária dos ***sunitas*** (de "sunnat-al-nabi", tradição do profeta, em referência à Suna, texto sagrado), que aceitou a sucessão estabelecida, sem conexão obrigatória entre liderança política e inspiração divina.

Os segundos são cerca de 85% dos muçulmanos e predominam no mundo árabe, na Indonésia e no Paquistão. Os xiitas são majoritários no Irã, no Iraque, no Bahrein e no Azerbaijão. Também são países de maioria islâmica a Somália, a Turquia, o Senegal, o Uzbequistão, a Etiópia, entre outros.

O islamismo baseia-se no ***Alcorão*** (em árabe, o recitado), livro sagrado que traz a palavra de Deus transmitida a Maomé. A Suna (caminho trilhado), conjunto de atos, ditos e ensinamentos do profeta Maomé (570-632), é o segundo livro sagrado do islã.

Os ***muçulmanos*** seguem cinco pilares: 1) testemunhar que "não há deus senão Deus (Alá), e Maomé é seu mensageiro"; 2) orar cinco vezes no dia em direção a Meca, berço do islã; 3) pagar o tributo (*zakat*) de 2,5% da renda anual para caridade; 4) respeitar o Ramadã, mês em que comer, beber e manter relações sexuais é vetado entre a alvorada e o anoitecer (há exceções, como as pessoas doentes, isentas do jejum); 5) ir a Meca ao menos uma vez na vida, para quem tem condições. O templo religioso é a *mesquita*. Os muçulmanos evitam consumir carne de porco e bebidas alcoólicas. *Halal* é o alimento feito em concordância com os preceitos religiosos.

AS RELIGIÕES E SEUS SEGUIDORES NO MUNDO, EM 2010

Nº de fiéis de cada uma delas, em bilhões, e quanto isso representa do total, em %

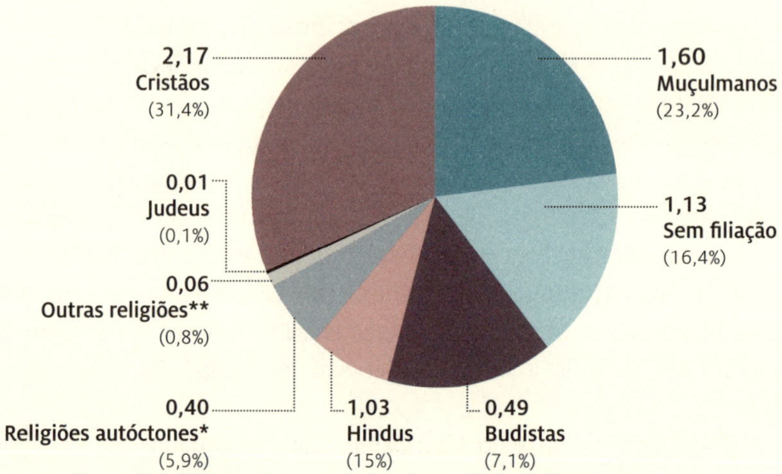

* Incluem seguidores de crenças de matriz africana, de populações nativas americanas (indígenas) e de aborígenes australianos, entre outras.
** Incluem sikhs, xintoístas e taoistas, entre outros.
Fonte: Pew Research Center, 2015

AS RELIGIÕES NO BRASIL

Porcentagem de seguidores de cada uma delas, de 1994 a 2016

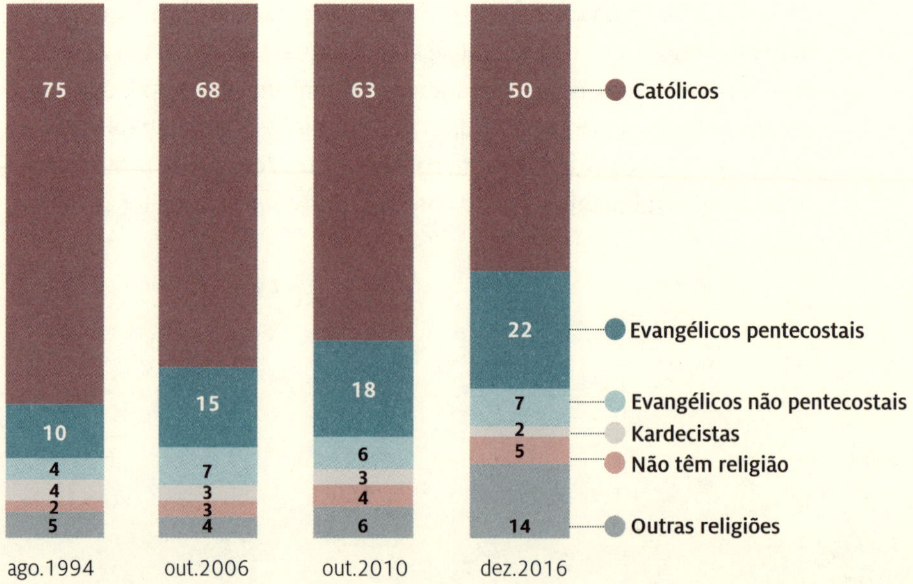

Fonte: Datafolha

RELIGIÕES CRISTÃS

CATOLICISMO

Surgiu na segunda metade do século 1º d.C., com o estabelecimento de comunidades cristãs na parte ocidental do Império Romano. Seu deus único é consubstanciado em uma trindade: o Pai, o Filho (Jesus Cristo) e o Espírito Santo.

Foi propagado inicialmente pelos apóstolos (seguidores de Jesus), dos quais Pedro e Paulo são considerados os mais importantes. Perseguido no início pelos romanos, tornou-se religião oficial do império no ano 391.

Tem como ***dogma*** a virgindade de Maria, mãe de Jesus. Não aceita o divórcio, a anticoncepção artificial, o aborto e a homossexualidade. O clero é apenas masculino e celibatário. Com sede no Vaticano (enclave com status de país independente situado em Roma), tem o ***papa*** como o líder máximo.

Os países em que tem presença mais forte são Itália, Brasil, Polônia, México e Filipinas. Em declínio na Europa, no Brasil e em muitos outros países, cresce na África e no Oriente.

Conheça os principais ramos do catolicismo:

- **Igreja Católica Apostólica Romana** – Considera-se herdeira da missão evangelizadora que Jesus Cristo outorgou aos apóstolos. As diferenças em relação aos demais ramos dizem respeito sobretudo à língua litúrgica e ao rito. O mais comum na Igreja Católica é o rito latino (as outras adotam variações da liturgia oriental).

A partir do século 6º organizou-se em *ordens*, criadas para disseminar a religião e separar a prática católica da rotina administrativa. Não é necessário ser clérigo consagrado para integrá-las, mas atualmente *sacerdotes* são a maioria em suas fileiras.

As ordens dividem-se em *monásticas* (que observam regime de claustro, a exemplo da pioneira, dos beneditinos) e *mendicantes* (mais integradas à vida comunitária e dependentes de doações, como as dos dominicanos, dos agostinianos e dos franciscanos); há ainda aquelas que só admitem clérigos regulares (como a dos jesuítas).

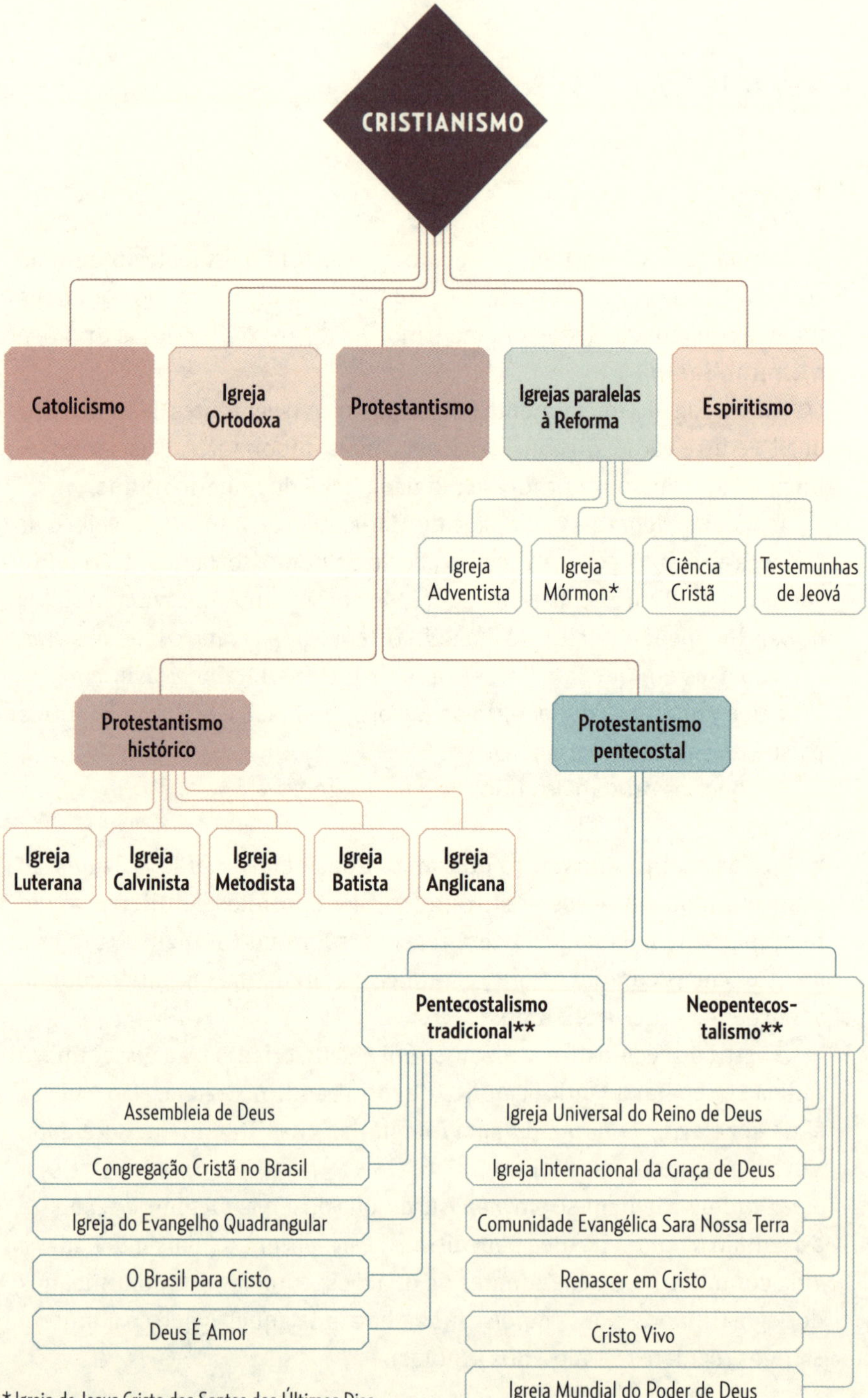

* Igreja de Jesus Cristo dos Santos dos Últimos Dias
** Principais denominações

A *Renovação Carismática Católica* é um movimento de reavivamento surgido no interior da Igreja Católica na década de 1960, nos Estados Unidos. Enfatiza os dons do Espírito Santo, que são característicos do protestantismo pentecostal, sobretudo os dons da cura, da profecia e da glossolalia (falar em línguas estranhas durante os ritos). Os carismáticos reúnem-se em grupos de oração e usam música em missas e celebrações.

▸ Outros ramos importantes são a *Igreja Católica Armênia*, a *Igreja Católica Caldeia*, a *Igreja Greco-Melquita* e a *Igreja Maronita*.

DIVISÃO DA POPULAÇÃO CRISTÃ MUNDIAL, EM 2010

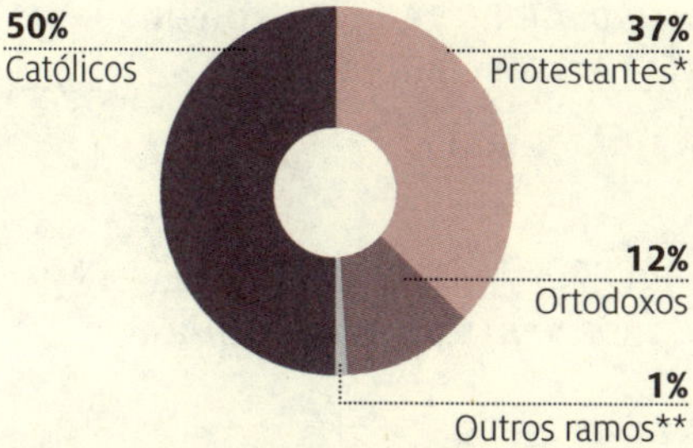

* Incluem anglicanos e fiéis de igrejas independentes
** Incluem mórmons e testemunhas de Jeová
Fonte: Pew Research Center

IGREJA ORTODOXA

Nascida em 1054, com o Cisma do Oriente (*leia a seção **cristianismo**, na introdução deste capítulo*). Baseia-se nos mesmos princípios do catolicismo, mas não aceita o ***papa*** como chefe universal da igreja e não permite o uso de imagens em forma de estátuas. Admite ícones, que são representações sacras pintadas sobre um painel de madeira. Permite o matrimônio de sacerdotes apenas antes da ordenação. Os bispos sempre são celibatários.

Os principais ramos são a *Igreja Ortodoxa Russa*, a *Igreja Ortodoxa Grega* e a *Igreja Ortodoxa Sérvia*, que diferem sobretudo quanto à língua litúrgica, aos ritos e ao calendário. Cada uma delas tem seu próprio chefe espiritual independente dos demais, chamado de ***patriarca***. O de Constantinopla (em Istambul) é considerado o *primeiro entre iguais*. Tem presença mais destacada na Rússia, na Grécia, na Romênia, na Ucrânia e na Síria.

PROTESTANTISMO

Surgiu com a Reforma Protestante promovida pelo teólogo alemão Martinho Lutero (1483-1546) e continuada por João Calvino (1509-1564) e reformadores posteriores. As igrejas evangélicas não reconhecem a autoridade do papa e dividem-se em múltiplas denominações, cada uma com forma própria de organização hierárquica e gestão.

Lutero aboliu a confissão obrigatória, o jejum, o celibato clerical, o culto a Maria e aos santos. A maioria dos *protestantes* admite o divórcio e os métodos anticoncepcionais não naturais. Cada denominação adota sua definição de dízimo. Divide-se nos seguintes ramos:

▸ **Protestantismo histórico** – Compreende as igrejas formadas a partir da Reforma. No Brasil, usam-se os termos *protestantismo histórico* ou *protestantismo de missão*.

- *Igreja Luterana* – Mantém parte da ênfase católica na liturgia, na eucaristia (comunhão) e na presença de bispos como coordenadores da igreja. Em termos teológicos, porém, defende que apenas a Bíblia é a fonte da autoridade religiosa cristã ("sola scriptura", em latim) e que só a graça de Deus ("sola gratia"), unicamente por meio da fé de cada pessoa ("sola fide"), é capaz de conduzir à salvação.

- *Igreja Anglicana* – Toma forma quando o rei inglês Henrique 8º (1491-1547), sem obter permissão papal para se divorciar, rompe com a Igreja Católica e se torna líder de sua própria igreja nacional. Com estrutura semelhante à do catolicismo, com bispos e arcebispos, e a comemoração de dias de santos, os anglicanos adotaram, por outro lado, a ênfase protestante na autoridade da Bíblia.

- *Igreja Calvinista* – O ensinamento teológico de João Calvino (1509-1564) se assemelha ao de Lutero no que diz respeito à centralidade das Escrituras e ao papel da graça divina e da fé para a salvação. Defende a ideia de predestinação –a de que, depois que os seres humanos se rebelaram contra Deus após a criação, Ele escolheu predestinar certas pessoas a serem salvas.

- *Igreja Batista* – A partir das ideias de líderes como o inglês John Smyth (1570-1612), igrejas dissidentes passaram a rejeitar o batismo de bebês e a defender que apenas o batismo de pessoas mais velhas, que aderiam conscientemente à sua fé e que entravam de corpo inteiro na água, deveria ser considerado válido. Tendem a adotar teologia próxima do calvinismo.

- *Igreja Metodista* – Os irmãos John (1703-1791) e Charles Wesley (1707-1788) começaram sua pregação como um movimento de revivescência religiosa dentro da Igreja Anglicana. Focado na intensa piedade pessoal, na relação espiritual direta com Cristo e na pregação para as pessoas afastadas da religião tradicional, o metodismo acabou se separando dos anglicanos em poucas décadas.

▸ **Protestantismo pentecostal** – Corrente surgida em Topeka (Kansas, EUA), em 1901, e em Los Angeles (EUA), em 1906. Divide-se em:

- *Pentecostalismo tradicional* – Movimento de reavivamento do protestantismo. Seu nome vem de *Pentecostes*, festa cristã que celebra a descida do Espírito Santo sobre os apóstolos, concedendo-lhes o dom da glossolalia para propagar o Evangelho. O seguidor do pentecostalismo também pode receber os dons da cura e da profecia. As primeiras igrejas pentecostais do Brasil foram a *Congregação Cristã no Brasil* (1910) e a *Assembleia de Deus* (1911), seguidas de *Igreja do Evangelho Quadrangular* (1953), *O Brasil para Cristo* (1955), *Deus É Amor* (1962), *Casa da Bênção* (1964) e outras, sempre com ênfase na cura divina.

- *Neopentecostalismo* – Instituído no Brasil na década de 1970. Caracteriza-se pela pregação da teologia da prosperidade, cujas fontes incluem crenças metafísicas oriundas do Novo Pensamento e da Ciência Cristã (que também influenciaram o pensamento positivo e a literatura de autoajuda). Segundo essa doutrina, que contraria o pensamento evangélico precedente, o cristão, por meio da confissão positiva (verbalização dos desejos) e do depósito regular e espontâneo do dízimo, tem o direito de aspirar à prosperidade material, ao bem-estar físico e à felicidade terrena.

Principais denominações: *Igreja Universal do Reino de Deus* (1977), *Internacional da Graça de Deus* (1980), *Cristo Vivo* (1986), *Comunidade Evangélica Sara Nossa Terra* (1976), *Comunidade da Graça* (1979), *Renascer em Cristo* (1986) e *Igreja Mundial do Poder de Deus* (1998), entre outras. Algumas delas se internacionalizaram.

IGREJAS PARALELAS À REFORMA

Algumas igrejas cristãs não católicas, com frequência incluídas entre as protestantes, foram fundadas diretamente a partir da doutrina católica ou de princípios gerais do cristianismo. Não descendem, portanto, da Reforma Protestante. São elas:

▸ **Igreja Adventista**

Existe no Brasil desde 1894. Acredita que a volta de Cristo está próxima e que os mortos dormem, inconscientes, até a ressurreição. Aceita o aborto em circunstâncias excepcionais e admite o divórcio. Não ordena mulheres e rejeita a homossexualidade.

Seus principais ramos são *Igreja Adventista do Sétimo Dia*, *Igreja Adventista do Sétimo Dia/Movimento de Reforma* e *Igreja Adventista da Promessa*. Tem maior número de adeptos no Brasil, nos Estados Unidos, na África do Sul, em Angola e no Zimbábue.

▸ **Igreja de Jesus Cristo dos Santos dos Últimos Dias**

É também conhecida como *Igreja Mórmon*. Seus primeiros missionários chegaram ao Brasil em 1928. Admite o aborto em situações excepcionais e aceita o divórcio. Condena a homossexualidade e excomunga quem pratica a poligamia, que era permitida até 1890 e hoje só é defendida por grupos fundamentalistas. Não ordena mulheres. É mais atuante nos Estados Unidos, no México e no Brasil.

▸ **Testemunhas de Jeová**

Surgiu nos EUA, no final do século 19, e está no Brasil desde 1923. Até 1931, seus praticantes eram conhecidos como estudantes da Bíblia. Rejeita as noções de imortalidade da alma e de inferno, mas acredita que o Diabo influencia os humanos. Defende uma vida moderada e a submissão das mulheres aos homens; condena a política, a ciência e as demais religiões. Os fiéis se recusam a prestar serviço militar e não aceitam transfusão de sangue. Tem maior presença nos Estados Unidos, no México, no Brasil e na Itália.

ESPIRITISMO

Considera Cristo um espírito elevado, o mais próximo de Deus. Acredita em reencarnações e na possibilidade de comunicação entre vivos e mortos, intermediada por um médium que usa, por exemplo, a psicografia (como se o próprio espírito escrevesse). Considera a caridade a única via do desenvolvimento espiritual. Embora seja de origem francesa, é tido como religião brasileira, pouco conhecida fora do país.

RELIGIÕES AFRO-AMERICANAS

Formadas em países americanos a partir de tradições trazidas por escravos africanos e sincretizadas com o catolicismo. São religiões oraculares, sacrificiais, dançantes e de transe. São *politeístas*, e seus deuses variam conforme a origem étnica dos grupos que as constituíram.

Adotam nos ritos idiomas africanos, hoje praticamente intraduzíveis. Sua vertente mais recente, a umbanda, usa o português. Os locais de culto, chamados terreiros, são independentes uns dos outros e chefiados por uma mãe ou um pai de santo.

CANDOMBLÉ

Os orixás (deuses) são dotados de sentimentos humanos, e cada um é ligado a um elemento da natureza, a alguns aspectos da vida social e a determinados alimentos. Manifestam-se em transe ritual. Cada ramo adota costumes, línguas, danças e toques de atabaque diferentes. Os nomes variam por região: *candomblé* (BA), *xangô* (PE, SE, AL), *tambor de mina* (MA) e *batuque* (RS). Brasil, Nigéria, Angola, Benin, Cuba e Haiti são os países com mais praticantes.

UMBANDA

Fundada no Rio de Janeiro no início do século 20, a partir do encontro do espiritismo com o candomblé, incorpora traços do catolicismo e de religiões indígenas. Cultua os orixás, mas na prática cerimonial predominam os chamados espíritos guias: caboclos (antigos indígenas), pretos velhos (espíritos de escravos), exus e pombajiras (respectivamente, espíritos de homens e mulheres socialmente marginalizados), entre outros. Está presente sobretudo no Brasil, no Uruguai e na Argentina.

VODU

Originário do Benim, cultua os *vodus* (divindades do panteão do povo jeje). Semelhante ao candomblé, é a religião de origem africana mais importante do Haiti. Inclui sacrifício de animais e transe.

RELIGIÕES ORIENTAIS

BUDISMO

Fundado na Índia, no século 6º a.C., por Sidarta Gautama, o Buda (*o desperto* ou *iluminado*), que não é considerado um deus. Chegou ao Brasil com missionários budistas trazidos pela imigração japonesa.

Professa a crença na transmigração da alma de um corpo para outro (metempsicose). Entre os movimentos atuais há a corrente *tibetana* (cujo chefe espiritual é o dalai-lama), a *Terra Pura* e o *zen-budismo*. Há duas escolas principais:

- *Mahayana* (grande veículo) – Mais liberal, acredita que qualquer um pode se tornar buda e permite o casamento de monges. No Brasil, a maioria dos budistas segue esse ramo. Essa escola vê Buda como um salvador.
- *Hinayana* (pequeno veículo) – Mais conservador, admite apenas um Buda (Shakiamuni). Monges não podem ter relações sexuais. Buda é um ideal, um exemplo para a iluminação.

Países em que é mais importante: China, Nepal, Índia, Japão, Sri Lanka, Tailândia, Camboja, Laos e Vietnã.

HINDUÍSMO

Remonta ao segundo milênio antes de Cristo, na Índia. Atribui a fundação do mundo a Brahman (ou Brâman), *força divina*. Tal divindade se manifesta sob inúmeras formas, mas tem na trinca *Brahma* (ou *Brama, símbolo do criador*), *Vishnu* (*preservador*) e *Shiva* (*destruidor*) suas principais representações.

Apesar dos traços politeístas, é uma religião monoteísta: só há um deus supremo, *Brahman*. O texto mais importante é o *Bhagavad Gita* (*canto do sublime* ou *canto do divino mestre*).

Considera-se que só pode ser hindu quem nasce hindu. Uma estrutura de *castas* determina a posição social dos indivíduos e os tipos de relacionamento que podem ter (incluindo casamentos, incomuns entre membros de castas diferentes). Esse sistema foi abolido pela Constituição da Índia em 1949, mas, na prática, ainda vigora.

Os países em que é mais importante são Índia, Sri Lanka e Malásia.

HARE KRISHNA

Movimento fundado nos Estados Unidos, em 1966. Prega a adoração a Krishna, suprema personalidade de Deus –*Hare* é o vocativo usado para invocar a faceta feminina da divindade. Presente no Brasil desde 1972, é identificado com a cultura "paz e amor", do movimento hippie.

XINTOÍSMO

Shinto, em japonês, significa *caminho dos deuses*. Seus adeptos adoram a natureza e acreditam que o Sol, a Lua, a floresta e os rios possuem um espírito que pode praticar o bem ou o mal. Fazem oferendas aos antepassados e aos deuses. Limita-se ao Japão, onde é muitas vezes praticado junto com o budismo.

VERBETES

A

AGNÓSTICO Aquele que declara não poder afirmar nem negar a existência do transcendente (Deus, o sobrenatural, o outro mundo). Não confunda com ***ateu***.

AIATOLÁ ***Muçulmano*** xiita que desfruta de grande prestígio e é modelo a ser seguido por sua comunidade. Não confunda com o *líder supremo*, que exerce autoridade religiosa e política no Irã.

ALÁ Deus, em árabe. Prefira a palavra em português, mas a grafia ***transliterada*** do árabe pode ser usada para marcar uma interjeição, como em "Allah akbar" (significa *Deus é maior*). Nessa frase, só a primeira palavra é escrita em maiúscula.

ALAUITA Ramo do xiismo, concentrado na Síria.

ALCORÃO Use essa grafia, e não a que leva o artigo definido *al* separado ou a sem ele (Al-Corão ou Corão). É permitido escrever o Alcorão.

ATEU Aquele que não acredita em Deus ou deuses. Não aplique o termo a pessoa sem religião, que não segue grupos institucionalizados ou lideranças religiosas, mas que pode crer em uma entidade suprema. Não confunda com ***agnóstico***.

B

BÍBLIA Livro sagrado do ***cristianismo***, dividido em Antigo e Novo Testamento. O primeiro, cujos cinco livros iniciais são chamados de Pentateuco, é adotado também pelo ***judaísmo***. O segundo aborda a vida e os ensinamentos de Jesus Cristo. Escreva com maiúscula e sem aspas.

TIPOS DE VÉU ISLÂMICO

Burca
Cobre todo o corpo e a cabeça da mulher, apenas com uma rede na altura dos olhos. É o tipo mais restritivo de véu islâmico

Chador
Cobre todo o corpo, deixando à mostra a parte frontal do rosto

Hiyab
Lenço que cobre o cabelo e o pescoço da mulher, mas deixa seu rosto visível

Niqab
Véu que cobre o cabelo e o rosto da mulher, deixando apenas os olhos visíveis por uma abertura

Al-Amira
Cobre toda a cabeça e o pescoço; é composto de duas peças, uma touca e um lenço

Shayla
Lenço grande usado sobre a cabeça, enrolado no pescoço e cruzado na altura dos ombros

Fonte: El País

BURCA Vestimenta que cobre completamente o corpo e a cabeça da mulher, apenas com uma rede na altura dos olhos. A burca é o tipo mais restritivo de véu islâmico.

Veja no infográfico acima os diferentes tipos de véu islâmico.

C

CALIFA O termo pode ser traduzido como *sucessor*. Designa quem sucedeu o profeta Maomé na liderança da comunidade muçulmana. Tem autoridade religiosa e política.

CIENTOLOGIA Criada em 1953 por Lafayette Ronald Hubbard (1911-1986), escritor americano de ficção científica e um dos pioneiros da autoajuda. Prega que trilhões de espíritos de seres extraterrestres enviados à Terra como prisioneiros (os *thetans*) encarnaram no homem, provocando as penúrias da humanidade até hoje. Sugere a superação do sofrimento por meio de práticas como hipnose e psicoterapia. É aceita formalmente como religião em alguns países e tolerada ou proibida em outros.

CONFUCIONISMO Conjunto de doutrinas filosóficas e éticas estabelecidas pelo pensador chinês Confúcio (551 a.C.-479 a.C.). Ancora-se em princípios como a justiça e a valorização da natureza, dos antepassados e do Estado.

Foi a religião oficial da China por mais de 2.000 anos (até 1912). O status de culto, no entanto, é questionado por estudiosos sob o argumento de que lhe falta um traço essencial: a adoração de divindades sobrenaturais.

CRENTE Apesar do eventual emprego em tom pejorativo, a palavra é difundida na literatura sociológica como sinônimo de seguidor de religião ou fiel –e não só em relação a ***protestantes*** (evangélicos).

CRIACIONISMO Crença segundo a qual o mundo foi criado por um agente sobrenatural. Há diversas vertentes, em geral opostas ao evolucionismo darwiniano. Na versão bíblica, Deus criou tudo o que existe em seis dias, descansando no sétimo.

CULTO X MISSA Não confunda: *missa* é o termo para a celebração da eucaristia (sacramento da comunhão) na Igreja Católica e para algumas solenidades anglicanas e ortodoxas. Para evangélicos, use *culto*. Não use culto nem missa para judeus e muçulmanos.

D

DALAI-LAMA Líder espiritual do ***budismo*** de origem tibetana. É considerado a encarnação de um buda.

DENOMINAÇÃO O termo é usado para definir variantes rituais e institucionais: na expressão *denominações evangélicas*, por exemplo, que é sinônimo de *igrejas*.

DOGMA Ponto fundamental incontestável numa doutrina religiosa. Na ***Igreja Católica Apostólica Romana***, por exemplo, a virgindade de Maria, mãe de Jesus, é um dogma. No ***islã***, o veto à representação de Maomé é um dogma. Em outras ***religiões cristãs***, assim como no ***judaísmo***, mesmo as verdades básicas podem ser teologicamente discutidas.

E

ECUMENISMO Movimento surgido nas igrejas ***protestantes*** que busca a unidade cristã numa só igreja. Para a Igreja Católica, refere-se a trabalho, palavra, ação ou oração que ajude a unir os cristãos. O diálogo entre religiões diferentes é inter-religioso, não ecumênico. Evite a expressão culto ecumênico em referência a cerimônias que incluam religiões não cristãs.

EVANGELICALISMO O mesmo que protestantismo, reunião das igrejas evangélicas ou ***protestantes***. Os termos *evangélico* e *protestante* são intercambiáveis.

EXCOMUNHÃO Pena por delito ou falta muito grave que exclui um membro da igreja. É reversível. Rara, a punição é prevista tanto no regimento católico como no de certas ***denominações*** protestantes e do judaísmo.

EXORCISMO Rito pelo qual se expulsa um demônio do corpo. Na Igreja Católica, só pode ser praticado por padres autorizados, após laudo médico que comprove não haver doença física ou psíquica.

Evangélicos evitam o termo devido a seu lastro católico, mas a maioria dos cultos pratica a expulsão de demônios –em vez de fórmulas em latim e água benta, invoca-se apenas o nome de Jesus. Os neopentecostais são os que mais adotam o ritual.

F

FÁTUA Decreto religioso ***muçulmano***, emitido por um *mufti* (jurista habilitado a estabelecer uma opinião religiosa). As fátuas não têm força de lei e podem ser conflitantes entre si.

FUNDAMENTALISMO No contexto religioso, costuma indicar grupos que defendem a interpretação literal de um livro sagrado. Ser fundamentalista não implica tomar atitudes extremas. Quem o faz é denominado ***extremista***.

J

JIHAD Esforço pela causa de Deus que o ***muçulmano*** deve fazer para difundir e proteger o islã. Ficou caracterizado como *guerra santa* na imprensa. Evite o uso do termo com essa conotação.

M

MACUMBA Em textos noticiosos, não use o termo como sinônimo de religiões afro-americanas ou de rituais de ofertas a entidades e orixás comumente praticados na umbanda ou no candomblé. Tem conotação pejorativa. Prefira despacho ou oferenda.

MAOMÉ Não escreva Muhammad, salvo em nomes próprios que não o do profeta. Em artigos de opinião, mantenha a opção adotada pelo articulista.

MUÇULMANO Aquele que segue a religião islâmica. Prefira esse termo a islamista ou islamita. Em árabe, significa *aquele que se submete a Deus*. **Nem todo muçulmano é árabe**. Irã, Turquia, Indonésia, Senegal e Paquistão são exemplos de países não árabes e majoritariamente muçulmanos.

O

OPUS DEI Significa *obra de Deus*, em latim. Prelazia pessoal (organização da Igreja Católica que só responde ao papa) fundada em 1928, na Espanha, por Josemaría Escrivá de Balaguer, sacerdote católico que foi canonizado em 2002.

Sua doutrina tem como eixo a noção de santificação da família, do trabalho e da oração. Reserva posição proeminente à devoção a Nossa Senhora. Os adeptos se concentram na Península Ibérica e na América Latina. Chegou ao Brasil na década de 1950. Use artigo masculino (o Opus Dei).

P

PAPA Líder máximo da ***Igreja Católica Apostólica Romana*** e chefe de Estado do Vaticano, território autônomo encravado em Roma. É eleito pelos cardeais para um mandato vitalício. Não tem autoridade sobre a ***Igreja Ortodoxa***, vertente do cristianismo oriental cujo comando é descentralizado e exercido pelo *patriarca* local. Nos dois casos, escreva com minúscula.

R

REZAR X ORAR Embora esses termos, segundo os dicionários, sejam sinônimos, seu uso não é uniforme nas várias religiões. Em referência a ***evangélicos***, por exemplo, use orar.

S

SEITA Termo usado para definir comunidades com crenças e práticas derivadas ou divergentes de religiões estabelecidas. A palavra ganhou caráter pejorativo e deve ser evitada. Prefira movimento religioso.

SHARIA Conjunto de leis canônicas islâmicas prescritas no ***Alcorão*** e na Suna, o segundo livro sagrado do ***islã***. Rege todas as esferas da vida cotidiana, das finanças à sexualidade.

É dividido em princípios universais (ligados a ritos, por exemplo) e regras sujeitas a interpretações locais (como a natureza de penas por delitos).

SINCRETISMO Mistura de diversos sistemas filosóficos e de diferentes crenças e religiões.

No Brasil, as religiões afro-brasileiras identificam nos santos do catolicismo seus próprios orixás: Iansã é santa Bárbara (por causa da proteção contra o raio), Oxum é Nossa Senhora da Conceição (pela maternidade), Iemanjá é Nossa Senhora dos Navegantes (em razão do mar), Oxalá é Jesus Cristo.

T

TEOLOGIA DA LIBERTAÇÃO Doutrina católica, criada na América Latina, que fundamentou o movimento das comunidades eclesiais de base (CEBs) nos anos 1970-1980.

Busca um mundo que considera mais justo por meio da participação militante do católico na mudança das estruturas sociais. Expoente da Teologia da Libertação, o franciscano Leonardo Boff foi expulso da Igreja Católica nos anos 1990.

SAÚDE

O sistema de saúde no Brasil mudou radicalmente a partir da Constituição de 1988, cujo artigo 196 estabelece que "a saúde é direito de todos e dever do Estado". Até então, quem não podia pagar por atendimento privado e não era segurado da Previdência só recebia cuidados de urgência e dependia de instituições de caridade.

Em 1990, o SUS (Sistema Único de Saúde) foi regulamentado com base nos princípios da universalidade, da equidade e da integralidade (cuidado total, da prevenção à reabilitação). O Brasil tornou-se o primeiro país da América do Sul a criar um sistema que inclui a saúde no âmbito da proteção social, tal como já existia no Reino Unido, na Espanha, na Alemanha, na França e no Canadá.

Desde então, o país registrou importantes avanços no setor, entre os quais se destaca a queda expressiva da mortalidade infantil (de 61 mortes a cada 1.000 crianças menores de cinco anos, em 1991, para 16 a cada 1.000 em 2015, uma redução de 73%) e da materna (de 104 para 44 por 100 mil nascidos vivos).

Por outro lado, décadas de epidemias de dengue, além dos surtos dos vírus da zika e da chikungunya, expõem um dos pontos fracos do SUS: a vigilância epidemiológica. Além disso, faltam qualidade e agilidade ao sistema. São comuns longas esperas para exames, cirurgias e consultas com especialistas.

As filas resultam da carência de médicos, das deficiências estruturais do SUS e de sua desorganização, fatores que levam a população a recorrer a hospitais, não a postos de saúde, superlotando os setores de emergências.

Para a maior parte dos casos, contudo, a porta de entrada deveria ser a atenção básica (postos e centros de saúde, unidades de saúde da família). Somente se necessário o paciente seria encaminhado a hospitais e clínicas especializadas, estabelecimentos que oferecem atendimento de maior complexidade.

Os problemas do SUS estimularam a busca por serviços privados. Ao longo dos anos 2000, a parcela da população que contava com plano de saúde passou de 18% para cerca de 25% –os outros 75% eram atendidos pelo setor público.

A divisão de recursos para o setor não segue essa proporção. De acordo com dados de 2015, 53% das despesas totais (perto de 9% do PIB) com saúde diziam respeito ao segmento particular. Considerados os países que adotam o sistema de saúde universal, apenas no Brasil o desembolso público nessa área (47%) é inferior ao privado.

As três esferas de governo participam do financiamento do SUS. À União cabe a maior contribuição, bem como a elaboração de políticas públicas que, embora nacionais (por meio do Ministério da Saúde), costumam ser implantadas pelos estados e municípios, por ONGs e pela iniciativa privada.

Estados e municípios devem, por força da Constituição, destinar à saúde no mínimo 12% e 15% de sua receita, respectivamente. Já os valores dos gastos da União são agora corrigidos pela variação da inflação do ano anterior, e não mais pela receita, como ocorria até 2016.

Termos médicos provocam frequentemente erros conceituais graves. De modo a garantir a máxima precisão, este capítulo traz algumas das palavras e expressões mais comuns no exercício do jornalismo de saúde. Em caso de dúvida, consulte especialistas.

VERBETES

A

AEDES AEGYPTI Mosquito transmissor dos vírus da ***dengue***, da ***chikungunya*** e da ***zika***. Tem como vítima preferencial o ser humano e, por isso, está bem adaptado a cidades, especialmente ao domicílio urbano, onde consegue se reproduzir em pequenas quantidades de água –inclusive as mais sujas. Seus ovos são resistentes e sobrevivem em ambientes secos por vários meses. O *Aedes aegypti* é preto com manchas brancas no corpo e nas pernas.

Leia os verbetes ***nomes científicos*** e ***itálico/negrito*** nas págs. 230 e 225, respectivamente.

AIDS Sigla em inglês de síndrome da imunodeficiência adquirida, caracteriza-se pela falência do sistema imunológico decorrente da infecção pelo ***HIV***. Em outros países de língua de origem latina, como Portugal, Espanha e França, a doença é chamada pelas iniciais Sida. Nunca se refira aos portadores do HIV como aidéticos.

Leia o verbete ***Aids*** na pág. 200.

ALZHEIMER Descrito pela primeira vez em 1906, é um distúrbio associado ao envelhecimento e decorre da morte dos neurônios (ou células nervosas). É o tipo mais comum de ***demência***. O paciente é acometido pela perda progressiva das funções cognitivas, em especial memória, atenção e capacidade de julgamento. Durante muito tempo, a enfermidade foi chamada de mal de Alzheimer, nomenclatura substituída por doença de Alzheimer.

ANS Agência Nacional de Saúde Complementar. Vinculada ao Ministério da Saúde, é a reguladora dos seguros e ***planos de saúde***. O setor é composto de cooperativas médicas, empresas de medicina de grupo e uma parte das seguradoras.

ANVISA Agência Nacional de Vigilância Sanitária. Vinculada ao Ministério da Saúde, é a agência responsável pelo controle de todos os serviços e produtos que possam afetar a saúde da população, como medicamentos, alimentos, cosméticos, derivados do tabaco, sangue e hemoderivados.

Os diretores da Anvisa são indicados pela Presidência da República e, como todo dirigente de agência, devem ser sabatinados pelo Senado.

AUTISMO Transtorno que afeta a comunicação, a socialização e o comportamento. Os prejuízos variam bastante, havendo desde pessoas muito inteligentes até as que não falam nenhuma palavra e são violentas. **Qualquer generalização, portanto, é um erro**.

Há três níveis de gravidade: leve, moderado e severo. A *síndrome de Asperger* (pessoas inteligentes, com interesses restritos, fala não convencional e pouca habilidade social) está na ponta leve. Não há cura nem medicação específica para o autismo, que, segundo estimativas, afeta 1% da população.

Devem ser evitados lugares-comuns como vivem isolados em seu próprio mundo ou não gostam de ser tocados. Não há problema em usar a palavra *autista*, embora muitos pais e profissionais a considerem estigmatizante. Evite empregar o termo para descrever uma pessoa que ignora a opinião dos outros. Segundo o deputado, seria autismo pedir um benefício em meio ao ajuste fiscal.

Leia o verbete ***deficiências*** nas págs. 58 e 91.

AVC Acidente vascular cerebral, popularmente conhecido como derrame. A doença está entre as principais causas de morte na maioria dos países ocidentais. Há dois tipos de derrame: o *isquêmico*, que ocorre pela interrupção do aporte de sangue para o cérebro, e o *hemorrágico*, que ocorre pelo rompimento de vasos cerebrais. A **Folha** admite AVC ou derrame.

B

BARRIGA DE ALUGUEL Termo popular usado para designar a doação temporária de útero ou gestação de substituição, processo pelo qual uma mulher gesta o filho para casais homoafetivos ou para outra mulher (casada ou solteira) cuja gravidez seja inviável ou contraindicada.

Na *fertilização homóloga*, utilizam-se gametas do casal que busca o procedimento; na *heteróloga*, o gameta masculino ou o feminino (ou ambos) é doado por terceiro desconhecido. A doadora temporária do útero deve ter com um dos futuros pais parentesco consanguíneo até o quarto grau (mãe, irmã, avó, tia, prima).

No Brasil, o processo deve ser voluntário e não pode ter caráter comercial. Em alguns países, é permitida a barriga de aluguel com fins lucrativos.

C

CÂNCER Conjunto de pelo menos uma centena de doenças, que têm em comum a multiplicação desordenada e intensa de células anormais. As células doentes podem invadir tecidos e órgãos e, nos casos mais graves, espalhar-se pelo organismo. Os casos são em geral classificados de 1 a 5, num processo conhecido como *estadiamento*. Quanto mais baixo for o número, maiores são as chances de cura. O primeiro indica que o câncer está confinado ao órgão ou tecido em que surgiu. O grau 5 sinaliza a chegada das células cancerosas a regiões do organismo distantes do foco inicial da doença (***metástase***).

CHIKUNGUNYA Doença causada pelo CHIKV, vírus transmitido pelo mosquito *Aedes aegypti*. Seus sintomas são parecidos aos da ***dengue***, mas há um acentuado acometimento das articulações. O vírus ataca as juntas, causando inflamação, acompanhada de inchaços e muita dor. No dialeto maconde, da Tanzânia, onde o vírus foi identificado em 1952, chikungunya significa *aqueles que se dobram*, em referência ao andar curvado dos doentes. Os primeiros casos foram registrados no Brasil em 2014.

CHOQUE Quadro decorrente de uma queda acentuada da pressão arterial (ou hipotensão), que dificulta a chegada de sangue (e, consequentemente, de oxigênio) às células do organismo. Trata-se de condição potencialmente fatal, com causas diversas: hemorragias intensas, ***infarto***, alergias graves.

Não use esse termo médico para designar abalo emocional: Após a morte do filho, Rodrigo ficou em estado de choque.

COMA Estado de inconsciência do qual o paciente não pode ser acordado por estímulos externos. É desencadeado por uma série de fatores: infecções, doenças metabólicas (como o diabetes), derrame, traumas cerebrais, consumo de drogas.

De duração variável, o coma pode ser leve, intermediário ou profundo –neste caso, a taxa de mortalidade fica em torno de 85%. A classificação é feita com base na Escala de Coma de Glasgow, que analisa as respostas ocular, verbal e motora à incitação dolorosa.

COMA INDUZIDO Estado de inconsciência provocado por equipe médica por meio de medicações sedativas. Em geral, o recurso é utilizado para manter a segurança e o bem-estar do paciente, como nos casos em que ele necessita de ajuda para respirar (ventilação mecânica).

D

DEMÊNCIAS Conjunto de doenças decorrentes da deterioração de funções cerebrais, como perda de memória, desorientação espacial e temporal e dificuldade de comunicação, planejamento e organização.

As demências estão divididas em dois grupos. As *reversíveis* são associadas a tumores cerebrais, variação drástica nas taxas de açúcar no sangue e deficiência vitamínica, entre outras causas. As *irreversíveis*, como a doença de ***Alzheimer***, chamadas também *degenerativas*, agravam-se com o passar do tempo.

DENGUE Doença viral transmitida sobretudo pelo mosquito *Aedes aegypti*. São quatro tipos de vírus (sorotipo 1, 2, 3 e 4), que podem provocar três formas clínicas da doença, com variados graus de severidade (de 50% a 60% dos casos são assintomáticos).

Entre os sintomas da *dengue comum* (ou *clássica*) estão febre, náusea, manchas na pele, fraqueza, dor de cabeça e ao redor dos olhos. Há suspeita de *dengue com sinais de alarme* quando ocorre uma ou mais das seguintes manifestações: dor abdominal intensa e contínua, vômitos persistentes, queda da pressão arterial, desmaios e sangramento de mucosa, entre outras. Entre os sintomas de *dengue grave*, que pode ser fatal, destacam-se taquicardia, esfriamento das extremidades, pulso fraco, pressão baixa, sangramento grave e comprometimento grave de órgãos.

O uso da expressão dengue hemorrágica não é mais recomendado, porque não se trata da manifestação mais comum entre os casos graves da doença. Ainda não existe tratamento específico contra o vírus da dengue. O emprego da vacina comercialmente disponível está em discussão.

DEPRESSÃO O mais comum dos transtornos mentais, atinge uma em cada seis pessoas ao longo da vida. A doença é definida por um conjunto de sintomas, mas os principais são falta de prazer e de motivação, sensação permanente de vazio e melancolia. Nem sempre um quadro depressivo é marcado pela tristeza, como a maioria das pessoas acredita. Evite usar como sinônimo de tristeza.

DOAÇÃO DE ÓRGÃOS No Brasil, vigora o modelo da doação consentida: só pode ocorrer mediante autorização de familiares próximos (cônjuge ou parentes até o segundo grau). A manifestação de vontade da pessoa pode ajudar a família a tomar uma decisão, mas não tem valor jurídico.

Como a própria palavra sugere, a iniciativa deve ser gratuita. No caso de doação ainda em vida, o transplante não pode representar risco para o doador e só pode ocorrer se envolver órgãos duplos (como rim e pulmão), parte de órgão, tecido ou parte do corpo.

O Brasil é o segundo país do mundo na lista dos que mais realizam transplantes de órgãos, atrás dos EUA. Entretanto, a taxa por milhão de habitantes é inferior à de muitos países desenvolvidos.

DOENÇAS AGUDAS/DOENÇAS CRÔNICAS Uma doença é aguda quando tem início súbito, desenvolvimento rápido e curta duração. A gripe é uma afecção aguda do sistema respiratório. Em oposição, as enfermidades crônicas são de longa duração (ou recorrência frequente), como diabetes e pressão alta. Há doenças que podem ser tanto agudas como crônicas. É o caso da rinite: aguda quando associada a ***gripes*** e ***resfriados*** e crônica quando relacionada a processos alérgicos.

DOENÇAS DE NOTIFICAÇÃO COMPULSÓRIA Novos casos (ou agravamento) de afecções com potencial de causar ***surtos*** e ***epidemias*** e cujo agente disseminador pode ser propagado. Essas doenças (ou casos de suspeita) devem ser informadas às autoridades sanitárias.

Da Lista Nacional de Doenças e Agravos de Notificação Compulsória, do Ministério da Saúde, fazem parte, por exemplo, acidente de trabalho com exposição a material biológico, ***Aids*** e ***dengue***.

Apesar da obrigatoriedade da notificação, a lei brasileira não prescreve punição ao profissional de saúde que não informa às autoridades sanitárias ocorrência com potencial de surto ou epidemia.

DOENÇAS INSIDIOSAS Afecções de evolução lenta e silenciosa. Quando se manifestam, já se encontram em estágios avançados. Pressão alta, diabetes e alguns tipos de ***câncer*** são exemplos de doenças insidiosas.

DOENÇAS MENTAIS São todos os distúrbios catalogados no DSM, sigla em inglês de "Manual Diagnóstico e Estatístico de Transtornos Mentais". As doenças mentais comprometem, em maior ou menor grau, a saúde, o bem-estar, o desempenho no trabalho ou nos estudos e as relações sociais.

Elaborado por uma força-tarefa composta de especialistas do mundo todo, o DSM foi publicado pela primeira vez em 1952. Desde então, passou por quatro revisões. A mais recente é de 2013. O manual não descreve tratamentos. Não classifique transtorno mental de loucura nem seu portador de louco.

DOENÇAS PREEXISTENTES A expressão define todas as moléstias das quais o beneficiário ou seu responsável têm consciência por ocasião da contratação de ***plano de saúde***. Essas doenças devem ser informadas pelo cliente.

DST Doença sexualmente transmissível, como ***Aids***, herpes genital, clamídia, sífilis e gonorreia, entre outras.

E

EBOLA Vírus altamente contagioso cuja taxa de mortalidade varia de 25% a 90%. Os morcegos frutívoros são considerados os hospedeiros naturais do ebola, que pode ser transmitido por animais e humanos. A infecção entre humanos ocorre pelo contato com os fluidos corporais de um doente.

Os primeiros ***surtos*** da doença foram registrados em 1976, no Sudão e no Zaire (hoje República Democrática do Congo), em uma região próxima ao rio Ebola. Na maior ***epidemia***, de 2013 a 2015, a Organização Mundial da Saúde (***OMS***) registrou 29 mil contaminados, com 11,3 mil mortes. As vítimas estavam concentradas em três países limítrofes: Guiné, Guiné-Bissau e Serra Leoa.

EPIDEMIA/PANDEMIA/SURTO Conceitos utilizados para classificar o aumento anormal de incidência de determinada doença, por certo período, em uma ou mais regiões. Emprega-se *surto* quando, em uma localidade específica (escola, bairro, cidade, estado), há elevação abrupta dos casos de uma doença, acima do que seria esperado para a população local naquele período do ano.

A *epidemia* se assemelha ao surto, mas o termo indica maior abrangência territorial da doença. Se a enfermidade atingir inúmeros países e regiões do planeta, em geral afetando grande número de pessoas, diz-se que há uma *pandemia*.

Um surto pode evoluir para epidemia e, depois, para pandemia.

Não confunda esses conceitos com *endemia*, que indica doença constantemente presente em uma localidade ou grupo populacional (pode ser sazonal).

!

Cuidado com a má compreensão de indicadores. Muitas doenças são cíclicas. A febre amarela, por exemplo, tem a circulação viral acentuada a cada cinco ou sete anos. Leve isso em conta: sem a informação, o aumento no ano de pico pode fazer soar o alarme sem razão.

ERRO MÉDICO O Código de Ética Médica considera erro médico causar dano ao paciente por *imperícia* (fazer mal o que deveria ser bem-feito), *imprudência* (fazer o que não deveria ser feito) ou *negligência* (não fazer o que deveria ser feito). Não pode ser confundido com resultado adverso, que ocorre quando o médico empregou todos os recursos disponíveis sem sucesso.

Em casos de má conduta médica, a denúncia deve ser encaminhada ao Conselho Regional de Medicina (CRM).

ESQUIZOFRENIA Doença psiquiátrica grave, caracterizada pela perda de contato com a realidade. O doente é acometido por alucinações (percepções falsas), delírios (juízos, crenças falsas), linguagem e pensamento desorganizados, bem como por perturbação do comportamento. O problema afeta 1% da população mundial e se manifesta, sobretudo, no fim da adolescência.

Evite o adjetivo *esquizofrênico* para descrever situações de confusão, como em Quem consegue concorrer na economia mundial com esse câmbio esquizofrênico?.

ESTADO VEGETATIVO Comprometimento da consciência, em geral sem que a região cerebral responsável pelas funções autonômicas (respiração, circulação) seja afetada. Apesar de abrir os olhos, dormir e acordar, o paciente é incapaz de realizar atos voluntários. Não sente dor física nem psicológica. Depois de quatro meses em estado vegetativo, o quadro passa a ser chamado de *coma vegetativo persistente*. É possível que o paciente acorde de um estado vegetativo, mas as chances diminuem com o passar do tempo.

EUTANÁSIA Palavra de origem grega que significa *boa morte*. Consiste na abreviação da vida de um paciente vítima de doença comprovadamente incurável ou em sofrimento físico e mental decorrente de uma condição médica irreversível. A decisão pela eutanásia só pode ser tomada pelo paciente.

No Brasil, a exemplo da maioria dos países, a prática é proibida. O primeiro país a legalizá-la foi a Holanda. Não confunda com ***ortotanásia***.

EXPECTATIVA DE VIDA Também chamada de *esperança de vida*, indica o tempo médio de vida esperado para um determinado grupo populacional. Medido em anos, o índice é calculado com base nas taxas de mortalidade geral e infantil. O dado é um bom indicador da qualidade de vida de uma população.

De 1950 a 2010, a população mundial passou a viver 20 anos mais, mas a conquista aconteceu de forma desigual. Segundo a ***OMS***, o país de população mais longeva é o Japão (85,9 anos, em 2012).

No Brasil, a curva da esperança de vida também é ascendente. De 1991 a 2015, passou de 66 para 75,2 anos. Já na Suazilândia (África), a expectativa está ao redor dos 43 anos.

F

FALÊNCIA DE MÚLTIPLOS ÓRGÃOS Caracteriza-se pela deterioração aguda e a consequente perda de função de dois ou mais órgãos. Uma de suas causas mais comuns é a *sepse* (infecção generalizada). Evite usar a expressão como causa de morte. Em vez disso, informe a doença que levou ao quadro de falência de múltiplos órgãos. Evite a forma falência múltipla de órgãos.

G

GENÉRICO Medicamento que contém o mesmo princípio ativo de um remédio de referência (conhecido como *de marca* ou *inovador*), na mesma dose e forma farmacêutica. De acordo com a lei que regula o tema no Brasil (nº 9.787/99), deve ter eficácia, segurança e qualidade comprovadas. Pode substituir o medicamento de referência, por prescrição médica ou iniciativa do farmacêutico. Geralmente produzido após a expiração da patente do remédio de referência, o genérico não passa por todas as pesquisas de desenvolvimento e pode, por isso, ser vendido a preços mais baixos.

Não confunda com *medicamento similar*, que também contém o mesmo princípio ativo do de referência, mas pode diferir em características como tamanho e prazo de validade e deve ser identificado por nome comercial.

GRIPE/RESFRIADO Infecções virais das vias respiratórias. A *gripe* é causada pelo vírus ***influenza***, enquanto o resfriado está associado a outros tipos de vírus. Os sintomas de um quadro gripal, em geral, são mais intensos e sistêmicos (acometem o organismo todo). Entre eles estão febre acima de 38,5ºC com duração de vários dias, dores no corpo, sensação de mal-estar intensa e torpor. No *resfriado*, o doente é acometido por uma febrícula (37ºC e fração), espirro e coriza.

H

HEPATITE Inflamação do fígado causada na maioria das vezes por vírus. Também pode resultar da ingestão excessiva de álcool e de certos medicamentos. Há ainda a variante *autoimune* (o sistema de defesa ataca o fígado por equívoco). Conheça os tipos virais mais frequentes:

- *Hepatite A* – Transmitida por água ou comida contaminada por fezes de uma pessoa que tenha a doença. Entre os sintomas incluem-se febre, perda de apetite e desconforto abdominal (pode ser assintomática). Há vacina.
- *Hepatite B* – A transmissão ocorre principalmente por meio de relações sexuais (é uma ***DST***). Também pode haver contaminação por via perinatal (da mãe para o filho no parto), pelo compartilhamento de seringa contaminada ou através de ferimentos na pele e na mucosa. Na fase aguda, os sintomas se assemelham aos da hepatite A. Pode ser fatal na forma fulminante, que é mais rara. Há vacina.
- *Hepatite C* – Transmitida com mais frequência pelo uso coletivo de seringas, agulhas, lâminas de barbear e instrumentos de manicure contaminados e por via perinatal (de mãe para filho) do que pelo contato sexual. Até 80% dos infectados desenvolvem a forma crônica da enfermidade, porta de entrada para lesões hepáticas graves. Não existe vacina.

HIV Sigla em inglês de vírus da imunodeficiência humana, causador da ***Aids***. O HIV foi descrito pela primeira vez em 1983, dois anos depois do início da ***epidemia*** de Aids. Em artigos publicados na revista Science, dois grupos independentes de pesquisa, liderados por Luc Montagnier, na França, e Robert Gallo, nos Estados Unidos, associaram um novo vírus, o HIV, aos casos de Aids, o que lhes rendeu o Prêmio Nobel de Medicina em 2008.

HPV Sigla em inglês de vírus do papiloma humano, que abrange pelo menos 150 agentes infecciosos, responsáveis pela formação de verrugas genitais. Transmitidos predominantemente por via sexual, alguns deles podem causar lesões precursoras de câncer, especialmente o de colo de útero.

A vacina quadrivalente imuniza contra as cepas oncogênicas do vírus e os subtipos 6 e 11, associados a 90% dos casos de verrugas genitais. Essa imunização é oferecida na rede pública para mulheres de 9 a 45 anos e homens de 9 a 26 anos.

H1N1 Vírus da ***gripe*** do tipo A, resultado da combinação do material genético de agentes infecciosos encontrados em humanos (gripe), porcos (gripe suína) e aves (gripe aviária). Na ***epidemia*** de 2009, o H1N1 foi detectado pela primeira vez no México. Em pouco tempo, alastrou-se pelos Estados Unidos e chegou ao Brasil. Em março de 2016, o H1N1 voltou a circular em cidades brasileiras.

O vírus, associado a quadros de infecção respiratória aguda, foi isolado em 1920 e é atribuída a ele a gripe espanhola de 1918, que matou milhões de pessoas.

I

INFARTO É a morte de qualquer tecido por isquemia. Isquemia é a situação em que uma célula caminha para a morte por falta de oxigênio. Infarto é a apresentação da doença: inclui sinais, sintomas e fenômenos celulares. A gravidade do infarto depende do órgão em que ocorre. Quando se tratar do coração, deve-se escrever infarto do miocárdio. Embora os dicionários registrem também o termo enfarte, a nomenclatura médica não usa essa forma.

INFLUENZA Nome do vírus causador da ***gripe***. Há três tipos: A, B e C.

O primeiro deles tem vários subtipos, como ***H1N1***, H3N2 e H5N1. Facilmente transmitidos pelo ar, os tipos A e B estão associados a ***epidemias*** sazonais e ***pandemias***.

J

JUDICIALIZAÇÃO DA SAÚDE Nome dado à tentativa de garantir, por meio de decisão judicial, o acesso a medicamentos e terapias nos sistemas público e suplementar de saúde.

M

METÁSTASE Disseminação de uma doença, geralmente ***câncer***, para outros órgãos distantes daquele em que ela se originou.

MICROCEFALIA Condição neurológica rara, que ocorre ainda no útero, caracterizada pelo crescimento cerebral abaixo do normal, o que gera problemas de desenvolvimento da criança.

As causas são as mais variadas, como malformações do sistema nervoso central, diminuição do fluxo de oxigênio para o cérebro do feto e exposição a drogas e álcool durante a gravidez. O vírus da ***zika*** pode causar microcefalia.

MORTALIDADE INFANTIL Indica o número de crianças que morrem antes de completar o primeiro ano de vida. Convencionou-se expressar esse índice a cada 1.000 bebês nascidos vivos.

Para a ***OMS***, o aceitável é, no máximo, 10 mortes a cada 1.000 nascimentos. No Brasil, a taxa tem diminuído constantemente desde o século passado, mas ainda estava em 13,8 mortes por 1.000 nascimentos em 2015.

MORTE Em termos médicos, o fim permanente de todas as funções naturais, caracterizado pela ausência de batimentos cardíacos, atividade cerebral e respiração espontânea.

MORTE CEREBRAL OU ENCEFÁLICA Parada completa e irreversível das funções cerebrais. Um paciente em morte cerebral mantém os batimentos cardíacos. Sem a sustentação artificial da vida, no entanto, em poucas horas o coração também para de funcionar. Esse é precisamente o intervalo de tempo utilizado para preparar a doação de órgãos.

Evite jargões médicos ao descrever a condição. Repetindo boletim do hospital, os jornais noticiaram, em 2/2/2017, que a ex-primeira-

-dama Marisa Letícia estava com ausência de fluxo cerebral, respirando com a ajuda de aparelhos.

O

OMS Organização Mundial da Saúde, agência subordinada à ONU. Fundada em 7 de abril de 1948, tem o objetivo de promover a saúde por meio de estímulo à pesquisa científica, apoio técnico e monitoramento de situações de risco e desenvolvimento de programas de imunização, entre outras iniciativas.

A OMS define saúde como *o completo bem-estar físico, mental e social –e não a simples ausência de doenças*. Composta de 193 países, entre os quais o Brasil, a agência conta com um diretor-geral com mandato de cinco anos.

ORTOTANÁSIA Prática que visa amenizar o sofrimento de pacientes terminais. Se a ***eutanásia*** *faz morrer*, a ortotanásia *deixa morrer*. Aceita pelo Código de Ética Médica brasileiro, sua prioridade deixa de ser a cura e passa a ser o conforto físico e psicológico do paciente. A especialidade médica dedicada à ortotanásia é a dos cuidados paliativos.

P

PARADA CARDÍACA Condição em que cessa a circulação sanguínea em decorrência de problema ventricular ou atividade elétrica sem pulso. Sem intervenção rápida, pode levar à morte em pouco tempo. Evite usar o termo como causa de morte de alguém. Informe qual foi a doença responsável pela parada cardíaca.

PARANOIA Psicose caracterizada pela suspeição ou desconfiança aguda e injustificada em relação a outras pessoas. Há três categorias: o *distúrbio paranoide de personalidade*, mais discreto; o *distúrbio delirante paranoide*, marcado por confusão mental intermitente, e a *esquizofrenia paranoide*, que afeta o discernimento de modo severo e causa alucinações (como ouvir vozes).

PARAPLEGIA/TETRAPLEGIA Enquanto a *paraplegia* implica paralisia das pernas e da parte inferior do tronco, a *tetraplegia* impossibilita a movimentação do corpo do pescoço para baixo.

O comprometimento dos membros varia de intensidade, indo da perda de força à imobilidade completa. Quando ele é incompleto, usa-se *paresia*; se é completo, *plegia*.

Paraplegia e tetraplegia estão associadas a lesões na medula espinhal ou a enfermidades. A perda de sensibilidade tátil varia caso a caso, podendo ou não ocorrer, assim como a das funções sexuais. Não há restrição ao uso da palavra cadeirante. O termo paralítico caiu em desuso. Em textos noticiosos, não use aleijado.

Leia o verbete ***deficiências*** nas págs. 58 e 91.

PESQUISA MÉDICA Em reportagem sobre uma nova pesquisa médica que traz a perspectiva de cura para alguma doença, deve ficar claro qual o prazo em que os resultados obtidos vão se concretizar em novo tratamento ou medicamento. Evite dar falsas esperanças.

PSICOSE/PSICOPATIA São ***doenças mentais*** distintas. A *psicose* caracteriza-se basicamente pela perda de contato com a realidade. A ***esquizofrenia***, por exemplo, é um distúrbio psicótico.

Mais rara, a *psicopatia* está marcada pelo sentimento de desprezo por obrigações sociais, falta de empatia pelo outro, baixa tolerância à frustração e grande propensão à agressividade.

S

SAÚDE COMPLEMENTAR Sinônimo de *medicina privada* ou *saúde suplementar*, é o setor responsável pela operação de planos privados de assistência médica. Em 2017, 47,3 milhões de brasileiros tinham plano de saúde (23% da população).

TIPOS DE PLANOS DE SAÚDE

- *Individual* (ou *pessoa física*) – Contrato assinado entre um indivíduo e uma operadora de planos de saúde para assistência à saúde do titular e seus dependentes (familiar).
- *Coletivo* – Tipo mais comum, no qual o beneficiário está vinculado à pessoa jurídica. A adesão deve ser automática na data da contratação do plano ou no ato da vinculação do consumidor à pessoa jurídica. Há dois tipos: *Empresarial* – Presta assistência aos funcionários da empresa contratante devido ao vínculo empregatício ou estatutário; *Por adesão* – São contratados por pessoas jurídicas de caráter profissional, classista ou setorial, como conselhos, sindicatos e associações profissionais.

SEPSE Leia o verbete ***falência de múltiplos órgãos*** na pág. 346.

SÍNDROME DE DOWN Alteração genética caracterizada pela presença de três cromossomos, em vez de dois, no par 21 das células do organismo –daí o nome científico *trissomia do 21*. Não trate a síndrome de Down como doença. O termo mongoloide, inicialmente usado para apontar a semelhança física com os traços dos mongóis (habitantes da Mongólia), adquiriu forte caráter depreciativo e não deve ser empregado.

O traço comum aos indivíduos que têm essa disfunção cromossômica é o déficit intelectual; baixa estatura e desenvolvimento físico mais lento também são frequentes. Além disso, a trissomia aumenta a vulnerabilidade a doenças do coração e a problemas respiratórios.

SUS Sistema Único de Saúde. É o sistema público de saúde, criado em 1990, com base no princípio de que todos têm direito à saúde de forma integral.

Z

ZIKA Cientificamente chamado de ZIKV, o vírus da zika é transmitido pelo mosquito ***Aedes aegypti***. Os sinais de infecção são muito parecidos com os da ***dengue***: febre, dor de cabeça e nas articulações e erupções cutâneas são os principais.

O vírus foi identificado pela primeira vez em macacos na floresta Zika, em Uganda, em 1947. Sete anos depois, na Nigéria, apareceram os primeiros humanos contaminados.

Desde que chegou ao Brasil, em 2015, está sendo associado a um aumento nos casos de ***microcefalia*** e a casos da síndrome de Guillain-Barré (quadro que afeta o sistema nervoso e provoca de fraqueza muscular a paralisia).

TECNOLOGIA

Ao utilizar termos da área de tecnologia em textos noticiosos, seja didático e prefira palavras e expressões conhecidas em português. Contudo, não use traduções artificiais apenas para evitar estrangeirismos. Salvo nos casos em que a tradução seja amplamente conhecida e usada, escreva o termo original e acrescente a explicação.

A

ADBLOCKER Software instalado pelo usuário para bloquear a exibição de publicidade nos sites visitados.

ADWARE Programa que exibe propagandas indesejadas em celulares, tablets e computadores. Pode ser instalado por acidente ao visitar sites e baixar programas e aplicativos.

ALGORITMO Em computação, uma sequência de procedimentos lógicos predefinidos para solução de um problema ou execução de tarefas específicas.

ANTIVÍRUS Programa desenvolvido para prevenir, detectar e remover programas indesejados.

APARELHOS VESTÍVEIS (WEARABLES) Roupas e objetos como relógios, óculos e pulseiras capazes de processar dados e se conectar à internet.

API Sigla em inglês de "application programming interface". É um conjunto de instruções que permite a criação de aplicativos que usam a funcionalidade de outro programa. Por exemplo: a API do Google Maps possibilita que milhares de desenvolvedores inventem serviços utilizando os mapas do Google.

APP Abreviatura do inglês "application" (aplicativo), é um software que executa tarefa específica. O termo pode se referir a programas desenvolvidos para smartphones, tablets, PCs (desktop app) ou navegadores de internet (web app).

APP NATIVO/WEB APP *Aplicativo nativo* é aquele desenvolvido para uma plataforma específica, como iOS (da Apple) ou Android (de outras marcas), e instalado diretamente no aparelho. O *web app* usa padrões de desenvolvimento da internet, como **HTML5**, e funciona diretamente no navegador.

B

BANDA LARGA Termo usado para descrever os serviços de acesso à internet de alta velocidade, com tráfego de grandes volumes de informação digital.

Como as velocidades máximas de conexão aumentam continuamente, também aumenta a velocidade que define a banda larga. Esses parâmetros variam, dependendo do país.

BANNER Na ***web***, anúncio em forma de barra, coluna ou caixa. Sua principal característica é o apelo visual, com uso de imagens, gráficos e animações.

BIG DATA Massa de dados aleatórios que, processados com ferramentas adequadas, podem gerar informações relevantes.

Leia o verbete ***mineração de dados*** na pág. 360.

BIT E BYTE Não confunda os dois termos. *Bit* é a menor unidade de informação em um computador. O setor de telecomunicação adota a medida de *bits por segundo* (*bps*) e seus múltiplos para informar o volume do tráfego dos dados em redes de computadores. *Byte* é uma unidade de dados composta de 8 bits e é usada para medir a capacidade de memória de discos rígidos, tamanhos de arquivo etc.

Nas abreviaturas, os múltiplos de bit usam b minúsculo: *kilobit* (Kb), *megabit* (Mb), *gigabit* (Gb) etc. Em múltiplos de *byte*, o B é maiúsculo: *kilobyte* (KB), *megabyte* (MB), *gigabyte* (GB), *terabyte* (TB). As abreviaturas seguem os prefixos do sistema métrico.

Veja tabela na pág. 257.

BITTORRENT Protocolo de redes *peer-to-peer* ou *P2P* (de um par para outro), tipo de rede em que cada computador é, ao mesmo tempo, servidor e cliente de outras máquinas. O modelo dispensa a existência de um servidor central para guardar o arquivo.

O BitTorrent armazena metadados com links para um mesmo arquivo que esteja disponível (com a extensão *torrent*) em máquinas de todo o mundo. Como num quebra-cabeça, o arquivo é dividido em pequenos pedaços que vão sendo compartilhados por diferentes usuários ao mesmo tempo.

BLUETOOTH Padrão de comunicação sem fio para curtas distâncias que usa frequência de rádio de onda curta (2,4 GHz). Utilizado principalmente para conectar dispositivos uns aos outros, como celulares a fones de ouvido ou ao aparelho de som do carro.

C

CAPTCHA Acrônimo de "completely automated public turing test to tell computers and humans apart", é um teste usado em sites para determinar se o visitante é humano ou um computador programado para executar tarefas mecânicas. O teste usualmente pede que o usuário reproduza letras e números ou identifique imagens.

CERTIFICADO DIGITAL Documento eletrônico instalado no computador com validade jurídica para atestar a identidade de seu titular. É emitido e fiscalizado por entidades certificadoras públicas.

COOKIES Pequenos arquivos de texto que registram hábitos e preferências de navegação na internet. São instalados nos computadores por websites durante o uso do navegador (podem ser desabilitados pelo usuário).

CREATIVE COMMONS Leia o verbete ***licença creative commons*** na pág. 359.

CRIPTOGRAFIA Conjunto de técnicas para proteger o sigilo de dados. O emissor usa um código para cifrar a mensagem, tornando a informação incompreensível sem a ferramenta de decodificação.

CROWDFUNDING Financiamento coletivo de projetos e negócios propiciado pela arrecadação de recursos na internet. Prefira a expressão em português.

CROWDSOURCING Trabalho coletivo, normalmente de uma comunidade online, para completar ou executar tarefa ou projeto complexo, que não pode ser finalizado por uma única pessoa.

D

DADOS ABERTOS Termo usado para denominar informações que podem ser livremente usadas, reutilizadas e redistribuídas por qualquer pessoa, no máximo com a exigência de atribuição da fonte e de compartilhamento pelas mesmas regras. A origem dos dados pode ser pública ou privada.

DARK SOCIAL Expressão que trata do volume de tráfego em sites cuja origem é difícil determinar. São links compartilhados em geral fora de redes sociais e em ambientes paralelos à ***web***, como emails, programas de bate-papo e alguns aplicativos.

DEEP WEB E DARK WEB Não confunda as duas. A *deep web* é a parte da internet que não pode ser descoberta por buscadores comuns, como o Google. Inclui páginas sem links a elas direcionados e sites que exigem senha ou cujos conteúdos variam de acordo com o usuário. Exemplos: redes e bancos de artigos acadêmicos em bibliotecas e universidades.

A *dark web* é composta de páginas, sites, comunidades ou redes de computadores intencionalmente escondidos para preservar o anonimato dos participantes e, por vezes, usados para fins ilegais, como tráfico de drogas. A deep web e a dark web formam a maior parte do conteúdo encontrado na internet.

DESIGN RESPONSIVO Técnica de desenvolvimento de sites que permite que os elementos de uma página se adaptem automaticamente à tela do aparelho em que são visualizados.

DOMÍNIO Parte de endereço digital destinada a identificar sites ou sistemas de ***emails*** (nesse caso, tudo o que aparece após o sinal gráfico @). O domínio inclui sufixos que identificam o tipo do provedor (*.com*, de comercial, para empresas, *.edu* para instituições ligadas à educação, *.org* para organizações e *.gov* para governos, entre outros) e o país (*.br* para Brasil, *.it* para Itália, *.fr* para França etc.).

E

EMBEDAR/EMBUTIR Ato de inserir um arquivo multimídia de serviço ou site externo (como vídeo, áudio ou gráfico) em um website ou aplicativo. Do inglês "embed", *inserir, embutir*.

EMOTICON/EMOJI *Emoticon* (do inglês "emotion", emoção, e "icon", ícone) é a combinação de caracteres do teclado usada para expressar emoções ou ideias em mensagens eletrônicas, como :) para simular um sorriso ou :(para mostrar contrariedade. O *emoji* (palavra japonesa para *pictograma*) é uma evolução do emoticon produzida por empresas que agregaram grande diversidade de imagens e significados. 

F

FIREWALL Sistema de segurança que filtra o fluxo de dados entre o computador ou a rede interna e a internet, e vice-versa. Seu principal objetivo é evitar invasões ou conexões suspeitas.

G

GEOLOCALIZAÇÃO Processo de localização geográfica por meio de dispositivos eletrônicos. Entre as ferramentas usadas estão o *GPS* (que permite a navegação por satélite), o *IP* (que possibilita rastrear equipamentos ligados à internet) e a *radiofrequência* (usada em redes sem fio).

H

HACKER Indivíduo que invade sistemas de computadores ou altera seu funcionamento. Não use o verbo hackear; prefira descrever a ação específica do hacker. Um hacker não é necessariamente um criminoso.

HACKTIVISMO Ato de alterar o funcionamento de computadores ou de invadir sistemas por motivações políticas ou sociais.

HASHTAG Combinação do sinal gráfico # seguido de uma palavra-chave ou frase, usada para localizar tópicos específicos em redes sociais.

Assim, *#olimpíada* indexa e localiza mensagens sobre os Jogos Olímpicos. O nome vem das palavras inglesas para o sinal # ("hash") e "tag".

HTML Sigla em inglês de "hypertext markup language", é a linguagem de construção de páginas que permitiu a criação da chamada ***web*** (World Wide Web, ou www). Lançada em 1991, está na quinta geração, *HTML5*, que incorpora avanços como o uso de recursos de vídeo, áudio, documentos interativos e processamento de gráficos 2D antes disponíveis apenas em outras ferramentas.

HTTP E HTTPS O primeiro, sigla em inglês de "hypertext transfer protocol", é o protocolo utilizado para a transferência de páginas HTML entre servidores e navegadores de web. Quando acompanhada da letra *S*, a sigla indica uma conexão segura entre o computador e o servidor. Está se tornando o padrão da internet.

I

ICANN Sigla em inglês de Internet Corporation for Assigned Names and Numbers, é uma organização privada sem fins lucrativos sediada nos Estados Unidos. Criada em 1998, é responsável pela gestão do Sistema de Nomes de Domínio (DNS) na internet, pela distribuição de endereços ***IP*** e de nomes de domínio e pela administração dos servidores ligados aos domínios genéricos (como .gov, .edu etc.).

INTERNET A palavra vem de "internetworking", isto é, rede capaz de conectar todas as outras redes. É exatamente o que define a internet: uma rede capaz de integrar qualquer outra rede, empregando quaisquer meios ou tecnologia (satélite, rádio, cabos coaxiais, fibras ópticas etc.) para transmitir qualquer tipo de conteúdo (texto, voz, imagem, sons, vídeos etc.).

Tem origem nas primeiras redes a realizarem a troca de pacotes de informação entre computadores, como a Arpanet, rede militar desenvolvida nos Estados Unidos nos anos 1960. Tornou-se comercial nos anos 1990. A internet em geral é referida também como a *rede*, o que é aceitável. **Não confundir com *web***, que é apenas uma parte da internet, aquela baseada na linguagem HTTP.

INTERNET DAS COISAS IoT, na sigla em inglês, expressão usada para definir eletrodomésticos, roupas, carros etc. capazes de se conectar à internet. Escreva internet das coisas sempre em minúscula.

INTRANET Rede que usa os mesmos protocolos da internet, mas só pode ser acessada em rede interna de uma empresa ou organização.

IP OU ENDEREÇO IP Sigla em inglês de "internet protocol", ou Protocolo de Internet, a sequência numérica que confere identificação única, como um CPF, a qualquer aparelho conectado a uma rede de computadores. Sem ele, não há comunicação.

J

JAVASCRIPT Linguagem de programação utilizada para criar elementos dinâmicos e interativos em páginas da web, como mudanças de cores e aberturas de janelas.

L

LEI CAROLINA DIECKMANN A lei 12.737/2012 tipifica e estabelece punições para crimes no ambiente digital. Entre os delitos previstos estão invasão de dispositivos alheios, interrupção ou perturbação de serviço informático e falsificação de documento ou cartões. A lei foi criada depois que um ***hacker*** invadiu o computador da atriz e divulgou fotos em que ela aparecia nua.

LICENÇA CREATIVE COMMONS Licenças de direitos autorais que pré-autorizam alguns usos de obras intelectuais por terceiros. Alguns conteúdos podem ser aproveitados pelo jornal.

Consulte as regras em https://creativecommons.org/licenses/?lang=pt_BR

M

MALWARE/PROGRAMAS MALICIOSOS Softwares que invadem dispositivos, causando danos ou comprometendo dados do usuário. Evite usar o termo, que é genérico; prefira especificar o tipo de programa. Alguns dos principais tipos são:

- *Vírus* – Desenvolvido para se autocopiar e atingir grande número de dispositivos. Uma vez instalado, pode afetar o aparelho, apagar ou roubar dados e permitir acesso não autorizado a terceiros;
- *Spyware* – Junção das palavras "spy" (*espião*, em inglês) e

"software", programa que coleta dados do usuário sem seu conhecimento ou consentimento e os envia para um agente externo;

- *Cavalo de Troia* ou *trojan* – Tipo de programa oculto em arquivos (de emails, músicas, em sites suspeitos etc.), normalmente instalado pelo próprio usuário, que abre o arquivo ou clica em um link acreditando tratar-se de material legítimo. Prefira o termo em português.

MARCO CIVIL DA INTERNET Considerado a Constituição da internet no Brasil, a lei nº 12.965/2014 define direitos e deveres de usuários, provedores de rede (em sua maioria empresas de telecomunicações) e provedores de conteúdo (sites e aplicativos), estabelece princípios e garantias e determina diretrizes de ação para o Estado.

Conheça os principais pontos:

- *Neutralidade de rede* – Impede que provedores tratem os dados de internet de forma diferenciada. Proíbe, por exemplo, a criação de planos que limitem o acesso do usuário a conteúdos específicos, assim como acordos entre operadoras e empresas para que seus dados trafeguem com maior velocidade;
- *Privacidade* – Proíbe que empresas compartilhem dados pessoais e comunicações do usuário sem sua autorização explícita;
- *Guarda de dados* – Obriga provedores de internet a guardar, sob total sigilo, os registros de conexão dos usuários pelo período de um ano. No caso dos prestadores de serviço online, como sites e redes sociais, os registros de acesso devem ser mantidos por seis meses;
- *Liberdade de expressão* – Dispõe que, à exceção de assuntos que violam alguma matéria penal, como pornografia infantil e ***racismo***, qualquer outro conteúdo de site só poderá ter sua remoção imposta por ordem judicial;
- *Responsabilidade de conteúdo* – Impede a responsabilização do provedor de conexão ou de serviço por conteúdos postados por seus usuários.

MINERAÇÃO DE DADOS Do inglês "data mining", é o processo de análise de grandes quantidades de dados em busca de padrões, relações e anomalias capazes de formar subconjuntos de informações relevantes. A mineração é feita por um software.

MOBILE Termo em inglês que designa dispositivos que podem ser transportados durante o uso, como telefones celulares, tablets, consoles de videogame e ***aparelhos vestíveis***.

Esses aparelhos se conectam a redes por meio de comunicação sem fio, como ondas de rádio, transmissões por satélite ou serviços de telecomunicações (como o Serviço Móvel Pessoal, conhecido como *telefonia celular* no Brasil). O termo não abrange laptops e notebooks.

MOEDAS VIRTUAIS Sistema de pagamento usado em transações na internet sem intermediação de bancos ou autoridades financeiras. Ao mencionar valores nessas ***moedas***, siga o padrão da **Folha** aplicado a moedas reais, com inicial minúscula. Atualmente, a mais usada é o bitcoin.

N

NFC Sigla em inglês de comunicação de campo próximo, é uma tecnologia que utiliza indução eletromagnética para comunicação automática sem fio entre dispositivos compatíveis. Exige toque ou grande aproximação entre aparelhos.

Usada principalmente para pagamentos, em sistemas nos quais se aproxima o celular de terminal para pagar uma compra.

NUVEM OU COMPUTAÇÃO EM NUVEM Do inglês "cloud computing", descreve o armazenamento ou o processamento de dados em servidores e programas hospedados em localidades físicas diferentes daquelas do usuário. Essa rede de servidores e computadores é interligada pela internet e acessada por qualquer dispositivo com conectividade.

O

OTT Sigla em inglês de "over-the-top content". Conteúdos multimídia (vídeos, áudios e mensagens) enviados ao consumidor diretamente pela internet, sem o envolvimento de provedores, como uma telefônica ou uma empresa de TV por assinatura.

Exemplos de serviços OTT são o Netflix, para vídeos, e o WhatsApp, para mensagens.

São os serviços prestados pelos chamados *provedores de aplicação*, de acordo com o ***Marco Civil da Internet***.

P

PAYWALL Muro de pagamento, em inglês. Restringe o acesso ao conteúdo de um site. O acesso é liberado mediante pagamento de assinatura ou preenchimento de cadastro. É chamado *poroso* quando permite o acesso a um certo número de textos antes de exigir pagamento ou cadastro.

PHISHING Com origem no termo inglês "fishing" (pesca), é um método usado para roubar informações pessoais em comunicação online. Criminosos se passam por empresas, instituições ou pessoas confiáveis para induzir a entrega de senhas ou a instalação de programas maliciosos.

PLUGIN Pequeno programa que se encaixa em outro maior, para permitir que este realize alguma função muito específica, por exemplo, exibir filme em formato flash.

PROTOCOLO Conjunto de regras e instruções que possibilita a comunicação e a transferência de dados entre dispositivos. Na internet são exemplos o *TCP/IP* (protocolo de comunicação de computadores em rede), o *HTTP* (protocolo para transferência de páginas HTML) e o *FTP* (protocolo de transferências de arquivos).

R

REALIDADE AUMENTADA E REALIDADE VIRTUAL Não confunda as duas expressões. *Realidade aumentada* é a sobreposição de objetos virtuais em ambientes reais. É o que ocorre em jogos de celular cujos personagens aparecem em meio ao cenário real visto pela tela. A *realidade virtual* cria ambientes nos quais o usuário tem a sensação de estar imerso. O recurso é usado em entretenimento, ciência, engenharia, design, treinamento profissional, jornalismo etc.

RESOLUÇÃO Indica a quantidade de *pixels* (o menor ponto de uma imagem digital). Quanto mais pixels, mais nítida a imagem. Uma resolução de 3.840 x 2.160 pixels (note que a palavra pixels é usada apenas após o segundo valor) significa que cada linha horizontal da tela é formada por 3.840 pontos, e cada linha vertical, por 2.160 pontos.

ROBÔ Em computação, tipo de software que executa tarefas automatizadas e geralmente repetitivas. O termo também se refere a computadores contaminados por programas maliciosos, que podem ser manipulados remotamente por criminosos. Não use o termo em inglês, "bot".

S

SEO Sigla em inglês de "search engine optimization", é uma estratégia para levar uma página eletrônica a ocupar as primeiras posições nos resultados das ferramentas de busca.

SMARTPHONE Celular que permite a instalação de aplicativos para a realização de diversas tarefas, em geral dotado de tela sensível ao toque e capaz de se conectar à internet. Não confundir com "feature phone", celular que traz alguns aplicativos, mas não tem flexibilidade para a instalação de novos recursos.

SOFTWARE LIVRE E SOFTWARE DE CÓDIGO ABERTO São softwares que podem ser usados, copiados, modificados e redistribuídos, gratuitamente ou não. Só são considerados *livres*, porém, programas que respeitem as diretrizes da Free Software Foundation (FSF), como o Linux. Programa de *código aberto* nem sempre segue estritamente todas as definições da entidade. Exemplo: o sistema operacional Android é código aberto porque pode ser modificado e redistribuído, mas não é necessariamente um software livre, uma vez que não atende a todas as diretrizes.

SPAM Qualquer tipo de comunicação eletrônica não desejada, especialmente mensagens comerciais enviadas a grande número de pessoas.

STREAMING Transmissão instantânea de dados multimídia (como vídeo, áudio e jogos) que dispensa download.

T

TAG O termo pode ser usado de duas formas: como palavra-chave utilizada para organizar e localizar conteúdo em um site ou computador, ou como marcação que contém instruções em linguagens de desenvolvimento, como HTML e XML. No primeiro caso, todas as notícias de um site com a tag *#olimpíada* podem ser exibidas juntas em uma só página. No segundo, um exemplo de tag em HTML é *
*, que insere uma quebra de linha.

3G, 4G E 5G Simplificação de terceira, quarta e quinta geração de padrões de comunicação de telefonia móvel, segundo as normas da União Internacional de Telecomunicações (UIT). A cada nova geração, melhoram a velocidade e o desempenho da conexão de internet móvel.

U

URL Sigla em inglês de "uniform resource locator", é o endereço único de cada um dos recursos disponíveis em uma rede de computadores, como uma página de ***web***.

V

VOIP Sigla em inglês de "voice over internet protocol", método para transmissão via internet de serviços de voz, análogos a chamadas telefônicas e recados de voz.

W

WEB OU WORLD WIDE WEB (WWW) Sistema criado por Timothy Berners-Lee em 1989, inicialmente para facilitar a troca de informações entre pesquisadores. **A web opera através da internet, mas não é sinônimo de *internet*.** Seu pilar é o *hipertexto*, ferramenta que liga diferentes páginas, criando um gigantesco emaranhado de documentos HTML –daí o termo *web* (*teia*, em inglês).

Nem todo servidor de internet fornece conteúdo ou está ligado ao sistema de páginas web. Exemplo: redes internas de empresas e aplicativos (***apps***) de smartphones.

WIDGETS Pequenos aplicativos que exibem informações na tela do celular ou computador e que servem de atalho para outros serviços.

WI-FI Nome comercial para os padrões IEEE 802.11x de *conexão sem fio*, que garantem comunicação de alta velocidade entre um dispositivo e outro e entre um dispositivo e a internet. A conexão é feita por ondas de rádio, nas faixas de frequências de 2,4 GHz e 5 GHz.

WIKI Website colaborativo que permite a usuários editar o conteúdo e a estrutura das páginas. Um exemplo é a Wikipédia.

TRÊS PODERES

O sistema político brasileiro segue a divisão tradicional dos regimes democráticos, enunciada no artigo 2º da Constituição Federal de 1988: "São Poderes da União, independentes e harmônicos entre si, o Legislativo, o Executivo e o Judiciário". Em linhas gerais, o primeiro elabora as leis, o segundo as executa e o terceiro fiscaliza seu cumprimento.

A separação da administração pública em três esferas autônomas, consagrada pelo barão de Montesquieu (1689-1755) em "O Espírito das Leis" (1748), tem a finalidade de impedir que um só indivíduo ou grupo exerça domínio absoluto sobre a sociedade.

Além disso, num sistema de freios e contrapesos, cada um dos Poderes dispõe de ferramentas para impedir o abuso dos outros –o Judiciário, por exemplo, pode declarar a inconstitucionalidade de lei aprovada pelo Legislativo, e este fiscaliza as contas do Executivo.

Essa antiga tripartição, porém, é insuficiente para enquadrar a complexidade dos Estados contemporâneos. No caso brasileiro, a própria Constituição, na parte dedicada aos três Poderes, reserva um quarto capítulo para as funções essenciais à Justiça –entre as quais destaca o Ministério Público, dotado de autonomia funcional e administrativa, a advocacia pública e privada e a Defensoria Pública.

Existem ainda instituições importantes que transitam entre Poderes. A Polícia Federal, por exemplo, pertence à estrutura do Executivo, mas cumpre determinações do Judiciário; os Tribunais de Contas assessoram o Legislativo, mas realizam julgamentos sobre questões administrativas.

Essa estrutura geral do sistema político se reproduz, com algumas variações, nos três níveis em que se divide a administração pública brasileira: a União, os 26 estados e o Distrito Federal e os 5.570 municípios.

PODER EXECUTIVO

O atual Poder Executivo começou a se delinear no fim da Idade Média, com o surgimento dos primeiros Estados absolutistas (Portugal, Espanha, Inglaterra, França, Áustria) e a instituição de burocracias militar (Exército nacional) e civil (destinada a recolher impostos e a executar obras públicas). Só no século 20, contudo, adquire a configuração que tem hoje, com a consolidação das democracias e a profissionalização das estruturas burocráticas.

PRESIDÊNCIA DA REPÚBLICA

No Brasil, o Poder Executivo é comandado pelo presidente da República, com o auxílio de seus ministros. O presidente é ***chefe de Estado*** (representante do país perante outros Estados) e ***de governo*** (responsável pela administração pública federal).

PRINCIPAIS ATRIBUIÇÕES DA PRESIDÊNCIA (art. 84 da Constituição)

- Nomear e exonerar ministros de Estado;
- Exercer a direção da administração federal;
- Propor leis e editar medidas provisórias;
- Sancionar, promulgar, vetar e fazer publicar leis;
- Organizar a administração federal, prover e extinguir cargos públicos;
- Enviar ao Congresso o projeto de lei de diretrizes orçamentárias e a proposta de Orçamento;
- Manter relações com Estados estrangeiros, estabelecer tratados, declarar guerra, celebrar a paz;
- Decretar estado de defesa e estado de sítio;
- Comandar as Forças Armadas;
- Nomear, após aprovação pelo Senado, os ministros do STF e dos tribunais superiores, bem como o presidente e os diretores do Banco Central, o procurador-geral da República e o advogado-geral da União.

Eleição

Os presidentes brasileiros são escolhidos por eleição direta desde 1894. Em dois momentos essa prática foi interrompida: de 1930 a 1945 (Era Vargas) e de 1964 a 1985 (ditadura militar, quando havia eleição indireta).

O primeiro Código Eleitoral do Brasil data de 1932, quando foi instaurada a Justiça Eleitoral, que passou a regular as eleições federais, estaduais e municipais, criando infraestrutura para organizar a votação, apurar os votos e proclamar os eleitos. Foram introduzidos nessa mesma época o voto secreto e o voto feminino, além do sistema de representação proporcional.

O voto é obrigatório para os brasileiros com idade entre 18 e 70 anos, exceto para os analfabetos. A Constituição de 1988 tornou-o facultativo para os maiores de 70 anos e para os que têm 16 e 17 anos.

Mandato

A duração do mandato do presidente, fixada em quatro anos pela Constituição de 1891, foi ampliada para cinco anos em 1946 e para seis anos em 1977. A Constituição de 1988 reduziu o período para cinco anos, e a emenda constitucional de revisão nº 5, de 1994, para quatro anos. Em 1997, nova emenda passou a permitir a reeleição no Executivo para um único período subsequente (sem restrições quanto ao número de mandatos intercalados).

Vice-presidente

Substitui o presidente quando há impedimento temporário (licença, doença ou férias) e assume o cargo em caso de afastamento definitivo (renúncia, morte ou ***impeachment***). Desde 1989, presidente e vice são eleitos em chapa conjunta.

Na história do Brasil, oito vices se tornaram presidentes: Floriano Peixoto (1891-1894), Nilo Peçanha (1909-1910), Delfim Moreira (1918-1919), Café Filho (1954-1955), João Goulart (1961-1964), José Sarney (1985-1990), Itamar Franco (1992-1995) e Michel Temer (que assumiu em 2016).

Linha sucessória

Em caso de impedimento temporário de presidente e vice, ou na hipótese de vacância dos dois cargos, serão chamados ao exercício da Presidência, nesta ordem:

- presidente da Câmara dos Deputados
- presidente do Senado Federal
- presidente do Supremo Tribunal Federal (STF)

Presidentes da Câmara assumiram efetivamente a Presidência em três ocasiões: Carlos Luz, em 1955, e Ranieri Mazzilli, em 1961 e 1964. Um presidente do Senado, Nereu Ramos, governou de 11 de novembro de 1955 a 31 de janeiro de 1956. Um presidente do STF, José Linhares, governou de 30 de outubro de 1945 a 31 de janeiro de 1946.

EXECUTIVOS ESTADUAIS

O Poder Executivo nos estados espelha o organograma federal, com o governador e as secretarias formando a administração direta.

PRINCIPAIS ATRIBUIÇÕES DO GOVERNADOR

- Elaborar e enviar projetos de lei à Assembleia Legislativa;
- Sancionar ou vetar matérias aprovadas pelo Legislativo;
- Editar decretos que regulamentam leis;
- Nomear secretários estaduais e dirigentes de órgãos do estado.

PRINCIPAIS ÁREAS DE COMPETÊNCIA DE ADMINISTRAÇÕES ESTADUAIS

- Segurança pública (polícias civil e militar, além do sistema penitenciário);
- Infraestrutura viária (rodovias estaduais, principalmente);
- Serviços de abastecimento de água e saneamento básico;
- Saúde (especialmente hospitais estaduais);

- Transporte intermunicipal (trem, metrô, ônibus etc., cujo financiamento costuma ser dividido com o governo federal);
- Escolas de ensino médio e universidades estaduais (em alguns casos, os estados dividem com as prefeituras a gestão do ensino fundamental);
- Licenciamentos ambientais (a depender do porte e do impacto do empreendimento, também podem ser de responsabilidade de municípios e da União)

EXECUTIVOS MUNICIPAIS

O prefeito dirige a administração municipal. Seus poderes são análogos aos do governador, mas circunscritos à esfera da cidade.

PRINCIPAIS ÁREAS DE COMPETÊNCIA DE GESTÕES MUNICIPAIS

- Planejamento urbano e usos do solo (incluindo definição de vocação de cada área da cidade: comercial, residencial ou mista);
- Sistema de transporte local e organização do tráfego;
- Centros de saúde e alguns hospitais;
- Creches e escolas de educação infantil (para crianças de 3 a 6 anos) e de ensino fundamental (de 6 a 15);
- Serviços de zeladoria, como coleta de lixo, iluminação pública, limpeza de parques e praças e pavimentação de vias;
- Guarda Municipal, que em geral tem como missão principal preservar o patrimônio público.

ORGANIZAÇÃO DA ADMINISTRAÇÃO PÚBLICA

A administração pública é o conjunto de entidades ou órgãos que compõem o Estado nos três Poderes (Legislativo, Executivo e Judiciário) e nas três esferas (federal, estadual e municipal). No Executivo, divide-se em direta e indireta. A *administração pública direta* abrange os órgãos internos da administração:

a Presidência e os ministérios (esfera federal), os governos estaduais e as respectivas secretarias, as prefeituras e as secretarias municipais.

A *indireta* é constituída por entidades estatais dotadas de personalidade jurídica e patrimônio próprios. Nela se incluem autarquias, empresas públicas, fundações e sociedades de economia mista.

Administração pública direta

Os *ministérios* integram o primeiro escalão do Executivo federal, subordinados apenas à Presidência. Em suas áreas de competência, devem fixar estratégias e prioridades na aplicação de verbas, além de desenvolver e fiscalizar programas com foco definido. Organizam os trabalhos das secretarias, autarquias, fundações e empresas públicas a eles vinculadas. Gozam de autonomia financeira e administrativa.

No plano federal, as *secretarias* podem ser tanto as subdivisões de um ministério (compartimentadas, por sua vez, em departamentos, diretorias, chefias etc.) como órgãos autônomos, com status ministerial ou não, que respondem diretamente à Presidência. Sua existência e seu status variam conforme o governo. Por exemplo, a Secretaria de Relações Institucionais, criada no governo Lula (2005) e cujo titular tinha prerrogativas de ministro, foi fundida em 2015 a outras duas para formar a Secretaria de Governo.

Nos níveis estadual e municipal, as secretarias integram o primeiro escalão do governo. Em algumas metrópoles, as *subprefeituras* (também chamadas de *prefeituras regionais* ou *centros administrativos regionais*) assumem atribuições da administração central, como fiscalização (de construções e de nível de ruído, entre outros tipos) e realização de trabalhos pontuais de zeladoria (manutenção de vias e limpeza urbana). Na cidade de São Paulo, em 2017, eram 32.

Administração pública indireta

Os órgãos e as entidades que constituem a administração pública indireta são tutelados e fiscalizados pelos ministérios e pelas secretarias estaduais ou municipais aos quais se vinculam. As categorias nem sempre são estanques; a Funai (Fundação Nacional do Índio), por exemplo, foi criada como fundação, mas com o passar dos anos se aproximou do modelo de funcionamento das autarquias.

▸ **Autarquias** – São pessoas jurídicas de direito público (ou seja, seguem o regime trabalhista do funcionalismo), dotadas de atribuições específicas para cumprir os fins fixados em lei. Só podem ser criadas ou extintas por lei.

Exemplos: Incra (Instituto Nacional de Colonização e Reforma Agrária), INSS (Instituto Nacional do Seguro Social), Inmetro (Instituto Nacional de Metrologia, Qualidade e Tecnologia), Iphan (Instituto do Patrimônio Histórico e Artístico Nacional), Cade (Conselho Administrativo de Defesa Econômica), Ibama (Instituto Brasileiro do Meio Ambiente e dos Recursos Naturais Renováveis), Detran (Departamento Estadual de Trânsito).

▸ **Fundações públicas** – São entidades de direito privado (com empregados submetidos ao regime da CLT, Consolidação das Leis do Trabalho), sem fins lucrativos, criadas por lei e regulamentadas por decreto para desenvolver atividades de interesse público, nas áreas de educação, saúde, cultura e pesquisa. Seu custeio é assegurado principalmente pelo poder público.

Exemplos: IBGE (Instituto Brasileiro de Geografia e Estatística), Ipea (Instituto de Pesquisa Econômica Aplicada), Funarte (Fundação Nacional de Artes), Capes (Coordenação de Aperfeiçoamento de Pessoal de Nível Superior), TMSP (Fundação Theatro Municipal de São Paulo).

▸ **Empresas públicas** – São entidades empresariais de direito privado financiadas e geridas exclusivamente pelo poder público. Dedicam-se à prestação de serviços ou à exploração de atividades econômicas. Só podem ser criadas ou extintas por lei.

Exemplos: Caixa Econômica Federal, Embrapa (Empresa Brasileira de Pesquisa Agropecuária), Infraero (Empresa Brasileira de Infraestrutura Aeroportuária), BNDES (Banco Nacional de Desenvolvimento Econômico e Social), SPUrbanismo (São Paulo Urbanismo).

▸ **Sociedades de economia mista** – São pessoas jurídicas de direito privado compostas de capital público e privado, que só podem assumir a forma de sociedades anônimas. O controle acionário é do poder público, que por isso nomeia a maior parte da diretoria. São criadas por lei para realizar atividades econômicas de interesse público. Tanto as sociedades de economia mista como as empresas públicas podem ser chamadas de ***estatais***.

Exemplos: Banco do Brasil, Petrobras, Sabesp (Companhia de Saneamento Básico do Estado de São Paulo), Prodam (Empresa de Tecnologia da Informação e Comunicação do Município de São Paulo), SPTrans (São Paulo Transporte), CET Rio (Companhia de Engenharia de Tráfego do Rio de Janeiro).

Agências reguladoras

Criadas por lei e consideradas *autarquias especiais*, normatizam e fiscalizam a prestação de serviços públicos pela iniciativa privada (como os de telecomunicações, os de energia elétrica e os planos de saúde). Gozam de autonomia financeira e gerencial, mas seus diretores são indicados pelo chefe do Executivo e precisam ser aprovados pelo Senado. Cabe às agências outorgar concessões e permissões, levantar dados de mercado, incentivar a concorrência e defender os direitos do consumidor.

Exemplos: Anatel (Agência Nacional de Telecomunicações), Ancine (Agência Nacional do Cinema), Aneel (Agência Nacional de Energia Elétrica), ANS (Agência Nacional de Saúde Suplementar, que fiscaliza os planos de saúde), Anvisa (Agência Nacional de Vigilância Sanitária), Anac (Agência Nacional da Aviação Civil), ANP (Agência Nacional do Petróleo, Gás Natural e Biocombustíveis), Artesp (Agência Reguladora de Serviços Públicos Delegados de Transporte do Estado de São Paulo), Arsesp (Agência Reguladora de Saneamento e Energia do Estado de São Paulo).

PODER LEGISLATIVO

Os Parlamentos têm origem nas assembleias medievais convocadas pelos reis, a partir do século 12, para aprovar a cobrança de tributos e a participação em guerras. No século 17, com a Revolução Gloriosa (Inglaterra), transformam-se em poder capaz de se contrapor ao Executivo. No século 19, seus integrantes começam a se organizar em partidos, e estes se tornam o principal elo entre o Legislativo e o Executivo.

No Brasil, o Poder Legislativo federal é exercido pelo Congresso Nacional, composto do Senado Federal e da Câmara dos Deputados. Entre suas funções estão a de legislar sobre as matérias de competência da União e a de fiscalizar a aplicação dos recursos públicos –neste último caso, com o auxílio do Tribunal de Contas da União (TCU).

O Senado representa os estados e o Distrito Federal, que elegem três senadores cada um, num total de 81, para mandatos de oito anos. A Câmara representa a população; os deputados federais são eleitos para mandatos de quatro anos, proporcionalmente ao número de habitantes das unidades federativas –cada uma elege no mínimo 8 e no máximo 70 parlamentares, num total de 513. A idade mínima para ser senador é 35 anos; para ser deputado federal, 21.

Nos estados, o órgão legislativo é a Assembleia Legislativa, composta de deputados estaduais eleitos para mandato de quatro anos, em quantidade proporcional à população e ao número de deputados federais, com mínimo de 24 e máximo de 94 para cada unidade federativa.

Nos municípios, a instância legislativa é a Câmara Municipal, formada por vereadores eleitos para mandato de quatro anos, também proporcionalmente à população, com mínimo de 9 e máximo de 55 vereadores.

ATRIBUIÇÕES DO LEGISLATIVO FEDERAL

CABE AO CONGRESSO – CÂMARA E SENADO EM SESSÃO CONJUNTA

(arts. 48 e 49 da Constituição)

- Votar vetos presidenciais, a LDO (Lei de Diretrizes Orçamentárias), o Plano Plurianual de Investimentos e o Orçamento Geral da União
- Dar posse ao presidente e ao vice-presidente da República
- Autorizar o presidente da República e o vice a deixar o país por período superior a 15 dias
- Aprovar e suspender o estado de defesa, a intervenção federal e o estado de sítio
- Julgar as contas da Presidência da República
- Deliberar sobre tratados, acordos ou atos internacionais que acarretem encargos ao patrimônio nacional
- Fixar a remuneração dos deputados federais, dos senadores, do presidente da República, do vice-presidente e dos ministros
- Autorizar referendo e convocar plebiscito
- Autorizar o presidente a declarar guerra, celebrar paz, permitir que forças estrangeiras entrem no país e que dele saiam forças brasileiras

CABE SOMENTE AO SENADO (art. 52 da Constituição)

- Processar e julgar o presidente da República, o vice, os ministros de Estado e do STF, o procurador-geral da República e o advogado-geral da União
- Aprovar, por voto secreto, a escolha de autoridades indicadas pela Presidência da República, como ministros dos tribunais superiores (exceto o TSE) e do TCU (apenas três dos nove), procurador-geral da República, membros do Conselho Nacional de Justiça e do Conselho Nacional do Ministério Público, presidente e diretores do Banco Central, embaixadores do Brasil no exterior e diretores de agências reguladoras
- Aprovar a exoneração do procurador-geral da República antes do término do seu mandato
- Autorizar operações financeiras de interesse da União, dos estados, do Distrito Federal e dos municípios
- Fixar limites da dívida pública da União, dos estados, do Distrito Federal e dos municípios

CABE SOMENTE À CÂMARA

(art. 51 da Constituição)

- Autorizar a instauração de processo contra o presidente, o vice-presidente e os ministros de Estado
- Cobrar as contas do Executivo federal quando não apresentadas ao Congresso no prazo de 60 dias depois da abertura da sessão legislativa

ORGANIZAÇÃO DO CONGRESSO

		SENADO FEDERAL	CÂMARA DOS DEPUTADOS
presidente	Nas duas Casas, são escolhidos por voto secreto para mandatos de dois anos, sem possibilidade de recondução na mesma legislatura. Só votam matérias em plenário em escrutínios secretos ou em caso de empate (também podem votar em processo de impeachment). Entre suas funções estão a de organizar a agenda de proposições, a de definir a pauta do dia e a de comandar as sessões	Terceiro na linha de sucessão da Presidência da República, também é o presidente do Congresso (sessão conjunta)	Substitui o presidente da República nos casos de impedimento ou vacância do vice e avalia pedidos de impeachment, entre outras atribuições
Mesa	Composta nas duas Casas de sete parlamentares (presidente, dois vices e quatro secretários), eleitos para mandato de dois anos. Para sessões conjuntas, o presidente do Senado convoca uma Mesa mista (quatro senadores e três deputados)	Cabe à Mesa conduzir os trabalhos legislativos. A burocracia administrativa (como a redação final de projetos aprovados no plenário) fica a cargo da Comissão Diretora, composta dos titulares da Mesa. Seus membros, exceto o presidente da Casa, podem integrar outras comissões	Chamada de Mesa Diretora, acumula a coordenação dos trabalhos legislativos e a dos serviços administrativos internos. Quem compõe a Mesa não pode integrar comissão nem liderança partidária
bloco	Agrupamento de partidos interessados em ganhar força pela atuação conjunta. Funciona como se fosse uma legenda, com líder próprio. A distribuição dos cargos na Mesa, das presidências e dos cargos em comissões é feita de forma proporcional à dimensão das bancadas dos partidos e dos blocos partidários	Cada bloco precisa ter no mínimo oito senadores (10% do total da Casa)	Cada bloco precisa ter no mínimo 16 deputados (3% do total da Casa)
líder	Eleito pela bancada (de seu partido ou de seu bloco), encaminha votações (orienta como cada um deve votar) nas comissões e no plenário. Também indica a composição das comissões	Não há representação partidária mínima para ocupar o cargo. Um senador que seja o único integrante de sua sigla na Casa pode se declarar líder	Partidos com menos de cinco deputados não têm líder, mas podem destacar um de seus integrantes para expressar a posição da legenda

ORGANIZAÇÃO DO CONGRESSO [continuação]

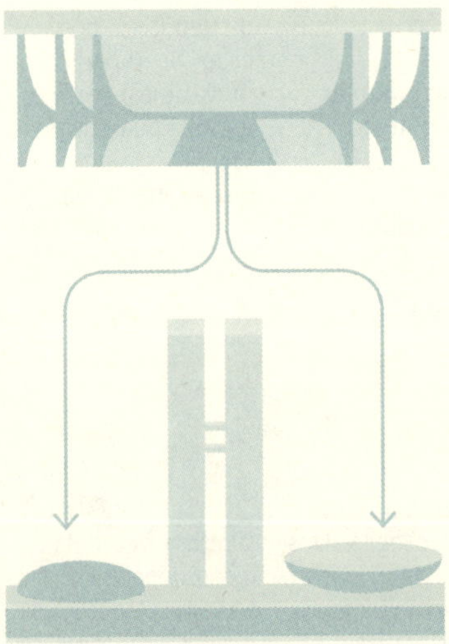

líder do governo
A Presidência da República pode indicar um deputado e um senador para exercer esse papel em cada uma das Casas e no Congresso. Dependendo do tamanho de sua coalizão, ele será o líder da maioria ou da minoria

maioria
Partido ou bloco parlamentar que tem o maior número de deputados ou de senadores

minoria
Maior partido ou bloco parlamentar que faça oposição à maioria

LEGISLATIVO FEDERAL

Comissões legislativas

A maioria dos ***projetos de lei*** precisa ser aprovada apenas pelas comissões designadas para sua análise. A proposição segue para o plenário se houver pareceres divergentes ou recurso apresentado por 51 deputados ou 9 senadores, no mínimo. Na Câmara, a aprovação pelas comissões chama-se *caráter conclusivo*; no Senado, *poder terminativo* (ou *decisão terminativa*).

Precisam ser analisadas pelo plenário as propostas que tramitam em regime de ***urgência***, as que versam sobre lei complementar ou código, as que derivam de iniciativa popular, as que tenham sido originadas, emendadas ou aprovadas no plenário da outra Casa ou as que tratem de direitos individuais, políticos e eleitorais.

As comissões se dividem em *permanentes*, que apreciam assuntos ou projetos de sua área de atuação (em 2016, eram 25 na Câmara e 13 no

Senado), e *temporárias*, criadas por prazo definido a fim de analisar determinado assunto. Sua composição é, tanto quanto possível, proporcional à dimensão dos partidos e dos blocos. Podem ser só de deputados, só de senadores ou mistas.

- ***Comissão permanente*** – Discute e vota propostas de leis. Na Câmara, renovam-se seus integrantes anualmente; no Senado, a cada dois anos. São exemplos a *Comissão de Constituição e Justiça* (CCJ), existente em ambas as Casas, a *Comissão de Assuntos Econômicos* (Senado) e a *Comissão de Direitos Humanos e Minorias* (Câmara).
- ***Comissão mista*** – Pode ser permanente, como a de Orçamento, ou temporária. Trata de propostas que devem ser apreciadas em sessão conjunta do Congresso ou emite parecer sobre temas votados separadamente pela Câmara e pelo Senado (caso de medidas provisórias).
- ***Comissão especial* (*Câmara*)** – Tipo de comissão temporária que analisa matérias específicas, como proposta de emenda à Constituição (PEC), projetos de código e projetos de lei que envolvam mais de três comissões temáticas. O Senado tem comissões temporárias, mas elas não são chamadas oficialmente de especiais.
- ***Comissão Parlamentar de Inquérito* (*CPI*)** – Pode ser da Câmara, do Senado ou mista. É criada a pedido de pelo menos um terço dos membros da Casa (171 deputados e/ou 27 senadores) para investigar determinado fato de interesse público, durante prazo definido. Tem poderes de investigação próprios das autoridades judiciais: convocar pessoas para depor, requisitar documentos, determinar diligências, decretar a quebra de sigilos bancário, fiscal e telefônico, entre outras medidas.

Tramitação

Medida Provisória (MP) – Editada pela Presidência da República, tem força de lei e vigora por até 120 dias (prazo de 60 dias, sendo possível uma prorrogação por igual período). Se não for aprovada, perde a validade.

Em tese, deve atender aos requisitos de relevância e urgência. MPs podem modificar leis ordinárias, mas não podem versar sobre temas reservados às complementares ou sobre assuntos listados no artigo 62, § 1º da Constituição.

Na tramitação, abre-se prazo para apresentação de emendas por qualquer deputado ou senador. Uma comissão mista aprova parecer a ser submetido aos plenários da Câmara e do Senado, em votações distintas.

Se a MP não for votada em até 45 dias contados da publicação, ela passa a trancar a pauta da Casa em que estiver tramitando, desde que já tenha saído da comissão mista. Se aprovada sem alterações, torna-se lei. Caso tenha sofrido mudanças, deve ser enviada à Presidência da República (como projeto de lei de conversão) para ***sanção*** ou ***veto***.

Projeto de lei – Pode ser apresentado por qualquer congressista, comissão da Câmara, do Senado ou do Congresso, bem como pela Presidência da República, pela Procuradoria-Geral da República, pelos tribunais superiores e pelos cidadãos (iniciativa popular).

Se proposto por senador, começa a tramitar no Senado. Nos demais casos, na Câmara. Aprovado na Câmara, é encaminhado para o Senado, e vice-versa; se for alterado, voltará à Casa de origem, que deliberará somente sobre as alterações efetuadas e terá a palavra final. Depois segue para sanção ou veto da Presidência da República.

- **Lei ordinária** – Trata da maior parte das normas jurídicas do país nas áreas penal, civil, tributária etc., regulando quase todas as matérias de competência da União. O projeto de lei ordinária é aprovado por ***maioria simples***. Não pode abordar tópicos reservados às leis complementares.
- **Lei complementar** – Trata de assuntos específicos determinados na Constituição, como organização administrativa de territórios, estados e municípios ou direitos sociais e políticos, entre outros. Precisa ser aprovada por ***maioria absoluta***. A votação no Senado ocorre em turno único e, na Câmara, em dois. Não há hierarquia entre lei complementar e lei ordinária.

Proposta de emenda à Constituição (PEC) – Altera a Constituição Federal, mas não pode violar as chamadas ***cláusulas pétreas***. Deve ser apresentada por no mínimo um terço dos deputados ou dos senadores, pela Presidência da República ou por mais da metade das Assembleias Legislativas.

Na Câmara, começa a tramitar na CCJ, que avalia sua admissibilidade. Antes de chegar ao plenário, deve passar pela análise de uma comissão especial. No Senado, a CCJ examina tanto a admissibilidade como o mérito da proposta, que, uma vez habilitada, vai a plenário. Concluída a tramitação na Casa de origem, a PEC é enviada à outra Casa. As votações se dão sempre em dois turnos, sendo exigido o apoio de pelo menos três quintos do total de membros da Casa para aprovação.

Se o texto for aprovado nas duas Casas sem alterações, as Mesas da Câmara e do Senado promulgam a emenda constitucional em sessão do Congresso (não segue para sanção ou veto presidencial). Se houver modificação substancial, a PEC voltará obrigatoriamente à Casa de origem. A alteração em uma Casa exige nova apreciação da outra, sucessivamente. Para evitar o vaivém, admite-se a promulgação fatiada, ou seja, somente de parte aprovada tanto por deputados como por senadores.

! **ENTENDA A HIERARQUIA DAS LEIS**

A Constituição se sobrepõe a todas as demais normas no Brasil (aquelas que contrariam a Constituição são inconstitucionais, não ilegais). No plano federal, as leis ordinárias, complementares e delegadas, as medidas provisórias e os decretos legislativos se impõem às demais normas, como portarias, circulares, decretos presidenciais e instruções normativas.
Normas estaduais e municipais não podem se contrapor à Constituição Federal nem à Constituição do respectivo estado. Municípios não têm Constituição –suas normas máximas são as leis orgânicas.
Quando há competência concorrente entre os entes da Federação, cabe à União fixar as regras gerais, que não podem ser contrariadas pelos estados e municípios.

Quórum

Número de parlamentares necessários para iniciar a sessão ou aprovar uma matéria. Leia na tabela a seguir os tipos de maioria exigidos de acordo com cada tipo de proposta:

ENTENDA AS MAIORIAS EXIGIDAS NAS VOTAÇÕES

	PROPORÇÃO	EXEMPLOS
	**maioria simples** Maioria dos votantes, desde que presente mais da metade dos membros da Casa	Projeto de lei ordinária, medida provisória
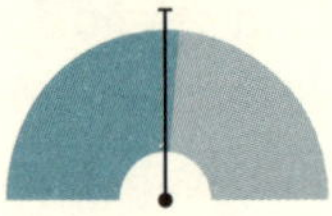	**maioria absoluta** Mais da metade do total de parlamentares; 41 senadores ou 257 deputados	Projeto de lei complementar, derrubada de veto, cassação de mandato parlamentar
	**três quintos** 49 senadores ou 308 deputados	Proposta de emenda à Constituição
	**dois terços** 54 senadores ou 342 deputados	Impeachment

LEGISLATIVOS ESTADUAIS

Na esfera estadual, as Assembleias Legislativas são *unicamerais*. Compete a seus membros, os deputados estaduais, propor, emendar e votar leis; instituir impostos e taxas estaduais, como ICMS (Imposto sobre a Circulação de Mercadorias e Serviços), IPVA (Imposto sobre a Propriedade de Veículos Automotores) e ITCMD (Imposto sobre Transmissão Causa Mortis e Doação); fiscalizar a administração e investigar eventuais ilícitos; julgar as contas do Executivo, com o auxílio do respectivo Tribunal de Contas do Estado (TCE) e participar da elaboração do Orçamento de sua unidade federativa.

Temas que podem ser objeto de leis estaduais são especificados nos artigos 23, 24 e 25 da Constituição Federal.

LEGISLATIVOS MUNICIPAIS

A Câmara Municipal, também *unicameral*, desempenha papel semelhante ao da Assembleia Legislativa. Seus integrantes, os vereadores, redigem e votam leis sobre assuntos de interesse local (artigo 30 da Constituição), como ocupação do solo urbano. Cabe aos vereadores assessorar o Executivo em matéria de orçamento e apreciar as contas da prefeitura (com auxílio do Tribunal de Contas do Município, se houver, ou do TCE). À Câmara compete ainda votar alíquotas para o IPTU, o ISS (Imposto sobre Serviços de Qualquer Natureza) e o ITBI (Imposto sobre Transmissão de Bens Imóveis), além de instituir taxas municipais.

VERBETES

A

ADMINISTRAÇÃO PÚBLICA Leia as seções sobre administração pública direta e indireta na pág. 370.

AGÊNCIAS REGULADORAS Leia a seção na pág. 372.

C

CARGO COMISSIONADO Também chamado de *cargo em comissão*, pode ser ocupado por pessoa sem concurso público, a critério do gestor. Leis específicas fixam condições e percentuais mínimos para preenchimento de cargos comissionados. Na administração federal, o decreto nº 5.497/2000 determina que sejam reservados a servidores de carreira (concursados) 75% dos cargos em comissão de nível mais baixo e 50% dos de nível intermediário.

Não confunda com função de confiança, que, embora de livre nomeação do gestor, só pode ser preenchida por servidor ocupante de cargo efetivo na administração pública.

CASSAÇÃO No caso de senadores e deputados federais, ocorre nas seguintes hipóteses: violação de proibição constitucional (artigo 54 da Constituição), quebra de ***decoro parlamentar***, ausência em um terço das sessões ordinárias, exceto em casos de licença ou missão autorizada, perda ou suspensão dos direitos políticos, determinação da Justiça Eleitoral ou condenação criminal em decisão definitiva. Quando depende de deliberação do plenário, é decidida por voto aberto.

CLÁUSULAS PÉTREAS Normas constitucionais que não podem ser alteradas (nem por proposta de emenda à Constituição Federal). São elas a forma federativa de Estado, o voto direto, secreto, universal e periódico, a separação dos Poderes, os direitos e as garantias individuais.

CONTINGENCIAMENTO Adiamento ou não execução de despesa programada.

CONVOCAÇÃO EXTRAORDINÁRIA O Congresso pode ser convocado para trabalhar durante o recesso pela Presidência da República, pelos presidentes da Câmara e do Senado ou por requerimento da maioria dos integrantes das duas Casas, em caso de urgência e de interesse público.

D

DECORO PARLAMENTAR Conjunto de princípios éticos e normas de conduta que orientam o comportamento do parlamentar e cujo descumprimento pode levar à perda do mandato.

Desde 1989, já houve cassações por excesso de faltas, aliciamento de colegas em troca de dinheiro, desvio de verbas do Orçamento, assassinato, extorsão, compra de votos em eleições, fraude em licitações públicas e improbidade administrativa, entre outros motivos.

DECRETO LEGISLATIVO Análogo a uma lei, regula assuntos de competência exclusiva do Congresso (artigo 49 da Constituição).

DESPESAS DE CUSTEIO Gastos necessários para a manutenção da atividade de órgãos públicos, como pagamento de pessoal, compra de material de consumo (papel, água, café etc.), despesas com energia e água e contratação de serviços de terceiros, entre outros.

DESTAQUE PARA VOTAÇÃO EM SEPARADO (DVS) Recurso usado para impedir que pontos polêmicos de um projeto travem toda a discussão. Com o DVS, as partes consensuais podem ser aprovadas, deixando para depois os temas ainda em debate.

DESVINCULAÇÃO DE RECEITAS DA UNIÃO (DRU) Mecanismo que permite ao governo federal aplicar livremente uma parte das receitas vinculadas por lei a uma rubrica específica, como saúde e educação.

DOTAÇÃO ORÇAMENTÁRIA Verba prevista como despesa e destinada a um fim específico em orçamentos públicos.

E

EXERCÍCIO FINANCEIRO Período que corresponde à execução orçamentária. No Brasil, coincide com o ano civil.

F

FUNDO DE PARTICIPAÇÃO DOS ESTADOS E DO DISTRITO FEDERAL (FPE)/ FUNDO DE PARTICIPAÇÃO DOS MUNICÍPIOS (FPM) Constituem uma das modalidades de transferência de recursos da União para estados, Distrito Federal e municípios. O *FPE* recebe 21,5% da arrecadação com Imposto de Renda e IPI (Imposto sobre Produtos Industrializados), e o *FPM*, 24,5%. O rateio dos fundos leva em conta população e renda per capita (a participação é maior para unidades com rendas mais baixas).

FUNDO PARTIDÁRIO O chamado Fundo Especial de Assistência Financeira aos Partidos Políticos é constituído pela arrecadação de multas eleitorais, recursos financeiros a ele destinados por lei, doações espontâneas privadas e dotações orçamentárias. Os recursos são distribuídos em 12 parcelas anuais, observadas as seguintes regras: 5% divididos igualmente entre todos os partidos registrados no TSE e 95% segundo a proporção das bancadas na Câmara dos Deputados.

I

IMPEACHMENT Deposição do cargo ou mandato em razão da prática de crime de responsabilidade. Podem sofrer processo de impeachment presidente da República, governador, prefeito, ministro de Estado, ministro do STF e procurador-geral da República, entre outros.

Os crimes que podem levar a essa pena estão definidos na lei 1.079, de 1950, que foi alterada em 2000 para atualização. Passaram a ser previstos entre os crimes de responsabilidade procedimentos considerados incompatíveis com a dignidade e a honra do cargo, atentados contra a lei orçamentária e intervenção no livre exercício dos Poderes, entre outros.

O julgamento cabe ao Legislativo. No caso do presidente da República, o processo e o julgamento dão-se no Senado, sob a direção do presidente do STF, após autorização de dois terços dos deputados federais (342).

O presidente é afastado temporariamente do cargo quando a maioria simples dos senadores decide instaurar o processo, e definitivamente quando dois terços (54) votam a favor do impeachment.

Segundo a Constituição, implica inabilitação por oito anos para o exercício de função pública, mas essa sanção não foi aplicada a Dilma Rousseff (PT).

Leia o verbete ***impeachment*** na pág. 223.

IMUNIDADE Deputados e senadores não podem ser processados por opiniões, palavras e votos dados no exercício do mandato e só podem ser presos em ***flagrante*** de crime inafiançável. Após a diplomação, têm ***foro especial*** no STF. Ações judiciais iniciadas contra ***congressistas*** podem ser suspensas por decisão da maioria absoluta da respectiva Casa.

INELEGIBILIDADE A inelegibilidade é o impedimento temporário de concorrer a cargo público. São inelegíveis os analfabetos, os estrangeiros e os que estão prestando serviço militar obrigatório, conforme a Constituição Federal. Outras hipóteses estão previstas na Lei de Inelegibilidade (lei complementar nº 64/1990), com modificações feitas pela Lei da Ficha Limpa (lei complementar nº 135/2010).

É vedada, por exemplo, a candidatura de políticos que tenham sido cassados ou que hajam renunciado para escapar de processos disciplinares, de gestores que tenham as contas rejeitadas por improbidade administrativa e, como regra geral, de pessoas condenadas em decisão irrecorrível (transitada em julgado) ou proferida por órgão colegiado.

Não confunda inelegibilidade com inabilitação, que impede o exercício de qualquer função pública.

L

LEGISLATURA Período de quatro anos que corresponde à duração do mandato de deputados federais, deputados estaduais e vereadores. O mandato do senador dura oito anos, ou seja, duas legislaturas. Cada legislatura é composta de quatro *sessões legislativas*, período de atividade normal do Congresso, que vai de 2 de fevereiro a 17 de julho e de 1º de agosto a 22 de dezembro de cada ano.

LEI DE RESPONSABILIDADE FISCAL Lei complementar sancionada em 2000 para disciplinar a administração das finanças públicas. Suas principais imposições são limites para a expansão dos gastos com pessoal nos três Poderes e para o endividamento dos estados e municípios.

LEIS ORÇAMENTÁRIAS Apresentadas como projeto pela Presidência da República para apreciação da Comissão Mista de Orçamento (CMO), composta de 31 deputados e 10 senadores. Esta recebe as ***emendas*** individuais, da comissão e das bancadas dos estados no Congresso. Aprovada na comissão, a proposta segue para votação no plenário do Congresso. São três as leis orçamentárias:

- *Plano Plurianual (PPA)* – Instrumento de planejamento quadrienal das ações federais. Deve ser enviado ao Congresso até 31 de agosto do primeiro ano do governo e corresponde ao período que vai do segundo ano da administração em curso até o primeiro ano do mandato seguinte;
- *Lei de Diretrizes Orçamentárias (LDO)* – Orienta a elaboração e a execução do Orçamento anual e trata de vários outros temas, como metas e prioridades para o ano seguinte, alterações tributárias, gastos com pessoal, transferências da União e superávit primário do governo federal. O projeto deve ser enviado ao Congresso até 15 de abril e aprovado até 17 de julho;
- *Lei Orçamentária Anual (LOA)* – Estima a arrecadação e projeta as despesas do governo para o ano seguinte, dando origem ao Orçamento Geral da União. O projeto de Lei Orçamentária Anual deve ser enviado ao Congresso até 31 de agosto, observando as prioridades contidas no PPA e as metas previstas na LDO. O Executivo pode conter gastos por meio de decretos de ***contingenciamento*** e, caso decida aumentar uma dotação ou destinar recursos para uma nova ação, precisa de autorização do Legislativo.

A lei orçamentária compreende o *orçamento fiscal* (previsão de receitas e fixação de despesas em geral), o *orçamento da Seguridade Social* (receitas e despesas relacionadas a saúde, assistência social e Previdência) e o *orçamento de investimento das estatais*.

A execução orçamentária ocorre em três estágios: *empenho* (criação da obrigação de pagamento), *liquidação* (reconhecimento da prestação do serviço) e *pagamento* (quitação do valor devido).

Em 2016, foi aprovada a PEC que limita à inflação do ano anterior o crescimento das despesas primárias da União por 20 anos, com possibilidade de revisão depois de dez anos.

LICITAÇÃO Procedimento administrativo para compras e contratação de serviços pelo setor público federal, estadual e municipal, incluindo entidades da ***administração indireta***. Regulada pela lei nº 8.666/1993, a licitação em tese estabelece critérios objetivos de seleção e estimula a competição, a fim de alcançar condições vantajosas para o poder público.

O procedimento não é exigido se a competição for inviável (quando há somente um fornecedor, por exemplo) e é dispensado em situações de emergência (como depois de desastre natural) e para contratos de pequeno valor (R$ 15 mil para obras e R$ 8.000 para compras e outros serviços), entre outras hipóteses. Há seis modalidades:

- *Concorrência* – Para quaisquer interessados, obrigatória em obras que custem acima de R$ 1,5 milhão e serviços que custem acima de R$ 650 mil;
- *Tomada de preços* – Para interessados previamente cadastrados; possível para obras de até R$ 1,5 milhão e serviços de até R$ 650 mil;
- *Convite* – Interessados são convidados, mas outros estão aptos a se apresentar; pode ser utilizado em obras que não superem R$ 150 mil e serviços que não passem de R$ 80 mil;
- *Concurso* – Para trabalho técnico, científico ou artístico;
- *Leilão* – Para interessados em adquirir bens e produtos;
- *Pregão* – Regulado pela lei nº 10.520/2002, serve para aquisição de bens e serviços comuns, cuja especificidade é facilmente reconhecida pelo mercado; sempre ocorre pelo menor preço.

O

OS E OSCIP Siglas de Organização Social e Organização da Sociedade Civil de Interesse Público. Ambas são entidades privadas, sem fins lucrativos, que atuam em colaboração com o poder público. Diferem quanto aos limites de atuação, ao tipo de vínculo com a administração e à composição de seus conselhos.

As *OSs* firmam contratos de gestão com os governos (são mais próximas do poder público) e podem atuar nos campos de ensino, cultura, saúde, pesquisa científica, desenvolvimento tecnológico e proteção ambiental.

As *Oscips* assinam termos de parceria (vínculo menor com o poder público) e têm autorização para se dedicar também a áreas como assistência social, conservação do patrimônio público e promoção da cidadania e da educação.

No Brasil, as duas são muito comuns nas esferas estadual e municipal. Exemplos de OSs: Santa Casa de Misericórdia de São Paulo, Orquestra Sinfônica do Estado de São Paulo e Museu do Futebol. Exemplos de Oscips: Sociedade dos Amigos da Cinemateca e Instituto Brasil Solidário.

P

PLEBISCITO E REFERENDO Mecanismos de consulta popular. Em ambos, a população vota diretamente para manifestar-se sobre determinado assunto. No *plebiscito*, a consulta ocorre antes de haver ato legislativo ou administrativo. No *referendo*, a votação ocorre para ratificar ou rejeitar uma norma.

PROJETO DE INICIATIVA POPULAR Projeto de lei apresentado à Câmara com a assinatura de no mínimo 1% do eleitorado nacional. As assinaturas precisam estar distribuídas por ao menos cinco unidades federativas e representar não menos do que 0,3% do eleitorado de cada uma.

Cada projeto deve versar sobre apenas um assunto e tem a mesma tramitação de outras proposições, mas não pode ser rejeitado por questões técnicas –se necessário, a CCJ é obrigada a adaptar o texto. A Lei da Ficha Limpa, por exemplo, nasceu de iniciativa popular.

Q

QUESTÃO DE ORDEM Solicitação de esclarecimento a respeito da forma de condução dos trabalhos, em geral devido a dúvidas de interpretação ou aplicação de lei ou regimento. Deve ser respondida pelo presidente da sessão.

R

RECESSO PARLAMENTAR Suspensão das atividades do Congresso nos períodos de 18 a 31 de julho e de 23 de dezembro a 1º de fevereiro, definida no artigo 57 da Constituição.

RENÚNCIA Ato unilateral do político. Independe de aprovação da Casa, mas só se torna efetiva e irretratável depois de ser lida no expediente e publicada. Quando um deputado renuncia, ele é substituído pelo suplente mais votado do seu partido ou coligação. No caso de senador, assume um de seus dois suplentes de chapa.

A renúncia de parlamentar submetido a processo que possa levar à perda de mandato tem seus efeitos suspensos até a conclusão do processo.

RESTOS A PAGAR Resultam de despesas comprometidas (empenhadas), mas não pagas até o encerramento do exercício financeiro (dia 31 de dezembro).

Constituem obrigações a pagar para o exercício seguinte. Referem-se tanto aos serviços reconhecidamente executados (processados) como aos apenas encomendados (não processados).

S

SANÇÃO OU VETO Projetos de lei aprovados pelo Congresso seguem para sanção ou veto da Presidência da República, que deve se dar em até 15 dias úteis –expirado esse prazo, ocorre sanção tácita.

Caso o Executivo considere a proposição inconstitucional ou contrária ao interesse público, pode vetá-la total ou parcialmente. O Congresso, em sessão conjunta e com votação aberta, pode derrubar o veto (necessário o voto da ***maioria absoluta*** dos deputados e dos senadores).

SIAFI Sistema Integrado de Administração Financeira. Implantado em 1987 pela Secretaria do Tesouro Nacional, centraliza os registros de todos os gastos efetuados pela administração direta federal (incluindo repasses para estados e municípios), permitindo seu acompanhamento quase em tempo real.

Alguns estados e municípios têm sistemas semelhantes ao Siafi, mas a maioria não cumpre a lei nº 131/2009, que determina a liberação de "informações pormenorizadas sobre a execução orçamentária e financeira, em meios eletrônicos de acesso público".

T

TRANCAMENTO DE PAUTA Suspensão temporária das deliberações em plenário. Pode ocorrer quando vence o prazo de votação de uma medida provisória ou em decorrência de projeto com urgência constitucional (solicitada pelo presidente da República).

U

URGÊNCIA Regime de tramitação que dispensa a maior parte dos prazos e das formalidades regimentais para acelerar a votação do projeto de lei. A urgência pode decorrer do conteúdo da proposição (em caso de declaração de guerra ou celebração de paz, por exemplo) ou de requerimento aprovado em plenário. Há, ainda, a chamada *urgência constitucional*, solicitada pela Presidência da República para proposições de sua autoria. Nessa hipótese, fixa-se prazo de votação de 45 dias para a Câmara e de mais 45 para o Senado, sob pena de o projeto trancar a pauta da Casa em que estiver tramitando.

V

VOTAÇÃO SECRETA Como regra, as votações no Congresso são abertas. Admite-se o voto secreto em eleições internas (salvo para formação de comissão de impeachment) e, no Senado, na aprovação ou rejeição de indicação de autoridades.

PODER JUDICIÁRIO

Cabe ao Poder Judiciário garantir os direitos individuais, coletivos e sociais, além de resolver conflitos entre pessoas físicas e jurídicas e entre estas e o Estado. Seus órgãos têm autonomia administrativa e financeira, mas as propostas orçamentárias dos tribunais devem ser elaboradas dentro de limites estipulados em conjunto com os demais Poderes.

O órgão máximo do Judiciário brasileiro é o STF. Abaixo dele, existem várias ramificações (*veja gráfico na pág. 391*). Há uma divisão entre Justiça especializada (que julga causas militares, eleitorais e trabalhistas) e Justiça comum (que julga as demais ações).

O Judiciário também se divide em federal e estadual, mas não municipal. Cerca de 75% das ações correm na Justiça estadual. A Justiça Federal cuida, entre outros, de processos relacionados a patrimônio federal, interesses indígenas, espaço aéreo, exploração do subsolo, crime contra o sistema financeiro, tráfico internacional de drogas e contrabando, além da maior parte das causas que envolvam a União, as autarquias e as empresas públicas federais.

Há, por fim, a divisão em instâncias. A maioria das ações começa na primeira instância, na qual um único juiz toma as decisões (exceto quando se trata do ***Tribunal do Júri***), mas há processos que devem ser propostos diretamente a um tribunal.

Na segunda instância estão os Tribunais de Justiça (TJs), os Tribunais Regionais Federais (TRFs), os Tribunais Regionais do Trabalho (TRTs) e os Tribunais Regionais Eleitorais (TREs), nos quais um colegiado de magistrados analisa principalmente os recursos judiciais das partes. Acima deles se encontram os tribunais superiores. Como, na prática, suas decisões às vezes podem ser revistas pelo Supremo Tribunal Federal, há quem diga que o Brasil tem quatro instâncias.

A JUSTIÇA NO BRASIL

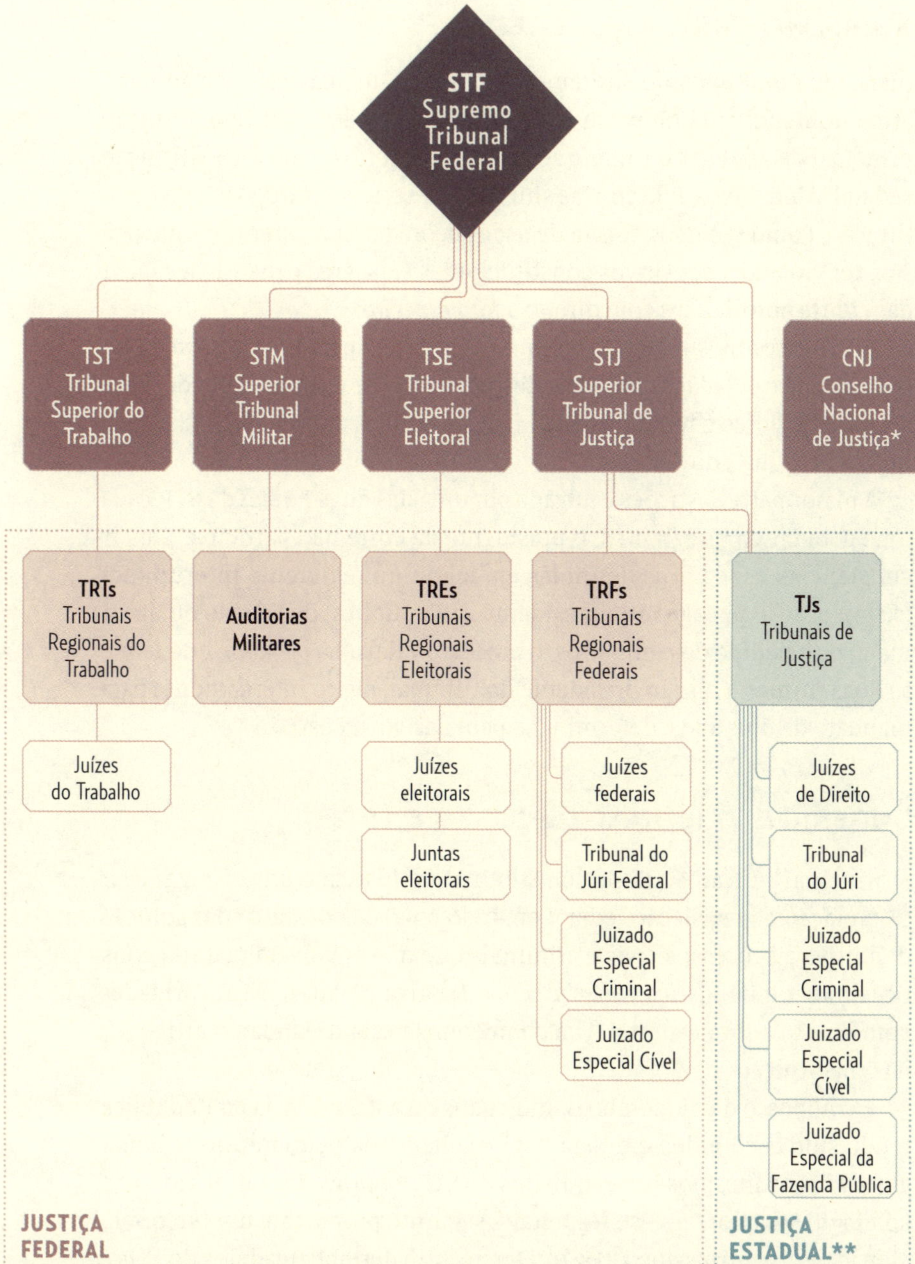

* O CNJ (Conselho Nacional de Justiça) é o órgão de planejamento e controle do Judiciário chefiado pelo presidente do STF.
** Os estados podem criar Tribunais de Justiça Militar e auditorias militares.

SUPREMO TRIBUNAL FEDERAL (STF)

Instalado em 1829 como Supremo Tribunal de Justiça, passou a adotar a atual nomenclatura (Supremo Tribunal Federal) em 1891. Tem a função principal de analisar normas que possam ter contrariado a Constituição Federal. Além disso, lida com as situações descritas no artigo 102 da Constituição, como recursos contra decisões de instâncias inferiores que possam ter violado dispositivos constitucionais e, na área penal, ações movidas contra autoridades com direito a ***foro especial***.

O STF é composto de 11 ministros, escolhidos pela Presidência da República entre cidadãos com mais de 35 e menos de 65 anos de idade, notável saber jurídico e reputação ilibada. Todos precisam ser aprovados pela maioria absoluta do Senado.

A maior parte das ações é julgada por uma das duas *turmas* do STF, cada uma com cinco integrantes; o presidente da corte não participa. Em circunstâncias específicas definidas em lei ou no regimento interno (por exemplo, ação penal contra presidente da República, do Senado ou da Câmara) ou a pedido dos ministros, o processo vai para o *plenário*, que reúne as duas turmas. Cabe ao presidente do tribunal, eleito internamente para mandato de dois anos, determinar a pauta de votações.

SUPERIOR TRIBUNAL DE JUSTIÇA (STJ)

A principal função do Superior Tribunal de Justiça é uniformizar a interpretação da legislação federal em todo o país. Pode ainda dar solução definitiva a processos civis e criminais que não envolvam matéria constitucional ou de Justiça especializada. Na área penal, julga autoridades com direito a foro especial. Sua competência está definida no artigo 105 da Constituição.

É composto de 33 membros, indicados pela Presidência da República, tendo sido escolhidos em lista tríplice elaborada pelo próprio tribunal, atendidos os mesmos pré-requisitos do STF, e aprovados por maioria absoluta do Senado. Deve-se respeitar a seguinte proporção: um terço selecionado entre juízes dos TRFs, um terço entre desembargadores dos TJs e um terço entre advogados e membros do Ministério Público.

A corte divide-se em três seções especializadas (direito público, privado e penal), cada qual com duas turmas de cinco ministros cada uma, responsáveis por julgar a maior parte dos processos. Casos específicos, como ação penal contra governador, são levados à Corte Especial, formada pelos 15 ministros mais antigos do tribunal. O plenário tem funções administrativas.

STM, TSE, TST

O Superior Tribunal Militar (STM), o Tribunal Superior Eleitoral (TSE) e o Tribunal Superior do Trabalho (TST) completam a lista dos tribunais superiores. Os nomes indicam a área de competência de cada um.

Os 15 ministros (5 civis e 10 militares) do STM e os 27 do TST são escolhidos pela Presidência da República de acordo com regras estabelecidas pela Constituição e aprovados pelo Senado. Dos 7 ministros do TSE, 3 são eleitos entre os membros do STF, 2 entre os integrantes do STJ e 2 são nomeados pela Presidência, após sugestão de seis nomes pelo STF (os ministros não se desincompatibilizam do tribunal de origem).

PRINCÍPIOS JURÍDICOS

Conhecer em linhas gerais os princípios jurídicos que ordenam o país é condição prévia para o exercício da cidadania. O jornalista deve conhecer esses fundamentos, especialmente os que dizem respeito à sua área de atuação. Os verbetes a seguir resumem alguns princípios e garantias e trazem algumas definições úteis. Na dúvida, consulte um especialista.

VERBETES

A

ABORTO Em termos médicos, aborto é a interrupção (voluntária ou não) da gravidez até a 20ª semana de gestação, de acordo com a Organização Mundial da Saúde. Após esse período, trata-se de *parto prematuro*, voluntário ou não.

Do ponto de vista jurídico, o *aborto voluntário* é ***crime*** no Brasil desde a concepção até o nascimento. A gestante é considerada responsável se provocar ou permitir a interrupção da gravidez, mas não se o aborto ocorrer sem seu consentimento (nesse caso, ela é vítima). Quem pratica o aborto, com ou sem consentimento da gestante, também é responsável.

O Código Penal não define como crime o aborto necessário para salvar a vida da gestante ou no caso de gravidez resultante de estupro. Desde 2012, por decisão do STF, também se permite a interrupção da gravidez de feto anencéfalo.

AÇÃO Pode ser usada como sinônimo de *processo*.

AÇÃO CAUTELAR Leia o verbete ***liminar*** na pág. 406.

AÇÃO DIRETA DE INCONSTITUCIONALIDADE/AÇÃO DECLARATÓRIA DE CONSTITUCIONALIDADE Conhecidas como ADI (ou Adin) e ADC, abrem exceções à regra de que a Justiça só se pronuncia sobre casos concretos.

Por meio dessas ações, o STF julga uma norma em teoria, mesmo que ela não tenha causado nenhum dano, e diz se é constitucional, ou seja, se não viola regras da Constituição. Dirigem-se a uma lei na íntegra ou a partes dela. Só podem ser propostas pelas pessoas e instituições citadas no artigo 103 da Constituição.

Em 2015, por exemplo, o STF, ao finalizar julgamento de ADI proposta pela Ordem dos Advogados do Brasil (OAB), considerou inconstitucionais alguns artigos da Lei das Eleições e da Lei dos Partidos Políticos, tornando ilegal a doação de empresas a campanhas eleitorais.

ACÓRDÃO Decisão tomada por colegiado de magistrados em determinado tribunal. Informe se ao menos uma das partes poderá recorrer da decisão. Não confunda com ***sentença***, ***parecer*** ou ***despacho***. Na dúvida, escreva decisão.

ACORDO DE LENIÊNCIA Acordo celebrado entre a União e pessoas físicas ou jurídicas que tenham cometido infração contra a ordem econômica ou administrativa. O autor da infração colabora com os investigadores e apresenta provas inéditas e suficientes para a punição dos demais envolvidos. Tem, como contrapartida, a extinção do procedimento administrativo ou a redução da pena, mas não afeta eventual processo criminal.

O acordo de leniência não afasta a obrigação de reparar o dano causado. Nos casos de abuso de poder econômico, se o acordo for cumprido, extingue-se a punibilidade dos crimes. Nos casos de corrupção, isso não ocorre. Não confunda com ***delação premiada***.

ADVOCACIA-GERAL DA UNIÃO (AGU) Defende os interesses da União, de suas ***autarquias*** e ***fundações públicas***, tanto no âmbito judicial como no extrajudicial. Também cuida do assessoramento jurídico do Executivo.

Integram a carreira os *advogados da União*, que representam os interesses jurídicos da administração direta, os *procuradores federais* (não confunda com procuradores da República, integrantes da carreira do ***Ministério Público Federal***), que respondem pelos órgãos da administração pública indireta (autarquias e fundações), os *procuradores da Fazenda Nacional*, com competência restrita à matéria tributária, e os *procuradores do Banco Central*. Estados e alguns municípios têm procuradorias próprias que desempenham função equivalente à da AGU.

ADVOGADO Nem todo bacharel em direito é advogado ou doutor. O advogado é formado em direito e habilitado pela OAB. Doutor é quem defendeu e teve aprovada tese de doutoramento. O termo ***jurista*** é reservado a quem tenha obra jurídica própria com importância reconhecida e algum grau de originalidade.

No Brasil, uma pessoa só pode ter acesso ao Judiciário por meio de um advogado. Há exceções nos ***juizados especiais***, na primeira instância da Justiça do Trabalho e nos ***habeas corpus*** em questões penais.

ADVOGADO DATIVO Advogado que se voluntaria ou é nomeado

pela Justiça para defender quem não tem recursos. Comum em pequenas comarcas em que não há ***defensor público*** disponível.

ÁLIBI Prova de que o acusado estava em lugar diferente daquele em que o crime foi cometido.

"AMICUS CURIAE" Expressão latina que significa *amigo da corte* (o plural é "amici curiae"). Trata-se de terceiro que intervém num processo, por iniciativa própria ou convocação judicial, a fim de trazer informações relevantes e ampliar o debate. Deve ser uma entidade dotada de representatividade social e que tenha conhecimento sobre o tema em questão.

ANISTIA Na área penal, equivale a um esquecimento de determinado ato criminal. Eventuais condenações tornam-se nulas. O benefício tem caráter coletivo e só pode ser concedido por lei federal.

O exemplo mais conhecido no Brasil é o da Lei da Anistia, de 1979, que trata principalmente de crimes políticos (ou conexos com estes) e eleitorais cometidos de 1961 a 1979, abrangendo parte do período da ditadura militar.

Raciocínio análogo se aplica às anistias eleitorais e tributárias (neste último caso, a lei pode ser federal, estadual ou municipal, conforme o tributo).

Leia o verbete ***indulto*** na pág. 404.

ASSÉDIO SEXUAL Crime que ocorre quando alguém usa posição hierárquica ou de ascendência decorrente de emprego, cargo ou função para constranger alguém a fim de obter vantagem ou favorecimento sexual. O *assédio moral* (exposição de trabalhadores a situações humilhantes) não é regulado por lei criminal no Brasil.

C

CALÚNIA/DIFAMAÇÃO/INJÚRIA São crimes contra a honra. *Caluniar* é atribuir falsamente a alguém fato definido como crime. *Difamar* é imputar fato ofensivo à reputação de alguém. *Injuriar* é ofender a dignidade ou o decoro de alguém.

Assim, acusar falsamente um funcionário público de ter recebido propina constitui calúnia, pois corrupção é crime. Se alguém chama esse funcionário de corrupto, contudo, há injúria, pois está sendo atribuída uma pecha, e não um fato definido como crime. A difamação ocorreria se alguém dissesse que o funcionário se prostituiu, pois se está atribuindo um fato que não é definido como crime.

É necessário provar que o ofensor tinha a intenção ou assumiu o risco de ofender, por um lado, e que a vítima se sentiu ofendida, por outro.

Informar à polícia, ao Ministério Público ou ao Judiciário a existência de um crime que se sabe falso ou imputar a autoria de um crime a alguém que se sabe inocente é *denunciação caluniosa*, um crime diferente da calúnia.

Quando existe ofensa à dignidade ou ao decoro pelo uso de elementos de nacionalidade, raça, cor, religião ou etnia da vítima, o crime é agravado pelo conteúdo racial, mas não se torna ***racismo***.

CARTA PRECATÓRIA Documento em que um magistrado pede a outro diligências processuais (ouvir testemunhas, obter provas) fora da comarca em que tramita o processo. Não há hierarquia entre esses juízes. Quando o pedido é feito a magistrado de outro país, o documento chama-se *carta rogatória*. Não confundir com ***precatório***.

CITAÇÃO Termo usado quando a Justiça informa o réu de que há um processo contra ele e que ele pode se defender, se quiser. Não confunda com ***intimação***.

CÓDIGO Conjunto ordenado de normas ou preceitos que regula determinada área do direito (não necessariamente reúne todas as leis sobre a área em questão). No *Código Penal*, por exemplo, trata-se das regras sobre o direito criminal; no *Código Civil*, das relações entre as pessoas; no *Código de Defesa do Consumidor*, dos direitos do consumidor, e assim por diante. Há também o *Código de Processo Penal* e o *Código de Processo Civil*, que reúnem regras específicas sobre o processo judicial nessas duas áreas (definem, por exemplo, os prazos de uma ação e a forma como devem agir as partes).

COMARCA Divisão geográfica da Justiça estadual (a Justiça Federal se divide em *seções*). Um juiz só pode julgar causas da comarca pela qual é responsável. Pode haver mais de um fórum em uma comarca.

CONFISSÃO Ocorre quando o suspeito assume a autoria do delito. Discuta com seu superior o uso de *réu confesso* no lugar de *suspeito*, mas leve em conta que a confissão pode ser falsa ou ter sido feita ou obtida de modo ilegal. Se houver motivo para desconfiança, informe a quem foi feita a confissão.

CONTRAVENÇÃO E CRIME A lei distingue dois tipos de delito. As contravenções (por exemplo, jogo do bicho, perturbação do sossego e deixar em liberdade animal perigoso) são menos graves do que os crimes e são punidas de forma menos severa. Quando um delito deixa de ser crime e passa a ser contravenção, o ato foi descriminalizado, mas não deixou de ser ilegal. Quando um crime ou uma contravenção deixam de ser delitos, dizemos que o ato foi legalizado.

CORPO DE DELITO Conjunto de vestígios deixados após uma ação criminosa. Não confunda com *exame de corpo de delito*, que é a perícia feita nos vestígios.

CRIME HEDIONDO Crime que a lei considera especialmente grave, como *homicídio qualificado* (quando cometido por motivo fútil ou com emprego de meios cruéis, por exemplo), ***latrocínio***, ***estupro*** e ***extorsão*** *mediante sequestro*. O suspeito é tratado com maior severidade durante o processo e, se condenado, após a decisão. Como a lista de crimes hediondos e de benefícios negados ao suspeito tem mudado ao longo dos anos, consulte sempre a lei nº 8.072/90.

CRIMES Ao cobrir crimes, lembre-se de que, até a condenação em caráter definitivo pela Justiça (ou seja, sem que haja possibilidade de recursos), a pessoa deve ser tratada como *suspeita, acusada, ré* ou *condenada em determinada instância*.

Veja a seguir as etapas da investigação ou processo e os termos corretos para cada uma delas e leia o verbete ***crimes*** na pág. 88:

- *Suspeito* – Termo genérico que pode ser usado desde antes do indiciamento até que o caso esteja definitivamente encerrado. Após condenação ou absolvição, não cabe mais usar *suspeito*;
- *Indiciamento* – Ato do delegado de polícia a partir do qual alguém passa a ser tratado oficialmente como suspeito de um crime no inquérito policial. Não pressupõe a culpa do indiciado, que só pode ser determinada

pela Justiça ao fim do processo penal. Use a forma Fulano foi indiciado sob a suspeita de homicídio, e não Fulano foi indiciado por homicídio;

- *Denúncia/acusação* – A denúncia é uma acusação formal apresentada pelo Ministério Público à Justiça. Nesse caso, em que denunciar e acusar são sinônimos, seja redundante: Fulano foi denunciado sob a acusação de furto ou Fulano foi acusado judicialmente de furto, e não Fulano foi denunciado por furto. A denúncia não pressupõe a culpa do acusado nem implica necessariamente abertura de ação penal (processo judicial);
- *Processo* – Em casos criminais, começa somente se o magistrado aceita a denúncia do Ministério Público ou a de uma vítima. Somente a partir dessa etapa o acusado se torna *réu*. Nesse caso, use a fórmula Fulano está sendo processado sob a acusação de estelionato. A Justiça (ou o magistrado) não acusa nem denuncia o réu e tampouco conduz a investigação do caso. O réu é acusado pelo Ministério Público;
- *Julgamento* – Ao noticiar decisão judicial, registre sempre se cabe ***recurso*** e se ele tem efeito suspensivo (suspende os efeitos práticos da decisão até que haja outra, de instância superior). Só quando houver decisão definitiva, ou ***trânsito em julgado***, o suspeito poderá ser considerado culpado. Antes disso, se for o caso, escreva Fulano foi condenado em tal instância por tal crime.

CRIMES CONTRA A ADMINISTRAÇÃO PÚBLICA Conheça os principais praticados por servidores públicos:

- *Concussão* – Exigir vantagem indevida;
- *Corrupção passiva* – Solicitar ou receber vantagem indevida ou aceitar promessa de tal vantagem;
- *Crime de responsabilidade* – Cometer infração político-administrativa que pode levar à perda do cargo, à inabilitação para o exercício de cargo público e à inelegibilidade para cargo político. Pode ser cometido por pessoas no primeiro escalão do Executivo (presidente, vice, governador, prefeito, ministros e secretários), legisladores (senador, deputado federal e estadual, vereador), membros do STF, do Conselho Nacional de Justiça, do Conselho Nacional do Ministério Público, pelo

procurador-geral da República e pelo advogado-geral da União;

- *Peculato* – Valer-se do cargo para apropriar-se de dinheiro, valor ou qualquer outro bem móvel, ou subtraí-los ou desviá-los em proveito próprio ou alheio;
- *Prevaricação* – Deixar de cumprir a função ou contrariar disposição expressa em lei com vista a satisfazer interesse ou sentimento pessoal.

Leia o verbete ***improbidade administrativa*** na pág. 404.

Praticados por particulares:

- *Corrupção ativa* – Oferecer ou prometer vantagem indevida a servidor público em troca de algum favor ou benefício;
- *Desacato* – Desrespeitar servidor público no exercício da função ou em razão dela;
- *Desobediência* – Desobedecer a ordem legal dada por servidor público;
- *Resistência* – Resistir à execução de ato legal, mediante violência ou ameaça a servidor público ou a quem o esteja auxiliando;
- *Tráfico de influência* – Solicitar, exigir, cobrar ou obter vantagem ou promessa de vantagem a pretexto de influir em ato praticado por servidor público no exercício da função.

D

DECISÃO INTERLOCUTÓRIA Decisão do magistrado que não põe fim ao processo, como a autorização para quebrar sigilo bancário ou a decretação de prisão preventiva. Não confunda com ***sentença*** nem use ***despacho*** como sinônimo. Escreva apenas decisão.

DEFENSORIA PÚBLICA Instituição pública que, de forma gratuita, presta orientação jurídica e defende quem não pode pagar por esses serviços. Divide-se em *Defensoria Pública da União*, *Defensoria Pública do Distrito Federal* e *Defensorias Públicas dos Estados*. O órgão tem autonomia funcional e administrativa, e seus membros são servidores de carreira.

DELAÇÃO PREMIADA Chamada de *colaboração premiada* na lei nº 12.850/13, é o instrumento que permite a um investigado, acusado ou condenado pela Justiça fazer um acordo com a polícia ou o Ministério Público. O objetivo é conseguir redução da pena ou até perdão, em troca da revelação de fatos inéditos de crimes cometidos por ele mesmo e por terceiros. O conteúdo da delação precisa ser comprovado por outros meios; se o colaborador mentir, seus benefícios serão anulados. A iniciativa de delatar tem de partir espontaneamente do réu.

DESPACHO Ato de magistrado que não envolve decisão sobre controvérsias processuais. São pronunciamentos de caráter administrativo, para que a ação siga seu curso (por exemplo, a ordem para citar um réu ou juntar documentos). Não confunda com ***decisão***, ***sentença***, ***parecer*** ou ***acórdão***.

DIREITO DE RESPOSTA Leia o verbete ***direito de resposta*** na pág. 92.

DOLO E CULPA Um crime é *doloso* quando é intencional (chamado de dolo direto; pronuncia-se *dólo*) ou quando o autor assumiu o risco de produzir o resultado (dolo eventual); será *culposo* se for involuntário, mas o autor tiver produzido o resultado por imprudência, negligência ou imperícia –seja por não tê-lo previsto, seja por ter considerado que conseguiria evitá-lo.

Há situações em que não há dolo nem culpa. Isso se dá quando a pessoa não provocou nem poderia ter evitado o resultado. Existem os chamados *excludentes de ilicitude* –circunstância excepcional que retira o caráter ilícito de conduta tipificada como criminosa, como a ***legítima defesa***, o estado de necessidade, o estrito cumprimento do dever legal e o exercício regular de uma profissão.

E

ESTUPRO Até 2009, tratava-se da prática de sexo vaginal (conjunção carnal) forçado contra mulher. A partir da lei nº 12.015/09, o crime passou a abranger qualquer violência sexual sofrida por homens e mulheres. Pode ser cometido por homens e mulheres. Em textos noticiosos sobre estupros, procure relatar qual ato de violência sexual foi praticado, mas sem descrever detalhes que possam provocar constrangimentos ou prejuízos morais à vítima –cuja identidade, como regra, deve ser preservada.

F

FORO ESPECIAL O foro especial por prerrogativa de função é o instituto que garante a ocupantes de certos cargos públicos um julgamento por órgão colegiado (STF, STJ, TJ etc.). São o tipo de delito e o cargo da pessoa processada que definem a entidade que será responsável pelo processo. Em texto noticioso, não use a expressão foro privilegiado, a não ser ao reproduzir declarações literais.

A Constituição de cada estado determina se deputados estaduais e vereadores têm foro especial. Em São Paulo, os deputados estaduais são julgados pelo TJ nas infrações penais comuns, e os vereadores não têm foro especial. No primeiro semestre de 2017, o STF e o Congresso discutiam rever o instituto.

Veja na tabela da próxima página os principais casos de foro especial.

FÓRUM Local físico onde atuam os juízes de primeira instância.

FURTO/ROUBO/LATROCÍNIO/EXTORSÃO Todos são crimes contra o patrimônio.

Furto é apoderar-se de coisa alheia móvel, sem uso de violência ou grave ameaça contra a pessoa (pode existir outro tipo de violência, como num arrombamento).

O *roubo* envolve grave ameaça ou emprego de violência contra a pessoa. Não é sinônimo de furto, e o valor ou o tipo de objeto subtraído não transforma furto em roubo. *Latrocínio* é o roubo seguido ou precedido de morte. *Extorsão* se assemelha ao roubo, mas é preciso que a vítima, mediante violência ou grave ameaça, seja constrangida a ajudar o criminoso (por exemplo, digitando a senha no caixa eletrônico ou abrindo um cofre).

Leia o verbete ***sequestro*** na pág. 416.

H

HABEAS CORPUS Medida judicial utilizada para proteger o direito de liberdade de locomoção lesado ou ameaçado por ilegalidade ou abuso de poder. Aplicável, por exemplo, em casos de prisão ilegal e ação penal instaurada sem justa causa, ou para libertar condenado que continue preso depois de ter cumprido sua pena. Qualquer pessoa pode impetrar habeas corpus em favor de alguém, independentemente de advogado.

I

IMPETRAR O verbo significa *pedir*. Pode ser usado para habeas corpus, **mandado de segurança** ou mandado de injunção. O advogado

FORO ESPECIAL

CARGO	INFRAÇÕES PENAIS COMUNS	CRIMES DE RESPONSABILIDADE
Presidente da República	STF	Senado Federal
Vice-presidente da República	STF	Senado Federal
Ministros do STF	STF	Senado Federal
Procurador-geral da União	STF	Senado Federal
Advogado-geral da União	STF	Senado Federal
Membros do CNJ e do CNMP*		Senado Federal
Senadores	STF	STF
Deputados	STF	STF
Ministros de Estado (exceto quando o crime é conexo com o crime cometido pelo presidente da República ou seu vice)	STF	STF
Comandantes das três Forças Armadas (exceto quando o crime é conexo com o crime cometido pelo presidente da República ou seu vice)	STF	STF
Ministros do STJ, TST, TSE e STM	STF	STF
Ministros do TCU	STF	STF
Chefes de missões diplomáticas permanentes	STF	STF
Governadores	STJ	Assembleias estaduais
Desembargadores	STJ	STJ
Membros dos TCEs e TCDF	STJ	STJ
Juízes dos TRFs, TREs e TSTs	STJ	STJ
Membros dos TCMs	STJ	STJ
Membros do MPU que oficiem perante os tribunais cujos membros são julgados pelo STJ	STJ	STJ
Juízes federais de primeira instância	TRFs	TRFs
Juízes trabalhistas de primeira instância	TRFs	TRFs
Membros do MPU	TRFs	TRFs
Prefeitos	TJs	TJs
Juízes de direito	TJs	TJs
Membros do MPE	TJs	TJs

* Nos crimes comuns, os membros do CNM têm foro especial somente de acordo com sua função original.

impetrou habeas corpus em favor de seu cliente. É incorreto dizer que uma ação judicial ou um recurso foram impetrados.

IMPROBIDADE ADMINISTRATIVA Ato ilegal praticado por agente público que resulta em enriquecimento ilícito, dano ao erário ou violação de princípios da administração pública. Também se aplica a quem induz ou concorre para a prática do ato de improbidade ou dele se beneficia, mesmo que não seja agente público.

É julgado na esfera cível, independentemente de processos penais (como aqueles pelos crimes de corrupção e peculato). Entre as penas cabíveis estão perda da função, pagamento de multa e suspensão dos direitos políticos por até dez anos, além de ressarcimento integral do dano.

IMPUGNAR Significa contestar ou apontar irregularidades em uma ação. Quando se diz que uma candidatura foi impugnada, não quer dizer que foi indeferida, mas que o Ministério Público apontou irregularidades, as quais deverão ser julgadas pela Justiça Eleitoral. Não escreva O Ministério Público pediu a impugnação, mas O Ministério Público impugnou.

INDULTO Benefício penal concedido pela Presidência da República a pessoas condenadas pela Justiça. Previsto na Constituição, aplica-se a todos os indivíduos que se enquadrem nos critérios estabelecidos, em geral relativos a bom comportamento e cumprimento de boa parte da pena. Os decretos de indulto geralmente são editados perto do Natal e resultam na extinção da pena. Não confunda com *saída temporária*, permitida por um prazo curto e definido, ou com *graça*, concedida a um único indivíduo.

Leia o verbete ***anistia*** na pág. 396.

INQUÉRITO CIVIL Procedimento administrativo, presidido pelo Ministério Público, para apurar aspectos não criminais de infrações contra interesses difusos e coletivos (relacionados a ambiente, patrimônio público, consumidor, criança e adolescente ou idosos, entre outros). Se não for arquivado, poderá resultar em uma espécie de acordo (TAC, ou termo de ajustamento de conduta) ou no ajuizamento de ação civil pública.

INQUÉRITO POLICIAL Investigação policial para apurar as circunstâncias e a autoria de um delito. O delegado instaura o inquérito sempre que a possível ocorrência de um delito chegar a seu conhecimento. Ele é o responsável pela condução dessa etapa da investigação. Depois de encerrado, o inquérito é encaminhado à Justiça, podendo servir de base para eventual denúncia do Ministério Público ou ***queixa-crime*** da vítima.

No caso de pessoas com ***foro especial***, a investigação do suspeito só pode ocorrer com autorização do tribunal responsável por seu julgamento.

INTIMAÇÃO Comunicação feita a alguém sobre ato ou decisão judicial, policial ou administrativo. Indica, geralmente, a convocação de parte ou testemunha para depor ou prestar esclarecimento. Na Justiça do Trabalho, usa-se o termo *notificação*. Não confunda com ***citação***.

J

JUIZADO ESPECIAL Popularmente conhecido como juizado de pequenas causas, lida com casos considerados de menor complexidade pela legislação. Enfatiza a busca de conciliação e observa os princípios de oralidade, informalidade e rapidez. Há juizados especiais estaduais e federais, cíveis e criminais.

Na *área civil federal*, julgam-se causas de até 60 salários mínimos; na estadual, de até 40 salários mínimos. A pessoa não necessita de advogado em causas de até 20 salários mínimos.

Na *área criminal* (federal ou estadual), são julgadas contravenções penais e crimes com pena máxima não superior a dois anos (lesão corporal leve, crime de dano, crimes contra a honra e uso de drogas, por exemplo). O acusado sempre necessita de um advogado.

JURISPRUDÊNCIA/PRECEDENTE *Jurisprudência* é o conjunto de decisões judiciais em relação a um determinado assunto. Quando se consolida num certo sentido, costuma ser usada para embasar novas decisões. *Precedente judicial* refere-se a um caso concreto (e não a um conjunto) que pode ser utilizado como exemplo no julgamento de casos parecidos. Nenhum dos dois tem força de lei no Brasil.

Leia os verbetes ***repercussão geral*** na pág. 416 e ***súmula*** na pág. 417.

L

LEGÍTIMA DEFESA Uso moderado dos meios necessários para repelir agressão injusta a direito seu ou alheio. Como regra, não há crime quando alguém age em legítima defesa, mas, se houver excesso, a pessoa poderá ser punida.

LIMINAR Também chamada de medida de urgência, designa decisão judicial provisória que antecede a decisão final sobre o mérito de um processo. É concedida quando o magistrado considera satisfeitas duas condições: haver indício de que a parte tem direito ao que está pedindo e haver risco de prejuízo desnecessário se a parte esperar a decisão final.

Nos processos, em geral aparecem as expressões em latim "fumus boni iuris" e "periculum in mora", que significam, respectivamente, *fumaça do bom direito* e *perigo na demora*.

Existem dois tipos de liminar. A chamada *tutela antecipada* garante a uma das partes exatamente aquilo que ela pede no processo. Já a *tutela cautelar* apenas assegura que, ao final do processo, a parte conseguirá aquilo que pediu, caso a Justiça lhe dê razão.

Por exemplo, em uma ação de reintegração de posse de um carro, será tutela antecipada se o juiz, em caráter liminar, determinar a devolução do automóvel; será cautelar, porém, se apenas determinar seu bloqueio, impedindo que seja vendido a terceiros. Em ambos os casos, a medida pode ser revogada pelo próprio magistrado ao longo do processo ou por uma instância superior.

LIVRAMENTO CONDICIONAL Benefício concedido pela Justiça ao condenado a ***pena*** privativa de liberdade igual ou superior a dois anos. Requer pré-requisitos como cumprimento de parte da pena e bom comportamento. O magistrado especifica as condições do livramento e pode revogá-lo se elas forem descumpridas. Não confunda com ***sursis***.

M

MAGISTRADO Agente público que exerce o poder de julgar em nome do Estado. É errado dizer que o juiz pede uma providência, dá parecer ou abre processo contra alguém. Exceto nos casos de ***cartas precatória*** e *rogatória*, magistrados não pedem nada. Eles ordenam, julgam, decidem, mandam, determinam.

NÃO CONFUNDA A NOMENCLATURA DOS CARGOS; USE:

- *Magistrado* – Se estiver na dúvida. É termo genérico adequado para se referir a qualquer um dos cargos a seguir. Admite-se *juiz* como sinônimo;
- *Juiz* – Na primeira instância da Justiça estadual. Use juiz de direito (nomenclatura oficial) se essencial para diferenciá-lo de outros juízes citados na mesma reportagem;
- *Desembargador* – Na segunda instância da Justiça estadual;
- *Juiz eleitoral* – Na primeira e na segunda instâncias da Justiça Eleitoral (magistrado cedido pela Justiça estadual ou federal para mandato de dois anos, período no qual acumula as funções de origem com a eleitoral);
- *Juiz do trabalho* – Na primeira ou na segunda instâncias da Justiça do Trabalho (TRTs). Não escreva desembargador do trabalho, mas juiz do trabalho do TRT;
- *Juiz militar* e *juízes-auditores* – Na Justiça Militar;
- *Juiz federal* – Na primeira ou na segunda instâncias da Justiça Federal (TRFs); Não escreva desembargador federal, mas juiz federal do TRF;
- *Ministro* – No STF ou em um dos tribunais superiores (STJ, STM, TSE e TST).

MANDADO DE SEGURANÇA Instrumento que protege direito líquido e certo (que pode ser demonstrado de imediato por provas anexadas na fase inicial do processo, sem necessidade de novas provas) ameaçado de violação ou violado por abuso de poder ou ilegalidade de autoridade pública.

Cabe, por exemplo, em processos contra cobrança indevida de tributo, negação de benefício previdenciário, retenção de bens sem amparo legal etc.

MENOR DE IDADE Leia o verbete ***menor de idade*** na pág. 106.

MINISTÉRIO PÚBLICO Órgão responsável pela defesa da lei e dos direitos difusos (difundidos por um grupo indeterminado de indivíduos) e coletivos (relativos a um grupo determinável de indivíduos).

Entre outras atribuições, propõe e conduz a *ação penal pública* (acusação), com o objetivo de condenar criminosos, e a *ação civil pública*, para proteção do patrimônio público, social e ambiental, entre outros. Atua no Judiciário, dividindo-se em federal e estadual, e nos Tribunais de Contas. Também pode buscar soluções extrajudiciais.

A Constituição garante sua autonomia funcional, administrativa e financeira. Seus integrantes são bacharéis em direito nomeados por concurso público.

Em geral, o Ministério Público é parte interessada na ação, podendo ser tão parcial em relação à acusação quanto um advogado em relação à defesa.

Leia o verbete ***crimes*** na pág. 88.

COMO SE ORGANIZA O MINISTÉRIO PÚBLICO

CARGOS NO MINISTÉRIO PÚBLICO

CARGO	FUNÇÃO
Procurador-geral da República	Chefe do Ministério Público da União e do Ministério Público Federal, indicado pela Presidência da República, sua nomeação para um mandato de dois anos depende da aprovação pelo Senado. Pode ser reconduzido inúmeras vezes. Também atua como procurador-geral eleitoral. Cabe a ele nomear o procurador-geral do Trabalho e o procurador-geral militar
Procurador da República	Membro do MPF que atua na primeira instância da Justiça Federal. Nos TRFs atuam os procuradores regionais da República; no STJ, subprocuradores-gerais da República; no STF, o procurador-geral da República e os subprocuradores-gerais da República. Não escreva procurador da República de São Paulo, mas procurador da República em São Paulo
Procurador da Justiça do Trabalho	Integrante do Ministério Público do Trabalho que atua na primeira instância da Justiça do Trabalho. Nos TRTs atuam os procuradores regionais do Trabalho; no TST atuam o procurador-geral do Trabalho e os subprocuradores-gerais do Trabalho
Promotor e procurador da Justiça Militar	Membros do Ministério Público Militar que atuam na primeira instância da Justiça Militar. No STM atuam o procurador-geral da Justiça Militar e os subprocuradores-gerais da Justiça Militar
Procurador de Justiça*	Membro de Ministério Público estadual que atua no Tribunal de Justiça
Promotor de Justiça*	Integrante do Ministério Público estadual que atua na primeira instância da Justiça estadual
Promotor eleitoral	Não existe Ministério Público eleitoral. O Ministério Público estadual cede membros para a primeira instância da Justiça Eleitoral. Na segunda instância e no TSE atuam integrantes do MPF. Acrescente a palavra *eleitoral* ao cargo de origem: procurador eleitoral, procurador regional eleitoral
Não use	Não use procurador federal (cargo da AGU) para se referir a membros do Ministério Público Federal (MPF). Ou promotoria (Ministério Público estadual) em relação ao MPF. Ou Procuradoria como sinônimo de MPF, a não ser que haja especificação (Procuradoria da República, Procuradoria Regional da República, Procuradoria-Geral da República). Não escreva Ministério Público Federal de São Paulo, mas Ministério Público Federal em São Paulo

* Procurador de Justiça e promotor de Justiça podem ser identificados apenas como procurador e promotor. Nos demais casos, prefira as nomenclaturas completas para evitar ambiguidade.

P

PARECER Opinião emitida por especialista a pedido de uma das partes da ação. Em geral tem o objetivo de esclarecer questão técnica ou fortalecer uma interpretação. **Magistrados não dão parecer; eles votam e decidem**. Nos processos, quando o Ministério Público não atua como parte, mas como fiscal da lei, suas manifestações são chamadas de pareceres.

PENA Sanção imposta a quem descumpre certas normas. No direito penal, as principais penas aplicadas ao condenado são privação de liberdade, restrição de direitos (conhecidas como penas alternativas) e multas. O termo pode ser usado em outras áreas, como direito desportivo e administrativo.

As principais penas são:

- *Regime penal* – Forma como a pena restritiva de liberdade é cumprida. Há três regimes no Brasil: *fechado* (penitenciária de segurança máxima ou média), *semiaberto* (colônias agrícolas ou industriais, com menor segurança) e *aberto* (o condenado trabalha durante o dia e se apresenta à noite e nos fins de semana a uma casa de albergado, ou permanece em *prisão domiciliar*). Quando o condenado é transferido de um regime mais severo para um mais brando, diz-se que houve progressão de regime (e não progressão da pena). O inverso chama-se *regressão de regime*. Na ausência de vagas no local adequado, a Justiça permite o cumprimento da pena no regime mais brando seguinte;
- *Detenção* – Pena privativa de liberdade imposta a quem comete crimes menos graves. Cumprida em regime semiaberto ou aberto;
- *Reclusão* – Pena privativa de liberdade imposta a quem comete crimes mais graves. Pode ser cumprida em regime fechado, semiaberto ou aberto;
- *Prisão perpétua* – Não existe pena de prisão perpétua no Brasil. O cumprimento da pena é limitado a 30 anos, mesmo que a condenação ultrapasse esse teto;
- *Pena de morte* – Não há no Brasil em tempo de paz, mas é admitida em caso de guerra declarada.

POLÍCIA Instituição ligada ao Executivo federal ou estadual responsável por prevenir e investigar delitos. Não cabe à polícia propor ações penais, julgar ou condenar.

- *Polícia Federal* – Subordinada ao Ministério da Justiça, tem, entre outras, a responsabilidade de apurar infrações penais contra a ordem política e social ou em detrimento de bens, serviços e interesses da União, assim como infrações cuja prática tenha repercussão interestadual ou internacional; prevenir e reprimir o tráfico ilícito de drogas e o contrabando; e exercer as funções de polícia marítima, aeroportuária e de fronteiras. Seus quadros contam com delegados, peritos, agentes, escrivães e papiloscopistas;
- *Polícia Rodoviária Federal* – Departamento do Ministério da Justiça, destina-se ao patrulhamento ostensivo das rodovias federais;
- *Polícia Ferroviária Federal* – Deve vigiar as ferrovias federais, mas sua atuação é limitada. Ainda não foi regulamentada, apesar de constar da Constituição de 1988;
- *Polícia Civil* – Subordinada ao governo estadual ou distrital, tem a responsabilidade de conduzir investigações que poderão servir de base para o processo penal movido pelo Ministério Público. É composta de delegados, investigadores, escrivães, carcereiros e agentes. Em São Paulo, a Polícia Técnico-Científica tem autonomia funcional;
- *Polícia Militar* – Subordinada ao governo estadual ou distrital, é responsável por prevenir delitos e garantir o cumprimento da lei e a preservação da ordem pública. Força auxiliar do Exército em cada unidade da federação, tem autonomia para se organizar em grupos específicos (como a Rota, em São Paulo, e o Bope, no Rio). No estado de São Paulo, conta com estas atividades operacionais: Corpo de Bombeiros, Corregedoria, Operações Especiais, Polícia Ambiental, Polícia de Trânsito, Polícia Ostensiva, Polícia Rodoviária e Radiopatrulha Aérea. A hierarquia replica a do Exército até a patente de coronel.

Outras instituições ligadas à segurança pública são as seguintes:

- *Força Nacional de Segurança Pública* – Formada por agentes enviados pelas polícias dos estados, atua a pedido dos governadores ou de ministro em situações extraordinárias, como grandes eventos (casos da Copa do Mundo e da Olimpíada) e catástrofes naturais. Tem contingente permanente mínimo de 500 homens para respostas imediatas;

- *Corpo de Bombeiros* – Atua na prevenção e no combate a incêndios, em buscas, salvamentos e socorros públicos. Pode estar ligado à Polícia Militar ou à Defesa Civil de cada estado;
- *Guarda Municipal* – Municípios podem constituir guardas municipais para proteger seus bens, serviços e instalações. Em cidades com mais de 50 mil habitantes, seus integrantes podem ser autorizados a usar armas de fogo. A supervisão de suas atividades cabe à Polícia Federal.

PRECATÓRIO Ordem judicial para que o devedor público (União, estado, Distrito Federal ou município) inclua no Orçamento, até 1º de julho, o valor necessário ao pagamento do débito até o final do exercício fiscal seguinte. Como regra geral, os precatórios devem ser pagos na ordem cronológica de sua apresentação. Há exceções em casos de pequenos valores (até 40 salários mínimos). As chamadas dívidas de natureza alimentícia (como salários, pensões e benefícios previdenciários) são pagas segundo fila específica.

PRESCRIÇÃO Perda do direito de entrar com uma ação após certo tempo. Na área penal, perda, por parte do Estado, do direito de processar alguém ou executar a pena. Ocorre pelo transcurso excessivo do tempo para investigar, processar ou condenar o suspeito ou recapturar o foragido. O prazo depende do tamanho da pena máxima possível ou já aplicada.

A prática de ***racismo*** e a ação de grupo armado contra a ordem constitucional e o Estado democrático são crimes imprescritíveis.

PRISÃO Uma pessoa maior de 18 anos só pode ser presa em flagrante delito ou por ordem judicial escrita. O termo pode se referir ao ato de prender (como em *A prisão do fugitivo foi filmada pela TV*), ao tipo de restrição determinada pela Justiça (prisão preventiva ou prisão domiciliar, por exemplo) e ao estabelecimento prisional (como uma casa de detenção).

Veja quadro na próxima página.

!

Criança e adolescente

Nunca use o termo *prisão* para menores de 18 anos. O correto é *internação*.

TIPOS DE PRISÃO NO BRASIL

- ***Flagrante*** – Qualquer pessoa pode prender em flagrante quem estiver cometendo um delito, mas deve entregar o preso imediatamente à polícia, ou cometerá o crime de sequestro ou cárcere privado. A lei considera em flagrante delito quem está cometendo a infração penal, quem acaba de cometê-la, quem é perseguido logo após a sua prática e quem é encontrado, logo em seguida, com arma ou objetos que façam presumir ser ele o autor. A lei não especifica, porém, um número de horas transcorridas entre o evento e a prisão para que o flagrante seja válido.
- ***Prisão provisória*** – No Brasil, a regra é que o acusado responda ao processo em liberdade, mas a lei autoriza sua prisão antes da condenação em algumas situações excepcionais. As principais espécies de prisão provisória (não definitivas, portanto) são a *temporária* e a *preventiva*. Nesses dois casos, o encarceramento se dá por necessidades da investigação, sem relação com o julgamento do caso.
- ***Prisão temporária*** – Seu prazo é de cinco dias, prorrogável por igual período em caso de extrema necessidade. Para crimes hediondos, o prazo é de 30 dias, prorrogável por igual período. A medida pode ser determinada pelo magistrado se for imprescindível para investigações de inquérito policial, se o suspeito não tiver endereço fixo ou se houver indício de autoria em casos de homicídio doloso, roubo e outros crimes listados na lei nº 7.960/89. É comum sua conversão em prisão preventiva. Atenção: ao noticiar prisão temporária, informe os requisitos que embasaram a decisão judicial.
- ***Prisão preventiva*** – Não tem prazo máximo. Pode ser decretada pelo juiz em qualquer fase do inquérito ou da ação penal, desde que haja indício de autoria e estejam atendidos requisitos legais:

  a) Garantia da ordem pública e econômica (impedir que o réu continue praticando crimes);

  b) Conveniência da instrução criminal (evitar que o réu atrapalhe o processo, ameaçando testemunhas ou destruindo provas);

  c) Assegurar a aplicação da lei penal (impedir a fuga).

Bons antecedentes, primariedade, residência fixa ou emprego não impedem sua decretação. Atenção: ao noticiar prisão preventiva, informe os requisitos que embasaram a decisão judicial.

- ***Prisão domiciliar*** – Pode ser concedida antes da condenação, enquanto o suspeito aguarda o julgamento, ou depois da condenação, para o preso que tenha direito ao regime aberto.
- ***Prisão especial*** – Antes de a condenação criminal se tornar definitiva, determinadas pessoas, como detentores de diploma de curso superior, ministros de Estado, governadores, congressistas e deputados estaduais, são mantidas em quartéis ou celas separadas. Não há prisão especial depois de a condenação transitar em julgado, mas certos presos podem ficar segregados se for necessário para proteger sua vida, por exemplo.
- ***Cadeia e centro de detenção provisória*** – Locais nos quais são segregados os presos provisórios. O termo *cadeia* costuma designar a carceragem de uma delegacia. Na dúvida, prefira o termo genérico *prisão*.
- ***Penitenciária, colônia e casa de albergado*** – Locais onde o condenado cumpre ***pena***. Na dúvida, use o termo genérico ***prisão***.

PROMOTOR/PROCURADOR Não confunda esses cargos.

Leia os verbetes ***Ministério Público*** e ***Advocacia-Geral da União*** nas págs. 407 e 395, respectivamente.

Q

QUEIXA-CRIME Peça técnica dirigida ao Judiciário para dar início a uma ação penal privada. É o equivalente da denúncia na ação penal pública. Tem o objetivo de expor as circunstâncias do fato criminoso e pedir a condenação do réu. **Não confunda com boletim de ocorrência criminal feito em delegacia**: tecnicamente, é errado dizer que alguém deu queixa na delegacia.

QUINTO CONSTITUCIONAL De acordo com a Constituição, 20% (um quinto) das vagas nos TRFs, TJs, TRTs e no TST devem ser preenchidas por advogados ou membros do Ministério Público, e não por juízes de carreira.

Os candidatos devem ter mais de dez anos de atividade profissional. Os órgãos representativos de classe formam uma lista sêxtupla; ela é reduzida a três nomes pelo respectivo tribunal e enviada para escolha do Poder Executivo.

R

RACISMO Crime inafiançável e imprescritível resultante de discriminação ou preconceito de raça, cor, etnia, religião ou procedência nacional.

A lei nº 7.716/89 define as condutas criminosas, entre as quais estão negar emprego em empresa privada, recusar acesso a estabelecimento comercial, impedir casamento ou convivência familiar e praticar, induzir ou incitar discriminação ou preconceito. Nesses casos, a discriminação atinge grupo ou coletividade.

Não confunda com ***injúria racial***, o uso de palavras depreciativas referentes a raça ou cor com intenção de ofender uma pessoa –caso, por exemplo, do torcedor que xingou de macaco um jogador de futebol.

RECURSO Instrumento usado em um processo judicial com o objetivo de provocar o reexame de uma decisão judicial, seja para modificá-la total ou parcialmente, seja para pedir esclarecimentos. Sempre registre no texto se cabe recurso.

Conheça os principais recursos:

- *Agravo* – Apresentado contra decisões que não põem fim ao processo (as chamadas decisões interlocutórias);
- *Apelação* – Apresentado contra uma sentença (decisão de primeira instância);
- *Embargos de declaração* – Para que o magistrado esclareça um ponto obscuro, contraditório ou omisso na decisão;
- *Recurso especial* – Dirigido ao STJ contra decisão de tribunal inferior, quando houver alegada ofensa a uma lei federal;
- *Recurso extraordinário* – Dirigido ao STF contra decisão de tribunal, quando houver alegada ofensa à Constituição Federal;
- *Revisão criminal* – Pode ser apresentado se a sentença penal for contrária ao texto expresso da lei ou às provas dos autos, se se fundar em indícios comprovadamente falsos, ou quando se descobrem novas provas.

Se não souber qual o tipo específico, use o termo genérico *recurso*.

Leia o verbete ***trânsito em julgado*** na pág. 418.

REGIÃO Divisão geográfica e administrativa das Justiças federais. Há um tribunal regional em cada região, englobando mais de um estado. O Tribunal Regional Federal da 3ª Região, ou TRF-3, por exemplo, julga processos de São Paulo e de Mato Grosso do Sul. O Tribunal Regional do Trabalho da 8ª Região, ou TRT-8, responde por Pará e Amapá.

REPERCUSSÃO GERAL Instrumento que permite ao STF selecionar quais recursos analisará, de acordo com critérios de relevância jurídica, política, social ou econômica. Inserido na Constituição em 2004, resulta na diminuição do número de processos a ser analisados pela corte. Uma decisão proferida em processo com repercussão geral deve ser aplicada pelas instâncias inferiores em casos idênticos. Não confunda com ***súmula***.

RÉU PRIMÁRIO Réu sem condenação criminal anterior ou que já tenha cumprido sua condenação há mais de cinco anos. A primariedade é circunstância que pesa a favor do réu. O contrário da *primariedade* é a *reincidência*. Inquéritos ou ações penais em andamento (antes de haver ***trânsito em julgado*** de decisão condenatória) não tiram do réu o status de primário.

S

SENTENÇA Decisão final em um processo judicial que transita na primeira instância (proferida por um juiz). Não confunda com ***acórdão***, ***decisão interlocutória***, ***parecer*** ou ***despacho***. Na dúvida, escreva *decisão*.

SEQUESTRO Privar alguém de sua liberdade. Não se confunde com ***extorsão*** *mediante sequestro*, um crime ainda mais grave, que consiste em privar alguém de sua liberdade com o objetivo de obter resgate. O termo também pode indicar a *apreensão de bens por ordem judicial*.

Em caso de crianças retiradas de maternidade ou da guarda dos pais, use *subtrair* (termo técnico do Estatuto da Criança e do Adolescente) ou um sinônimo, mas não sequestrar.

!

Por razões de segurança, a **Folha** só publica informações sobre sequestro em andamento com autorização da família.

SÚMULA Resumo da interpretação mais frequente de um tribunal em relação a determinado assunto. Chama-se *súmula vinculante* quando é adotada pelo STF, após aprovação de dois terços do plenário. Nesse caso, o entendimento deve obrigatoriamente ser seguido por todos os juízes e tribunais; nos demais, trata-se de mera orientação. A Justiça do Trabalho não usa o termo *súmula*, mas *enunciado* e *orientação jurisprudencial* (ambos não vinculantes).

Leia os verbetes ***jurisprudência/precedente*** e ***repercussão geral*** nas págs. 405 e 416, respectivamente.

SURSIS Significa *prorrogação, espera*. Indica a suspensão condicional da pena (*sursis penal*) ou do processo (*sursis processual*).

No primeiro caso, a pessoa é considerada culpada pelo crime, mas tem o cumprimento da pena suspenso. Entre os requisitos para esse benefício estão condenação a pena inferior a dois anos e não reincidência em crime doloso. Diz-se que o condenado está sob sursis.

No segundo caso, o próprio processo fica suspenso. Não se pode dizer que o réu seja culpado ou que tenha sido absolvido. Entre os requisitos estão pena mínima prevista em lei não superior a um ano e não reincidência em crime doloso.

T

TERRITÓRIO ESTRANGEIRO Embaixadas, consulados e bases militares estrangeiras não são território estrangeiro, somente têm imunidade diplomática.

O mar territorial de um país é a faixa contígua que se estende, em geral, por 12 milhas náuticas (cerca de 22 km) além da praia. Não confunda com *zona econômica exclusiva*, que abrange 200 milhas náuticas, ou 370 km, a partir do limite exterior do mar territorial e garante ao país direitos na exploração de recursos marítimos.

Exceto em caso de tratados específicos, pessoas em território estrangeiro estão sujeitas às leis do país no qual se encontram. Conheça termos jurídicos relacionados a estrangeiros:

- *Repatriamento* – Envio de corpos ou doentes para o país do qual são nacionais;
- *Deportação* – Devolução compulsória de estrangeiro em situação ilegal no país;
- *Expulsão* – Dirigida a estrangeiro

que tenha cometido delito no país;

- *Extradição* – Envio de estrangeiro a outro país, a pedido deste, para que lá seja processado ou cumpra pena. O tema costuma ser regulado por acordos bilaterais. O Brasil não extradita estrangeiros se o crime for político. Brasileiros não podem ser extraditados pelo Brasil (exceto os naturalizados, por crime comum cometido antes da naturalização ou por tráfico de drogas).

TRÂNSITO EM JULGADO – Indica que não há mais possibilidade de recorrer de decisão (***sentença*** ou ***acórdão***), seja porque já se usaram e julgaram todos os ***recursos*** possíveis, seja porque transcorreu o prazo para apresentar recursos.

!

Apenas depois da condenação com trânsito em julgado pode-se dizer que o suspeito/acusado é de fato culpado.

TRIBUNAL DO JÚRI No Brasil, julga os crimes dolosos contra a vida (ainda que apenas tentados e não consumados): homicídio, infanticídio, ***aborto*** e instigação, auxílio ou indução ao suicídio. É composto de sete jurados leigos em direito e presidido por um juiz togado (magistrado de carreira). Os jurados decidem, mediante votação secreta e por maioria, se o réu é culpado ou inocente; o juiz determina e aplica a ***pena*** cabível.

O veredicto do júri é soberano, mas pode ser anulado se houver algum vício no processo. A aplicação da pena pode ser revista pelo Tribunal de Justiça. Autoridades com ***foro especial*** não são julgadas pelo Tribunal do Júri.

V

VARA Dentro das comarcas maiores, divisão por temas: criminal, cível, família, infância e juventude e violência doméstica, entre outros. As comarcas menores tratam todos os assuntos em uma única vara.

Errei, mas quem não Erramos

A **Folha** foi o primeiro jornal do país a criar, em 17/2/1991, um espaço fixo diário para reunir as retificações de erros constatados: a seção Erramos. Quase três décadas depois, continua a ser o único dos grandes veículos nacionais a adotar a política de correção sistemática, um dos mecanismos da transparência na relação com os leitores preconizada em seus princípios editoriais.

Desatenção, pressa, desconhecimento e falta de revisão podem produzir erros embaraçosos –e, como a seleção a seguir deixa claro, os Erramos não fazem por menos.

AULA DE ANATOMIA

Na seção Saúde, à pág. 6-8 (Folhateen) de 10/11/1997, foi grafado erroneamente o nome da pequena área pigmentada que circunda o mamilo. O correto é aréola mamária e não auréola, como saiu publicado. (18/11/1997)

BICHOS ESQUISITOS

A peste pneumônica é transmitida por gotículas de saliva, diferentemente do que informou o texto publicado na pág. 2-10, no dia 24/9/1994. O texto afirmava que a doença era transmitida por filhotes de perdiz. Quem editou o texto procurou um sinônimo para perdigoto, que pode significar tanto salpico de saliva como filhote de perdiz. (28/9/1994)

•

Diferentemente do que foi publicado em 29/11/1997, na pág. 5-7 (Folhinha), o tatu não nasce de um ovo. Ele é um mamífero placentário, que se desenvolve na barriga de sua mãe. (6/12/1997)

•

João Montanaro

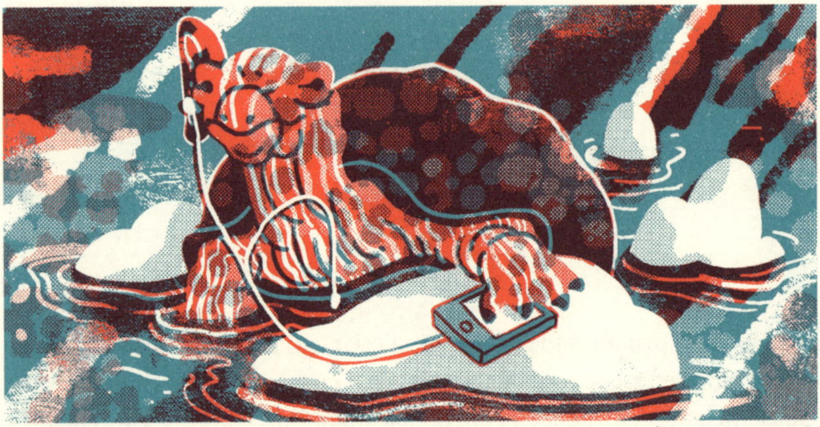

A espécie de tartaruga tigre-d'água-americano possui manchas vermelhas na cabeça, e não uma orelha vermelha, como informou erroneamente o texto "Tartarugas são retiradas da República" (Cotidiano, pág. C8, 9/3/2006). Tartarugas não têm orelhas. (23/3/2006)

CAÇA-PALAVRAS

A reportagem "Lula critica 'jogo rasteiro' e diz que a verdade vencerá" (Brasil, pág. A4, 21/8/2005) reproduziu erroneamente parte de declaração do presidente Luiz Inácio Lula da Silva sobre a preocupação de seu governo com o povo pobre. O correto é "neste momento histórico", e não "neste momento histérico". (22/8/2005)

Diferentemente do publicado em "Ana de Hollanda diz ter sido vítima de ataques 'baixos'", a presidente Dilma agradeceu à ex-ministra Ana de Hollanda pela maneira estoica, e não histórica, com que enfrentou pressões em sua gestão no MinC. (20/10/2012)

•

O texto "Courtney Love mostra seio, xinga colega e ameaça abandonar palco" referiu-se incorretamente à cantora como ex-viúva do músico Kurt Cobain (1967-1994). (15/11/2011)

•

Diferentemente do publicado no texto "Eletrônica, Fernanda Porto samba a sério" (Ilustrada, pág. E4, 20/5), o correto é "piano de cauda", e não "piano de calda". (29/5/2003)

•

CELEBRIDADES

Em parte dos exemplares da Ilustrada da edição de 22/3/1999, na pág. 6-1, sob o título "Repercussão", o cineasta Rogério Sganzerla foi erroneamente identificado como sendo protagonista do filme "Laranja Mecânica". (27/3/1999)

•

Por erro de edição, o nome do poeta Rainer Maria Rilke (1875-1926) foi incluído indevidamente sob a vinheta "Boas-festas". Ele não enviou cartão à **Folha**. (28/12/2006)

•

Diferentemente do publicado no texto "Pinacoteca exibe síntese de Matisse", Gauguin fez pinturas baseadas na luminosidade do Taiti, e não do Haiti. (8/9/2009)

DROGAS

Diferentemente do que informou o editorial "Sobre duas rodas" (Opinião, 28/10/2000), a CET é a Companhia de Engenharia de Tráfego, e não de Tráfico. (1º/11/2000)

ENGLISH

No texto "Stones chamam neoconservadores americanos de hipócritas em canção" (Ilustrada, pág. E4, 11/8/2005), a expressão "you're full of shit" foi traduzida incorretamente como "você é cheio de merda". A tradução mais apropriada seria "você é muito metido" ou "você está mentindo". (22/08/2005)

HERESIAS

Diferentemente do que foi publicado no texto "Artistas 'periféricos' passam despercebidos", à pág. 5-3 da edição de ontem da Ilustrada, Jesus não foi enforcado, mas crucificado, e a frase "No princípio era o Verbo" está no Novo, não no Velho Testamento. (7/12/1994)

•

Em alguns exemplares da edição de 30 de março de Esporte, foi informado incorretamente à pág. 4-3 que o personagem bíblico Jó criou a arca que salvou as espécies animais do dilúvio. Foi Noé quem construiu a arca. (6/4/1995)

•

Diferentemente do que foi publicado no artigo "Divina autocrítica" (Opinião, 2/1/2000, pág. 1-2), a Bíblia relata que o homem foi criado primeiro por Deus, e não a mulher. No mesmo texto, o autor escreve que o homem teria sido criado a partir de uma costela. Segundo a

Bíblia, o homem foi criado a partir de uma porção de barro, e a mulher, a partir de uma costela. (7/1/2000)

•

No segundo parágrafo da coluna "Mas que calor, ooô, ooô", Alá (Deus) foi erroneamente chamado de profeta. (13/2/2004)

LUTA DE CLASSES

A reportagem "'Tudo pela audiência' retorna rindo de si" informou incorretamente que Val Marchiori é socialista. O termo correto é socialite. (8/5/2017)

NOMES

Na edição do Agrofolha do último dia 15, a coluna "A Arte de Amolar o Boi" (pág. 5-2) saiu com um erro: onde se lê "o grego Malandro", leia-se "o grego Menandro", em referência ao comediógrafo ateniense. Menandro (342-292 a.C.) escreveu "O Misantropo". (19/12/1992)

•

O nome do maestro Eleazar de Carvalho saiu grafado errado, sem a letra "v", na edição de ontem à pág. 1-9 do caderno Brasil. (5/7/1994)

•

O autor de "Dom Quixote de La Mancha" é Miguel de Cervantes, e não Manoel, como saiu publicado no texto "'Dom Quixote' vira nordestino na Globo", à página 5 do TV Folha da edição de anteontem. (19/10/1999)

•

Diferentemente do que foi publicado na edição de ontem (São Paulo), a rodovia que passa pela cidade de Praia Grande chama-se Pedro Taques, e não Pedro Táxi. (20/11/1999)

•

O Pico do Papagaio, segundo ponto mais alto da Ilha Grande (RJ), foi chamado erroneamente de Bico do Papagaio. (7/4/2006)

•

É Banco del Pichincha, e não Banco da Pichincha, o nome do banco equatoriano cujo proprietário, Fidel Egas, é o principal acionista da emissora Teleamazonas. Pichincha é o nome tanto da província onde fica a capital equatoriana, Quito, como de um dos maiores vulcões do país. (24/6/2007)

NÚMEROS

Morreram 22 mineiros neste ano na região boliviana de Cerro Rico, e não 22 mil, como afirmou erroneamente o subtítulo da reportagem

João Montanaro

"Mineração reacende expansão econômica em Potosí". (12/9/2007)

•

O quadro que acompanhou a reportagem "Cirurgia forçada não tem consenso entre médicos" informou incorretamente que o bebê nascido em Torres (RS) tinha 3.650 quilos. O peso correto é 3,65 quilos. (25/4/2014)

TEMPO E HISTÓRIA

A reunião do ministro Eliseu Resende com sua equipe durou quatro horas e não quatro anos, como foi publicado no caderno Brasil de 28/3/1993. (30/3/1993)

•

Diferentemente do que foi publicado à pág. 1-14 (Brasil) da edição de 19/3/1995, a Segunda Guerra Mundial começou em 1939, os EUA entraram na guerra em 1941, a Guerra dos Seis Dias foi em 1967, o presidente Richard Nixon (EUA) renunciou em 1974, Margaret Thatcher assumiu o poder no Reino Unido em 1979, o Muro de Berlim caiu em 1989, e o Iraque invadiu o Kuait em 1990. (27/9/1995)

•

A **Folha** interpretou mal a frase do senador Eduardo Suplicy de que não se recordava do Onze de Setembro. A afirmação, no início da entrevista, era, de fato, uma pausa para tentar se lembrar exatamente do que fazia naquele dia, há dez anos. O conteúdo da entrevista foi publicado no especial online, sob o título "'Eu me preocupava que a guerra podia se desenrolar pelo mundo', lembra Suplicy". (13/9/2011)

•

Getúlio Vargas se suicidou, e não foi assassinado, como informou incorretamente o texto "'Getúlio' compõe imagem do estadista que marcou o Brasil". (27/1/2015)

•

Diferentemente do que foi informado no texto "A rainha britpop", Elizabeth 2ª não é chefe de Estado do Paquistão nem da África do Sul (embora esses países integrem a Commonwealth). A atual monarquia inglesa remonta ao século 11, com o rei William 1º (1066-1087), e não ao século 10º, como se afirma na reportagem. No quadro que acompanhou o texto, sob o ano de 1926, informava-se erroneamente que a rainha é sobrinha de George 5º, mas ela é neta de George 5º. No texto referente ao ano de 1936, informou-se que "seu tio, Eduardo 7º" abdicou da coroa. Quem abdicou foi Eduardo 8º.

Nas informações do ano de 2015, o príncipe George é citado como neto de Elizabeth 2ª, mas ele é bisneto da rainha. O pintor Lucian Freud era neto do psicanalista Sigmund Freud, não sobrinho, como indicava uma legenda no texto "A rainha britpop". Paul McCartney se tornou cavaleiro do Império Britânico em 1997, não em 1995. A série de gravuras de Andy Warhol sobre a rainha foi feita em 1985, não em 1978. (9/9/2015)

Bibliografia

BIBLIOGRAFIA

BBC News Style Guide. Londres: BBC, 2016.

BECHARA, Evanildo. *Moderna gramática portuguesa*. 37. ed. rev. e ampl. Rio de Janeiro: Lucerna, 2001.

CANDIDO, Antonio. "A vida ao rés-do-chão". In: *Para gostar de ler: crônicas*. São Paulo: Ática, 1980, v. 5.

CUNHA, Celso; LINDLEY CINTRA, Luís F. *Nova gramática do português contemporâneo*. 3. ed. Rio de Janeiro: Nova Fronteira, 2001.

FERREIRA, Aurélio Buarque de Holanda. *Dicionário Aurélio da língua portuguesa*. Coord. Marina Baird Ferreira e Margarida dos Anjos. 5. ed. Curitiba: Positivo, 2010.

GARCIA, Othon Moacyr. *Comunicação em prosa moderna: aprenda a escrever aprendendo a pensar*. 16. ed. Rio de Janeiro: Editora FGV, 1995.

HOHMANN, James. *10 Best Practices for Social Media*. Columbia, MO: American Society of News Editors, 2011.

HOUAISS, Antônio; VILLAR, Mauro de Salles. *Dicionário Houaiss da língua portuguesa*. Rio de Janeiro: Objetiva, 2009.

LAPA, Manuel Rodrigues. *Estilística da língua portuguesa*. 11. ed. rev. São Paulo: Martins Fontes, 1982.

LUCAS, Frank Laurence. *Style: The Art of Writing Well*. Petersfield: Harriman House LTD, 2012.

LUFT, Celso Pedro. *Dicionário de regência verbal*. 7. ed. São Paulo: Ática, 1999.

MARTINS, Nilce Sant'Anna. *Introdução à estilística: a expressividade na língua portuguesa*. São Paulo: T. A. Queiroz/ Edusp, 1989. Biblioteca Universitária de Língua e Linguística, v. 8.

ORWELL, George. "A política e a língua inglesa". In: *Como morrem os pobres e outros ensaios*. Trad. Pedro Maria Soares. São Paulo: Companhia das Letras, 2011.

PINKER, Steven. *Sense of Style*. Nova York: Viking, 2014.

REUTERS Handbook of Journalism. Londres: Reuters, 2008.

SIEGAL, Allan M.; CONNOLLY, William G. *The New York Times Manual of Style and Usage*. Nova York: Three Rivers Press, 2015.

STRUNK JR., William. *Elements of Style*. Jersey City: Start Publishing LLC, 2012.

STRUNK JR., William; WHITE, Elwyn Brooks. *The Elements of Style*. 4. ed. Boston: Allyn & Bacon, 2000.

THE Associated Press Stylebook 2016. Nova York: The Associated Press, 2016.

THE Economist Style Guide. Londres: Profile Books, 2005.

THE Guardian and Observer Style Guide. Londres: The Guardian, 2015.

THOMAS, Francis-Noel; TURNER, Mark. *Clear and Simple as the Truth: Writing Classic prose*. 2. ed. Princeton: Princeton University Press, 2011.

VIARO, Mário Eduardo. *Etimologia*. São Paulo: Contexto, 2011.

VIEIRA, Antonio. *Sermão da Sexagésima*. Belo Horizonte: Itatiaia, 2008.

WINKLER, Matthew. *The Bloomberg Way: A Guide for Reporters and Editors*. Hoboken: John Wiley & Sons, 2014.

ZINSSER, William. *Como escrever bem*. Trad. Bernardo Ajzenberg. São Paulo: Três Estrelas, 2017.

Índice analítico

A

B

C

F

G

H

I

M

Q

Este livro foi composto na fonte Milo OT
e impresso em janeiro de 2018 pela RR
Donnelley, sobre papel pólen soft 80 g/m²